普通高等教育应用型系列教材·电子信息类

电力电子技术

（修订版）

任国海　付艳清　主　编
陈　慧　江　皓
杜鹏英　姚立海　副主编

U0913964

科学出版社
北京

内 容 简 介

本书针对普通高等教育应用型人才的培养，以掌握基本理论、培养基本应用能力为目标，结合现代工程应用实际，介绍电力电子技术的基础理论、基本应用技术和基本电路分析方法。本书主要内容包括电力电子器件及其应用、直流-直流变换技术、直流-交流变换技术、交流-直流变换技术、交流-交流变换技术、软开关与多电平变换技术等，比较全面地介绍了电力电子的基本应用技术，并适当介绍了电力电子技术的最新发展和应用。

本书可作为高等院校电子信息工程专业、电气工程自动化专业及其他相关电类专业的教材，也可供从事电力电子技术相关工作的工程技术人员参考使用。

图书在版编目（CIP）数据

电力电子技术（修订版）/ 任国海，付艳清主编. —北京：科学出版社，2018

ISBN 978-7-03-034673-5

Ⅰ. ①电… Ⅱ. ①任… ②付… Ⅲ. ①电力电子技术-高等学校-教材 Ⅳ. ①TM1

中国版本图书馆 CIP 数据核字（2012）第 120134 号

责任编辑：孙露露 常晓敏 / 责任校对：王 颖

责任印制：吕春珉 / 封面设计：耕者设计工作室

科学出版社 出版

北京东黄城根北街 16 号

邮政编码：100717

http://www.sciencep.com

北京九州迅驰传媒文化有限公司 印刷

科学出版社发行 各地新华书店经销

*

2012 年 8 月第 一 版 开本：787×1092 1/16

2018 年 6 月修 订 版 印张：17

2022 年 8 月第九次印刷 字数：389 000

定价：39.00 元

（如有印装质量问题，我社负责调换〈九州迅驰〉）

销售部电话 010-62136230 编辑部电话 010-62138978-2010

版权所有，侵权必究

前　言

电力电子技术是现代电气工程领域颇为活跃的一个技术分支，已被广泛应用到社会的方方面面，是现代电气工程技术人员不可或缺的知识模块之一。同时，电力电子技术又是一门实践性非常强的应用技术，涉及多领域知识的综合应用，并且需要有一定的电磁兼容工程经验，因此令许多初学者觉得入门比较困难，对于应用型本科院校的学生而言，这个问题更加突出。

编者从事应用型本科教学多年，并长期从事电力电子及电气控制方面的科研与工程应用工作，对电力电子传统教学模式存在的问题深有体会。多年来，针对电力电子应用能力的培养，在如何使教学更贴近应用实际、突破教学与工程应用之间的屏障方面，进行了持续的探索和尝试，在电力电子应用能力培养上积累了一些经验。本书的编写反映了编者近年来在这方面的一些成果。

传统的电力电子技术教材偏重于电路结构、工作原理、工作过程分析，缺少教学内容将理论与实践应用相结合，与实际工程应用距离较远。初学者若想在工程应用方面入门，需要查阅大量的工程设计资料，而这些工程设计资料很多是经过演变后的理论分析结果，初学者在参考这些资料的过程中往往是知其然而不知其所以然，客观上造成了理论教学与实践应用之间的脱节。

本书立足于应用型本科教学，结合电力电子技术应用实际，在介绍相关理论的同时，强化应用设计相关知识的介绍。本书定位为既是比较浅显易懂的理论教材，又是掌握基本应用技术的学习手册，内容组织体现了以下特点。

1. 结合工程应用现状精选内容，比较全面地介绍电力电子基本应用技术

（1）本书内容涵盖 AC-DC、DC-DC、DC-AC、AC-AC 四大类变换技术和电力电子器件应用保护五个方面的内容，比较全面地反映了电力电子基本应用技术的概貌。

（2）结合电力电子技术应用实际与现状，课程知识以 PWM 硬开关变换技术为主干，对于软开关技术、多电平变换技术、电压空间矢量 PWM 变换技术等较复杂的内容进行概要性介绍。

（3）适当压缩相控变换技术内容，针对 APFC 技术广泛应用的现状，增加 PWM 整流技术内容，详细介绍单相 Boost 型 APFC、单相 Flyback 型 APFC 技术的内容，并简要介绍三相 Boost 型 APFC 技术原理，同时概要介绍二极管整流、倍压整流、倍流整流、自同步开关整流等内容。

2. 着眼于工程应用能力培养，在传统内容基础上加强与应用设计相关的内容

（1）在电力电子器件应用知识方面，增加了与应用设计相关的电力电子器件主要参数、器件典型驱动电路结构、典型缓冲吸收电路结构及设计方法等内容。

（2）教材于每个章节后配置了丰富的应用设计案例，介绍相关理论分析方法在工程设

计中的应用，打通理论教学与工程应用之间的屏障，拉近理论教学与工程应用之间的距离。

（3）针对 SPWM 逆变技术实际应用的需要，增加 LC 滤波器设计的内容。

（4）在各章传统电路工作波形的解析过程中，加强了电路核心元件电应力分析相关的内容，为元件的合理选择设计建立基础。

《电力电子技术》（修订版）适合 51 学时和 68 学时课程教学，书中带有“*”的内容可以视情况选讲或安排自学，每章的思考题与习题一般有 10～15 题，可按需选做。各章教学安排建议如下。

68 学时教学安排（带“*”内容选择性讲解或概略介绍）

绪论	1 学时
第 1 章　电力电子器件及其应用	9 学时
第 2 章　直流-直流变换技术	14 学时
第 3 章　直流-交流变换技术	12 学时
第 4 章　交流-直流变换技术	16 学时
第 5 章　交流-交流变换技术	10 学时
第 6 章　软开关与多电平变换技术	6 学时

51 学时教学安排（带“*”内容建议安排自学或部分选讲）

绪论	1 学时
第 1 章　电力电子器件及其应用	8 学时
第 2 章　直流-直流变换技术	11 学时
第 3 章　直流-交流变换技术	11 学时
第 4 章　交流-直流变换技术	14 学时
第 5 章　交流-交流变换技术	6 学时

本书是在《电力电子技术》（任国海，付艳清主编，科学出版社出版）基础上作进一步修订改编而成，主要是修订并加强了应用设计案例，加强了软开关技术及应用部分的内容，对部分章节进一步补充完善了与工程应用相关的内容，修正了原教材中的错误。

本书由任国海、陈慧、江皓、杜鹏英、姚立海、付艳清等修订改编，全书由任国海统稿并修改。教材主干借鉴保留了《电力电子技术》教材的内容体系，在此对原教材的相关合作者表示衷心的感谢！

《电力电子技术》承蒙原浙江大学电气工程学院程肇基教授进行详细、全面的审核，程肇基教授为教材的编写提出了许多建设性的意见，本书同时继承了程肇基教授的这些思想，本书的出版也是对程肇基教授的一种纪念！

本书编写引用了众多国内外同行的著作、文献，在此一并表示感谢！

由于编者水平有限，书中难免有疏漏和不妥之处，恳切希望广大读者批评指正。

目　录

绪　　论

电力电子技术是现代电气工程领域非常活跃的一个技术分支，它能根据用电场合的不同而改变电能的应用方式，使电能的应用更好地满足不同负载所期望的最佳供应形式，通过功能和性能的提高获得良好的节能效果，产生经济效益和社会效益。现代工业、交通运输业、军事装备及尖端科学领域的进步以及人类生活质量和生存环境的改善都依赖于高品质的电能。据统计，目前全球 80%以上的电能都是经过变换后才使用的，电力电子技术在其中占有重要的地位。20 世纪人类最伟大的 20 项科技成果是电气化、汽车、飞机、自来水供水系统、电子技术、无线电与电视、农业机械化、计算机、电话、空调与制冷、高速公路、航天、互联网、成像技术、家电、保健科技、石化、激光与光纤、核能利用和新材料，这些科技成果都不同程度地应用了电力电子技术，可以说电力电子技术与人们的生活息息相关，已被广泛应用到社会的方方面面。

0.1　什么是电力电子技术

电力电子学的英文全拼是 Power Electronics，在工程应用中通常称为电力电子技术。国际电气和电子工程师协会（IEEE）的电力电子学会对电力电子技术的定义是：有效利用电力半导体器件、应用电路和设计理论及分析开发工具，实现对电能的高效能变换和控制的一门技术，它包括电压、电流、频率和波形的变换。

电力电子技术是应用于电力技术领域的电子技术，是电气工程技术、电子科学与技术、控制理论三大学科的交叉学科。1974 年，美国学者 W.Newell 利用如图 0-1 所示的倒三角形对电力电子技术进行了描述，表明了电力电子技术与三大学科之间的关系，这一观点被学术界普遍接受。

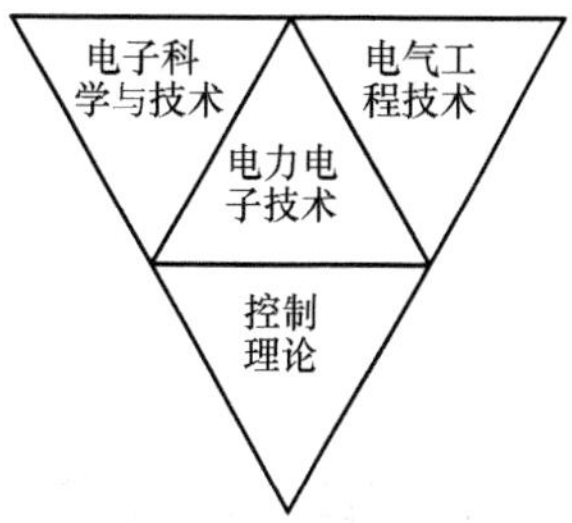

图 0-1　电力电子技术的描述

电力电子技术是在能量的产生和使用之间建立一种联系，如图 0-2 所示，电力电子电路的重要特征是功率器件工作于开关状态。虽然利用模拟电子技术也可以实现类似的控制和变换，如采用线性稳压实现电压变换，利用线性放大与调制技术实现交流电能的变换和输出，但这些方法由于功率器件工作于线性放大状态，损耗很大导致电路工作效率低下，因此这些变换不属于电力电子的范畴。

一个完整的电力电子系统通常包括主电路、控制电路、驱动电路、缓冲电路和保护电路等几大类电路。其中，主电路是承担电能量变换的回路；缓冲电路主要用于主电路中功率器件的保护；控制电路包括测量与数据处理、控制和调节两部分，是协调整个电力电子电路正常工作的核心；驱动电路则是连接控制电路与主电路之间的桥梁，其功能是把控制信号准确地传送到功率器件，使器件按照要求开通与关断，同时隔离主电路对控制电路的干扰；保护电路则由两部分组成，一部分融合在控制电路中，一旦检测到电路工作异常，控制电路自动产生相关的保护动作，另一部分则是融合在主电路回路中，一旦电路发生故障则产生机械动作使电路断电，通常采用机械开关或熔断器。

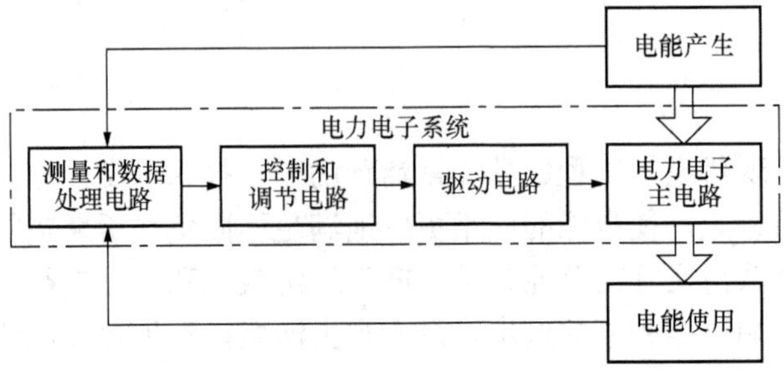

图 0-2 电力电子技术与电能控制的关系

典型的电力电子系统如图 0-3 所示，它包含了前面所述的各个部分。其中，开关 S 代表以开关方式工作的电力电子器件，S、VD、L、C 等构成了电力电子的主电路。

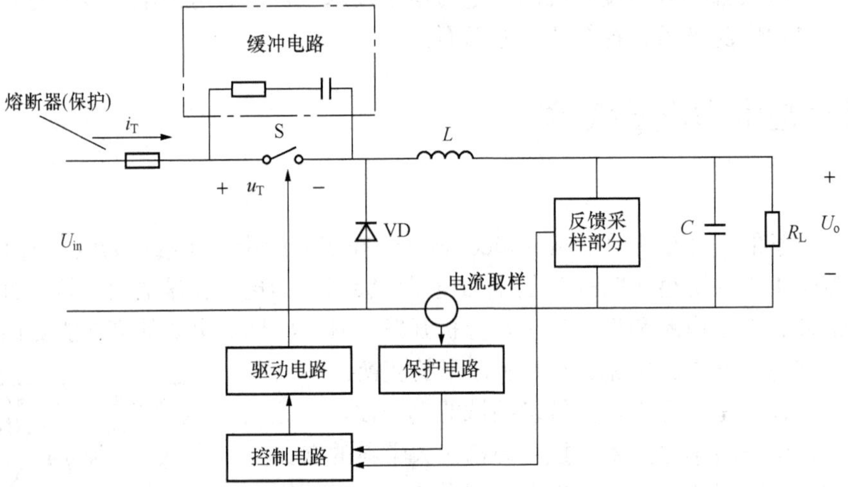

图 0-3 典型的电力电子系统

0.2 电力电子技术的发展与现状

电力电子技术的发展依赖于电力电子器件的发展。因此，电力电子技术的发展史是以电力电子器件发展史为纲的。

一般认为，电力电子技术的诞生是以 1957 年美国通用电气公司研制出第一个晶闸管为标志的。由于其优越的电气性能和控制性能，晶闸管很快取代了水银整流器和旋转变流器组，并进而在电化学工业、铁道电气机车、钢铁工业（轧钢用电气传动、感应加热等）和电力工业（直流输电、无功补偿等）等领域得到广泛应用，正是由于晶闸管变流技术的发展，电力电子技术的概念和基础得以确立。

由于晶闸管只能控制导通，关断需要通过外部电路来实现，其应用受到一定的局限。20 世纪 70 年代后期，以门极可关断晶闸管（GTO）、功率晶体管（GTR）、功率场效应晶体管（P-MOSFET）为代表的全控型器件迅速发展，这些器件既可以控制开通，又可控制关断，且开关速度普遍高于晶闸管，使电力电子技术的面貌焕然一新，达到一个新的发展阶段。晶闸管电路一般采用相位控制方式，而全控型器件主要采用脉宽控制（PWM）方式。

20 世纪 80 年代后期，以绝缘栅双极型晶体管（IGBT）为代表的复合型器件异军突起。IGBT 是 MOSFET 和 GTR 的复合，兼有 MOSFET 驱动功率小、速度快的优点和 GTR 通态压降小、载流能力强的优点，性能优越，已经成为现代电力电子技术的主导器件之一。

随着全控型器件的广泛应用，电力电子电路的工作频率也不断提高，电力电子器件的开关损耗已成为重要的制约因素。为了减小损耗，软开关技术得到了快速的发展。软开关技术可以大幅度降低器件的开关损耗，提高电力电子电路的工作频率，从而进一步提高电力电子装置的功率密度和效率，已逐步成为现代电力电子技术的一个重要手段。

随着电力电子技术的发展，虽然电力电子器件的单管容量、开关频率已经有了极大的提高，但仍不能满足人们对高压、大功率的需求，而且器件的开关容量与工作频率是一对相互制约的矛盾，为了实现高频化和低 EMI 的大功率变换，多电平变换技术成为现代电力电子技术高压大功率应用领域的研究热点。

微电子技术的快速发展也为电力电子技术的发展注入新的活力，随着传感器、数字芯片、通信与网络技术的发展，数字化、智能化、网络化控制正在成为现代电力电子系统发展的一个潮流。

经过半个多世纪的发展，电力电子技术已经取得了辉煌的成就，但与微电子领域的高度集成化相比，电力电子技术仍处于“分立元器件”时代，电力电子系统的集成化是未来一个重要的发展趋势。

在电力电子系统集成化发展方面，1997 年美国海军提出了电力电子积木（PEBB）的概念，这个概念主张使用标准化的电力电子单元，一台电力电子装置将由许多这样的电力电子单元组装而成，由于设计的标准化和模块化，电力电子装置的维护将变得十分简单。1998 年美国电力电子系统中心（CPES）正式提出了电力电子集成技术的思想，其核心就是研制集成的电力电子模块（IPEM）。概念化的 IPEM 为三维结构，包括主电路、驱动控制电路、传感器与磁性元件等无源元件，并适合自动化生产。由于技术条件的限制，目前学术界将 IPEM 分为有源 IPEM（包括功率器件、驱动控制电路、传感器等有源部件）和无源 IPEM（包括磁性元件、电容、电阻等无源元件）两种开展研究。自 20 世纪 80 年代中期，功率集成电路（PIC）技术开始出现，它把驱动、控制、保护电路和功率器件集成在一起，大大缩小了体积，给应用带来方便，它的出现开辟了电力电子器件智能化的方向，目前发展迅速；在无源元件方面，磁集成技术开始得到了广泛的研究，已经取得不少应用成果。

0.3　电力电子技术的应用

电力电子技术已经在当代社会的各个领域得到了广泛的应用，典型的应用包括如下几个方面。

1. 电源

在目前各种电控装置及用电设备中使用的电源，大多采用了电力电子技术，由于各种设备对电源的要求千差万别，因此电源种类繁多，下面介绍几种特殊的电源。

（1）弧焊电源：采用高频逆变整流技术，与传统焊接电源相比，其体积与重量显著减小，既节能又便于使用。

（2）电解、电镀电源：以这类应用为代表的低压大电流直流电源是现代电力电子技术的一个典型应用方向。

（3）高性能不停电电源（UPS）：高性能不停电电源是通信中心、数据中心、指挥控制中心等一些重要的用电场合必备的设备。

（4）恒频、恒压电源：广泛应用于航空、航天、车辆、军事装备等特殊应用领域。

（5）直流开关电源：广泛应用于通信、办公自动化设备、计算机设备、电子仪器和仪表、各类数码设备等多种场合。

（6）充电电源：广泛应用于各种蓄电池应用的场合。

（7）中频或高频感应加热电源：广泛应用于冶炼、铸造、锻压、模压、金属拉伸、金属弯管、焊接等冶金、机械领域。

（8）大功率脉冲电源、激光电源。

2. 电力传动

全国的电动机每年消耗约 62%的电能，电气传动是电力电子技术的一个重要应用领域，典型的应用包括如下几种。

（1）风机、泵类的节能调速：风机、泵类的用电量占总发电量的 30% 左右，传统的技术采用风挡、阀门调节风量与流量，而采用变频调速可节能 30% 左右。

（2）精密调速与特种调速：数控机床的主轴传动和伺服传动、雷达和自动火炮的同步联动等场合，需要 1∶10000 的调速范围和控制精度。

（3）牵引传动：包括纯电动车、无轨电车、蓄电池供电车辆、电梯、卷扬机等各类牵引系统。

（4）电气化轨道交通：包括地铁、城市轻轨、高速铁路、磁悬浮交通等。

3. 电力系统

电力系统是现代电力电子技术又一个重要应用领域，典型应用有如下几种。

（1）高压直流输电技术（HVDC）。

（2）大型发电机的静止励磁控制。

（3）水力、风力发电机的变速恒频励磁控制。

（4）无功补偿与谐波抑制。

（5）未来的柔性交流输电与用户定制电力技术。

4. 照明

我国的照明用电占总发电量的 12% 左右，新一代的稀土节能灯和电子镇流器的出现，开始了照明节能的前奏。各种新型的气体放电节能灯、新兴的发光二极管（LED）照明等都离不开驱动电源，照明领域是电力电子又一个重要的应用领域。

5. 新能源应用

在能源供应日益紧缺的今天，环保节能和新能源开发利用成为时代发展的热点。无论是燃料电池、微汽轮机、风能、太阳能和潮汐能等得到的一次电能，都难以被标准的电气负载直接利用，都离不开电力电子技术进行高效的能量变换。

0.4　本课程的内容

本课程面向应用型本科院校教学，以了解电力电子技术基本技术体系，掌握基本理论分析方法，培养电力电子技术基本应用能力为目标。主要介绍典型电力电子器件应用技术、电力电子基本变换技术的原理与分析方法，主要内容体系分为以下几个部分。

绪论：介绍电力电子技术的发展历史、现代电力电子技术概况、应用现状、研究的前沿领域、本课程的主要授课内容。

第 1 章　电力电子器件及其应用：本章主要介绍功率二极管、晶闸管、功率晶体管、功率场效应晶体管、绝缘栅双极型晶体管的工作原理、工作特性、相关参数定义等知识，作为器件正确应用的基础。在此基础上介绍了典型驱动电路结构与工作原理、典型的缓冲吸收电路结构与应用设计方法。

第 2 章　直流-直流变换技术：本章主要介绍 Buck 电路、Boost 电路、Buck-Boost 电路、Cuk 电路、正激变换电路、反激变换电路、桥式变换电路、多象限变换器等典型变换电路的工作原理、运行分析方法。

第 3 章　直流-交流变换技术：依据单相桥式、三相桥式逆变电路结构，本章主要介绍方波逆变、正弦波逆变的多种控制控制方法与电路工作参数分析。

第 4 章　交流-直流变换技术：本章主要介绍单相、三相二极管整流电路的工作原理与工作特性；单相、三相相控整流电路电阻负载、大电感负载、反电动势负载的工作原理与工作特性分析；单相 Boost、Flyback 型 APFC 的工作原理与工作特性分析，三相 Boost 型 APFC 的原理与工作特性。简要介绍了倍流整流、倍压整流、自同步整流等技术的原理。

第 5 章　交流-交流变换技术：本章主要介绍单相和三相相控调压、斩控调压电路的工作原理与工作特性，简要介绍了直接变频、组合式变频技术的原理。

第 6 章　软开关与多电平变换技术：本章简要介绍软开关技术和多电平逆变技术的基本原理，作为对现代电力电子新技术应用的一个了解。

电力电子技术是一门实践性很强的课程，本课程的理论知识学习只是培养电力电子技术应用能力的基础，每章内容之后分别设置了应用示例章节，介绍理论分析方法和结论在实际工程设计中的应用，重点培养学生电力电子工程设计的基本技能。

第1章　电力电子器件及其应用

1.1　概述

电力电子技术的基础是由电力电子器件、电力电子电路和电力电子系统控制三个层次构成。电力电子器件是指可直接用于处理电能的主电路中，实现电能变换或控制的电子器件。现代电力电子器件有时也包含介电材料和磁性材料构成的电容、电感元件，但通常特指电力半导体器件。

依据电力电子器件的控制特性不同，习惯上分为不可控型、半控型、全控型三种，常用的电力电子器件分类如表1-1所示。

表1-1　常用的电力电子器件分类

类别	不可控型	半控型	全控型
常用器件	功率二极管、功率稳压二极管、瞬变尖峰电压抑制二极管	普通晶闸管、双向晶闸管	功率晶体管、功率场效应晶体管、绝缘栅双极晶体管、门极可关断晶闸管
特点及应用	二极管用于控制电流方向； 稳压二极管用来控制电压幅度； 瞬变尖峰电压抑制二极管用于功率器件的尖峰电压抑制	可以用脉冲控制其开通，一旦开通不能用控制极关断；常用于交流回路的功率控制	可以利用控制极控制器件开通和关断；广泛应用于各种现代电力电子系统中

按照控制参量的特征，电力电子器件也可以分为电流控制型器件和电压控制型器件（场控器件），如晶闸管、门极可关断晶闸管、功率晶体管等属于电流控制型器件，功率场效应晶体管和绝缘栅双极晶体管属于电压控制型器件。

电力电子器件发展非常迅速，品种也非常多，本章主要介绍目前较为常用的一些电力电子器件及其相关的应用技术。

1.2　功率二极管

常用的功率二极管主要分为三类：普通二极管（general purpose diode，GPD）、快速恢复二极管（fast recovery diode，FRD）、肖特基势垒二极管（schottky barrier diode，SBD），其主要特征如下所述。

1. 普通二极管

普通二极管又称为整流二极管，多用于开关频率不高（1kHz 以下）的整流电路中，其反向恢复时间较长（一般在 5μs 以上），正向电流定额和反向电压定额可以达到很高，分别可达数千安和数千伏以上。

2. 快速恢复二极管

快速恢复二极管分为快速恢复和超快速恢复两个等级，前者反向恢复时间为数百纳秒或更长，后者则在 100ns 以下，甚至达到 20～30ns，其正向导通压降通常在 1V 左右或更大。

3. 肖特基势垒二极管

肖特基势垒二极管是以金属和半导体接触形成的势垒为基础的二极管，简称肖特基二极管。其优点是反向恢复时间很短（10～40ns），正向恢复过程中无明显的电压过冲，在反向耐压较低的情况下，正向压降也很小（通常 0.5V 左右），其开关损耗和正向导通损耗都比快速恢复二极管小。肖特基二极管的弱点在于当反向耐压提高时其正向压降也会高得不能满足要求，因此多用于 200V 以下的低压场合；同时由于反向漏电流较大且对温度敏感，反向稳态损耗不可忽略，而且必须严格限制其工作温度。

1.2.1　功率二极管的工作特性

大功率二极管主要有螺栓型和平板型两种封装，如图 1-1 所示。

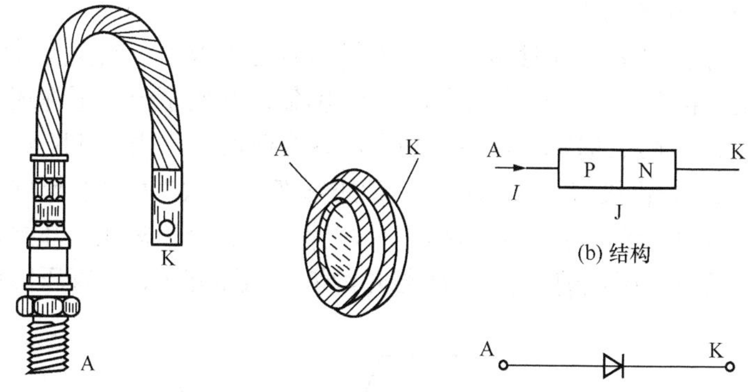

(a) 外形　　(c) 电气图形符号

图 1-1　功率二极管的外形、结构和电气图形符号

A—阳极；K—阴极

1. 功率二极管的静态特性

功率二极管的静态特性主要指其伏安特性，如图 1-2 所示。

第 I 象限为正向特性区，表现为正向导通状态。当功率二极管阳极 A 和阴极 K 间的电压大于门槛电压 U_{TO} 时，正向电流 I_F 明显增加，处于稳定导通状态，对应的 U_F 即为二极管的正向压降。随着正向电流的增加，曲线呈现与纵轴平行的趋势，二极管只承担一个很小

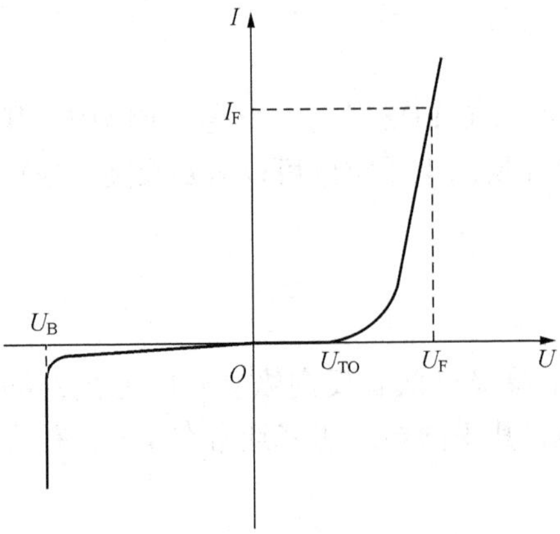

图 1-2　功率二极管伏安特性曲线

的管压降，阳极电流的大小完全由外电路决定，二极管导通后流过的电流与产生的管压降形成通态损耗，表现为二极管的发热。

第 III 象限为反向特性区，当功率二极管阳极 A 和阴极 K 间承受反向电压时，只有微小的反向漏电流，一旦反向电压超过反向击穿电压 U_B 时，二极管发生雪崩击穿，漏电流开始急剧增加，此时必须对反向电流或电压加以限制，否则二极管将因反向击穿而被损坏。

2. 功率二极管的动态特性

由于 PN 结电容的存在，功率二极管在零电压偏置、正向偏置和反向偏置这三种状态转换时，必然经历一个瞬时过程用于 PN 结带电状态的调整，这个过程中的功率二极管电压、电流特性随时间变化，通常称为动态特性。

1）功率二极管的开通过程

功率二极管在开通初期呈现出明显的电感效应，无法立即响应正向电流的变化，表现为开通初期呈现较高的瞬态压降，过一段时间后才达到稳定且导通压降很小。图 1-3（a）所示为功率二极管由零偏置转为正向偏置开通过程中的管压降和正向电流的变化曲线。在正向恢复时间 t_{fr} 内，开通过程中功率二极管承受的正向峰值电压 U_{FP} 远高于稳态压降，有时甚至达几十伏，在经 t_{fr} 时间后才接近于稳态压降的某个值。功率二极管开通时呈现的电感效应与器件内部机理、引线长度、器件封装所采用的材料有关。

2）功率二极管的关断过程

图 1-3（b）所示为功率二极管由正向偏置导通状态转换为反向偏置关断状态的电压、电流波形。t_F 时刻二极管的外加电压反向，正向电流 I_F 开始下降，下降速率由反向电压大小和电路中电感决定；在 t_0 时刻，I_F 下降为零，这个时间段内由于 PN 结两端储存有大量载流子（少子），二极管仍维持正向偏置，其管压降变化不大，I_F 继续反向增长抽取这些载流子，当 PN 结两端附近的载流子基本抽尽时，管压降变为负极性，开始抽取空间电荷区较远的载流子，空间电荷区迅速展宽，PN 结开始恢复阻断能力，在管压降变为负极性不久

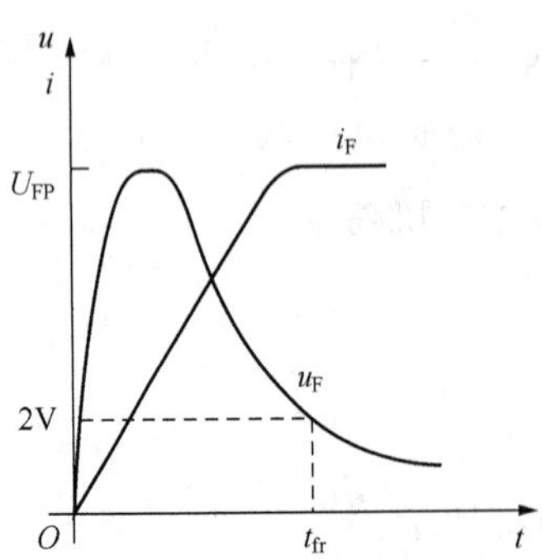

(a) 功率二极管的开通过程

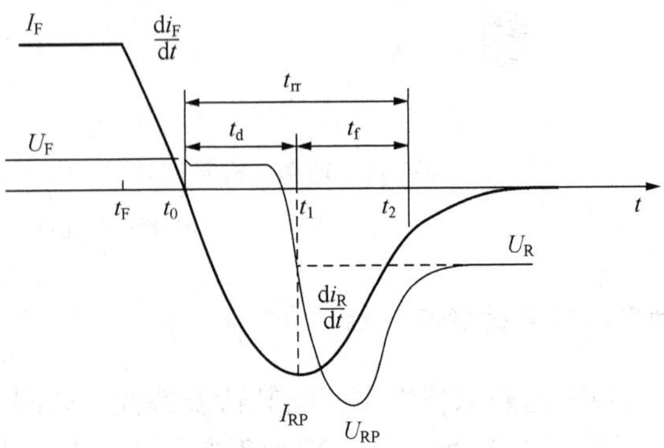

(b) 功率二极管的关断过程

图 1-3　功率二极管的动态特性

的 t_1 时刻，反向电流达到其峰值 I_{RP}，之后 I_F 开始逐步衰减。由于反向电流的迅速下降，在外电路电感的作用下，二极管两端产生比外加反向电压 U_R 大得多的反向电压过冲 U_{RP}，至 t_2 时刻，二极管恢复阻断，图中 t_{rr} 为反向恢复时间，t_d 为关断时延，t_f 为电流下降时间。t_f/t_d 称为恢复特性的软度，也称恢复系数，用 S_r 表示，S_r 越大表示恢复特性越软，即同样条件下的 U_{RP} 较小。电荷变化的大小决定了反向恢复电流的峰值 I_{RP}，所以正向电流 I_F 越大，总的电荷变化越大，则 I_{RP} 越大。

器件的动态过程表现为电压、电流的变化过程，器件上这种变化过程产生损耗，通常把电力电子器件一个开关周期内动态过程产生的平均损耗称为器件的动态损耗，又称开关损耗，它以热量形式散发。动态损耗分为开通损耗和关断损耗两部分，它与开关频率和器件开关时间成正比，高频应用时必须采用快速二极管以减小开关损耗。

1.2.2　功率二极管的主要参数

1. 正向平均电流 $I_{F(AV)}$

正向平均电流 $I_{F(AV)}$ 即组件标称的额定电流，是指在规定的管壳温度和散热条件下允许通过的最大工频正弦半波电流的平均值。实际应用中一般以有效值相等的原则选取二极管额定电流并留有一定余量。

对于正弦半波电流，假定其峰值电流为 I_M，则其平均值为

$$I_{AV}=\frac{1}{2\pi}\int_0^{\pi} I_M \sin\omega t \mathrm{d}(\omega t)=\frac{I_M}{\pi} \tag{1-1}$$

其正弦半波电流的有效值（方均根值）为

$$I_{rms}=\sqrt{\frac{1}{2\pi}\int_0^{\pi}(I_M \sin\omega t)^2 \mathrm{d}(\omega t)}=\frac{I_M}{2} \tag{1-2}$$

定义某电流波形的有效值与平均值之比为这个电流的波形系数，用 K_f 表示，即

$$K_f=\frac{\text{电流有效值}}{\text{电流平均值}} \tag{1-3}$$

正弦半波电流的波形系数为

$$K_f=\frac{I_{rms}}{I_{AV}}=\frac{\pi}{2}=1.57 \tag{1-4}$$

在实际电路中，流过二极管的电流波形不一定是正弦半波，对于周期性的电流波形一般都可以计算其有效值，假定电路中功率二极管实际流过的最大工作电流有效值为 $I_{Drmsmax}$，依据有效值相等的原则，参考式（1-4）计算结果，二极管额定电流一般选择为

$$I_{F(AV)}\geqslant\frac{k_{sai}I_{Drmsmax}}{1.57} \tag{1-5}$$

式中，k_{sai} 是电流安全系数，通常取 $k_{sai}\geqslant 2$，本书之后均相同，系数 1.57 为正弦半波的波形系数。

2. 正向压降 U_F

正向压降 U_F 是指在规定温度下，流过某一稳定正向电流时所对应的正向压降。

3. 反向重复峰值电压 U_{RRM}

反向重复峰值电压 U_{RRM} 是功率二极管能重复施加的反向最高峰值电压，通常是其雪崩击穿电压 U_B 的 2/3。实际应用中，选择器件的 U_{RRM} 一般应不小于二极管在电路中可能承受的最大反向峰值电压的 1.5 倍。

4. 反向恢复时间 t_{rr}

反向恢复时间 t_{rr} 是指功率二极管施加反向偏置后，从正向电流降至零起到恢复反向阻断能力为止的时间，如图 1-3（b）所示。

5. 浪涌电流 I_{FSM}

浪涌电流 I_{FSM} 是指功率二极管所能承受最大的连续一个或几个工频周期的过电流。

6. 最高工作结温 T_{JM}

最高工作结温 T_{JM} 是指 PN 结不致损坏的前提下所能承受最高的 PN 结平均温度。

1.3 晶闸管

晶闸管（thyristor）又称晶体闸流管或可控硅整流器（silicon controlled rectifier，SCR），是一种既具有开关作用又具有整流作用的大功率半导体器件。虽然自 20 世纪 80 年代开始，大量性能更好的全控型器件广泛使用，但由于其能承受的电压和电流容量在目前电力电子器件中最高，且工作可靠，因此在大容量应用场合仍具有重要地位。晶闸管包括普通晶闸管、双向晶闸管、逆导晶闸管、光控晶闸管等多种类型的派生器件，但习惯上所称的晶闸管往往专指普通晶闸管。

晶闸管具有三个 PN 结的四层结构，其外形、结构和电气图形符号如图 1-4 所示。由最外的 P_1 层和 N_2 层引出两个电极，分别为阳极 A 和阴极 K，由中间的 P_2 层引出的电极是门极 G（也称控制极），三个 PN 结称为 J_1、J_2、J_3。

常用的晶闸管有螺栓型和平板型两种外形，如图 1-4（a）所示。晶闸管在工作过程中

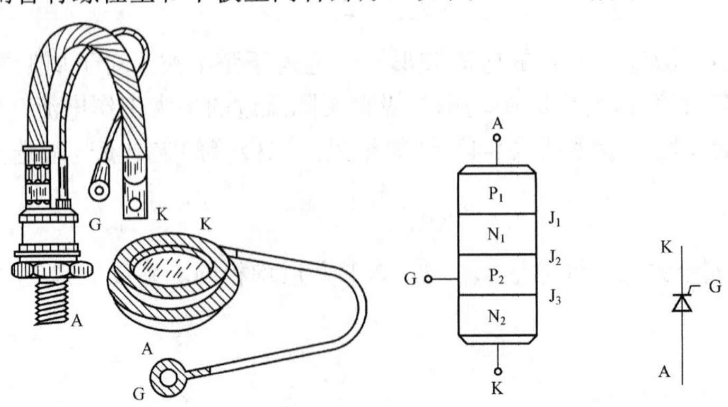

(a) 外形　　(b) 结构　　(c) 电气图形符号

图 1-4　晶闸管的外形、结构和电气图形符号

会因损耗而发热，必须安装散热器，螺栓型晶闸管靠阳极（螺栓）拧紧在铝制散热器上，可采用自然冷却或风冷却方式；平板型晶闸管的散热采用两个相互绝缘的散热器夹紧晶闸管，可采用风冷却、通水冷却、通油冷却等多种方式。

1.3.1　晶闸管的基本工作原理

晶闸管的工作原理可以用双晶体管模型解释，如图 1-5 所示，晶闸管可以看成是由一个 PNP 型和一个 NPN 型晶体管连接而成。阳极 A 相当于 PNP 型晶体管 VT_1 的发射极，阴极 K 相当于 NPN 型晶体管 VT_2 的发射极。

当晶闸管 AK 两端承受正向电压，控制极注入电流 I_G 时，晶体管 VT_2 产生集电极电流 I_{C2} 成为晶体管 VT_1 的基极电流，此电流放大成 VT_1 的集电极电流 I_{C1}，而电流 I_{C1} 又流入 VT_2 的基极，再一次放大，这样循环下去，形成了强烈的正反馈，使两个晶体管很快达到饱和导通。此时如果撤掉 I_G，内部的强烈正反馈仍然能够维持导通状态，因此，控制极的作用仅是触发晶闸管使其导通，导通之后，控制极就失去了控制作用。此时要关断晶闸管，可采用将阳极电源断开或使晶闸管承受反向电压，或者使晶闸管的阳极电流减小到接近于零的某一个数值（使之不能维持正反馈）。

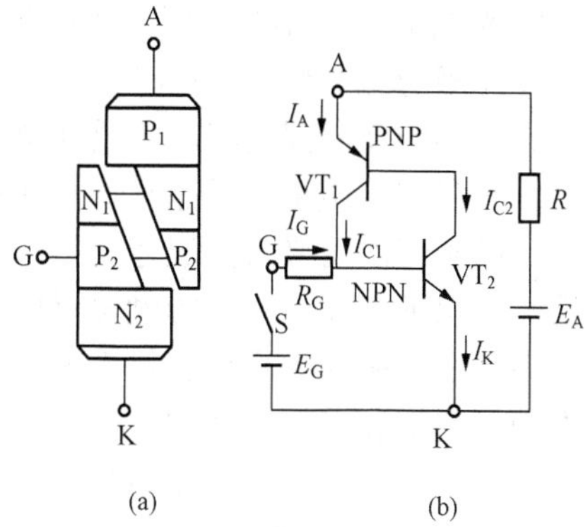

图 1-5　晶闸管工作原理示意图

晶闸管导通后的管压降很小，电源电压几乎全部加在外围电路上，晶闸管流过的电流由外部电路决定。由于门极只能控制晶闸管开通，不能控制其关断，晶闸管又称为半控型器件。

1.3.2　晶闸管的工作特性

1. 晶闸管的静态特性

晶闸管阳极与阴极间的电压 U_{AK} 和阳极电流 I_A 的关系称为晶闸管静态伏安特性，又称静态特性，如图 1-6 所示。晶闸管的静态特性包括正向特性（第 I 象限）和反向特性（第 III 象限）两部分。

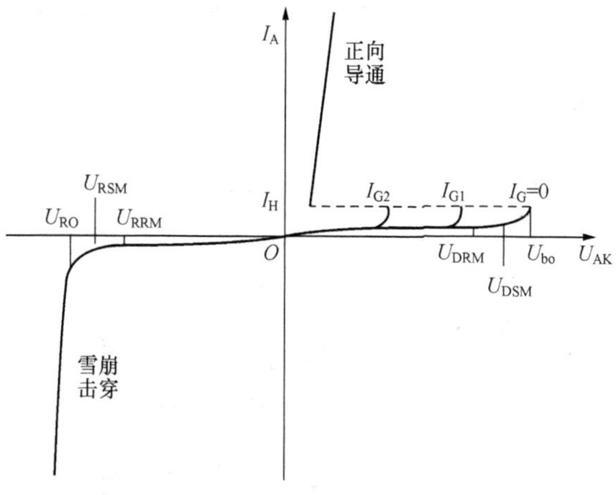

图 1-6　晶闸管伏安特性曲线（$I_{G2} > I_{G1} > I_G$）

晶闸管的正向特性有阻断状态和导通状态之分。当 $I_G=0$ 时，晶闸管处于正向阻断状态，施加正向电压 U_{AK}，只有很小的正向漏电流；当 U_{AK} 达到正向转折电压 U_{bo} 时，漏电流突然剧增，晶闸管由正向阻断状态突变为正向导通状态，这种现象称为“硬开通”。“硬开通”属于非正常开通，它使电路工作于非控制状态，实际应用时需要避免。

晶闸管的正向特性是一组随门极电流 I_G 增加而不同的曲线簇。晶闸管的正向转折电压随着门极电流 I_G 的增大而降低。晶闸管导通后的特性与二极管相仿，即使流过较大的阳极电流，管压降仍维持在 2～4V。

晶闸管导通后，如果门极电流为零，逐步减小阳极电流 I_A，使之下降到接近于零的某一数值 I_H 时，晶闸管又回到正向阻断状态，I_H 称为维持电流。

晶闸管施加反向电压时，其伏安特性类似于二极管的反向特性，晶闸管处于阻断状态，只有很小的反向漏电流。当反向电压达到反向击穿电压 U_{RO} 时，反向漏电流急剧增加，此时如无限制措施将造成晶闸管永久性损坏。

晶闸管的门极与阴极之间是一个 PN 结 J_3，如图 1-5 所示，其伏安特性称为门极伏安特性，为保证可靠、安全的触发晶闸管，门极触发电路所提供的触发电压、触发电流和功率应限制在晶闸管门极伏安特性曲线中的可靠触发区内，既保证有足够的触发功率，又确保不损坏门极和阴极之间的 PN 结。

根据前面的介绍，晶闸管的基本工作特性可以归纳如下。

（1）当 $U_{AK}<0$ 时（承受反向电压），不论门极有否触发电流，晶闸管都不导通，反向伏安特性类似于二极管。

（2）当 $U_{AK}>0$ 时（承受正向电压），仅门极有正向触发电流（$I_G>0$）的情况下晶闸管才能导通，一旦导通，门极就失去控制作用，导通后的晶闸管特性和二极管的正向特性相仿，压降在 2～4V。

（3）要使晶闸管关断，必须使晶闸管的电流下降到接近于零的某一数值以下或施加反向电压（$U_{AK}<0$）。

（4）晶闸管是一种电流控制型器件，门极触发电流从门极流入，阴极流出。

2. 晶闸管的动态特性

晶闸管开通与关断过程中的伏安特性变化关系称为晶闸管的动态特性。晶闸管开通与关断过程的物理机理比较复杂，在此仅作简要介绍。晶闸管开通与关断过程的波形如图 1-7 所示。

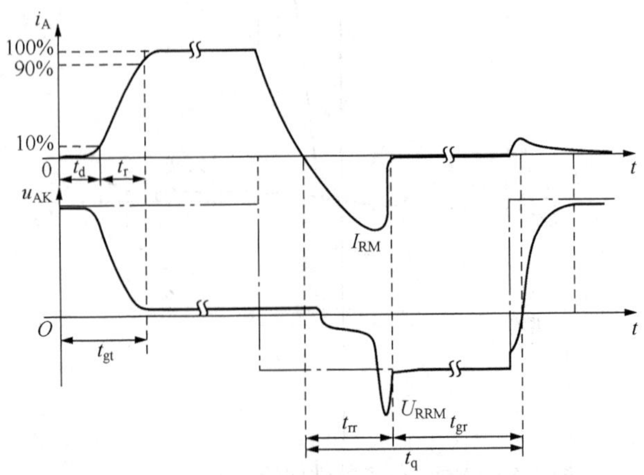

图 1-7 晶闸管开通和关断过程的波形

1）开通过程

晶闸管门极在坐标原点时刻开始受到理想阶跃电流触发，由于晶闸管内部的正反馈过程需要时间，再加上外部电路电感的限制，晶闸管触发后阳极电流增长需要一个过程。从门极电流阶跃时刻开始至阳极电流上升到稳定值的 10%，这段时间称为延迟时间 t_d，此时，晶闸管的正向电压基本不变。阳极电流从 10%上升到稳态值的 90%所需的时间称为上升时间 t_r，此时晶闸管的正向电压逐步减小。开通时间 t_{gt} 定义为两者之和，即 $t_{gt}=t_d+t_r$。普通晶闸管延迟时间一般为 0.5～1.5μs，上升时间一般为 0.5～3μs。晶闸管开通时间与触发电流、外电路状态均有关系，通常增加触发电流可以加快开通过程。

2）关断过程

对已导通的晶闸管，外电路所加电压在某一时刻突然改变极性（图 1-7 中点划线所示波形），由于外电路电感的存在，其阳极电流的衰减也需要一个过程。与二极管反向恢复过程类似，晶闸管关断过程也会出现反向恢复电流，经过最大值 I_{RM} 后再反方向衰减。在恢复电流快速衰减时，由于外电路电感的作用，会在晶闸管两端引起反向的尖峰电压 U_{RRM}。从正向电流降为零到反向恢复电流衰减至接近于零的时间称为反向阻断恢复时间 t_{rr}。反向恢复过程结束后，由于载流子复合过程比较慢，晶闸管要恢复其对正向电压的阻断能力还需要一段时间，称为正向阻断恢复时间 t_{gr}。在正向阻断恢复时间内如果重新对晶闸管施加正向电压，晶闸管会重新正向导通而不受门极控制。实际应用中，应对晶闸管施加足够长时间的反向电压，使晶闸管充分恢复其对正向电压的阻断能力，电路才能可靠地工作。晶闸管的关断时间 t_q 定义为 t_{rr} 和 t_{gr} 之和，即 $t_q=t_{rr}+t_{gr}$，普通晶闸管的关断时间通常为几百微秒。

1.3.3　晶闸管的主要参数

晶闸管与二极管不同，在正向工作时不但可以处于导通状态，也可以处于阻断状态，因此，晶闸管的参数中断态与通态是区别正向工作时的两种状态。晶闸管的参数与结温关系密切，实际应用需参考器件参数和特性曲线的具体规定。

1. 额定电压

1）断态重复峰值电压 U_{DRM}

在门极断路和结温额定的条件下，允许重复加在晶闸管两端的正向峰值电压称为正向断态重复峰值电压 U_{DRM}，国标规定重复频率为 50Hz，每次持续时间不超过 10ms。一般规定此电压为正向转折电压 U_{bo} 的 80%（或断态最大瞬时电压 U_{DSM} 的 90%，如图 1-6 所示）。

2）反向重复峰值电压 U_{RRM}

在控制极断路和结温额定的条件下，允许重复加在晶闸管两端的反向峰值电压称为反向重复峰值电压 U_{RRM}。此电压取反向转折电压 U_{RO} 的 80%（或反向最大瞬时电压 U_{RSM} 的 90%，如图 1-6 所示）。

通常取晶闸管的 U_{DRM} 和 U_{RRM} 中较小的标值作为该器件的额定电压。实际应用中，晶闸管额定电压的选择一般不小于正常工作时晶闸管所承受最大峰值电压的 1.5 倍。

3）通态（峰值）电压 U_{TM}

通态（峰值）电压 U_{TM} 是指晶闸管通以某一规定倍数的额定通态平均电流时的瞬态峰值电压。

2. 额定电流

1）通态平均电流 $I_{T(AV)}$

通态平均电流 $I_{T(AV)}$又称为额定电流、正向平均电流，是指在环境温度小于 40℃和标准散热及全导通的条件下，晶闸管可以连续导通的最大工频正弦半波电流平均值。

与二极管相似，晶闸管的额定电流也是基于功耗发热而导致的结温不超过允许值而限定的，与二极管额定电流选取方法类似，实际应用中按照实际流过晶闸管电流波形的有效值与晶闸管通态平均电流 $I_{T(AV)}$对应的正弦半波有效值相等的原则来选择晶闸管的额定电流，并留有一定余量［参考式（1-5）的方法］。

2）维持电流 I_H 和擎住电流 I_L

晶闸管处于通态时，断开门极电流情况下维持晶闸管继续导通的最小电流称为维持电流 I_H。通常在晶闸管的铭牌上标明了常温下 I_H 的实测值。

在晶闸管施加触发脉冲使其导通的过程中，刚从阻断状态转为导通状态时就撤除触发信号，此时组件维持导通所需要的最小阳极电流称为擎住电流 I_L。对同一晶闸管，擎住电流 I_L 一般为维持电流 I_H 的 2～4 倍，两者都随结温的下降而增大。

3）浪涌电流 I_{TSM}

浪涌电流 I_{TSM} 是指在规定的极短时间内晶闸管所允许通过的冲击性电流值，它规定了电路异常时引起使结温超过额定结温的不重复性最大正向超载电流，这个参数可作为设计保护电路的参考数据。

3. 动态参数

1）晶闸管的开通时间 t_{gt} 与关断时间 t_q

晶闸管在导通与阻断两种工作状态之间的转换需要一定的时间。开通时间 t_{gt} 与关断时间 t_q 含义如图 1-7 所示，普通晶闸管的开通时间 t_{gt} 为几个微秒，关断时间 t_q 为几十至几百微秒。开通时间 t_{gt} 与门极触发电流脉冲的陡度、大小、结温以及主回路中的电感量等有关。关断时间 t_q 与组件结温、关断前阳极电流的大小以及所加反向电压的大小有关，适当加大反向电压可以缩短关断时间 t_q。

2）通态电流临界上升率 $\mathrm{d}i/\mathrm{d}t$

通态电流临界上升率 $\mathrm{d}i/\mathrm{d}t$ 是指在规定条件下晶闸管能够承受的最大通态电流上升率。

门极流入触发电流后，晶闸管开始只在靠近门极附近的小区域内导通，随着时间的推移，导通区域逐渐扩大到 PN 结的全部面积。如果阳极电流上升过快，会导致门极附近的 PN 结因电流密度过大而烧毁，使晶闸管损坏。

3）断态电压临界上升率 $\mathrm{d}u/\mathrm{d}t$

在额定结温、门极开路的条件下，不导致晶闸管从断态到通态转换的外加电压最大上升率称为断态电压临界上升率 $\mathrm{d}u/\mathrm{d}t$ 。

晶闸管的 J_2 结在阻断状态下相当于一个电容，若突然加一正向阳极电压，便会有一个充电电流（位移电流）流过 J_2 结，该充电电流流经靠近阴极的 J_3 结时，产生相当于触发电流的作用，如果这个电流过大，将会使组件误导通。

4. 门极参数

1）门极触发电流 I_{GT} 与门极触发电压 U_{GT}

在规定的环境温度下，阳极与阴极之间施加一定正向电压（一般为 6V），使晶闸管从阻断状态转变为导通状态所需的最小门极直流电流即为门极触发电流 I_{GT}。对应的能够产生门极触发电流 I_{GT} 的最小门极直流电压即为门极触发电压 U_{GT}。

同一型号的晶闸管由于工艺离散性，其触发电流、电压差异很大，一般出厂的晶闸管都规定了最小和最大触发电流、电压范围，此范围中规定的最大触发电流、电压实际是指该型号所有晶闸管都能触发导通所需要的最小触发电流、电压，两者都为直流值。实际应用多为脉冲电流触发，触发电流通常是最大触发电流的 3～5 倍，并保持足够的脉冲宽度，以保证晶闸管可靠触发。

2）门极反向峰值电压 U_{RGM}

门极反向峰值电压 U_{RGM} 是指门极所能承受的最大反向电压，一般不超过 10V。

1.3.4 晶闸管的派生器件*

1. 快速晶闸管

快速晶闸管（fast switching thyristor，FST）是专为快速应用而设计的晶闸管，有快速晶闸管和高频晶闸管两种。快速晶闸管的结构和符号与普通晶闸管相同，区别在于管芯结构和制造工艺进行了改进，开关时间以及 du/dt 和 di/dt 明显改善。普通晶闸管关断时间为数百微秒，快速晶闸管为数十微秒，高频晶闸管为 10μs 左右，高频晶闸管的电压和电流定额都不宜做高，由于工作频率较高，选择通态平均电流时不能忽略其开关损耗的发热效应。

2. 双向晶闸管

双向晶闸管（triode AC switch，TRIAC 或 bidirectional triode thyristor）可认为是一对反并联连接的普通晶闸管的集成，其电气图形符号与伏安特性曲线如图 1-8 所示，它有两个主电极 T_1 和 T_2，一个门极 G。触发信号加在门极 G 和主电极 T_2 之间，门极正、负脉冲电流均可触发导通 TRIAC，正、反两方向均可触发导通，所以双向晶闸管在第 I 和第 III 象限有对称的伏安特性曲线。双向晶闸管与一对反并联晶闸管相比是经济的，且控制电路简单，

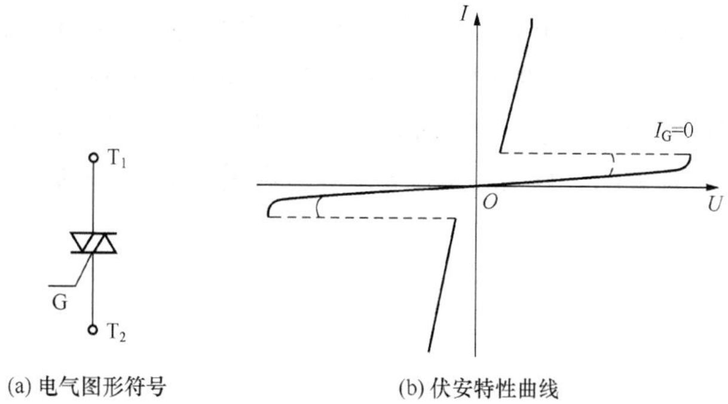

图 1-8　双向晶闸管的电气图形符号和伏安特性曲线

在交流调压电路、固态继电器（solid state relay，SSR）和交流电机调压调速等领域应用较多。由于双向晶闸管通常应用于交流电路中，因此，不用平均值而用有效值来表示其额定电流值。

3. 逆导晶闸管

逆导晶闸管（reverse conducting thyristor，RCT）是将晶闸管反并联一个二极管制作在同一管芯上的功率集成器件，这种器件不具有承受反向电压的能力，其电气图形符号和伏安特性曲线如图 1-9 所示，常应用于不需要反向阻断能力的各类逆变器和斩波器的应用中。逆导晶闸管的额定电流有两个，一个是晶闸管电流，一个是反并联二极管的电流。

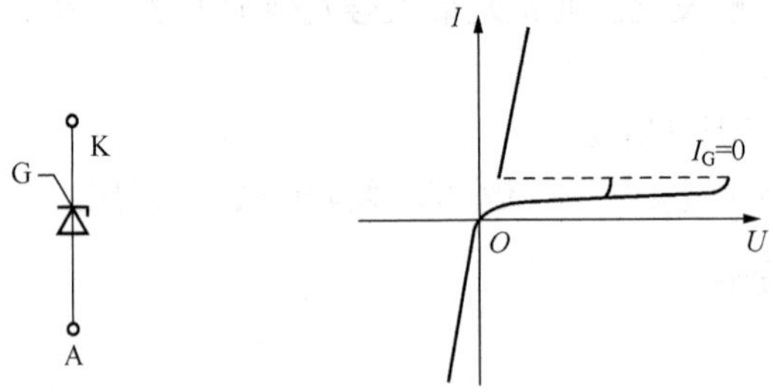

(a) 电气图形符号　　(b) 伏安特性曲线

图 1-9　逆导晶闸管的电气图形符号和伏安特性曲线

4. 光控晶闸管

光控晶闸管（light triggered thyristor，LTT）又称光触发晶闸管，是利用一定波长的光照信号触发导通的晶闸管，其电气图形符号和伏安特性曲线如图 1-10 所示。小功率光控晶闸管只有阳极和阴极两个端子，大功率光控晶闸管则还带有光缆，光缆上装有作为触发光源的发光二极管或半导体激光器。光触发使主电路与控制电路之间的绝缘得到了保证，并且可避免电磁干扰的影响，因此目前在高压大功率的场合，如高压直流输电和高压核聚变装置中，占据重要的地位。

5. 门极可关断晶闸管

晶闸管及其派生器件一般仅具有门极电流触发开通功能，属于半控型器件。门极可关断晶闸管虽然也是晶闸管的一种派生器件，但门极可关断晶闸管（gate-turn-off thyristor，通称为 GTO）具有门极电流控制开通、控制关断的能力，是一种典型的全控型器件，其电气图形符号如图 1-11 所示。当 GTO 的阳极和阴极之间承受正向电压，门极与阴极之间流过正向触发电流（$U_{AK}>0$、$I_{GK}>0$）时，可以触发导通；当在门极施加负的脉冲电流（$I_{GK}<0$）时，可以使其关断。GTO 的电压、电流容量与普通晶闸管接近，在大功率应用场合有较多的应用。

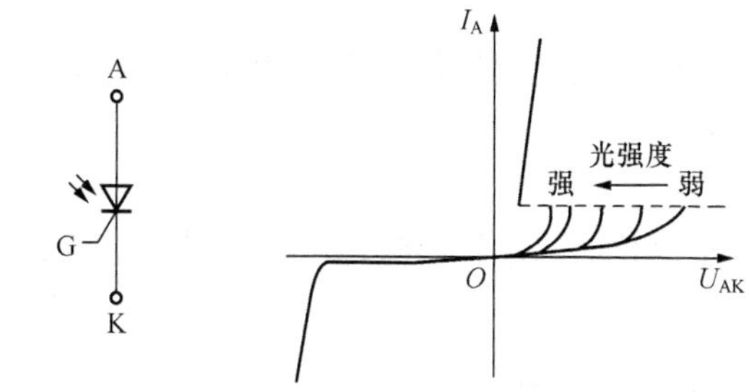

(a) 电气图形符号　　(b) 伏安特性曲线

图 1-10　光控晶闸管的电气图形符号和伏安特性曲线

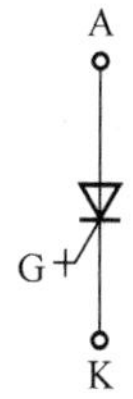

图 1-11　GTO 电气图形符号

1.4　功率晶体管

功率晶体管又称为电力晶体管（giant transistor，GTR），它是一种耐高电压、大电流的双极结型晶体管（bipolar junction transistor，BJT），英文有时候也称为 Power BJT。GTR 的电气图形符号与普通晶体管相同，它具有自关断能力，控制方便，20 世纪 80 年代以来，在中、小功率范围内已取代晶闸管，但目前又大多被 IGBT 和功率 MOSFET 取代。

GTR 的工作原理与普通晶体管类似，两者仅在工作特性的侧重面上有较大差别。普通晶体管注重的特性参数为电流放大倍数、线性度、频率响应、噪声、温漂等；功率晶体管的重要参数是击穿电压、最大允许功耗、开关速度等。大功率晶体管不仅尺寸随容量的增加而加大，内部结构、外形也有相应的变化。通常采用至少由两个晶体管按达林顿接法组成的单元结构，采用集成电路工艺将许多这种单元并联而成，分为 NPN 和 PNP 两种结构，一般为 NPN 结构，PNP 结构耐压低，GTR 的结构与电气图形符号如图 1-12 所示。

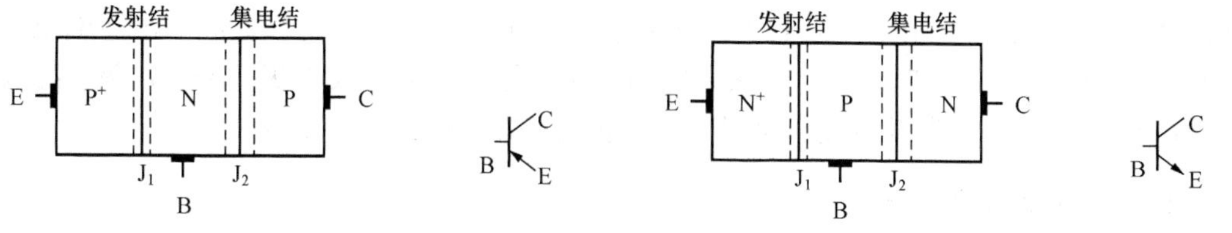

(a) PNP结构　　(b) PNP电气图形符号　　(c) NPN结构　　(d) NPN电气图形符号

图 1-12　GTR 结构与电气图形符号

1.4.1　GTR 的基本工作特性

1. GTR 的静态工作特性

GTR 一般采用共发射极接法，如图 1-13 所示，GTR 的稳定工作区可分为截止区、有源区和饱和区。在电力电子电路中主要利用截止区和饱和区，即利用其开关特性。

1）截止区

截止区又称为阻断区，此时 $i_B = 0$，开关处于断态（$i_C \approx 0$），GTR 承受高电压而仅有极小的漏电流存在；集电结反偏（$u_{BC} < 0$），发射结反偏或零偏置（$u_{BE} \leqslant 0$）。

2）有源区

有源区又称为放大区或线性区，此时 i_C 与 i_B 之间呈线性关系，特性曲线近似平直，集电结反偏（$u_{BC}<0$），发射结正偏（$u_{BE}>0$）。

3）饱和区

在饱和区，GTR 处于饱和导通状态，i_B 变化时，i_C 不再随之变化，导通电压和电流增益均很小，此时有 $u_{BC}\geqslant 0$，$u_{BE}>0$。

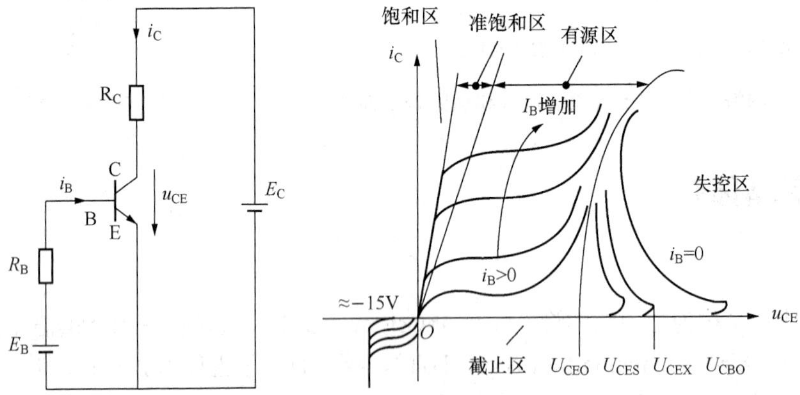

(a) GTR共射极接法　　(b) 共射极接法输出特性曲线

图 1-13　GTR 的静态工作特性

4）准饱和区

准饱和区是指有源区与饱和区之间的一段区域，即特性曲线明显弯曲的部分。随 i_B 增加，电流增益开始下降，i_C 与 i_B 之间不再呈线性关系，此时有 $u_{BC}<0$，$u_{BE}>0$。

5）失控区

当 u_{CE} 超过一定值时，i_C 会急剧上升，出现非线性，晶体管进入失控区，u_{CE} 再进一步增加，会导致雪崩击穿。在图 1-13 中，U_{CEO} 为基极开路时，集、射极之间的击穿电压；U_{CES} 为基极和发射极短接时，集、射极之间的击穿电压；U_{CEX} 为发射极反偏时，集、射极之间的击穿电压；U_{CBO} 为发射极开路时，集电极与基极之间的击穿电压。

2. GTR 的动态工作特性

在电力电子电路中，GTR 主要工作在截止区及饱和区，开关过程中快速通过放大区，开关时间一般在几微秒以内，这个过程反映了 GTR 的动态特性。

1）开通过程

图 1-14 示出了 GTR 开关过程中基极电流和集电极电流的关系。GTR 开通需经过延迟时间 t_d 和上升时间 t_r，二者之和为开通时间 t_{on}。t_d 主要是由发射结势垒电容和集电结势垒电容充电产生的，增大 I_{B1} 的幅值并增大 di_B/dt，可缩短延迟时间，同时可缩短上升时间，从而加快开通过程。

2）关断过程

GTR 的关断过程包括储存时间 t_s 和下降时间 t_f，二者之和为关断时间 t_{off}。t_s 主要用于去除饱和导通时储存在基区的载流子，是关断时间的主要部分，减小导通时的饱和深度可以减少储存的载流子，增大反向基极电流 I_{B2} 的幅值和负偏压，可缩短储存时间，从而加快关断速度。减小导通时的饱和深度会增加集电极和发射极间的饱和导通压降 U_{CESat}，增加通态损耗，实际应用中一般使 GTR 处于浅饱和状态。

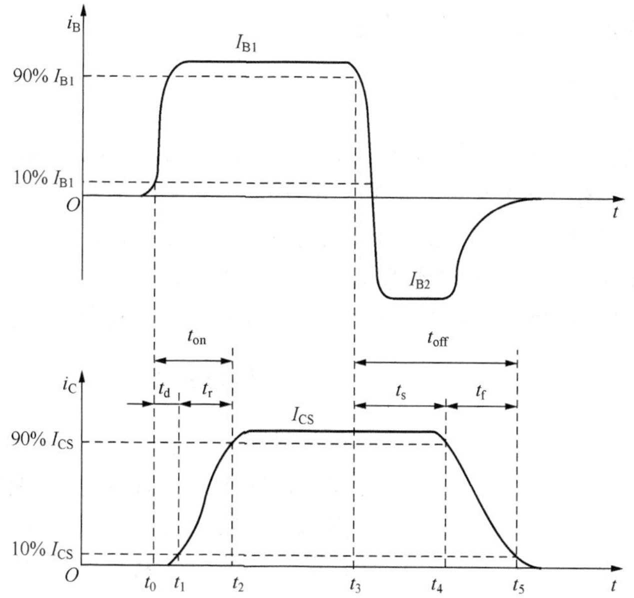

图 1-14　GTR 的开通和关断过程电流波形

1.4.2　GTR 的主要参数

GTR 的主要参数除了已经熟悉的电流放大倍数 β、直流电流增益 h_{FE}、集射极间漏电流 I_{CEO}、集射极间饱和压降 U_{CESat} 等，以及前面介绍的开通时间 t_{on} 和关断时间 t_{off} 之外，还有以下几个参数。

1. 最高工作电压 U_{CEM}

GTR 上电压超过规定值时会发生击穿，击穿电压与晶体管本身特性和外电路接法有关，如图 1-13 所示，有 U_{CBO}> U_{CEX}> U_{CES}> U_{CEO}，实际使用时，最高工作电压 U_{CEM} 要比 U_{CEO} 低得多。

2. 集电极最大允许电流 I_{CM}

通常规定 h_{FE} 下降到规定值的 1/3～1/2 时所对应的 I_C 为集电极最大允许电流 I_{CM}。实际使用时要留有裕量，一般只能用到 I_{CM} 的一半或稍多一点。

3. 集电极最大耗散功率 P_{CM}

集电极最大耗散功率 P_{CM} 是指在最高工作温度下允许的耗散功率。产品说明书中在给出 P_{CM} 的同时总是给出壳温 T_C，间接表示了最高工作温度。

4. 最高结温 T_{JM}

GTR 的最高结温与半导体材料的性质、器件制造工艺、封装质量有关。一般情况下，塑封硅管的T_{JM}为125～150℃，金封硅管的T_{JM}为150～170℃，高可靠平面管的T_{JM}为175～200℃。

1.4.3 GTR的二次击穿现象与安全工作区

1. GTR的二次击穿现象

当GTR的集电极电压升高至击穿电压时，I_C迅速增大，出现雪崩击穿，又称为一次击穿。此时，只要I_C不超过最大允许耗散功率的限度，GTR一般不会损坏。在实际应用中，常发现当一次击穿发生时，I_C增大到某个临界点时会突然急剧上升，并伴随电压的陡然下降，同时导致器件永久损坏或工作特性明显衰变，这种现象称为二次击穿。二次击穿是GTR特有的现象，持续时间很短，一般在纳秒至微秒范围，对GTR危害极大，必须避免。

2. GTR的安全工作区

把不同基极电流下二次击穿临界点连接起来，构成一条二次击穿临界线，临界线各点反映了二次击穿功率P_{SB}。由集电极最大允许电流I_{CM}、集电极允许最大耗散功率P_{CM}、集电极最高电压U_{CEM}、二次击穿临界线P_{SB}围成的区域称为GTR的安全工作区（safe operating area，SOA），如图1-15所示。

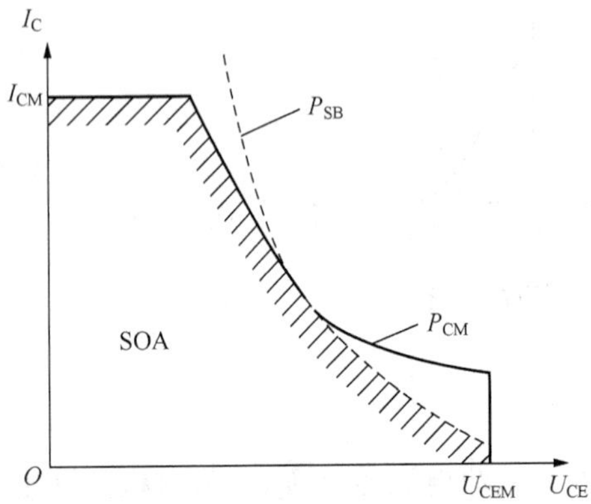

图1-15　GTR的安全工作区

电力电子器件都有安全工作区，其他的电力电子器件一般没有二次击穿现象，通常由最大工作电流、最大耗散功率、最高工作电压构成。电力电子器件实际运行时必须工作于安全工作区内，这样才能长时间可靠地工作。

1.5 功率场效应晶体管

功率场效应晶体管分为结型和绝缘栅型两类，但功率场效应晶体管一般是指绝缘栅型中的MOS型（metal oxide semiconductor FET），简称Power MOSFET或P-MOSFET，结型功率场效应晶体管通常称为静电感应晶体管（static induction transistor，SIT）。

功率场效应晶体管按导电沟道可分为P沟道和N沟道两类，栅极电压为零时漏源极之间就存在导电沟道的称为耗尽型。对于N（P）沟道器件，栅源之间电压大于（小于）零时才产生漏源极之间的导电沟道的称为增强型。常用的功率场效应晶体管多为N沟道增强型。

功率场效应晶体管是一种单极型（只有电子或空穴一种载流子参与导电）的电压控制半导体器件（场控器件），栅极直流输入阻抗极高（约$10^9\Omega$），具有驱动功率小、开关速度快、无二次击穿现象、安全工作区宽的特点，开关频率可高达500kHz以上，特别适合高频化的电力电子装置，但由于P-MOSFET电流容量小、耐压低，一般只适用中小功率的电力电子装置。

功率场效应晶体管与小功率MOS管导电机理相同，但结构区别较大，一般小功率MOS

管的导电沟道平行于芯片表面，属横向导电器件；功率场效应晶体管常采用垂直导电结构来提高器件的耐电压、耐电流能力，又称 VMOSFET（vertical MOSFET），图 1-16 所示是 N 沟道增强型功率场效应晶体管中一个单元的截面结构图及电气图形符号，一个功率场效应晶体管由许多此类小单元并联组成。从结构图可以看出，功率场效应晶体管源漏极之间存在单向导电机制，即寄生了一个二极管，因此功率场效应晶体管具有逆向导电特性。

功率场效应晶体管有栅极 G、漏极 D 和源极 S 三个极。对于 N 沟道增强型功率场效应晶体管，漏极接正电源，源极接负电源，栅源极间的电压为零时，P 基区与 N 区之间的 PN 结反偏，漏源极之间无电流通过。如果栅源极间加正电压 U_{GS}，由于栅极是绝缘的，无栅极电流流过，但栅极上的正电压将下面 P 基区中的空穴推开，而将电子吸引到栅极下的 P 基区的表面，当 U_{GS} 大于开启电压 $U_{GS(th)}$时，栅极下 P 基区表面的电子浓度将超过空穴浓度，从而使 P 型半导体反型成 N 型半导体，成为反型层，由反型层构成的 N 沟道使漏极和源极间开始导电，U_{GS} 数值越大，导电能力越强。

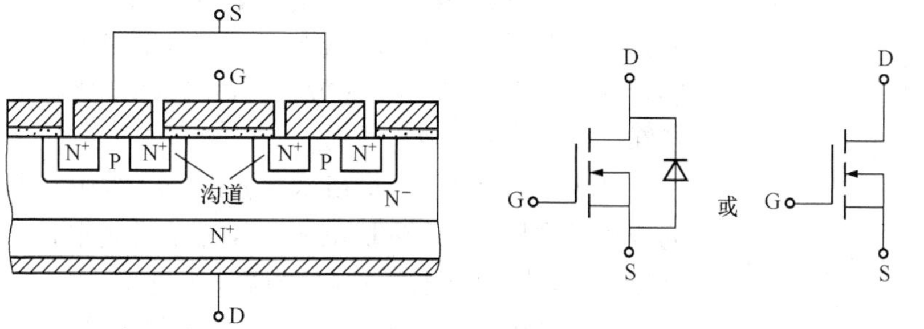

(a) N沟道增强型结构图　　(b) N沟道增强型电气图形符号

图 1-16　MOSFET 的结构图及电气图形符号

1.5.1　功率场效应晶体管的基本工作特性

1. 功率场效应晶体管的静态工作特性

MOSFET 的静态工作特性如图 1-17 所示，包括漏极伏安特性和转移特性。漏极伏安特性又称输出特性，分为可变电阻区 I、饱和区 II、击穿区 III 三个区。在可变电阻区 I 内，固定栅源极电压 U_{GS}，漏源电压 U_{DS} 与漏极电流 i_D 从零开始首先成线性增长，表现为与栅源极电压 U_{GS} 相关的可变电阻特性。在接近饱和区时，i_D 变化减缓并逐步进入饱和。达到饱和区 II 后，漏极电流 i_D 与栅源极电压 U_{GS} 相关而与漏源电压 U_{DS} 无关，在同一栅源极电压 U_{GS} 下，漏极电流 i_D 基本恒定；在同样的漏源电压 U_{DS} 下，U_{GS} 越高，漏极电流 i_D 也越大；表现出压控恒流特性。当漏源电压 U_{DS} 过大时，组件会出现击穿现象，进入击穿区 III。

栅源极电压 U_{GS} 和漏极输出电流 i_D 的关系称为转移特性。当 i_D 较大时，该特性基本为线性，曲线的斜率 $g_m = \Delta i_D / \Delta U_{GS}$ 称为跨导，表示 MOSFET 栅源电压对漏极电流的控制能力。

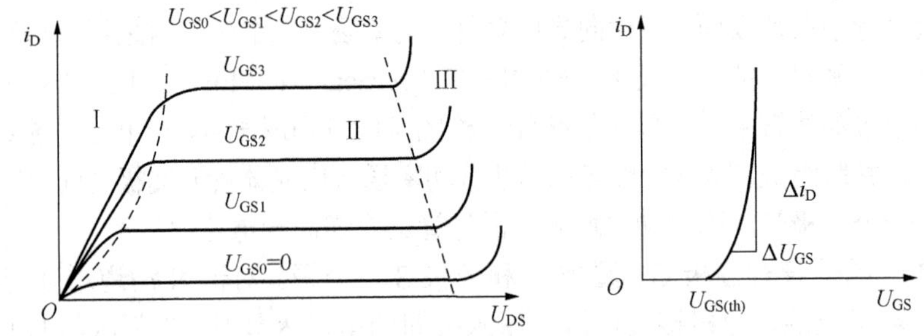

(a) 漏极伏安特性曲线　　(b) 转移特性曲线

图 1-17　P-MOSFET 静态工作特性

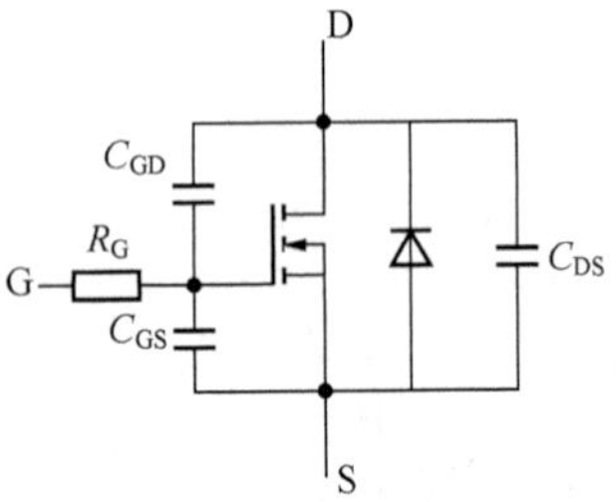

图 1-18　功率场效应晶体管极间电容等效电路

2. 功率场效应晶体管的动态工作特性

功率场效应晶体管是多数载流子器件，不存在少子储存效应，因此开关时间很短，影响开关速度的主要是器件的极间电容。图 1-18 所示为功率场效应晶体管极间电容的等效电路，器件输入电容为 $C_{in} \approx C_{GS} + C_{GD}$。

开关过程如图 1-19 所示，其中，u_P 为驱动电源信号，u_{GS} 为栅源极电压，i_D 为漏极电流。当 u_P 信号到来时，输入电容 C_{in} 开始充电，栅源极电压 u_{GS} 按指数规律上升。当 u_{GS} 达到开启电压 $U_{GS(th)}$ 时开始形成导电沟道，出现漏极电流 i_D，这段时间 $t_{d(on)}$ 称为开通延迟时间。此后 i_D 随 u_{GS} 上升，直至接近饱和区，漏极电流从零上升至饱和值所需时间 t_{ri} 为上升时间。漏极电流达到饱和值时，栅源极电压 u_{GS} 上升到 u_{GSP}，此时漏源极电压 u_{DS} 开始下降，下降过程的时间 t_{fv} 称为电压下降时间，在电压下降时间段内 u_{GS} 维持在 u_{GSP} 形成一个平台（又称密勒平台），其间栅极信号源给栅漏极间电容（又称密勒电容）反向充电，使 u_{DS} 下降而 u_{GS} 维持在 u_{GSP}，这样，MOSFET 的开通时间定义为 $t_{on} = t_{d(on)} + t_{ri} + t_{fv}$。

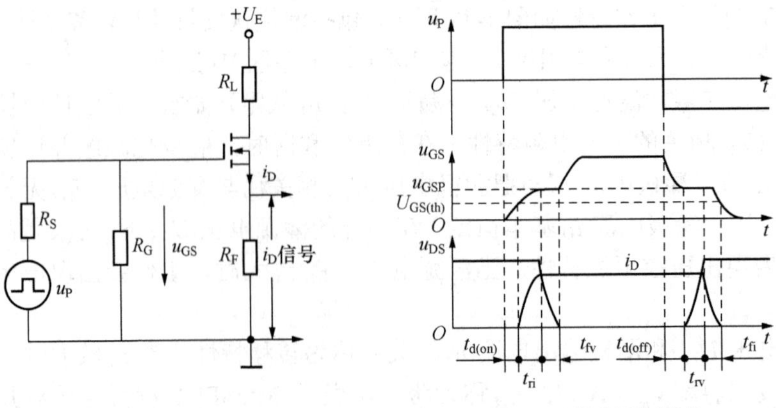

(a) 测试电路　　(b) 开关过程波形曲线

图 1-19　P-MOSFET 的开关过程

u_P—脉冲信号源；R_S—信号源内阻；R_G—栅极电阻；R_L—负载电阻；R_F—检测漏极电流

当脉冲电压 u_P 下降到零时，输入电容 C_{in} 开始通过栅极电阻 R_G 和信号源内阻 R_S 放电（$R_S \ll R_G$），栅源极电压 u_{GS} 按指数规律下降。当电压下降到 u_{GSP} 时，漏源极电压 u_{DS} 开始上升，这段时间称为关断延时 $t_{d(off)}$。此后经过电压上升时间 t_{rv} 和电流下降时间 t_{fi}，直到 $u_{GS} < U_{GS(th)}$ 沟道消失，i_D 下降到零。MOSFET 的关断时间定义为 $t_{off} = t_{d(off)} + t_{rv} + t_{fi}$。

MOSFET 开关过程与电容 C_{in} 有密切关系，使用者无法降低输入电容值，但可以降低驱动电路的内阻 R_S，缩短充放电时间常数，加快开关速度。虽然 MOSFET 栅源之间直流阻抗很大，但动态时为了快速开关，充放电电流需要一定强度以加快电容充放电速度，故动态驱动仍需一定的栅极驱动功率。

1.5.2　功率场效应晶体管的主要参数与安全工作区

1. 功率场效应晶体管的主要参数

功率场效应晶体管的主要参数除了前面介绍的之外，还有以下几项。

1）漏源击穿电压 $U_{(BR)DS}$

在增大漏源电压过程中，使 I_D 开始剧增的 U_{DS} 值规定了功率场效应晶体管的电压定额。

2）漏极连续直流电流 I_D 和可重复漏极电流幅值 I_{DM}

漏极连续直流电流 I_D 是指在最大导通压降 $U_{DS(on)}$ 和占空比为 100%（即直流）时，产生的功率损耗使功率场效应晶体管结点温度上升到最大值 150℃（外壳温度为 100℃）时的漏极电流。可重复漏极电流幅值 I_{DM} 是脉冲运行状态下功率场效应晶体管漏极最大允许峰值电流。

3）栅源电压 U_{GS}

栅源之间的绝缘层很薄，当 $|U_{GS}| > 20V$ 时将导致绝缘层击穿。

4）极间电容

P-MOSFET 的三个极之间分别存在极间电容 C_{GS}、C_{GD} 和 C_{DS}，一般厂家提供的是漏源极短路时的输入电容 C_{iss}、共源极输出电容 C_{oss} 和反向转移电容 C_{rss}，它们之间的关系为

$$C_{iss} = C_{GS} + C_{GD} \tag{1-6}$$

$$C_{rss} = C_{GD} \tag{1-7}$$

$$C_{oss} = C_{DS} + C_{GD} \tag{1-8}$$

输入电容可近似用 C_{iss} 代替，但这些电容都是非线性的。

2. 功率场效应晶体管的安全工作区

功率场效应晶体管是多数载流子工作的器件，器件的通态电阻具有正的温度系数，即温度升高通态电阻增大，使漏极电流能随温度升高而下降，因而不存在电流集中和二次击穿的限制，有较宽的安全工作区，但由于通态电阻较大，低压下受漏极电流和通态电阻的双重限制。功率场效应晶体管的正向偏置安全工作区（FBSOA）由最大漏极电流、最大漏极功耗、最大漏源电压、漏源通态电阻四个极限参数决定，如图 1-20

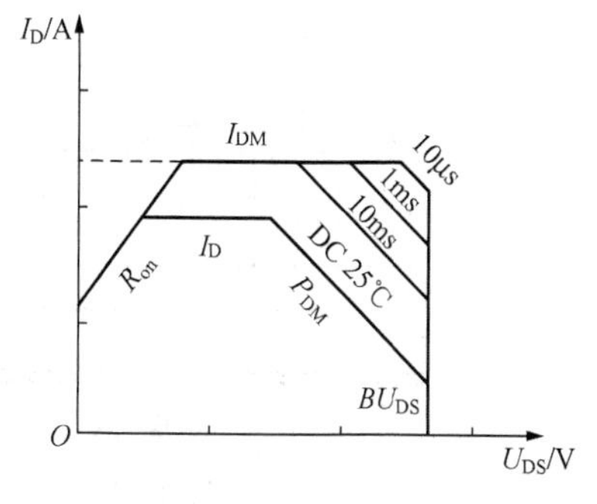

图 1-20　P-MOSFET 正向偏置安全工作区

所示。在低压区段，由于电压低，沟道电阻增加，器件允许的工作电流下降。图中示出了直流（DC）、脉宽 10ms、1ms 和 10μs 四种状况的安全工作区。

功率场效应晶体管的反向偏置安全工作区（RBSOA）也称开关安全工作区（SSOA），是功率场效应晶体管关断时容许的工作范围，由最大漏极电流、漏源极击穿电压、最高结温决定，在器件开关时间均小于 1μs，结温小于 150℃时安全区最大，如图 1-21 所示。

功率场效应晶体管的转换安全工作区（CSOA）用来表示内部寄生二极管在功率场效应晶体管开关过程中的安全工作范围，由二极管的反向恢复特性决定，由最大二极管正向电流、漏源极击穿电压和二极管换向时电流上升率来表示，如图 1-22 所示。

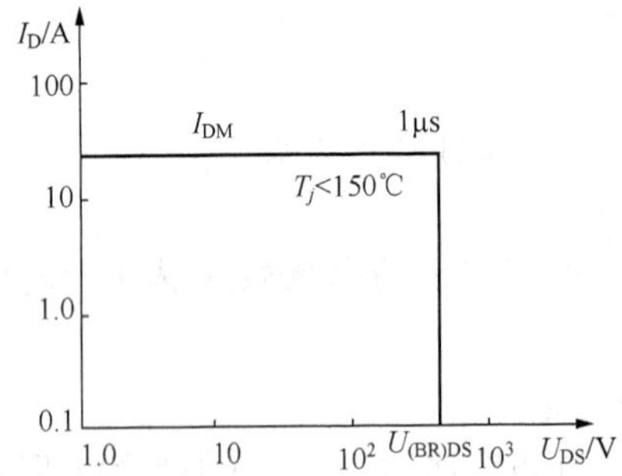

图 1-21　P-MOSFET 反向偏置安全工作区

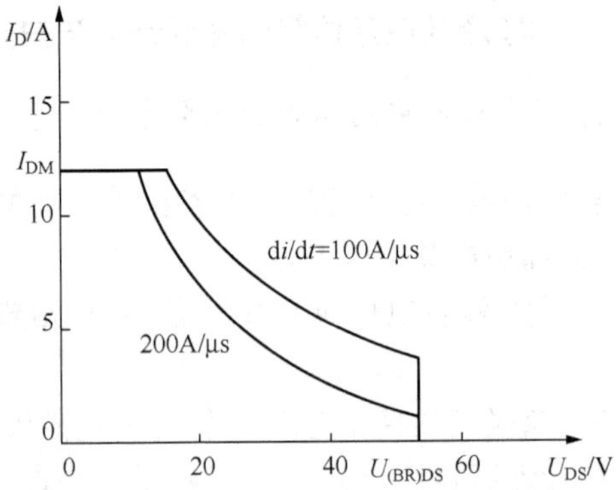

图 1-22　P-MOSFET 转换安全工作区曲线

1.6　绝缘栅双极型晶体管

绝缘栅双极型晶体管（insulated gate bipolar transistor，IGBT）是 MOSFET 和 GTR 适当结合而成的复合器件，集两者优点于一体，既具有输入阻抗高、开关速度快、热稳定性好和驱动电路简单的特点，又具有通态压降低、耐压高和承受电流大等优点。自 1986 年投产以来发展迅速，备受青睐，正在逐步取代 MOSFET、GTR，并向取代 GTO 方向发展，成为中大功率电力电子设备的主导器件。IGBT 的基本结构、简化等效电路和电气图形符号如图 1-23 所示。

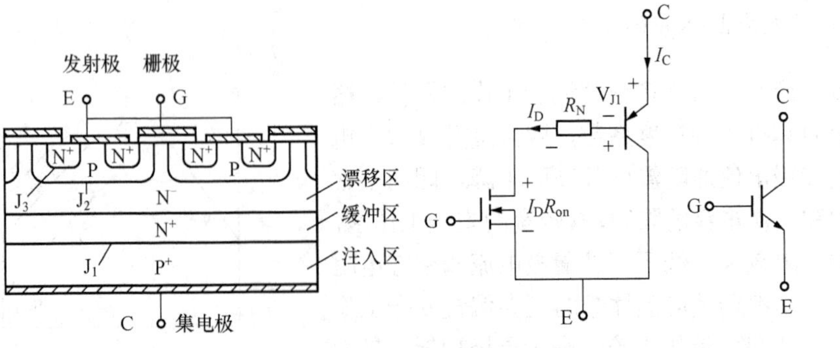

图 1-23　IGBT 的结构示意、简化等效电路和电气图形符号

IGBT 的基本结构与 MOSFET 相似，相当于一个用 MOSFET 驱动的厚基区 PNP 晶体管，形成以 PNP 型厚基区晶体管为主导组件、N 沟道 MOSFET 为驱动组件的达林顿结构器件，R_N 为 GTR 基区内的调制电阻。

IGBT 的开通与关断由栅极和发射极间的电压 u_{GE} 控制，u_{GE} 为正向电压时 MOSFET 内部形成沟道，并为 PNP 型晶体管提供基极电流；此时，从 P^+注入至 N 区的少数载流子空穴对 N 区进行电导调制①，减小该区电阻 R_N，使 IGBT 从高阻断态转入低阻通态。在 u_{GE} 加上反向电压或电压为零时，MOSFET 中的导电沟道消除，PNP 型晶体管的基极电流被切断，IGBT 关断。

1.6.1　IGBT 的基本工作特性

1. IGBT 的静态工作特性

IGBT 的静态特性主要有输出特性及转移特性，如图 1-24 所示。集电极电流 I_C 与集射极间电压 U_{CE} 之间的关系称为输出特性，分为正向阻断区、饱和区、有源区（又称放大区）及击穿区，IGBT 的饱和导通管压降比功率场效应晶体管低得多。输出特性表示了集电极电流 I_C 受栅极和发射极间电压 U_{GE} 控制，U_{GE} 越大 I_C 越大。在反向集射极电压作用下器件呈反向阻断特性，一般只流过微小的反向漏电流。

栅极电压 U_{GE} 对集电极电流 I_C 的控制关系称为 IGBT 的转移特性，在大部分范围内，I_C 与 U_{GE} 基本呈线性关系；只有当 U_{GE} 接近开启电压 $U_{GE(th)}$ 时才呈非线性关系，I_C 变得很小；当 $U_{GE} < U_{GE(th)}$ 时，$I_C \approx 0$，IGBT 处于关断状态。

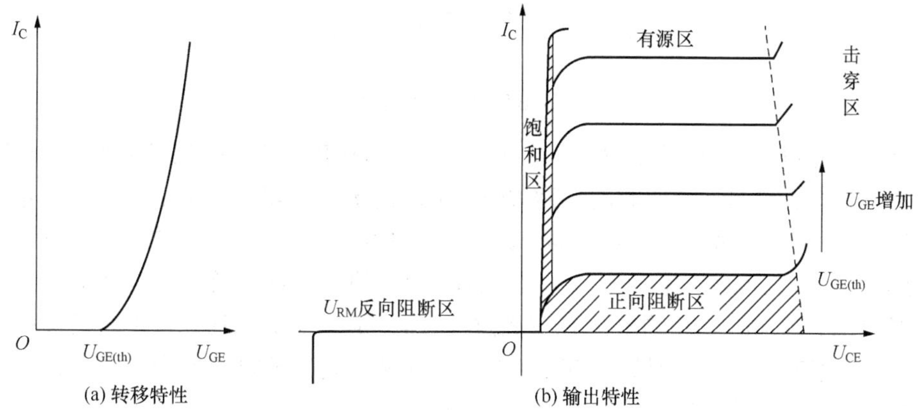

图 1-24　IGBT 的输出特性和转移特性

2. IGBT 的动态工作特性

IGBT 的开关过程波形如图 1-25 所示。IGBT 的开通过程与功率 MOSFET 相似，因为在开通过程中 IGBT 大部分时间作为 MOSFET 运行。从控制电压波形 u_{GE} 上升至其幅值的 10%开始，到集电极电流 i_C 上升至稳定值 I_{CM} 的 10% 这段时间称为开通延迟时间 $t_{d(on)}$；集

① 当 PN 结上流过的正向电流较小时，低掺杂 N 区的欧姆电阻较高；当 PN 结上流过较大正向电流时，注入并积累在低掺杂 N 区的少子空穴浓度将很大。为了维持半导体电中性条件，其多子浓度也相应大幅度增加，从而使其电阻率明显下降，也就是电导率大幅增加，这就是电导调制效应。

电极电流 i_C 从 10% I_{CM} 上升至 90% I_{CM} 所需时间称为电流上升时间 t_{ri}；u_{CE} 的下降过程分为 t_{fv1} 和 t_{fv2} 两段，t_{fv1} 为 IGBT 中 MOSFET 单独工作的电压下降过程，此时 u_{GE} 处于密勒平台维持不变，t_{fv2} 为 MOSFET 和 PNP 晶体管同时工作的电压下降过程；开通时间 t_{on} 定义为开通延迟时间、电流上升时间和电压下降时间之和，即 $t_{on}=t_{d(on)}+t_{ri}+t_{fv1}+t_{fv2}$。

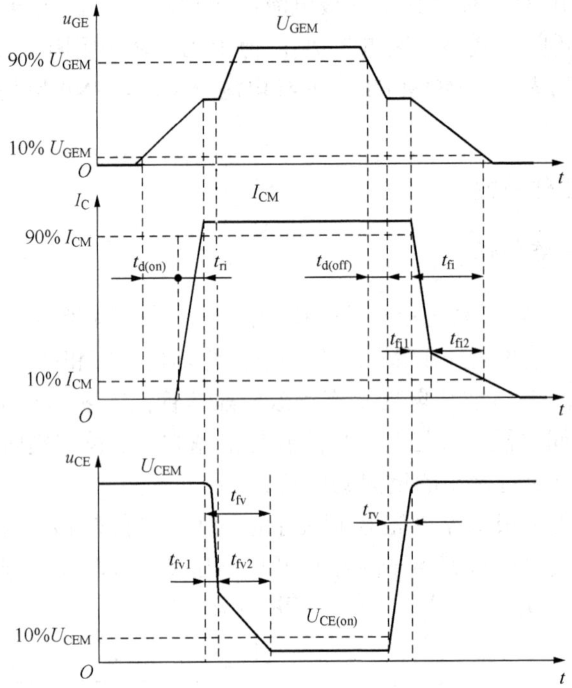

图 1-25　IGBT 的开关过程波形

IGBT 的关断过程也包括几个阶段，从 u_{GE} 后沿下降到其幅值 90%的时刻起，到集射极电压 u_{CE} 上升至幅度的 10%这段时间称为关断延迟时间 $t_{d(off)}$，其后是 u_{CE} 上升过程 t_{rv}，此时 u_{GE} 处于密勒平台维持不变，i_C 从 90% I_{CM} 下降至 10% I_{CM} 的时间过程称为电流下降时间 t_{fi}，电流下降又可分为 t_{fi1} 和 t_{fi2} 两段，t_{fi1} 是 IGBT 内部的 MOSFET 的关断过程，i_C 下降较快，t_{fi2} 则是 IGBT 内部的 PNP 晶体管的关断过程，i_C 下降较慢，此时对应的电流又称为拖尾电流，加速此段时间的办法是减轻 IGBT 的饱和深度，关断时间 t_{off} 包括关断延迟时间、电压上升时间和电流下降时间，即 $t_{off}=t_{d(off)}+t_{rv}+t_{fi}$。

IGBT 中由于双极型 PNP 晶体管的存在，带来了电导调制效应使导通电阻下降，但也引入了少子储存现象，因而 IGBT 的开关速度低于功率 MOSFET。此外，IGBT 的击穿电压、通态压降和关断时间也是需要折中的参数，工艺结构决定了高压器件必然会导致通态压降的增大和关断时间的延长，同时，与功率 MOSFET 类似，IGBT 的开关速度与驱动波形密切相关，受到驱动电路内阻的影响。

1.6.2　IGBT 的主要参数与安全工作区

1. IGBT 的主要参数

IGBT 的主要参数除了前面介绍的开关时间、开启电压等之外，还包括以下几项。

1）最大集射极间电压

最大集射极间电压包括：栅射极短路时，最大集射极间直流电压 U_{CES}；栅射极开路时，最大集射极间直流电压 U_{CEO}；栅射极反偏压时，最大集射极间直流电压 U_{CEX}。

通常 $U_{CEX} > U_{CEO} > U_{CES}$，由内部 PNP 晶体管的击穿电压决定，与 GTR 不同的是三者差别较小，一般有 $U_{CEX} \approx U_{CEO} \approx U_{CES}$。

2）最大集电极电流

集电极流过的最大连续电流 I_C 即为额定电流，表征 IGBT 的电流容量，主要受结温的限制。为了避免锁定现象，规定了 IGBT 的最大集电极电流峰值 I_{CM}，通常为额定电流 I_C 的 2 倍左右。由于 IGBT 工作于开关状态，IGBT 可以工作于额定电流与峰值电流之间的范围，因此 I_{CM} 更具实际意义。

3）最大集电极功耗

最大集电极功耗是指正常工作温度下允许的最大功耗 P_{CM}。

4）最大栅极电压

栅射极之间的电压由栅极氧化膜厚度和特性所决定，一般应限制在 20V 以内，即 $|U_{GE}| < 20V$，其最佳值一般取 15V 左右。

2. IGBT 的擎住效应和安全工作区

1）IGBT 的擎住效应

仔细观察 IGBT 的结构可以发现，其内部实际上包含了两个双极型晶体管 P^+NP 及 N^+PN，它们又组合成了一个等效的晶闸管，如图 1-26 所示。由于 NPN 晶体管的基极与发射极之间存在体区短路电阻 R_S，P 型区横向空穴流会产生一定压降，对 J_3 结是一种正偏置电压，如果 i_C 大到一定程度，则这种正偏置电压足以开通 NPN 晶体管，使寄生晶闸管开通，栅极失去控制作用，引起“擎住效应”；在额定电流范围内，集电极电流引起的偏压很小，不足以引发擎住效应。引发擎住效应的因素包括：过大的集电极电流（静态擎住效应），过高的 du_{CE}/dt 引起较大的位移电流（动态擎住效应），温度升高会加重发生擎住效应的危险。

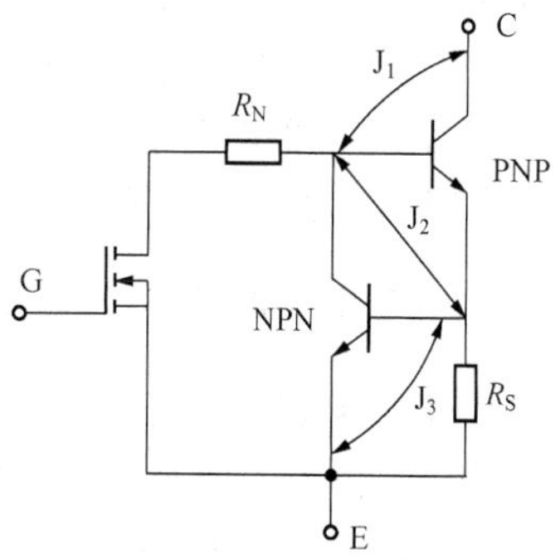

图 1-26　IGBT 等效模型

2）安全工作区

IGBT 开通与关断时，均具有较宽的安全工作区。IGBT 开通时对应正向偏置安全工作区（forward biased safe operating area，FBSOA），它是由最大集电极电流 I_C、最大允许集射电极电压 U_{CES} 以及最大允许功耗 P_{CM} 所确定。IGBT 关断时所对应的为反向偏置安全工作区（reverse biased safe operating area，RBSOA），它由最大允许电压上升率 du_{CE}/dt、最大集电极电流 I_{CM}、最大允许集射电极电压 U_{CES} 确定，如图 1-27 所示。

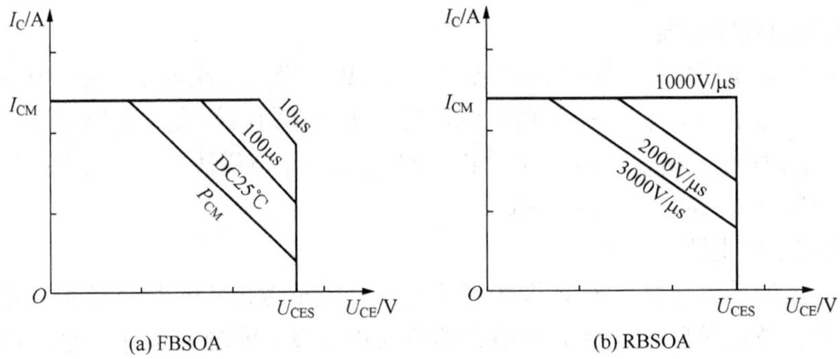

图 1-27 IGBT 的安全工作区

1.7 其他新型电力电子器件*

1. MOS 控制晶闸管（MCT）

MCT（MOS controlled thyristor）是将 MOSFET 和晶闸管组合而成的复合型器件，它结合了 MOSFET 高输入阻抗、低驱动功率、快速开关的特性以及晶闸管高电压大电流、低导通压降的特性，具有高电压、大电流、高载流密度、低通态压降的特点，20 世纪 80 年代以来曾一度被认为是一种最有发展前途的电力电子器件而成为研究的热点。但经过多年的努力，关键技术问题没有大的突破，电压和电流容量都远未达到预期的数值，未能投入实际应用。由于 IGBT 的快速发展，目前对 MCT 的研究不是很多。

2. 静电感应晶体管（SIT）

SIT（static induction transistor，静电感应晶体管）诞生于 1970 年，实际上是一种结型场效应晶体管。将小功率结型场效应晶体管器件的横向导电结构改为垂直导电结构，即可制成大功率的 SIT。SIT 的工作频率与功率 MOSFET 相当，功率容量更大，适用于高频大功率场合，在雷达通信设备、超声波功率放大、脉冲功率放大和高频感应加热等领域获得应用。

SIT 的缺点是栅极不加信号时导通，加负偏压时关断，称为正常导通型器件，使用不太方便；同时由于通态电阻较大，使得通态损耗也大，因而还未在电力电子设备中得到广泛应用。

3. 静电感应晶闸管（SITH）

SITH（static induction thyristor，静电感应晶闸管）诞生于 1972 年，是在 SIT 的漏极层上附加一层与漏极层导电类型不同的发射极层而得到，可以看成是 SIT 与 GTO 复合而成。与 SIT 类似，门极和阳极电压均能通过电场控制阳极电流，因此 SITH 又被称为场控晶闸管（field controlled thyristor，FCT）。SITH 是两种载流子导电的双极型器件，具有电导调制效应，因而通态压降低、通流能力强，是大容量的快速器件。SITH 一般是正常导通型，但也有正常关断型，由于其制造工艺比 GTO 复杂得多，且电流关断增益较小，因而其应用范围还有待拓展。

4. 集成门极换流晶闸管（IGCT）

IGCT（integrated gate-commutated thyristor，集成门极换流晶闸管）也称 GCT（gate-commutated thyristor），即门极换流晶闸管。这种器件 20 世纪 90 年代后期出现，结合了 IGBT 与 GTO 的优点，容量与 GTO 相当，但开关速度比 GTO 快 10 倍，且可省去 GTO 庞大而复杂的缓冲电路，只不过所需的驱动功率仍很大。目前正在与 IGBT 等新型器件激烈竞争，市场前景难以预料。

5. 脉冲功率闭合开关晶闸管（PPCST）

PPCST 特别适用于传送极强的峰值功率（数 MW）、极短的持续时间（数 ns）的放电闭合开关应用场合，如激光器、高强度照明、放电点火、电磁发射器和雷达调制器等。该器件能在数千伏的高压下快速开通，不需要放电电极，具有很长的使用寿命，体积小、价格比较低，可望取代目前尚在应用的高压离子闸流管、引燃管、火花间隙开关或真空开关等。

6. 功率模块与功率集成电路

功率模块（power module）是指依据典型电力电子电路的拓扑结构，将多个相同或多个不同但相互配合使用的电力电子器件封装在一起的器件集成。模块化可缩小电力电子装置的体积，降低成本并提高可靠性。对工作频率高的电路，可大大减小电路电感，简化对保护和缓冲电路的要求。

利用模块化技术，将器件与逻辑、控制、保护、传感、检测、自诊断等信息电子电路制作在同一芯片上，这样的模块称为功率集成电路（power integrated circuit，PIC）。功率集成电路主要分为高压集成电路和智能功率集成电路两类，高压集成电路（high voltage IC，HVIC）一般指横向高压器件与逻辑或模拟控制电路的单片集成；智能功率集成电路（smart power IC，SPIC）一般指功率器件与逻辑或模拟控制电路的单片集成。智能功率模块（intelligent power module，IPM）则专指 IGBT 及其辅助器件与其保护和驱动电路的单片集成，也称智能 IGBT（intelligent IGBT）。

功率集成电路的主要技术难点在于高低压电路之间的绝缘问题以及温升和散热的处理，它实现了电能和信息的集成，成为机电一体化的理想接口，具有广阔的应用前景。

1.8　电力电子器件的驱动控制电路*

在电力电子电路中，电力电子器件及其构成的主电路承载着能量的变换，而控制电路则决定电力电子器件的开关运行规律，驱动控制电路是连接两者的桥梁，其作用是将控制电路的信号转换成电力电子器件的驱动控制信号，控制电力电子器件工作（晶闸管的驱动控制电路通常又称为触发电路）；同时隔离主电路与控制电路，防止主电路干扰控制电路，保证系统的可靠运行。

1.8.1 典型的晶闸管触发电路

1. 单结晶体管触发电路

单结晶体管又称为双基极晶体管，其结构及其电气图形符号如图 1-28 所示。

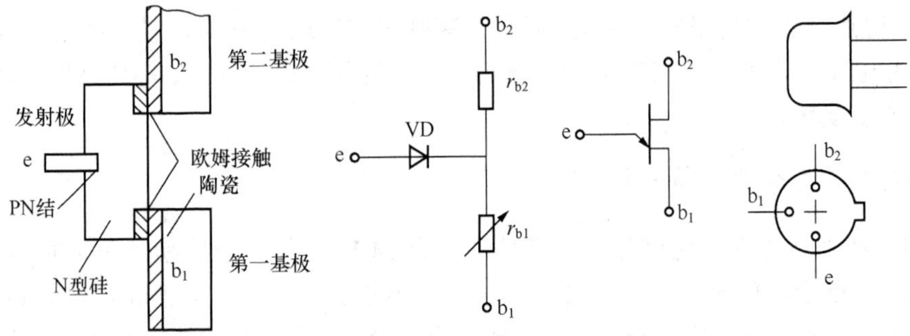

(a) 内部结构　(b) 等效电路　(c) 图形符号　(d) 外形

图 1-28　单结晶体管的结构及其电气图形符号

从半导体 P 区引出发射极 e，在半导体 N 型基片两端各引出一个接触电极，分别称为第一基极 b_1 和第二基极 b_2。图 1-28（b）所示为单结晶体管的等效电路，PN 结等效为二极管 VD，r_{bb} 为 b_1 和 b_2 之间硅片本身的体电阻，$r_{bb}=r_{b1}+r_{b2}$。r_{b2} 为上部基区体电阻，其值为一常数，为 2～15kΩ；r_{b1} 为可变的下部基区体电阻，e、b_1 间的电阻 r_{b1} 受 e、b_1 间电压的控制，等效为可变电阻。PN 结未导通时，r_{b1} 为数千欧姆，一旦 PN 结导通，r_{b1} 则下降到几十欧姆。

单结晶体管 b_1 和 b_2 极之间加电压 U_{bb}，其 $I_e=f(U_e)$ 称为伏安特性，改变 U_{bb} 可得到一组伏安特性曲线，如图 1-29 所示。单结晶体管的伏安特性曲线分为以下三个区域。

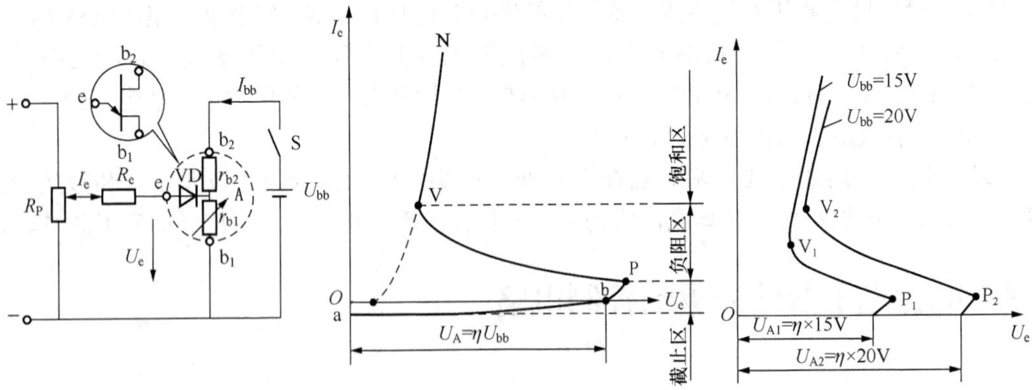

(a) 单结晶体管测试电路　(b) 单结晶体管伏安特性曲线　(c) 特性曲线簇

图 1-29　单结晶体管的伏安特性曲线

1）截止区——aP 段

将 S 闭合，则 $U_A=\dfrac{r_{b1}}{r_{b1}+r_{b2}}U_{bb}$，其中 $\eta=\dfrac{r_{b1}}{r_{b1}+r_{b2}}$，称为分压比，一般为 0.3～0.9。当 $U_e<U_A$ 时，PN 结反偏，$I_e<0$，对应图 1-29（b）中 ab 段；当 $U_e<U_A$ 时，PN 结零偏，$I_e=0$，对应图 1-29（b）中 b 点；$U_e>U_A$ 时，PN 结正偏，但尚未完全导通时，I_e 为很小正值，对

应图 1-29（b）中 bP 段；当 $U_e > U_A + U_{VD}$ 时，PN 结导通，此时单结晶体管进入导通状态，此时对应图 1-29（b）中 P 点，U_P 称为峰点电压。

2）负阻区——PV 段

在 P 点后 I_e 继续增大时，出现负阻效应，U_e 随 I_e 增大而减小，直至到达图 1-29（b）中的 V 点，U_V 称为谷点电压。

3）饱和区——VN 段

I_e 继续增大，U_e 随 I_e 增大而增大，恢复正阻特性。

单相桥式半控整流电路的单结晶体管触发控制方案如图 1-30 所示，变压器一次侧接主电源，变压器二次侧经桥式整流后由稳压管 VS 限幅削波得到梯形波，此梯形波作为触发电路的电源，由于梯形波与主电源有同步关系，因此该触发电路具备同步移相控制的功能。当主电源电压为零时，触发电路电压也为零，触发电路不产生触发信号，晶闸管截止。当主电源电压不为零时，电容 C 充电，充电电压达到单结晶体管的峰点电压时，单结晶体管导通，触发电路向晶闸管输出触发脉冲使晶闸管导通；同时电容 C 放电为下一次的充电作准备，调节电位器 R_P 可以改变电容充电时间，从而改变脉冲的相移，改变输出整流波形（即改变输出电压）。

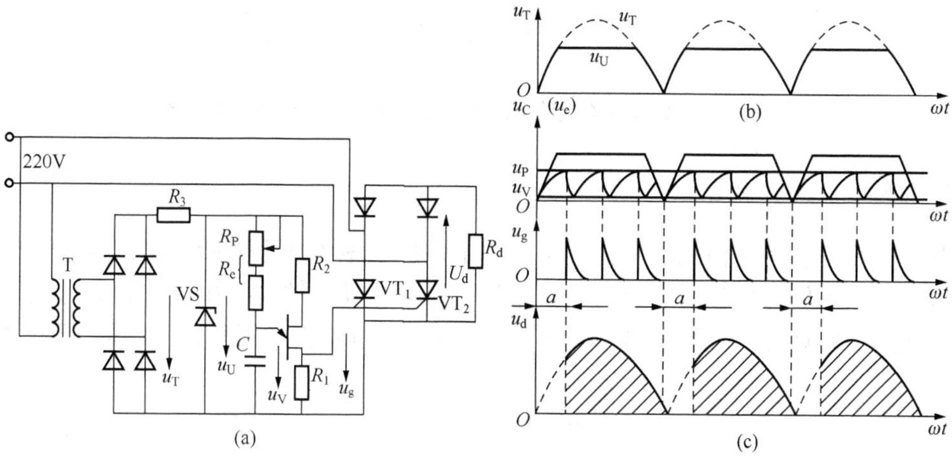

图 1-30　单相桥式半控整流电路单结晶体管触发控制

2. 晶闸管集成化触发电路

晶闸管触发控制电路已有集成化的产品，国内常用的产品主要有 KC 系列和 KJ 系列，包括用于单相、三相全控桥式电路的 KC04、KC09 和 KJ004、KJ009，用于双向晶闸管或反并联晶闸管移相控制的 KC05、KC06 和 KJ005、KJ006，也有较新型的 TCA785、TC787 等芯片，这些芯片的具体应用可以参考相关的应用资料。图 1-31 所示是由 KJ004 构成的晶闸管触发电路及相对应管脚的工作波形。

KJ004 电路由同步检测电路，锯齿波形成电路，偏移电压、移相电压及锯齿波电压综合比较放大电路和功率放大电路四部分组成。锯齿波的斜率取决于外接电阻 R_6 与 R_{P1} 流出的充电电流和积分电容 C_1 的数值。对不同的移相控制电压 U_Y，只有改变权电阻 R_1、R_2 的比例，调节相应的偏移电压 U_P，同时调整锯齿波斜率电位器 R_{P1}，可以使不同的移相控制电压获得整个移相范围。触发电路为正极性型，即移相电压增加，导通角增大。R_7 和 C_2

形成微分电路，改变 R_7 和 C_2 的值，可获得不同的脉宽输出。KJ004 的同步电压可以为任意值（一般为 30V），同步输入端允许最大同步电流为 6mA（有效值）。KJ004 的 1 脚和 15 脚输出互补脉冲（相位差为 180°）。

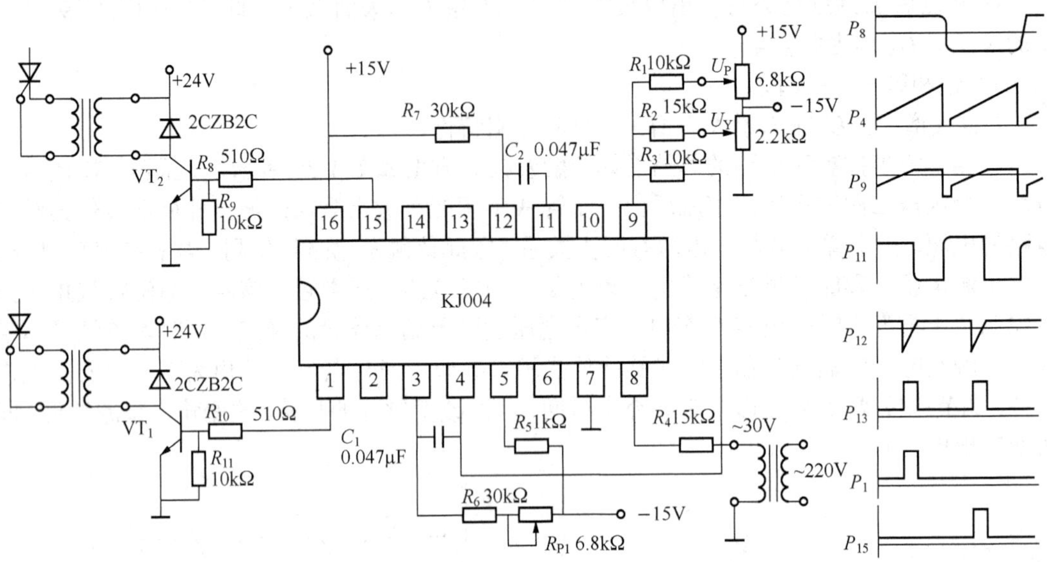

图 1-31　由 KJ004 构成的晶闸管触发电路及相对应的管脚波形

3. 晶闸管隔离驱动电路

在大多数由晶闸管构成的电力电子系统中，控制电路产生的脉冲需要经过隔离驱动电路后施加到晶闸管门极和阴极之间。常用的隔离驱动电路有光电耦合隔离与磁耦合隔离（脉冲变压器隔离）两种。图 1-32（a）和（b）分别给出了两种典型的隔离驱动电路。

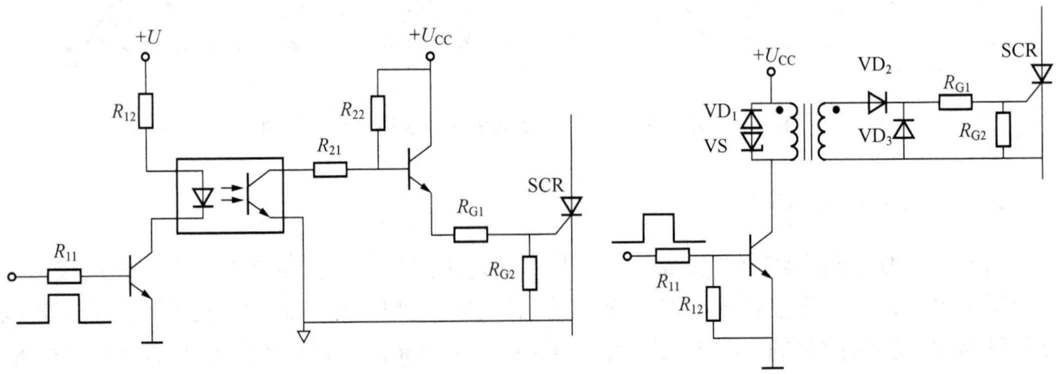

(a) 光电隔离驱动电路　　(b) 磁耦合隔离驱动电路

图 1-32　晶闸管隔离驱动电路

1.8.2 典型的 GTR 驱动电路

GTR 基极驱动波形对其开关性能影响较大，基极过驱动有助于加速开通，但导致器件深饱和，使器件退出饱和时间延长，增加关断时间与关断损耗，增强基极抽流有助于加速退出饱和，提高关断速度。因此，较为理想的 GTR 基极驱动波形如图 1-33 所示。开通初期利用基极过驱动加速开通，开通后采用浅饱和驱动方式维持导通；关断初始阶段采用基极强抽流加速关断，基极零电流或轻反压维持关断。GTR 的超载能力比较弱，出现超载时通常采用切断基极控制信号的方法进行保护。

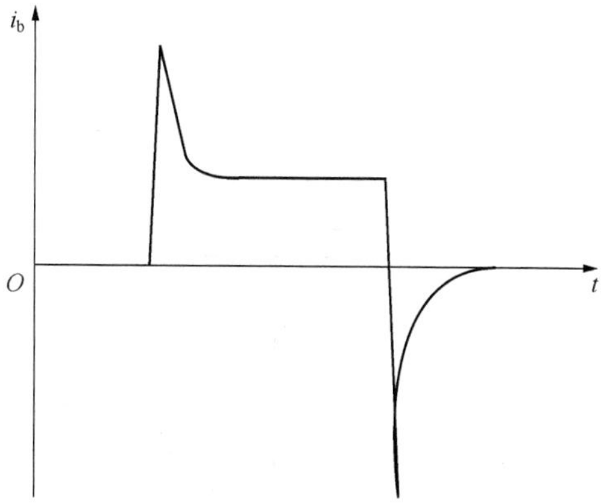

图 1-33　理想 GTR 基极驱动波形

1. 光电隔离 GTR 驱动电路

典型的光电隔离 GTR 驱动电路如图 1-34 所示，二极管 VD_2 和电位补偿二极管 VD_3 构成抗饱和电路（贝克钳位）。当 GTR 深饱和使得集电极电位低于基极电位时，VD_2 导通分流多余的基极驱动电流，维持基极和集电极之间电压 $U_{BC}\approx 0$，使得 GTR 维持临界饱和导通状态。

图 1-34 中 C_2 为加速电容，C_2 的微分作用产生如图 1-33 所示开通、关断瞬间的驱动电流尖峰，加快开通与关断。

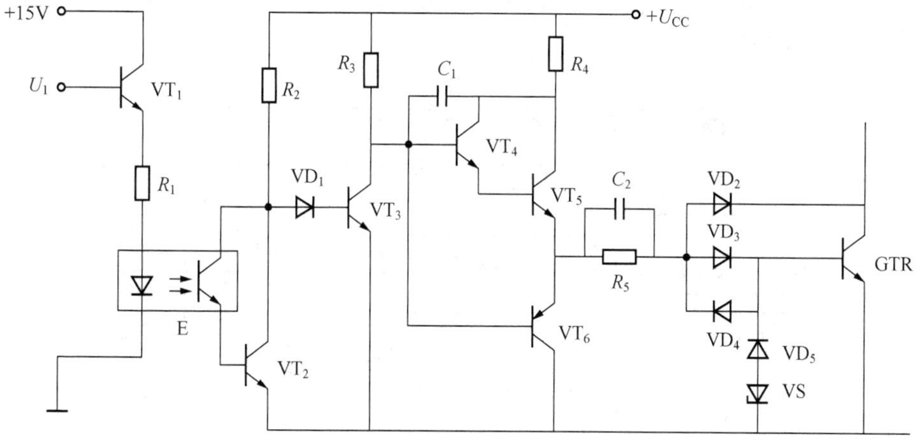

图 1-34　光电隔离 GTR 驱动电路

2. 磁耦合 GTR 驱动电路

磁耦合 GTR 驱动电路如图 1-35 所示，当 VT 开通时，通过脉冲变压器耦合给 GTR 基极一个正脉冲使 GTR 开通。当 VT 关断时，变压器激磁电感储存的磁能通过 VD_1 释放，此时在脉冲变压器二次侧感应出反向电压使 GTR 的基极施加反向脉冲，加速 GTR 基极抽流，使 GTR 快速关断。

3. GTR 集成驱动电路

GTR 集成驱动电路种类很多，具体应用可以参阅相关应用资料，以下简要介绍几种常用的集成驱动电路。

M57215BL 是单列直插、8 引脚 GTR 集成驱动电路，单电源自生负偏压工作，可以驱动 50A、1000V 以下的 GTR 模块一个单元；外加功率放大电路可以驱动 75～400A 以上 GTR 模块。

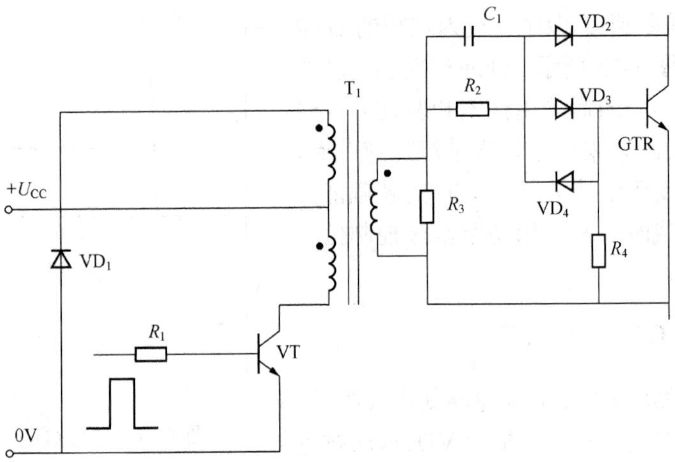

图 1-35　磁耦合 GTR 驱动电路

UAA4002、UAA4003 是双列直插、16 引脚 GTR 集成驱动电路，可以对被驱动的 GTR 实现最优驱动和完善保护，保证 GTR 运行于临界饱和的理想状态。其中，UAA4003 自身具有 PWM 脉冲形成单元，特别适用于直流斩波器系统。图 1-36 所示是 UAA4002 的内部结构及其典型应用电路。

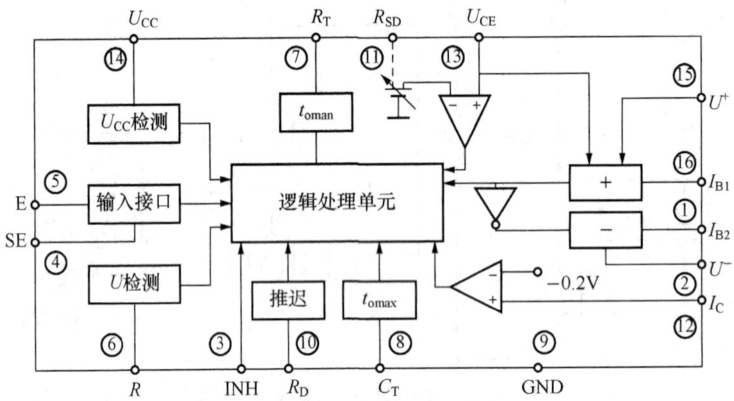

(a) UAA4002的内部结构

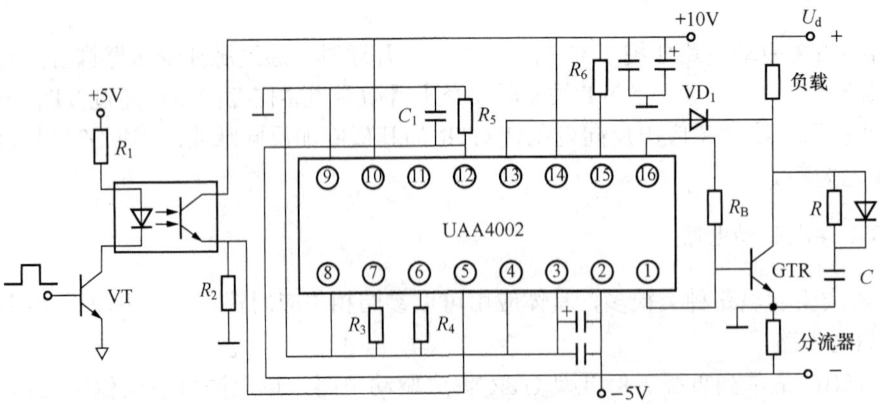

(b) UAA4002典型应用电路

图 1-36　UAA4002 内部结构与典型应用电路

1.8.3　典型的 P-MOSFET 和 IGBT 驱动电路

P-MOSFET 和 IGBT 均为场控器件，静态输入阻抗比较高，两者的驱动电路许多可以通用。

1. 光电隔离 P-MOSFET 和 IGBT 驱动电路

光电隔离 P-MOSFET 的一种分立组件驱动电路如图 1-37 所示。电路由输入光电隔离和信号放大两部分组成。当输入信号 u_i 为 0 时，光电耦合器截止，高速比较器 A 输出负电平，三极管 VT_3 导通，驱动电路约输出$-U_{CC}$驱动电压，关断场效应晶体管。当输入信号 u_i 为正时，比较器 A 输出高电平，三极管 VT_2 导通，驱动电路约输出$+U_{CC}$电压，开通场效应晶体管。该电路也可应用于 IGBT 的驱动，只需要将图中的 P-MOSFET 替换成 IGBT 即可。

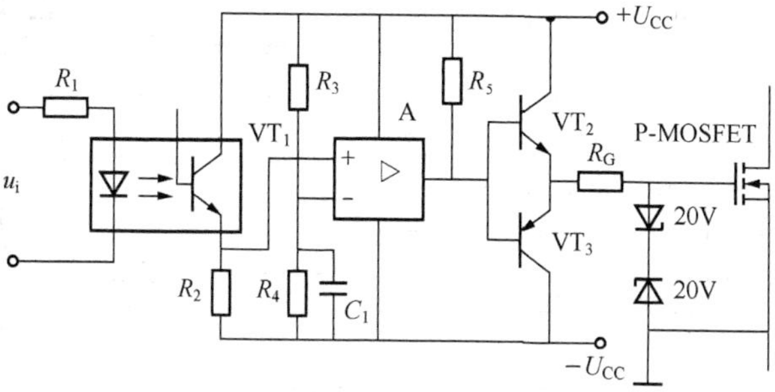

图 1-37　光电隔离 P-MOSFET 驱动电路

2. 磁耦合 P-MOSFET 和 IGBT 驱动电路

图 1-38 所示是一种适合中小功率场合使用的磁耦合 IGBT 驱动电路，与光电隔离驱动电路类似，该电路也可用于 P-MOSFET 的驱动。图 1-38 中脉冲变压器 T_1 起隔离作用，当控制脉冲输入高电平时，VT_1 导通，脉冲变压器二次侧感应产生正向电压使 IGBT 导通，VT_2 关断。当控制脉冲输入零电平时，VT_1 关断，变压器激磁电感储存的磁能通过 VD_1 释放，使变压器二次侧感应产生反向电压使 VT_2 导通，IGBT 关断。

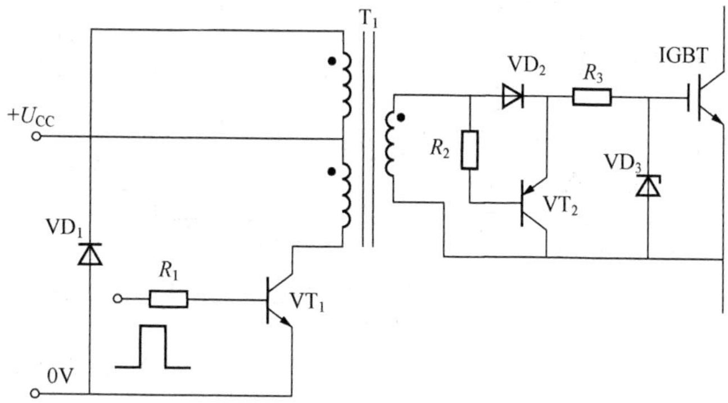

图 1-38　磁耦合 IGBT 驱动电路

3. 集成化 P-MOSFET 和 IGBT 驱动电路

集成化 P-MOSFET 和 IGBT 驱动电路的种类比较多，常用的有美国国际整流器公司生产的 IR 系列，如 IR2103、IR2110、IR2130、IR2237 等；有日本三菱公司生产的 M579 系列，如 M57918L、M57962L、M57959L 等；有日本富士公司的 EXB 系列，如 EXB840、EXB841、EXB850、EXB851 等。图 1-39 所示是由 IR2110 构成的半桥驱动电路。

在图 1-39 中，HIN 和 LIN 为逻辑控制信号，分别控制上桥臂和下桥臂的 MOS 管，SD 是脉冲封锁控制逻辑信号，SD 为高电平时，则封锁 HO 和 LO 输出控制信号，所有逻辑控制信号均可兼容 3.3V 逻辑电平。

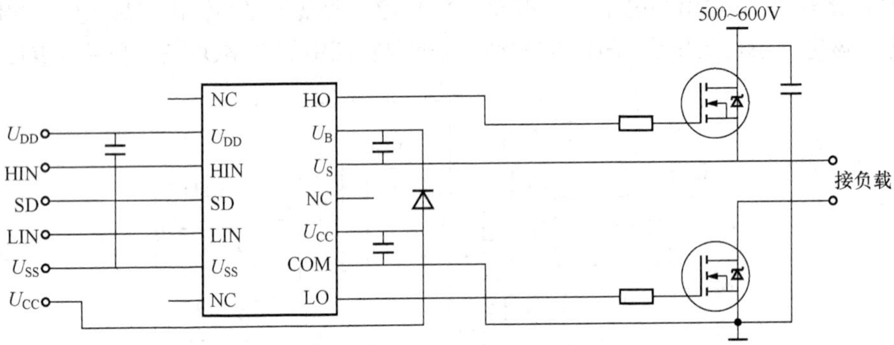

图 1-39 IR2110 半桥驱动电路

图 1-40 所示是由 EXB841 构成的 IGBT 集成驱动电路，控制电路只需外部提供+20V 电源，芯片内部自动产生-5V 偏压，通过外接快速二极管 VD 可实现过流检测，当检测到过流信号后内部可实现慢速关断功能，过流信号也可通过外接光电耦合器送回控制回路。

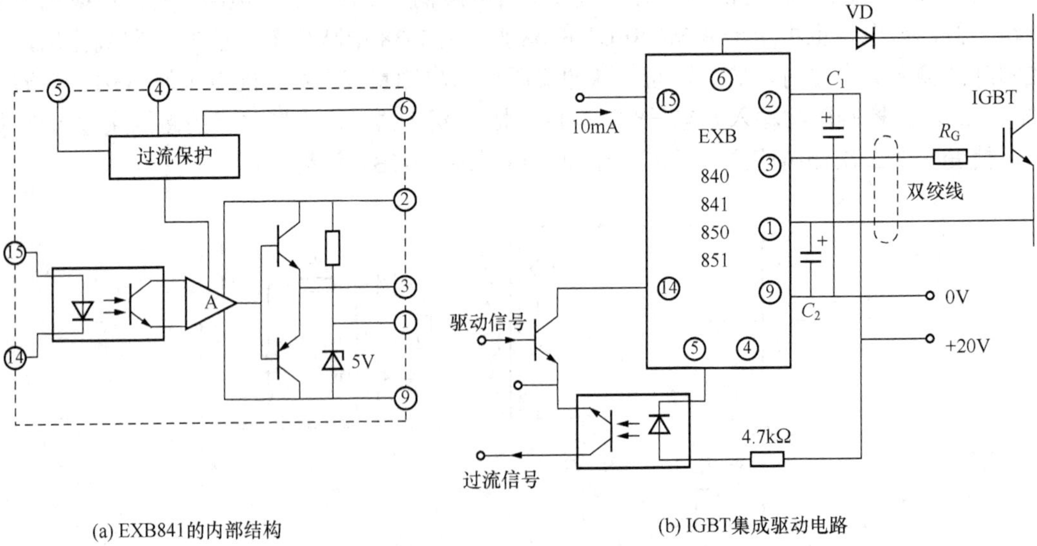

(a) EXB841的内部结构　　(b) IGBT集成驱动电路

图 1-40 IGBT 集成驱动电路

1.9　电力电子器件的缓冲电路

电力电子器件的缓冲电路（snubber circuit）又称为吸收电路，它是电力电子器件的一种保护电路，其作用是抑制电力电子器件的过电压和 du/dt 或者过电流和 di/dt，减小器件的开关损耗。

1.9.1　缓冲电路的作用与基本类型

缓冲电路分为关断缓冲电路和开通缓冲电路两类，也可将两者结合在一起，称为复合缓冲电路。关断缓冲电路主要作用是器件关断过程的过电压抑制和 du/dt 抑制，减小关断损耗；而开通缓冲电路的主要作用是抑制器件开通过程的电流过冲和 di/dt，减小器件的开通损耗。缓冲电路包含 L、C 等储能元件，如果储能元件的能量消耗在吸收电阻上，通常又称为耗能式缓冲电路，如果储能元件的能量回馈给负载或电源，则称为馈能式缓冲电路或无损吸收电路。图 1-41 所示是常用基本缓冲电路的结构，如图 1-41（a）中 L_S 用于开通过程 VT 的 di/dt 抑制，而 C_S 则用于关断过程 VT 的 du/dt 抑制。当工作频率较高时，为了减少损耗，常用图 1-41（b）所示电路代替，工作频率较低或交流应用时，则经常使用如图 1-40（c）所示电路。这些电路都属于能耗型电路，其他类型的电路可参考相关文献。

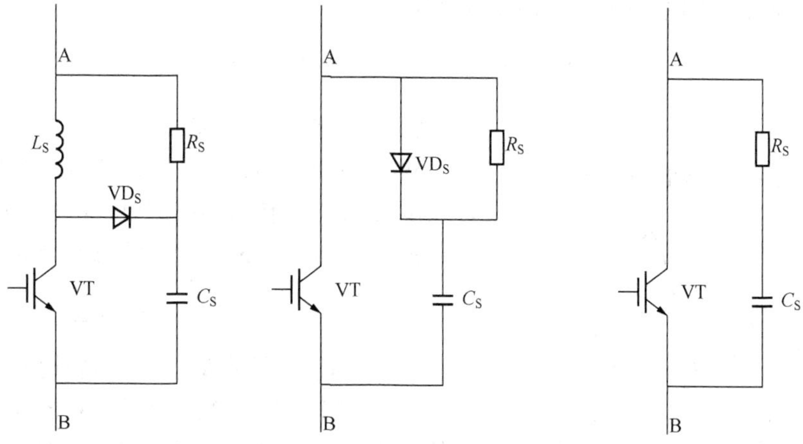

(a) 串并联RLCD缓冲电路　　(b) 并联RCD缓冲电路　　(c) 并联RC缓冲电路

图 1-41　电力电子器件基本缓冲电路

1.9.2　缓冲电路的参数设计

缓冲电路的参数一般依据经验法和计算法完成初步设计，然后通过实际电路试验调整。下面以图 1-41（b）为例，介绍缓冲电路参数设计的基本约束条件。

1. 分析电路运行状态

在设计之前，分析电路运行状态确定以下基本运行参数。

（1）VT 关断时 AB 间最高电压 U_{ABmax}。

（2）VT 最小占空比 D_{min}（或最小导通时间 t_{onmin}）。

（3）VT 最大负载电流（流入 A 端的最大负载电流）I_{Amax}。

（4）VT 的开关频率 f。

2. 根据有关手册确定运行参数

（1）VT 的关断时间 t_f。

（2）VT 关断时允许的最大电压上升率 $\left.\frac{dU}{dt}\right|_{max}$。

（3）VT 导通时允许的最大峰值电流 I_{Cpmax}。

（4）VT 开通时允许的最大峰值电流上升率 $\left.\frac{di}{dt}\right|_{max}$。

3. 导出参数设计约束条件

根据以上参数条件可以导出相关的参数设计约束条件。

1）R_S、C_S 充放电时间约束

在功率管 VT 关断瞬间，C_S 的充电过程使 AB 两端电压缓升，起到过电压抑制和 du/dt 抑制的作用。而功率管 VT 导通时，C_S 则经 R_S、VT 构成回路放电，为了使 C_S 在每个开关周期内都能有效发挥作用，在 VT 导通时间内必须充分放电，即要求在最小开通时间 t_{onmin} 内至少放电到所充电电荷的 5%以下，须满足

$$3R_SC_S \leqslant t_{onmin} \quad 或 \quad 3R_SC_S \leqslant \frac{D_{min}}{f} \tag{1-9}$$

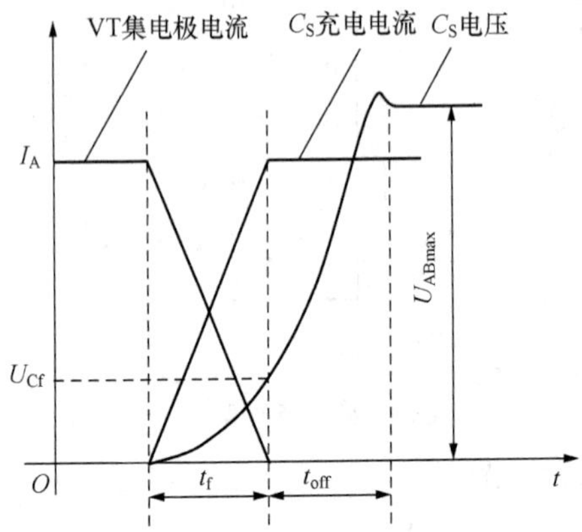

图 1-42　VT 关断过程波形

2）R_S 耗散功率约束

VT 关断瞬间 C_S 经由 VD_S 充电，VT 导通时，C_S 则经 R_S、VT 构成回路放电，电容上的能量几乎全部消耗在 R_S 上，R_S 耗散功率必须满足

$$P_R \geqslant \frac{1}{2}fC_SU_{ABmax}^2 \tag{1-10}$$

3）功率管关断速度对 C_S 容量选择的约束

VT 关断时间 t_f 一般比较小，在 t_f 时间内流经 A 端的电流 I_A 可以视为基本恒定，为 VT 集电极电流和 C_S 充电电流之和，如图 1-42 所示。在 t_f 时间段内，C_S 的充电电压 U_{Cf} 应远低于 AB 端之间的最大电压，这样才能起到过电压抑制和 du/dt 抑制的作用，因此有

$$\frac{I_{Amax}t_f}{2C_S} = U_{Cf} \ll U_{ABmax} \tag{1-11}$$

4）关断时最大电压上升速率限制对 C_S 容量选择的约束

图 1-42 所示，VT 关断过程中，t_f 时间内 C_S 电位从零开始上升，在 t_{off} 时间内负载电流全部用于 C_S 充电，AB 间电压上升率最大，其可能的最大电压上升率应小于最大允许电压

上升速率为 $\left.\frac{\mathrm{d}U}{\mathrm{d}t}\right|_{\max}$，必须满足

$$\frac{I_{\mathrm{A\,max}}}{C_S} \leqslant \left.\frac{\mathrm{d}U}{\mathrm{d}t}\right|_{\max} \tag{1-12}$$

5）导通时最大峰值电流限制对 R_S 阻值选择的约束

功率管开通瞬间流过的电流包括负载电流和 C_S 的放电电流，C_S 可能达到的最高电压为 U_{ABmax}，则 VT 导通时最大峰值电流须满足

$$\frac{U_{\mathrm{ABmax}}}{R_S} + I_{\mathrm{A\,max}} < I_{\mathrm{Cpmax}} \tag{1-13}$$

6）VD_S 选择约束

VD_S 必须选用快恢复二极管，一般要求额定电流不小于主电路器件的 1/10，额定电压等级要求与功率管一致。

利用以上六个设计约束可以初步计算 R_S、C_S、VD_S 的参数，并通过实际电路测试进行进一步的修正。对于如图 1-41（a）所示的电路，L_S 通常很小，R_S、C_S、VD_S 估算时可以忽略其影响而采用前面的方法，L_S 的选择则须满足以下约束：

$$\frac{U_{\mathrm{AB\,max}}}{L_S} < \left.\frac{\mathrm{d}i}{\mathrm{d}t}\right|_{\max} \tag{1-14}$$

类似地，也可以导出如图 1-41（c）所示的参数设计方法，此处不再赘述。

1.10　电力电子器件的过压、过流保护*

1. 过电压的产生及过电压保护

电力电子装置中的开关器件对电压都非常敏感，一旦电压超过其极限，就会引起器件击穿。过电压的产生原因分为外部因素和内部因素两类。外部因素主要来自雷击和系统的操作过程（包括分闸、合闸、断路器动作等开关操作）引起的冲击电压，也称为浪涌电压，持续时间一般在几微秒到几毫秒。内部因素主要来自电力电子装置内部器件的开关过程，举例如下。

（1）晶闸管或与全控型器件反并联的二极管在换相结束后不能立刻恢复阻断，流过较大的反向电流，使残存的载流子恢复，当恢复了阻断能力时，反向电流急剧减小，此电流的突变因电路电感而在器件两端感应出过电压。

（2）全控型器件关断时，正向电流迅速降低引起较大的电流变化率，由电路电感在器件两端感应出过电压。

电力电子装置典型的过电压保护措施及配置位置如图 1-43 所示，不同的电力电子装置可视具体情况只采用其中的几种，其中 RC_3 和 RCD 为缓冲电路，抑制内部因素引起的过电压。

外部因素引起的过电压抑制常用 RC 缓冲电路，如图 1-44 所示，RC 过电压抑制电路可接于供电变压器的两侧（供电网一侧称网侧，电力电子电路一侧称阀侧），或电力电子电路的直流侧。大容量电力电子装置可采用如图 1-45 所示的反向阻断式 RC 电路。有关保护电路参数设计可参考相关工程手册。

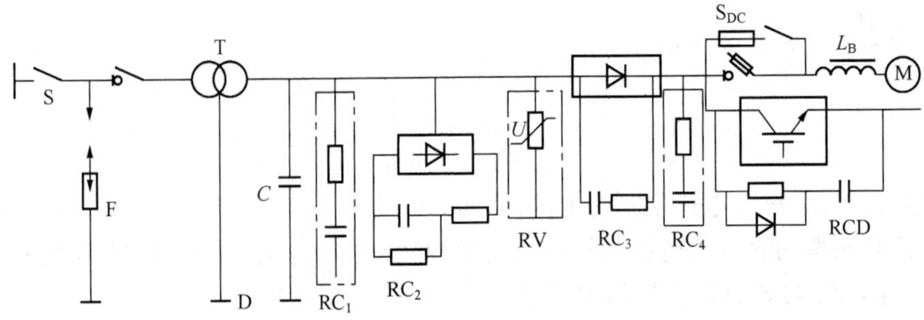

图 1-43 过电压保护措施及配置位置

F—避雷器；D—变压器静电屏蔽层；C—静电感应过电压抑制电容；RC_1—阀侧浪涌过电压抑制用 RC 电路；
RC_2—阀侧浪涌过电压抑制用反向阻断式 RC 电路；RV—压敏电阻过电压抑制器；
RC_3—阀器件换相过电压抑制用 RC 电路；RC_4—直流侧 RC 抑制电路；
RCD—阀器件关断过电压抑制用 RCD 电路

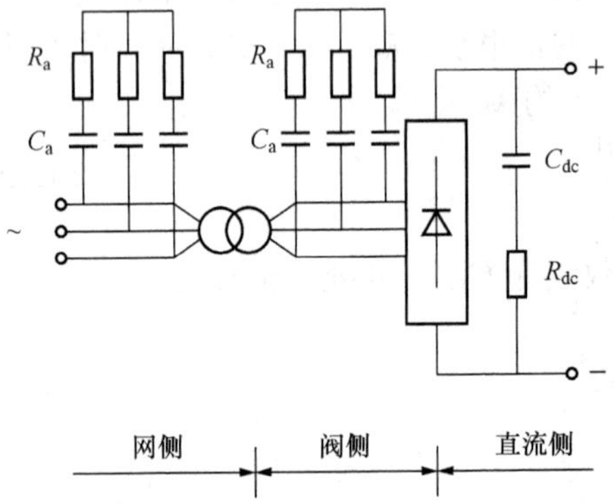

图 1-44 RC 过电压抑制电路典型连接方式

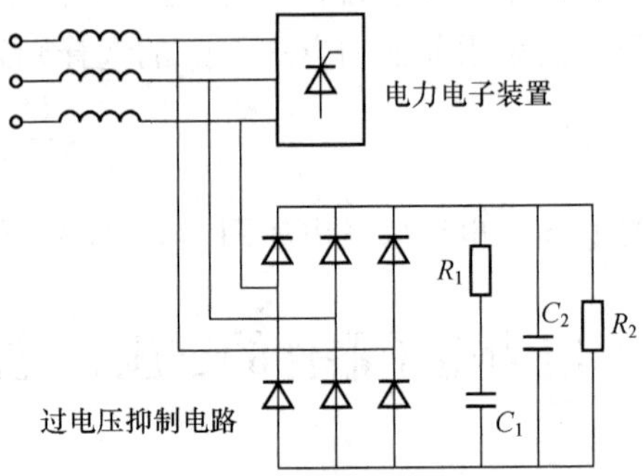

图 1-45 反向阻断式 RC 电路

2. 过电流保护

电力电子装置过电流现象通常发生于超载和短路两种情况，过电流保护通常采用配置快速熔断器、快速断路器和过电流继电器等装置切断电流。对重要的半导体器件，如晶闸管器件或全控型器件，一般配置电流检测保护电路，利用电流传感器检测相关电流，与设定值进行比较，一旦发生过流则通过控制电路关断半导体器件或主电路，这种方法响应迅速，设定过流值方便，是对器件过电流的最快保护措施。

常规的过电流保护措施配置方法如图 1-46 所示，一套电力电子装置通常同时采用几种

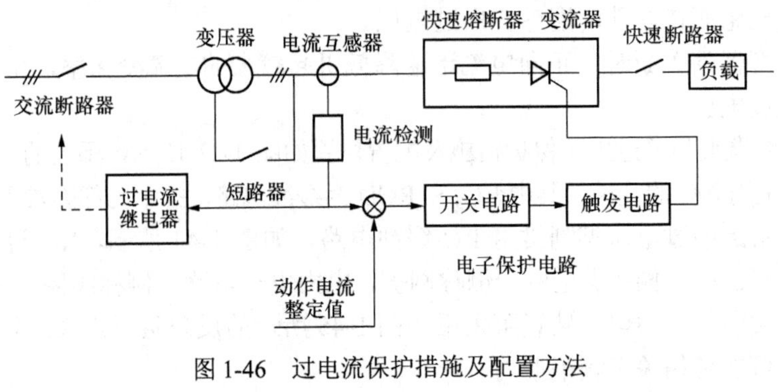

图 1-46 过电流保护措施及配置方法

过电流保护措施，以提高可靠性和合理性。电子保护电路作为第一保护措施，快速熔断器仅作为短路时的部分区段的保护，快速断路器整定在电子电路动作之后实现保护，过电流继电器整定在超载时动作。

1.11　应用示例*

例 1-1　在图 1-47 中，阴影部分为一个周期为 2π 的晶闸管的电流波形，若各波形的最大值为 $I_m=100A$，试计算各波形电流的平均值 I_{1av}、I_{2av}、I_{3av} 和有效值 I_{1rms}、I_{2rms}、I_{3rms}，若考虑 2 倍的电流安全裕量，选择额定电流为 $I_{T(AV)}=100A$ 的晶闸管能否满足要求？

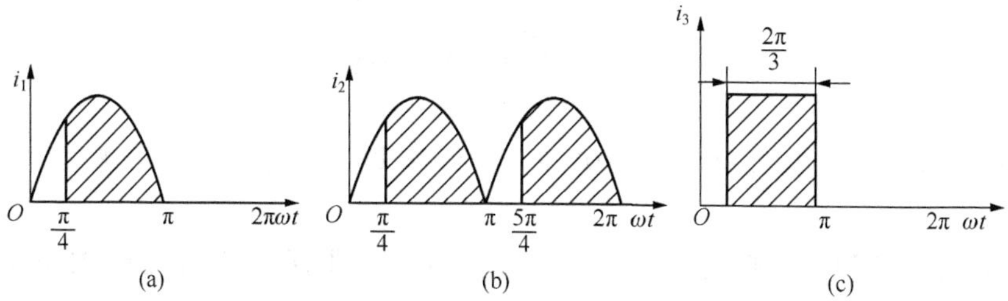

图 1-47　晶闸管电流波形

解：额定电流 100A 的晶闸管能承受 157A 的有效值电流，若电流安全裕量为 $k_{sai}=2$，则额定电流 100A 的晶闸管能在 78.5A 有效值电流下安全运行。

在图 1-47（a）中，电流平均值和有效值分别为

$$I_{1av}=\frac{1}{2\pi}\int_{\frac{\pi}{4}}^{\pi} I_m \sin\theta \mathrm{d}\theta=27.2A$$

$$I_{1rms}=\sqrt{\frac{1}{2\pi}\int_{\frac{\pi}{4}}^{\pi}(I_m\sin\theta)^2\mathrm{d}\theta}=\sqrt{\frac{I_m^2}{2\pi}\left(\frac{\theta}{2}-\frac{1}{4}\sin 2\theta\right)\Bigg|_{\frac{\pi}{4}}^{\pi}}=47.7A<78.5A$$

在图 1-47（b）中，电流平均值和有效值分别为

$$I_{2av}=2I_{1av}=54.4A$$

$$I_{2rms}=\sqrt{2\times\frac{1}{2\pi}\int_{\frac{\pi}{4}}^{\pi}(I_m\sin\theta)^2\mathrm{d}\theta}=67.45A<78.5A$$

在图 1-47（c）中，电流平均值和有效值分别为

$$I_{3av}=\frac{1}{3}I_m=33.3A$$

$$I_{3rms}=\sqrt{\frac{1}{3}I_m^2}=57.7A<78.5A$$

因此，额定电流 100A 的晶闸管能够满足如图 1-47 所示三种波形的要求。

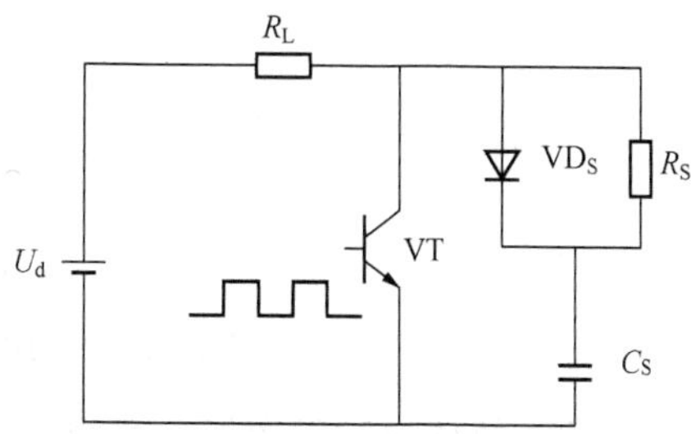

图 1-48　晶体管开关电路

例 1-2　晶体管开关电路如图 1-48 所示，输入直流电压 U_d 范围为 136～184V，输出功率 P_o 恒定为

150W，VT 为 Motorola 公司生产的 2N6836，开关频率为 100kHz，当输入直流电压最小时，开关管最大导通时间为 0.4T（T 为开关周期），试设计 R_S、C_S、VD_S 的参数。

解：查 Motorola 公司 2N6836 数据手册，可以得到$U_{ceo}=450V$，额定电流为 15A，电流下降时间最大为 150ns，在脉冲宽度为 5ms、占空比小于 10%时，最大集电极电流为 20A。

假定 VT 开通时，流过负载电阻 R_L 的电流峰值为 I_p，VT 关断时电流为零，则晶体管流过的最大峰值电流为$I_{pm}=\dfrac{P_o}{0.4U_{dmin}}=2.76A$。

根据式（1-11），有$C_S \gg \dfrac{2.76A\times150ns}{2\times136V}=1.52nF$，假定取$C_S=7.5nF$，电容的额定电压可以选择为最高电压的 1.5 倍左右，取 250V。

输出功率恒定，当输入电压为 184V 时，开关占空比最小，有

$$D_{min}=\left(\frac{136}{184}\right)^2\times0.4=0.22$$

根据式（1-9），有$R_S\leqslant\dfrac{D_{min}}{3fC_S}=97.8\Omega$；假定取$R_S=50\Omega$，根据式（1-10），有$P_R\geqslant\dfrac{1}{2}fC_SU_{dmax}^2=12.7W$，假定取电阻功率$P_R=25W$，开管导通瞬间最大集电极电流为$I_{CP}=2.76A+\dfrac{184V}{R_S}=6.44A$，远小于器件允许的电流值，满足晶体管参数要求。

二极管 VD_S 选择：电流有效值应不小于 1.5A（相当于额定电流不小于 1A），额定电压可以选择为最高电压的 2 倍左右，可以取 400V。

例 1-3 电力电子器件运行时存在通态损耗和开关损耗（动态损耗）而使器件发热，如果散热不足会导致器件结温超出极限而失效，因此，器件实际工作时需要评估其温升。电力电子器件实际安装的剖面结构如图 1-49 所示，假如器件工作时的功率损耗为 P（单位：W），环境温度为 T_a（单位：℃），器件结与外壳之间的热阻为 R_{jc}（单位：℃/W），外壳与散热片之间的热阻 R_{cf}（单位：℃/W），散热片与环境之间的热阻 R_{fa}（单位：℃/W），试计算电力电子器件的结温 T_j。

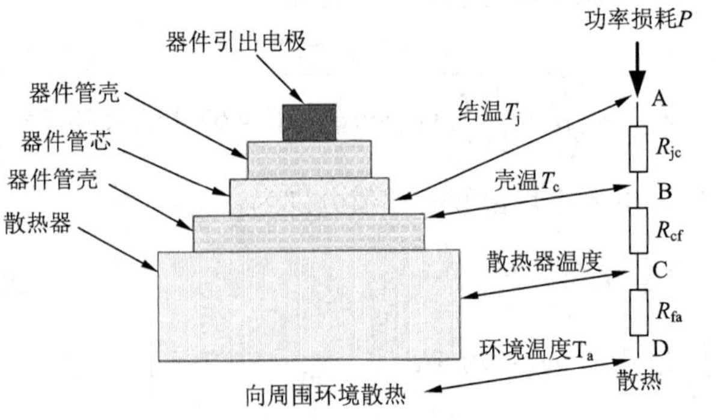

（a）安装的剖面结构　　（b）热传导示意

图 1-49 电力电子器件安装的剖面结构与热传导示意

解：热传导过程遵循热欧姆定律，与电路中的欧姆定律相似。如果将电流换成热流量（功率损耗 P），电压差换成温度差 ΔT，电阻则换成热源与低温端的热阻 R_T，热欧姆定律可

表示如下：

$$PR_{\mathrm{T}} = \Delta T$$

根据图 1-49（b）的热传导示意图，电力电子器件的结温可以表示为

$$T_{\mathrm{j}} = \Delta T + T_{\mathrm{a}} = P(R_{\mathrm{jc}} + R_{\mathrm{cf}} + R_{\mathrm{fa}}) + T_{\mathrm{a}}$$

注：实际工程应用时，当元件的结温超过允许值时，需要更换热阻更小的散热器，或采用冷却效果更好的风冷、液冷等方式，也可以选择损耗更低的元件。

思考题与习题

1-1 什么是快恢复二极管的动态参数？主要的动态参数有哪些？动态参数对电路工作有什么影响？

1-2 晶闸管如何才能正常控制导通？如何关断导通的晶闸管？刚关断的晶闸管为何不能立即施加正向电压？

1-3 晶闸管非正常导通方式有哪些？如何防止晶闸管非正常导通？

1-4 晶体管驱动电流对晶体管导通压降和关断时间有何影响？理想的晶体管基极驱动电流波形有什么要求？理想驱动波形为什么能使晶体管既有较低的导通压降又有较短的关断时间？

1-5 安全工作区的含义是什么？晶体管的安全工作区与 MOSFET 和 IGBT 相比，有什么不同？

1-6 功率 MOSFET 和 IGBT 是场控器件，直流输入阻抗极高，为什么当工作频率很高时，仍然需要较大的栅极驱动电流？

1-7 为什么要提高器件的开关速度？如果电路中器件工作频率很低，器件的开关速度是否也很重要？为什么？

1-8 缓冲电路的主要作用是什么？分析 RCD 缓冲电路中各元器件的作用。

1-9 开关器件的保护方法有哪几种？过电压、过电流产生的原因有哪些？

1-10 如图 1-50 所示，单相交流电压 220V、50Hz，经过全桥整流后连接 10Ω 电阻负载，画出二极管 VD_2 的电流 i_1、电压 u_1 的波形和电阻上电压 u_2、电流 i_2 的波形，计算流过二极管的峰值电流 $I_{1\max}$、平均电流 $I_{1\mathrm{av}}$、电流有效值 $I_{1\mathrm{rms}}$（忽略二极管开关时间、导通压降、反向电流）、电流 I_1 的波形系数 K_{f}。

1-11 简要说明图 1-51 中 P-MOSFET 驱动电路的工作原理。

1-12 通过计算说明，一个额定电流为 10A 的晶闸管能否长时间通过 15A 的直流电流。

1-13 假定开关电路的结构与工作波形如图 1-52 所示，计算开关器件 S 的动态损耗。

1-14 IGBT 单开关电路如图 1-53 所示，其电阻负载为 $R_{\mathrm{L}}=100\Omega$，电源电压 $U_{\mathrm{d}}=1000\mathrm{V}$，器件关断时间为 0.5μs，要求设计 RCD 参数（电阻值与功率、电容值与耐压、二极管的规格），使得关断过程中电压上升率控制在 500V/μs 以内，开通器件冲击电流不高于 15A，放电时间在 100μs 以内。

提示：电阻负载带有一定感性，在器件关断过程中负载电流可以看成不变，设计参数有一定范围，只要符合要求就行。

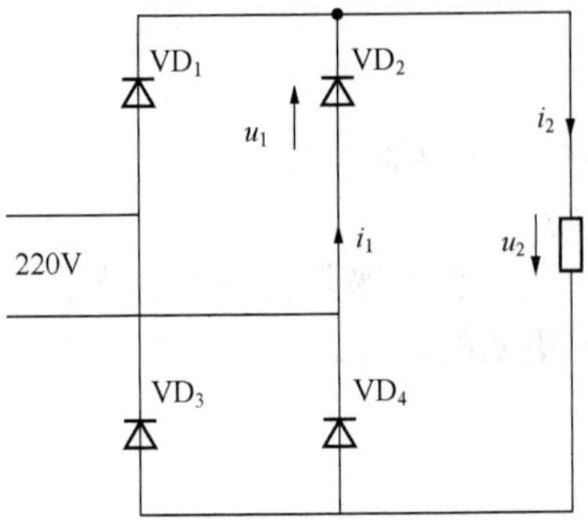

图 1-50　习题 1-10 图

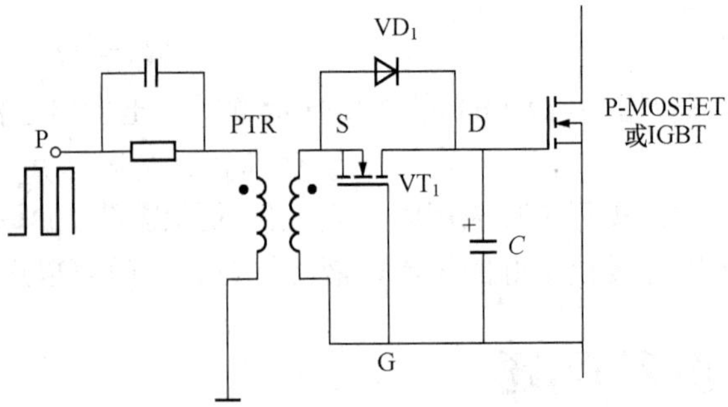

图 1-51　习题 1-11 图

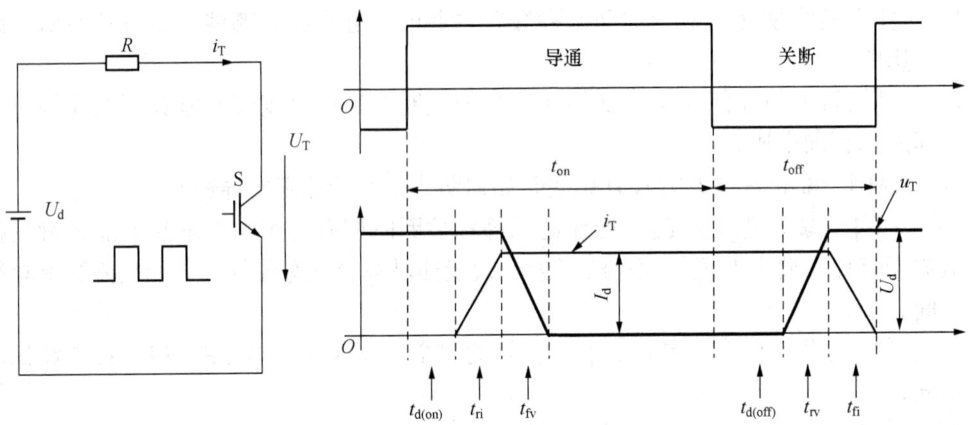

图 1-52　习题 1-13 图

1-15　如图 1-54 所示，$E = 50\text{V}$，$R = 0.5\Omega$，$L = 0.5\text{H}$，晶闸管擎住电流为 15mA，要使晶闸管导通，门极触发脉冲宽度至少应为多少？

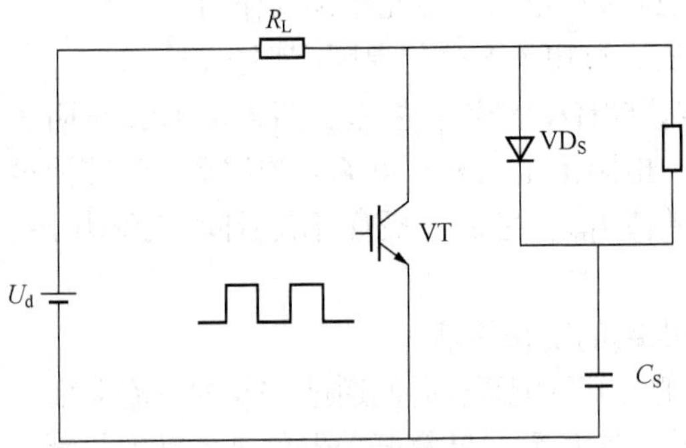

图 1-53　习题 1-14 图

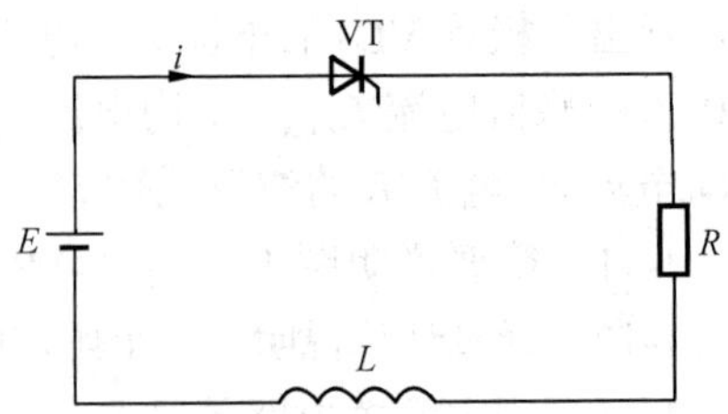

图 1-54　习题 1-15 图

第 2 章　直流-直流变换技术

2.1　概述

直流-直流（DC-DC）变换技术的功能是将直流电变换为另一种固定电压或可调电压的直流电。传统直流-直流变换电路又称为斩波器（chopper），因为这种技术曾广泛应用于直流电机调速，如地铁列车、无轨电车及蓄电池供电的电动车辆等，由于调速技术的发展，直流-直流变换技术目前更多地应用于开关电源，在通信、计算机、自动化设备、仪器仪表、军事、航天等国民经济各个领域有着广泛的应用。

直流-直流变换技术按电路结构可分为无变压器隔离的直流-直流变换器和有变压器隔离的直流-直流变换器两大类。

无变压器隔离的直流-直流变换器基本电路包括：

（1）降压式变换器（Buck converter）。

（2）升压式变换器（Boost converter）。

（3）升降压式变换器（Buck-Boost converter）。

（4）Cuk 变换器（Cuk converter）。

（5）Sepic 变换器（Sepic converter）。

（6）Zeta 变换器（Zeta converter）。

有变压器隔离的直流-直流变换器基本电路包括：

（1）正激式变换器（forward converter）。

（2）反激式变换器（flyback converter）。

（3）半桥式变换器（half-bridge converter）。

（4）全桥变换器（full-bridge converter）。

（5）推挽变换器（push-pull converter）。

直流-直流变换器调节输出电压的基本原理如图 2-1 所示，电路中开关元件周期性地接通和断开，假定开关接通的时间为 t_{on}，开关周期为 T，则负载上的平均电压为

$$U_{oav} = \frac{t_{on}}{T} U_d$$

开关接通的时间 t_{on} 和开关周期 T 的比例称为开关接通的占空比，以 D 来表示，即 $D = \frac{t_{on}}{T}$，它是开关变换电路中的一个重要参数。通过调节占空比可以调节输出平均电压，常用的占空比调节方法有两种：脉冲宽度调制（PWM）方法和脉冲频率调制（PFM）方法。

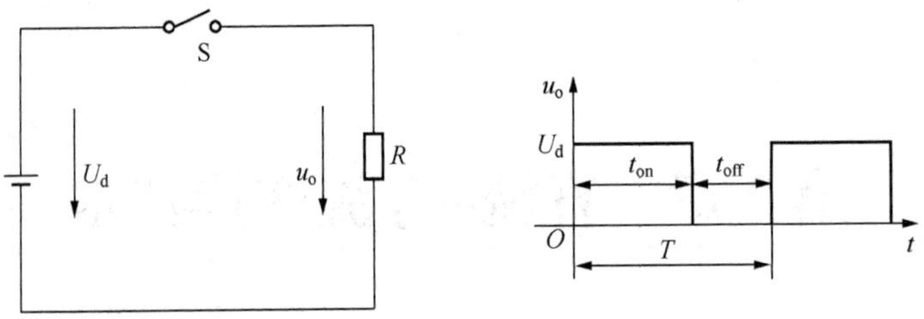

(a) 电路原理图　　(b) 输出电压波形图

图 2-1　直流变换器调压输出原理与波形图

脉冲宽度调制方法是指在整个工作过程中开关频率不变（T 不变），而开关接通时间按照要求变化（t_{on} 变化）的方法。而脉冲频率调制方法则是在整个工作过程中开关接通的时间不变（t_{on} 不变），而开关频率按照要求变化（T 变化）。两种方法都可以改变开关接通的占空比，从而调节输出电压，相比而言，脉冲宽度调制的方法更常用。

2.2　降压式变换器

2.2.1　Buck 电路的基本结构及工作机理分析

Buck 电路的基本电路结构如图 2-2（a）所示，功率开关 VT（MOSFET）有两种工作状态：饱和导通与关断。随着 VT 工作状态的不同，电路的拓扑结构也发生相应的变化，图 2-2（b）和图 2-2（c）分别示出了电感电流连续时两种状态下的等效电路。

从等效电路可以看出，当 VT 饱和导通时，二极管承受反压关断；而当 VT 关断时，电感续流导致二极管导通。两者配合工作，其功能类似于一个单刀双掷开关，因此，图 2-2（a）可以转化为图 2-3 的等效模型，随着单刀双掷开关的连续切换工作，$u_s(t)$形成连续的 PWM 脉冲序列。

从图 2-3 所示的电路等效模型可以看出，电感 L 和电容 C 组成低通滤波器，此低通滤波器可以使 $u_s(t)$的直流分量通过，而对 $u_s(t)$的交流分量有较大的衰减；电容上输出电压 $u_o(t)$就是 $u_s(t)$的直流分量再附加纹波 $u_{ripple}(t)$。

电容上的纹波实际上是由电容的充放电引起的，当电路稳态工作时，由于开关工作频率很高，电容充、放电的时间都非常短，电容上电荷变化量 ΔQ 一般很小，且电容量一般较大，由此引起的纹波 $u_{ripple}(t)$必然很小，通常相对于电容上输出的直流电压（平均电压）U_o 有 $\left|u_{ripple}\right|_{max} \ll U_o$，即 $u_o(t)=u_{ripple}+U_o \approx U_o$。

电路稳态工作时，电容上电压由微小的纹波和较大的直流分量组成，宏观上可以看成是恒定直流，这就是开关电路稳态分析中的小纹波近似原理。

从图 2-3 所示的电路可以看出，一个开关周期内，电容包含充电和放电两个阶段。在电路稳态工作时，电路达到稳定平衡，电容上平均电压维持不变，因此一个开关周期内电容上电荷充放电维持平衡，这是开关电路稳态工作时的一个特征。

如图 2-3 所示，当开关 S 置于“1”时，电感电流增加，电感储能，电感磁链增量 $\Delta\Psi_1=u_{L1}(\Delta t_1)=L(\Delta i_1)>0$；而当开关 S 置于“2”时，电感电流减小，电感释能，电感磁链增量$\Delta\Psi_2 = u_{L2}(\Delta t_2) = L(\Delta i_2) < 0$。当电路稳态工作时，一个开关周期内电感平均磁链维持不变，电流平均增量为零（$\Delta i_1 + \Delta i_2 = 0$）或磁链平均增量为零[$u_{L1}(\Delta t_1) + u_{L2}(\Delta t_2) = 0$]，这种现象称为电感伏秒平衡，这是开关电路稳态运行时的又一个特征。

电路稳态工作时的电容充放电平衡、电感伏秒平衡、小纹波近似原理这几个普遍规律，是直流-直流变换电路分析的重要理论依据。

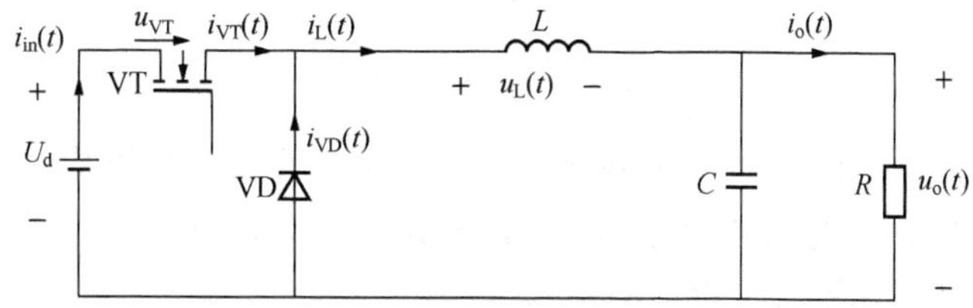

(a)Buck电路基本结构

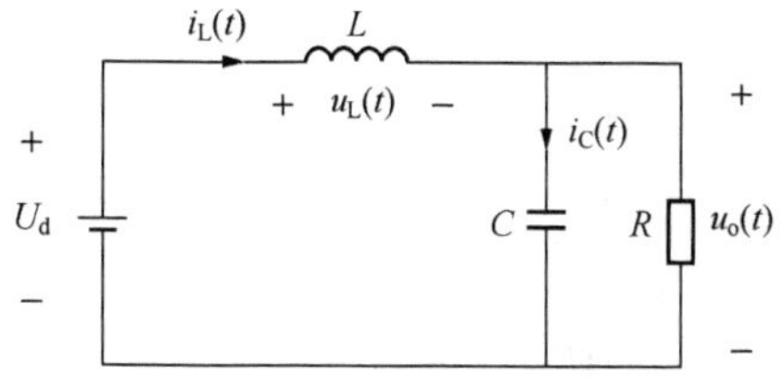

(b) VT导通、VD关断时的等效电路

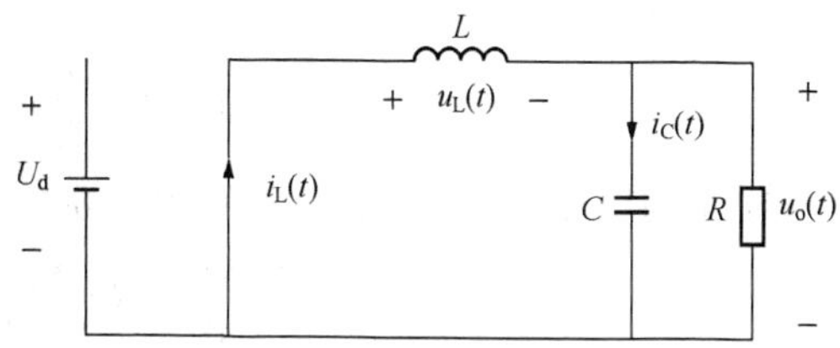

(c) VT关断、VD导通时的等效电路

图 2-2　Buck 电路基本结构及 CCM 工作时的等效电路

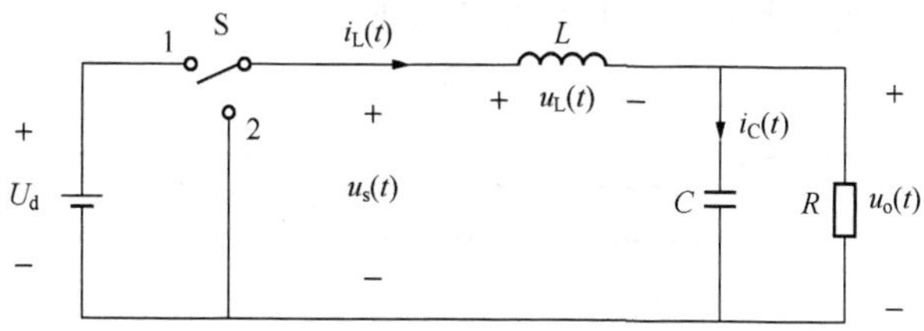

图 2-3　Buck 电路等效电路模型

2.2.2　Buck 电路稳态工作过程分析

Buck 电路结构与拓扑如图 2-2 所示，电路分析过程中作如下近似。

（1）忽略电路中开关器件的开关时间，认为开关过程瞬间完成。

（2）忽略元器件的工作损耗，忽略元器件的寄生参数影响。

（3）忽略电路中分布参数影响。

（4）输入电源为理想直流电源，忽略内阻，忽略纹波，电压稳定不变。

这些近似又称为理想条件假定，是对电路实际工作状态的一种简化，在后续直流变换电路分析中均默认满足理想条件假定，并以大写字母 U 和 I 表示直流电压和电流，以小写字母 u 和 i 表示电压和电流的瞬时值。

假定电路开关工作频率为 f，对应的周期为 T，开关接通的占空比为 D。

1. 电感电流连续模式（CCM）下工作波形分析

如图 2-4 所示，在 $0 \leqslant t \leqslant t_1$ 时段，VT 导通，VD 承受反向电压关断，电路拓扑如图 2-2（b）

所示，依据小纹波近似原理：$u_o(t) \approx U_o$ 为恒定值，有

$$u_L = L\frac{di_L}{dt} = U_d - U_o \tag{2-1}$$

由于（$U_d - U_o$）视为常数且大于零，因此，电感电流线性增长，由式（2-1）可以得到

$$L\frac{\Delta I_{L1}}{\Delta t_1} = L\frac{\Delta I_{L1}}{DT} = (U_d - U_o) \tag{2-2}$$

$$i_C = i_L - i_o = i_L - \frac{U_o}{R} \tag{2-3}$$

由于 i_o 基本恒定，因此 i_C 与 i_L 斜率相同，考虑到一个开关周期电容充放电平衡，电容电流由负值开始增长。因电感电流连续，电路稳态工作时，一个开关周期内电感电流始终大于零，由此得出波形如图 2-4 所示的 0～t_1 段。

在 $t_1 \leqslant t \leqslant t_2$ 时段，VT 关断，由于电感 L 的续流作用，二极管 VD 导通，电路拓扑如图 2-2（c）所示，有

$$u_L = L\frac{di_L}{dt} = -U_o \tag{2-4}$$

同样，由于 U_o 视为恒定值，则电感电流线性减小，有

$$-U_o = L\frac{di_L}{dt} = L\frac{\Delta I_{L2}}{t_2 - t_1} = L\frac{\Delta I_{L2}}{(1-D)T} \tag{2-5}$$

此时，i_C 表达式同式（2-3），由于 i_o 基本恒定，i_C 与 i_L 斜率相同，由于电路稳态工作，一个周期电感伏秒平衡，有 $\Delta I_{L1} + \Delta I_{L2} = 0$，由此得出的波形如图 2-4 所示 t_1～t_2 段，至此完成一个周期的波形分析，其他各周期波形与此相同。

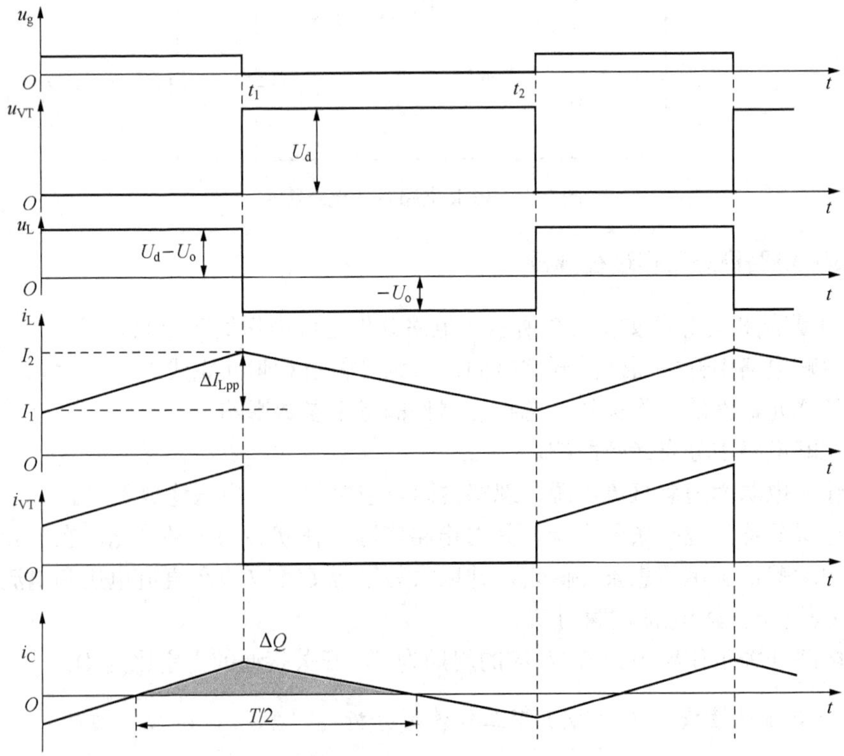

图 2-4 Buck 电路各点工作波形（CCM 状态）

2. 电感电流连续模式（CCM）下工作参数分析

稳态工作时电感伏秒平衡，由式（2-2）、式（2-5）或图 2-4 中 u_L 波形可以得到

$$(U_d - U_o)DT - U_o(1-D)T = 0$$

即

$$U_o = DU_d \tag{2-6}$$

忽略电路工作产生的损耗，输入、输出能量守恒，则有

$$U_d I_{in} = U_o I_o$$

有

$$I_{in} = DI_o \tag{2-7}$$

其中，I_{in}为输入平均电流（直流电流）；I_o为输出直流电流。

考虑到稳态工作时电感伏秒平衡的特点，电感充放电过程电流波动值相等，依据式（2-2），电感电流脉动峰峰值可以表示为

$$\Delta I_{Lpp} = \Delta I_{L1} = \frac{U_d(1-D)}{L}DT = \frac{(1-D)DU_d}{fL} \tag{2-8}$$

考虑到输出电压脉动很小，$\Delta i_o \approx 0$，有$\Delta i_L \approx \Delta i_C$，且有一周期内电容充放电平衡，根据图 2-4 中 i_C波形，电容的充电时间为 $T/2$，则电容上充电电荷为

$$\Delta Q = \frac{1}{2}\times\frac{1}{2}\Delta I_{Lpp}\times\frac{1}{2}T = \frac{\Delta I_{Lpp}}{8f}$$

在这个时间段内，电容上的电压从最低点充到最高值，如图 2-5 所示。因此，电容电压（即输出电压）纹波峰峰值为

$$\Delta U_{opp} = \Delta U_{Cpp} = 2\Delta u = \frac{\Delta Q}{C} = \frac{\Delta I_{Lpp}}{8fC} = \frac{U_d D(1-D)}{8LCf^2} \tag{2-9}$$

式（2-9）常用来作为 LC 滤波器参数设计的约束条件之一。

前面分析了 Buck 电路电感电流连续的工作状态，这种状态的特点是电感电流始终大于零。随着电感电流的减小，一个工作周期内电感电流的起始点和终点可能正好处于零位，这种状态称为电感电流临界连续，如图 2-6 所示。如果继续减小电感电流，则电感电流将出现断续，即在一个开关周期结束之前，电感电流就已经下降到零，这种状态称为电感电流断续模式（DCM），如图 2-7 所示。电感电流临界连续状态的运行规律与前面所述 CCM 状态相同，电感电流断续模式（DCM）的运行规律有自己的特点。

3. 电感电流断续模式（DCM）下工作波形分析

在电感电流断续模式下，VT 导通前电感电流已经衰减到零，VT 导通时，电感电流从零开始增长，电路工作波形如图 2-8 所示。

在 $0 \leqslant t \leqslant t_1$ 时段，VT 导通，VD 承受反向电压关断，电路拓扑如图 2-2（b）所示，其电感电压方程与式（2-1）一致，但电感电流从零开始线性增长。

在 $t_1 \leqslant t \leqslant t_s$ 时段，VT 关断，由于电感 L 的续流作用，二极管 VD 导通，电路拓扑如图 2-2（c），其电感电压方程与式（2-4）一致，电感电流线性减小，在 t_s 时刻衰减到零，VD 关断。

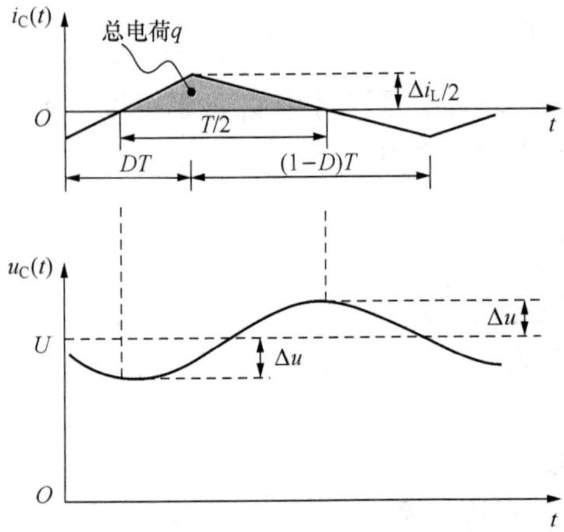

图 2-5　输出电容电压、电流波形

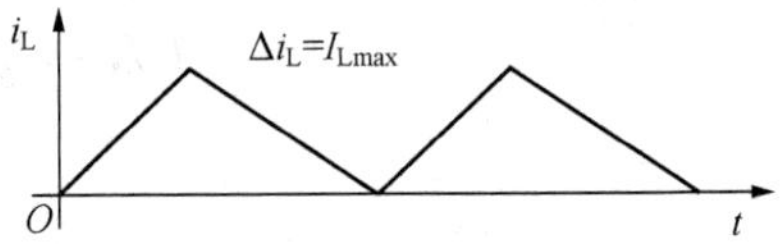

图 2-6　电感电流临界连续状态

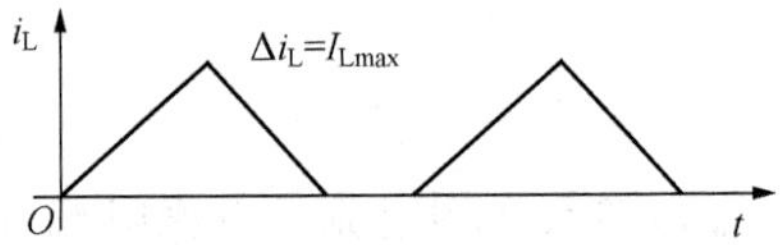

图 2-7　电感电流断续状态

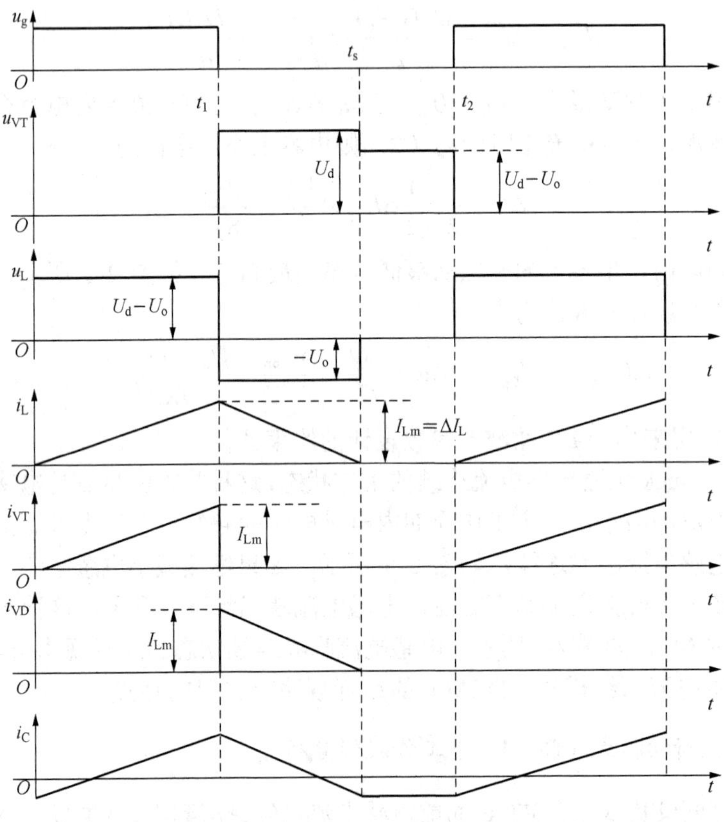

图 2-8　Buck 电路各点工作波形（DCM 状态）

在 $t_s \leqslant t \leqslant t_2$ 时段，VT、VD 均关断，电感电压为零，MOS 管两端压降为输入电压和输出电压之差，此时负载电流来自电容放电。自此完成一个周期的工作，在 t_2 后波形再次重复。

4. 电感电流断续模式（DCM）下工作参数分析

由于稳态工作时电感伏秒平衡，由图 2-8 中 u_L 波形可以得到

$$(U_d - U_o)DT - U_o(t_s - t_1) = 0$$

令 $D' = \dfrac{t_s - t_1}{T}$，有

$$U_o = \frac{D}{D + D'}U_d \tag{2-10}$$

考虑到输出直流电流 I_o 就是电感电流 i_L 的平均值，可以得出

$$\frac{U_o}{R} = \frac{1}{2}\Delta I_L(D + D') \tag{2-11}$$

根据 $0 \leqslant t \leqslant t_1$ 时段波形，有

$$\Delta I_L = \frac{U_d - U_o}{L}DT \tag{2-12}$$

由式（2-10）、式（2-11）、式（2-12）可以解得

$$U_o = \frac{2}{1 + \sqrt{1 + 4K}}U_d \tag{2-13}$$

其中，$K = \dfrac{2L}{D^2TR}$。

根据输入、输出能量守恒原则，可以得到

$$I_{in} = \frac{2}{1 + \sqrt{1 + 4K}}I_o \tag{2-14}$$

5. Buck 电路电感电流连续的临界条件

由图 2-6 可以看出，电感电流临界连续时，输出直流电流 I_o 正好为电感电流脉动值 Δi_L 的一半，当输出电流 I_o 大于 $\dfrac{1}{2}\Delta i_L$ 时，电感电流连续，因此可以得到电感电流连续的临界条件如下：

$$\frac{U_o}{R} \geqslant \frac{U_o}{2L}(1 - D)T$$

即

$$L \geqslant \frac{1}{2}(1 - D)RT \tag{2-15}$$

此条件常用来作为 LC 滤波器设计的另一个约束条件。

2.3 升压式变换器

2.3.1 Boost 电路基本结构及工作机理分析

Boost 变换器是一种 DC-DC 升压变换电路，以 MOSFET 作为主开关元件的电路结构如图 2-9（a）所示。在电感电流连续模式（CCM）时，VT 开通，电感充电储能，电容放电释能，等效电路如图 2-9（b）所示；VT 关断，电感续流向电容与负载释放能量，等效电路如图 2-9（c）所示。

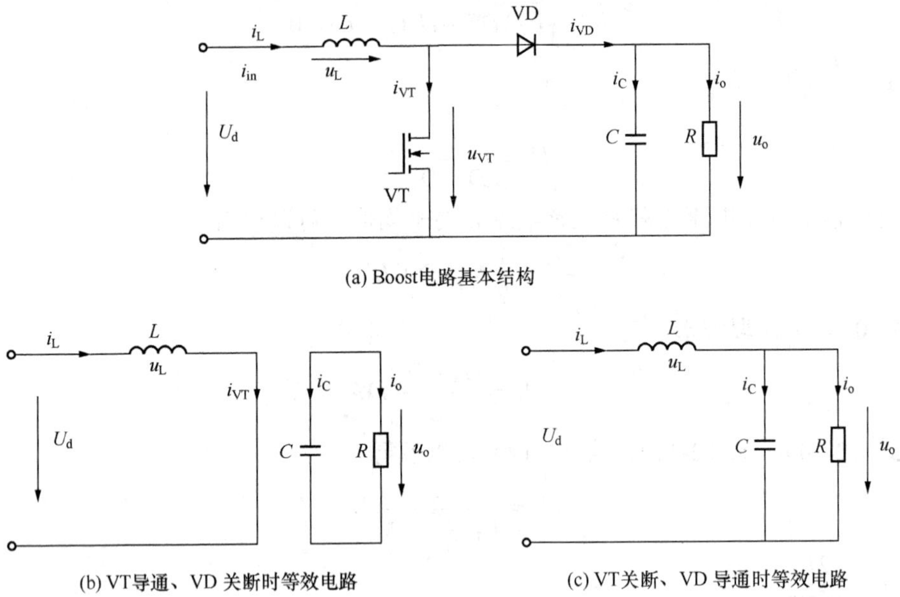

图 2-9　Boost 电路基本结构及 CCM 工作时的等效电路

2.3.2　Boost 电路稳态工作过程分析

同 Buck 电路分析类似，假定开关工作频率为 f，对应的周期为 T，开关接通的占空比为 D。

1. 电感电流连续模式（CCM）下工作波形分析

如图 2-10 所示，在 $0 \leqslant t \leqslant t_1$ 时段，VT 导通，VD 承受反向电压关断，电路拓扑如图 2-9（b）所示，有

$$u_L = L\frac{di_L}{dt} = U_d \tag{2-16}$$

由于 U_d 为恒定值，电感电流线性增长，有

$$u_L = L\frac{\Delta I_{L1}}{\Delta t_1} = L\frac{\Delta I_{L1}}{DT} = U_d \tag{2-17}$$

根据小纹波近似原理，$u_o(t) = U_o$ 为恒定值，有

$$i_C = -i_o = -\frac{U_o}{R} \tag{2-18}$$

电容近似恒流放电，电感电流流过 MOS 管，在电感电流连续模式下，电路稳态时一个开关周期内电感电流始终大于零，由此可以得出波形如图 2-10 所示 0～t_1 段。

在 $t_1 \leqslant t \leqslant t_2$ 时段，VT 关断，由于电感 L 的续流作用，二极管 VD 导通，电路拓扑如图 2-9（c）所示，有

$$u_L = L\frac{di_L}{dt} = U_d - U_o \tag{2-19}$$

由于 U_d 和 U_o 均可视为维持不变，因此 i_L 线性变化，考虑到电感伏秒平衡，此时电感电流线性减小且增量绝对值与前一时段相等，有

$$L\frac{\Delta I_{L2}}{\Delta t_2}=L\frac{\Delta I_{L2}}{(1-D)T}=U_d-U_o \tag{2-20}$$

根据小纹波近似原理，有

$$i_C=i_L-i_o=i_L-\frac{U_o}{R} \tag{2-21}$$

电容电流波形的斜率与电感电流相同，此时 MOS 管电压$u_{VT}=U_o$，依据上面的分析，电路的工作波形如图 2-10 所示的 t_1～t_2 段，至此完成一个开关周期的波形。

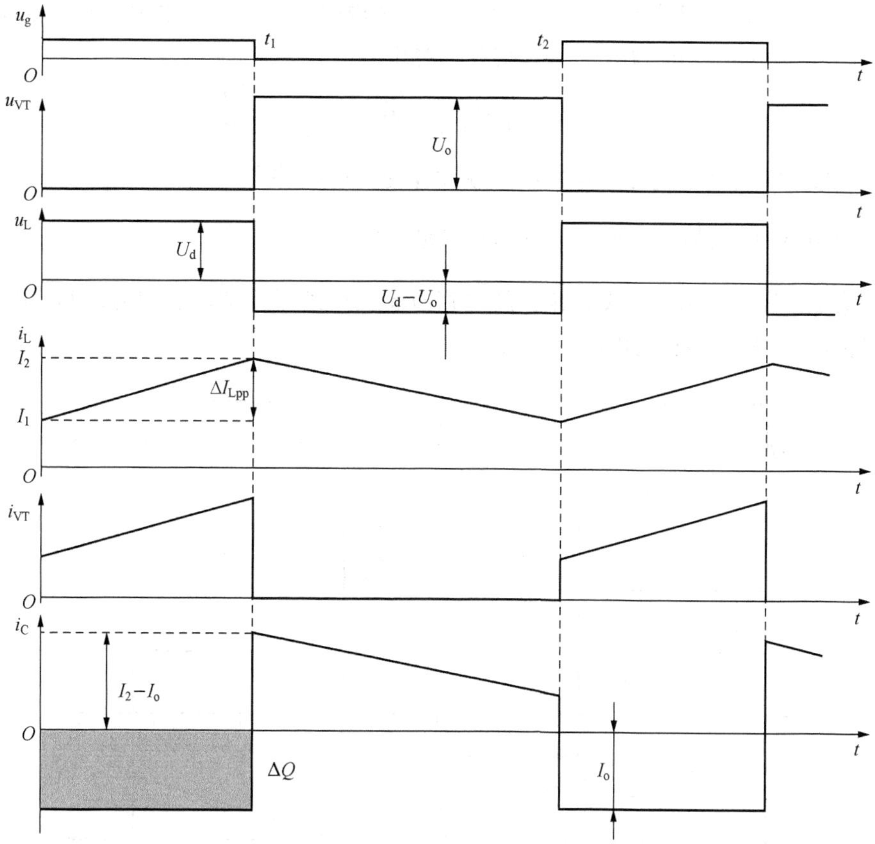

图 2-10　Boost 电路各点工作波形（CCM 状态）

2. 电感电流连续模式（CCM）下工作参数分析

由于稳态工作时电感伏秒平衡，由式（2-17）、式（2-20）或图 2-10 中 u_L 波形可以得到

$$(U_d-U_o)(1-D)T+U_dDT=0$$

即输入输出电压关系为

$$U_o=\frac{1}{1-D}U_d \tag{2-22}$$

忽略电路工作产生的损耗，输入、输出能量守恒，则有

$$U_dI_{in}=U_oI_o$$

电路输入、输出直流电流关系为

$$I_{\text{in}} = \frac{1}{1-D} I_{\text{o}} \tag{2-23}$$

其中，I_{in} 为输入平均电流（直流电流）；I_{o} 为输出直流电流。

由于稳态工作时电感伏秒平衡，电感充放电过程电流波动值相等，依据前面的分析，由式（2-17）得到电感电流脉动量峰峰值为

$$\Delta I_{\text{Lpp}} = \Delta I_{\text{L1}} = \frac{U_{\text{d}}}{L} DT = \frac{DU_{\text{d}}}{fL} \tag{2-24}$$

考虑到输出电压脉动很小，一周期内电容充放电平衡，根据图 2-10 中 i_{C} 波形，ΔQ 的时间为 DT，电容电压（即输出电压）纹波峰峰值为

$$\Delta U_{\text{opp}} = \Delta U_{\text{Cpp}} = \frac{1}{C}\int_0^{t_1} i_{\text{C}} \mathrm{d}t = \frac{I_{\text{o}} DT}{C} = \frac{I_{\text{o}} D}{fC} \tag{2-25}$$

式（2-25）常用来作为 LC 滤波器参数设计的约束条件之一。

3. 电感电流断续模式（DCM）下工作波形分析

在电感电流断续模式下，VT 导通前电感电流已经衰减到零，VT 导通时，电感电流从零开始增长，电路工作波形如图 2-11 所示。

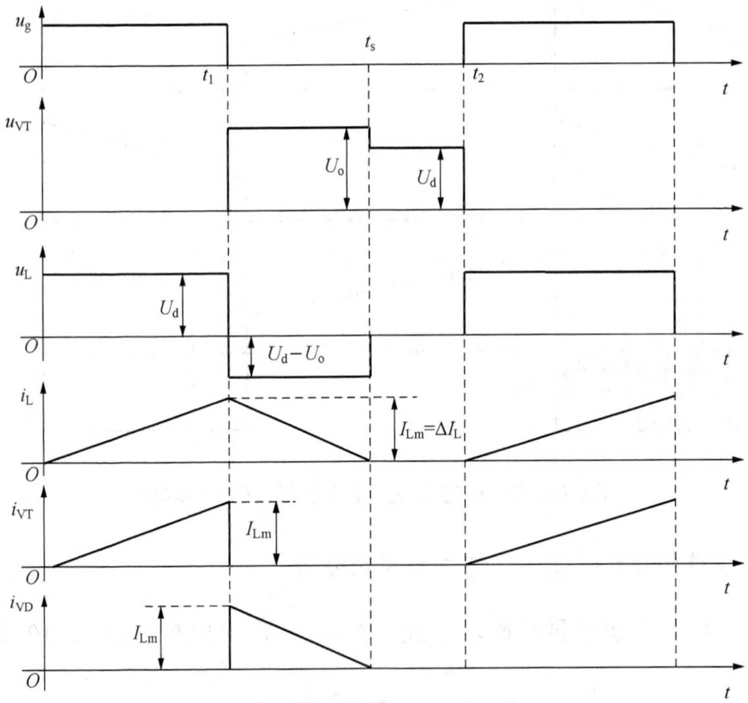

图 2-11 Boost 电路各点工作波形（DCM 状态）

在 $0 \leqslant t \leqslant t_1$ 时段，VT 导通，VD 承受反向电压关断，电路拓扑如图 2-9（b），其电感电压方程与式（2-16）一致，但电感电流从零开始线性增长。

在 $t_1 \leqslant t \leqslant t_s$ 时段，VT 关断，由于电感 L 的续流作用，二极管 VD 导通，电路拓扑如图 2-9（c）所示，其电感电压方程与式（2-19）一致，电感电流线性减小，在 t_s 时刻衰减到零，VD 关断。

在 $t_s \leqslant t \leqslant t_2$ 时段，VT、VD 均关断，电感电压为零，MOS 管两端压降为输入电压，此时负载电流来自电容放电。自此完成一个周期的工作，在 t_2 后波形再次重复。

4. 电感电流断续模式（DCM）下工作参数分析

由于稳态工作时电感伏秒平衡，由图 2-11 中 u_L 波形可以得到

$$U_d DT + (U_d - U_o)(t_s - t_1) = 0$$

令 $D' = \frac{t_s - t_1}{T}$，有

$$U_o = \frac{D + D'}{D'} U_d \tag{2-26}$$

考虑到输出直流电流 I_o 就是二极管 VD 电流 i_{VD} 的平均值，可以得出

$$\frac{U_o}{R} = \frac{1}{2} \Delta I_L D' \tag{2-27}$$

根据 $0 \leqslant t \leqslant t_1$ 时段波形，有

$$\Delta I_L = \frac{U_d}{L} DT \tag{2-28}$$

由式（2-26）、式（2-27）、式（2-28）可以解得

$$U_o = \frac{1 + \sqrt{1 + \frac{4}{K}}}{2} U_d \tag{2-29}$$

其中，$K = \frac{2L}{D^2 TR}$。

根据输入、输出能量守恒原则，可以得到

$$I_{in} = \frac{1 + \sqrt{1 + \frac{4}{K}}}{2} I_o \tag{2-30}$$

5. Boost 电路电感电流连续的临界条件

由图 2-11 可以看出，电感电流临界连续时，二极管电流平均值 I_{VDAV} 与电感电流之间有如下关系：

$$I_{VDAV} = \frac{1}{2} \Delta I_L (1 - D) = \frac{D(1 - D)^2 TU_o}{2L}$$

输出直流电流 I_o 正好为二极管 VD 电流的平均值，因此可以得到电感电流连续的临界条件如下：

$$\frac{U_o}{R} \geqslant \frac{U_o}{2L} (1 - D)^2 DT$$

即

$$L \geqslant \frac{1}{2} (1 - D)^2 DRT \tag{2-31}$$

此条件常用来作为 LC 滤波器设计的另一个约束条件。

2.4 升降压式变换器

2.4.1 Buck-Boost 电路基本结构及工作机理分析

Buck-Boost 变换器是一种 DC-DC 升降压变换电路，以 MOSFET 作为主开关器件的电路结构如图 2-12（a）所示。在电感电流连续模式（CCM）时，VT 开通，电感充电储能，电容放电释能，等效电路如图 2-12（b）；VT 关断，电感向电容与负载释放能量，等效电路如图 2-12（c）。电容接受电感的续流电流充电形成下正上负的输出电压极性，即电路输出电压与输入电压极性相反，这是 Buck-Boost 变换器的一个重要特征。

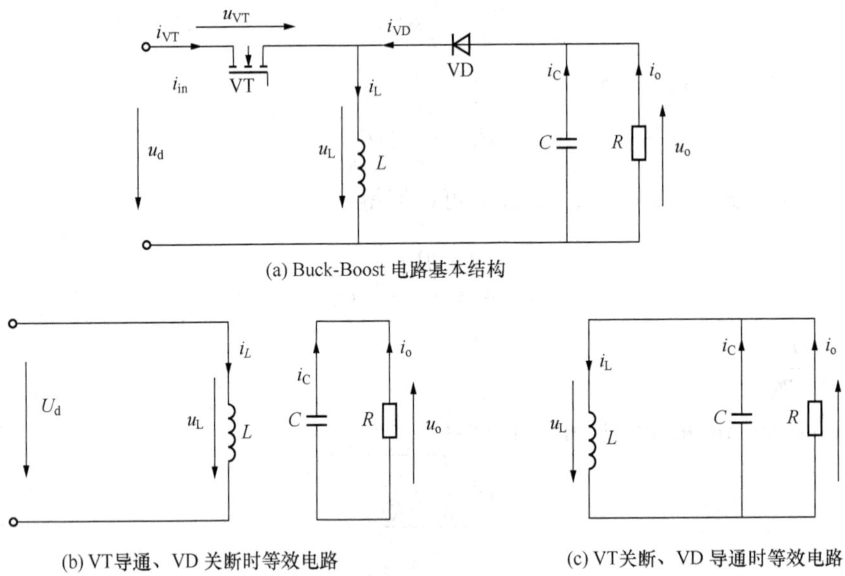

图 2-12 Buck-Boost 电路基本结构及 CCM 工作时的等效电路

2.4.2 Buck-Boost 电路稳态工作过程分析

假定开关工作频率为 f，对应的周期为 T，开关接通的占空比为 D。

1. 电感电流连续模式（CCM）下工作波形分析

如图 2-13 所示，在 $0 \leqslant t \leqslant t_1$ 时段，VT 导通，VD 承受反向电压关断，电路拓扑如图 2-12（b）所示，有

$$u_L = L\frac{di_L}{dt} = U_d \tag{2-32}$$

依据理想条件假定，U_d 为恒定值，电流线性增加，有

$$u_L = L\frac{\Delta I_{L1}}{\Delta t_1} = L\frac{\Delta I_{L1}}{DT} = U_d \tag{2-33}$$

依据小纹波近似原理，有

$$i_C = -\frac{U_o}{R} \tag{2-34}$$

电容近似恒流放电，电感电流线性增长，由于电感电流连续，电路稳态工作时，一个开关周期内电感电流始终大于零，由此可以得出波形如图 2-13 所示的 0～t_1 段。

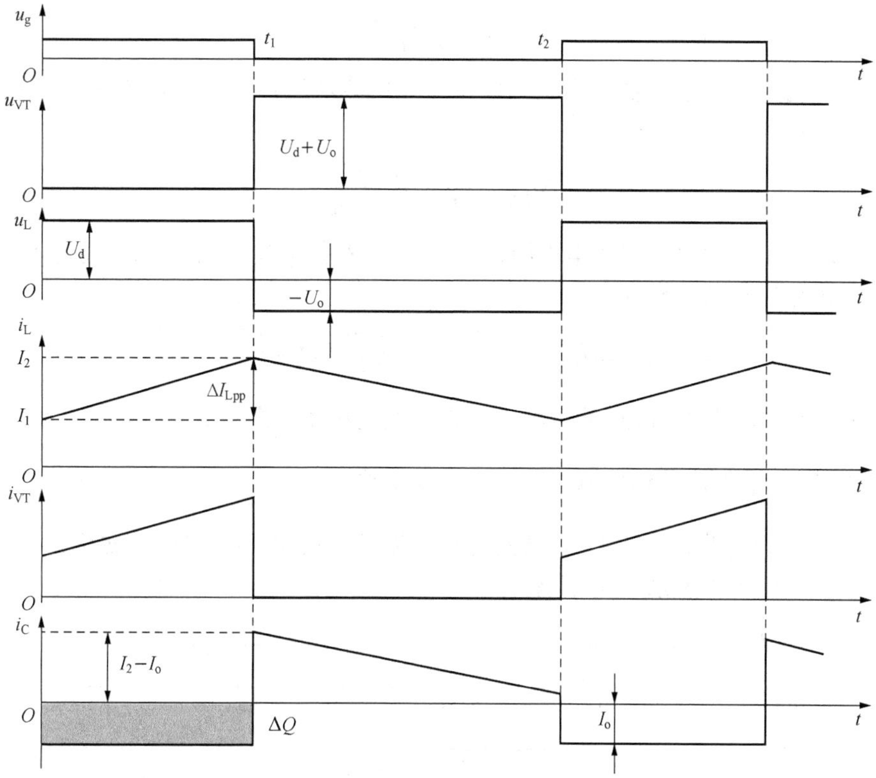

图 2-13　Buck-Boost 电路各点工作波形（CCM 状态）

当 $t_1 \leqslant t \leqslant t_2$ 时，VT 关断，由于电感 L 上电流的续流作用，二极管 VD 导通，电路拓扑如图 2-12（c）所示，有

$$u_L = L\frac{di_L}{dt} = -U_o \tag{2-35}$$

由于 U_o 在一个开关周期内基本维持不变，i_L 线性减小，有

$$u_L = L\frac{\Delta I_{L2}}{\Delta t_2} = L\frac{\Delta I_{L2}}{(1-D)T} = -U_o \tag{2-36}$$

根据小纹波近似原理，有

$$i_C = i_L - i_o = i_L - \frac{U_o}{R} \tag{2-37}$$

电容电流波形的斜率与电感电流相同，依据上面的分析，电路的工作波形如图 2-13 所示的 t_1～t_2 段。自此完成一个周期的工作，在 t_2 后波形再次重复。

2. 电感电流连续模式（CCM）下工作参数分析

由于稳态工作时电感伏秒平衡，由式（2-33）、式（2-36）或图 2-13 中 u_L 波形可以得到

$$U_d DT - U_o(1-D)T = 0 \tag{2-38}$$

即输入、输出电压关系为

$$U_o = \frac{D}{1-D}U_d \tag{2-39}$$

忽略电路工作产生的损耗，输入、输出能量守恒，可以得到

$$I_{in} = \frac{D}{1-D}I_o \tag{2-40}$$

稳态工作时电感伏秒平衡，电感充放电过程电流增量相等，由式（2-33）得到电感电流脉动量峰峰值为

$$\Delta I_{Lpp} = \frac{U_d}{L}DT = \frac{DU_d}{fL} \tag{2-41}$$

考虑到稳态工作时电容充放电平衡，根据图 2-13 中 i_C 波形，ΔQ 的时间为 DT，电容电压（即输出电压）纹波峰峰值为

$$\Delta U_{opp} = \Delta U_{Cpp} = \frac{1}{C}\int_0^{t_1} i_C \mathrm{d}t = \frac{1}{C}\int_0^{t_1} i_o \mathrm{d}t \approx \frac{I_o t_1}{C} = \frac{I_o D}{fC} \tag{2-42}$$

式（2-42）常用来作为 LC 滤波器参数设计的约束条件之一。

3. 电感电流断续模式（DCM）下工作波形分析

在电感电流断续模式下，VT 导通前电感电流已经衰减到零，VT 导通时，电感电流从零开始增长，电路工作波形如图 2-14 所示。

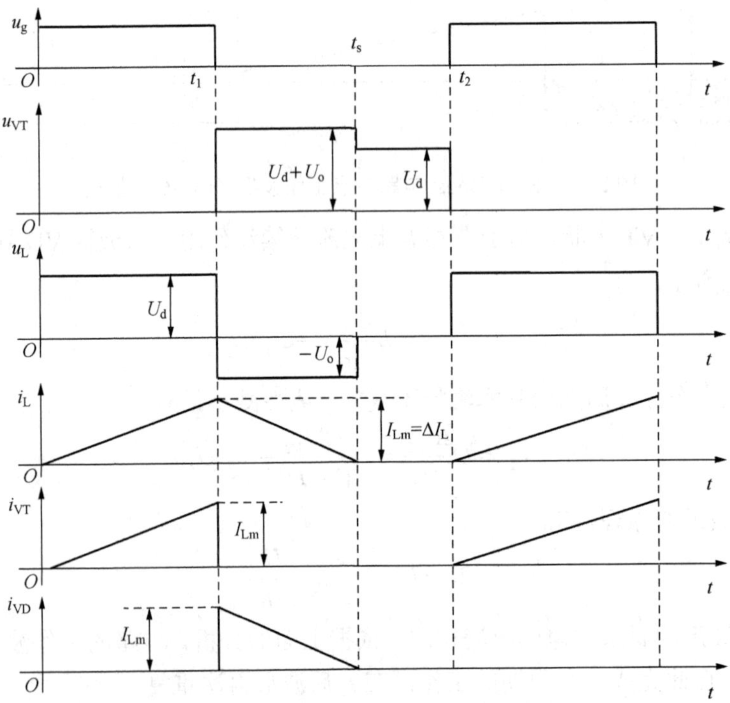

图 2-14 Buck-Boost 电路各点工作波形（DCM 状态）

在 $0 \leqslant t \leqslant t_1$ 时段，VT 导通，VD 承受反向电压关断，电路拓扑如图 2-12（b）所示，其电感电压方程与式（2-32）一致，但电感电流从零开始线性增长。

在 $t_1 \leqslant t \leqslant t_s$ 时段，VT 关断，由于电感 L 的续流作用，二极管 VD 导通，电路拓扑如图 2-12（c）所示，其电感电压方程与式（2-35）一致，电感电流线性减小，在 t_s 时刻衰减到零，VD 关断。

在 $t_s \leqslant t \leqslant t_2$ 时段，VT、VD 均关断，电感电压为零，MOS 管两端压降为输入电压，此时负载电流来自电容放电。自此完成一个周期的工作，在 t_2 后波形再次重复。

4. 电感电流断续模式（DCM）下工作参数分析

由于稳态工作时电感伏秒平衡，由图 2-14 中 u_L 波形可以得到

$$U_d DT - U_o (t_s - t_1) = 0$$

令 $D' = \dfrac{t_s - t_1}{T}$，有

$$U_o = \frac{D}{D'} U_d \tag{2-43}$$

考虑到输出直流电流 I_o 就是二极管 VD 电流 i_{VD} 的平均值，可以得出

$$\frac{U_o}{R} = \frac{1}{2} \Delta I_L D' \tag{2-44}$$

根据 $0 \leqslant t \leqslant t_1$ 时段波形，有

$$\Delta I_L = \frac{U_d}{L} DT \tag{2-45}$$

由式（2-43）、式（2-44）、式（2-45）可以解得

$$U_o = \sqrt{\frac{1}{K}} U_d \tag{2-46}$$

其中，$K = \dfrac{2L}{D^2 TR}$。

根据输入、输出能量守恒原则，可以得到

$$I_{in} = \sqrt{\frac{1}{K}} I_o \tag{2-47}$$

5. Buck-Boost 电路电感电流连续的临界条件

由图 2-14 可以看出，电感电流临界连续时，二极管电流平均值 I_{VDAV} 与电感电流之间有如下关系：

$$I_{VDAV} = \frac{1}{2} \Delta I_L (1 - D) = \frac{(1-D)^2 T U_o}{2L}$$

当电感电流连续时，二极管电流平均值将大于上式。而输出直流电流 I_o 正好为二极管 VD 电流的平均值，因此可以得到电感电流连续的临界条件为

$$\frac{U_o}{R} \geqslant \frac{U_o}{2L} (1-D)^2 T$$

即

$$L \geqslant \frac{1}{2} (1-D)^2 RT \tag{2-48}$$

此条件常用来作为 LC 滤波器设计的另一个约束条件。

2.5 库克变换器*

2.5.1 Cuk 电路基本结构及工作机理分析

Cuk 电路是另一种 DC-DC 升降压变换电路，以 MOSFET 作为主开关器件的电路结构如图 2-15（a）所示。在电感电流连续模式下，VT 开通，L_1 充电储能，VT 关断时电感 L_1 向电容 C_1 充电，形成 C_1 上电压极性左正右负；同时，VT 开通时，C_1 向电容 C 充电并向负载放电形成下正上负的电压极性，同时又对 L_2 充电，由于 C_1 上的电压作用，二极管 VD 关断，等效电路如图 2-15（b）。VT 关断时，电感 L_1 向电容 C_1 转移能量，电感 L_2 续流导致 VD 开通，L_2 向电容 C 充电并向负载放电，等效电路如图 2-15（c）。

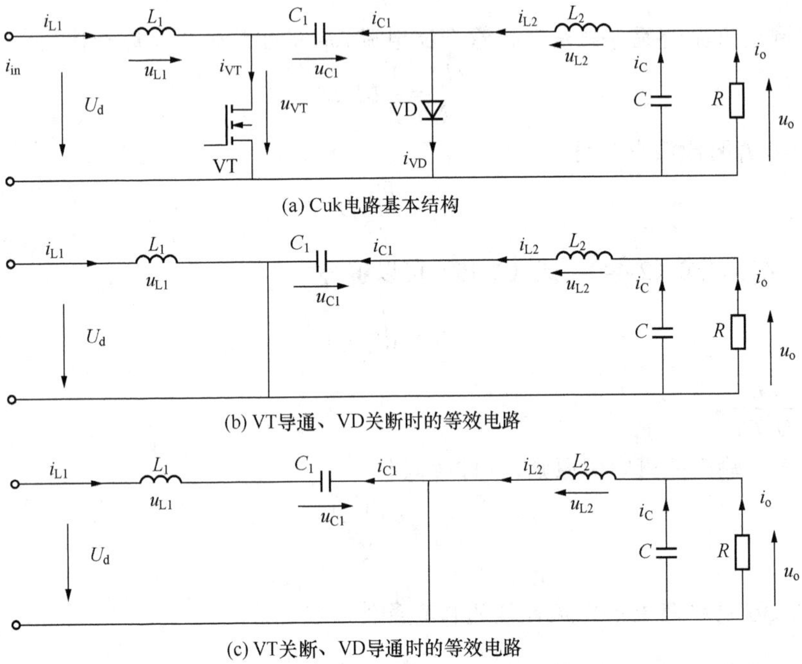

图 2-15　Cuk 电路基本结构及 CCM 工作时的等效电路

2.5.2 Cuk 电路稳态工作过程分析

假定开关工作频率为 f，对应的周期为 T，开关接通的占空比为 D。

1. 电感电流连续模式（CCM）下工作波形分析

如图 2-16 所示，在 $0 \leqslant t \leqslant t_1$ 时段，VT 导通，$i_{VT} = i_{L1} + i_{L2}$，此时 VD 承受反向电压关断，电路拓扑如图 2-15（b）所示，有

$$U_d = L_1 \frac{di_{L1}}{dt} \tag{2-49}$$

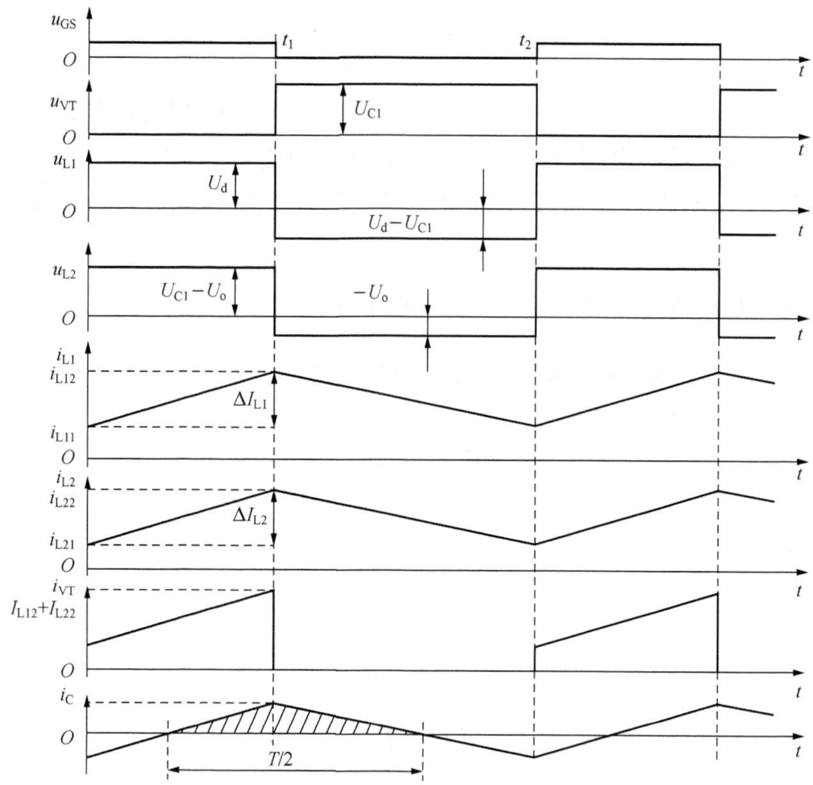

图 2-16　Cuk 电路各点工作波形（CCM 状态）

依据理想条件假定，U_d 为恒定值，则电流线性变化，有

$$U_d = L_1 \frac{\Delta I_{L1}}{\Delta t_1} = L_1 \frac{\Delta I_{L1}}{DT} \tag{2-50}$$

同理，对于电感 L_2，有

$$u_{C1} - u_o = L_2 \frac{di_{L2}}{dt} \tag{2-51}$$

考虑到 $u_{C1} \approx U_{C1}$、$u_o \approx U_o$ 均可视为恒定值，则电流线性变化，有

$$U_{C1} - U_o = L_2 \frac{\Delta I_{L2}}{\Delta t_1} = L_2 \frac{\Delta I_{L2}}{DT} \tag{2-52}$$

由于

$$i_C = i_{L2} - i_o = i_{L2} - \frac{U_o}{R} \tag{2-53}$$

因此，电容 C 上的电流波形斜率与 i_{L2} 相同。考虑到一个开关周期电容充放电平衡，电容电流由负值开始增长。因电感电流连续，电路稳态工作时，一个开关周期内电感电流始终大于零，由此得出波形如图 2-16 所示的 0～t_1 段。

在 $t_1 \leqslant t \leqslant t_2$ 时段，VT 关断，由于电感 L_2 上电流的续流作用，二极管 VD 导通，电路拓扑如图 2-15（c）所示，与前面分析类似，对于电感 L_1 有

$$U_d - U_{C1} = L_1 \frac{\Delta I'_{L1}}{t_2 - t_1} = L_1 \frac{\Delta I'_{L1}}{(1-D)T} \tag{2-54}$$

对于电感 L_2，有

$$-U_o = L_2 \frac{\Delta I'_{L2}}{t_2 - t_1} = L_2 \frac{\Delta I'_{L2}}{(1-D)T} \tag{2-55}$$

电容 C 上的电流表达式与式（2-53）一致，波形斜率与 i_{L2} 相同。由于电路稳态工作，一个周期电感伏秒平衡，电感电流增量为零（$\Delta I_{L1} + \Delta I'_{L1} = 0$、$\Delta I_{L2} + \Delta I'_{L2} = 0$），由此得出的波形如图 2-16 所示的 t_1～t_2 段，至此完成一个周期的波形分析，其他各周期波形与此重复。

2. 电感电流连续模式（CCM）下工作参数分析

由于稳态工作时电感伏秒平衡，由式（2-50）、式（2-52）、式（2-54）及式（2-55）或图 2-16 中 u_{L1}、u_{L2} 波形可以得到

$$\begin{cases} U_d DT + (U_d - U_{C1})(1-D)T = 0 \\ (U_{C1} - U_o)DT - U_o(1-D)T = 0 \end{cases}$$

由此可以得出

$$U_o = \frac{D}{1-D} U_d \tag{2-56}$$

$$U_{C1} = \frac{1}{D} U_o = \frac{1}{1-D} U_d \tag{2-57}$$

忽略电路工作产生的损耗，输入、输出能量守恒，则有

$$I_{in} = \frac{D}{1-D} I_o \tag{2-58}$$

根据图 2-16 所示，MOS 管电流峰值为

$$I_{VTM} = I_{L12} + I_{L22} = \left(\frac{D}{1-D} I_o + \frac{1}{2} \Delta I_{L1} \right) + \left(I_o + \frac{1}{2} \Delta I_{L2} \right)$$

则有

$$I_{VTM} = \frac{1}{1-D} I_o + \frac{1}{2} (\Delta I_{L1} + \Delta I_{L2}) \tag{2-59}$$

根据图 2-15，有 $i_{L2} = i_C + i_o$，由于输出电压 u_o 的电流脉动很小，则有 $\Delta i_{L2} \approx \Delta i_C$；考虑到稳态工作时，一个周期内电容充放电平衡，在 $T/2$ 时间内有

$$\Delta Q = \frac{\Delta I_C}{4} \times \frac{T}{2} = \frac{\Delta I_{L2}}{4} \times \frac{T}{2}$$

电容电压（即输出电压）纹波峰峰值为

$$\Delta U_{opp} = \Delta U_{Cpp} = \frac{\Delta Q}{C} = \frac{\Delta I_{L2}}{8fC} = \frac{U_d D}{8 f^2 L_2 C} \tag{2-60}$$

3. 电感电流断续模式（DCM）下工作波形分析

在电感电流断续模式下，VT 导通前电感 L_1、L_2 电流之和已经衰减到零（$i_{L1} + i_{L2} = 0$），VT 导通时，电感电流从零开始增长，电路工作波形如图 2-17 所示，图中示出的是 I_{L2min} 为正、I_{L1min} 为负的情况。

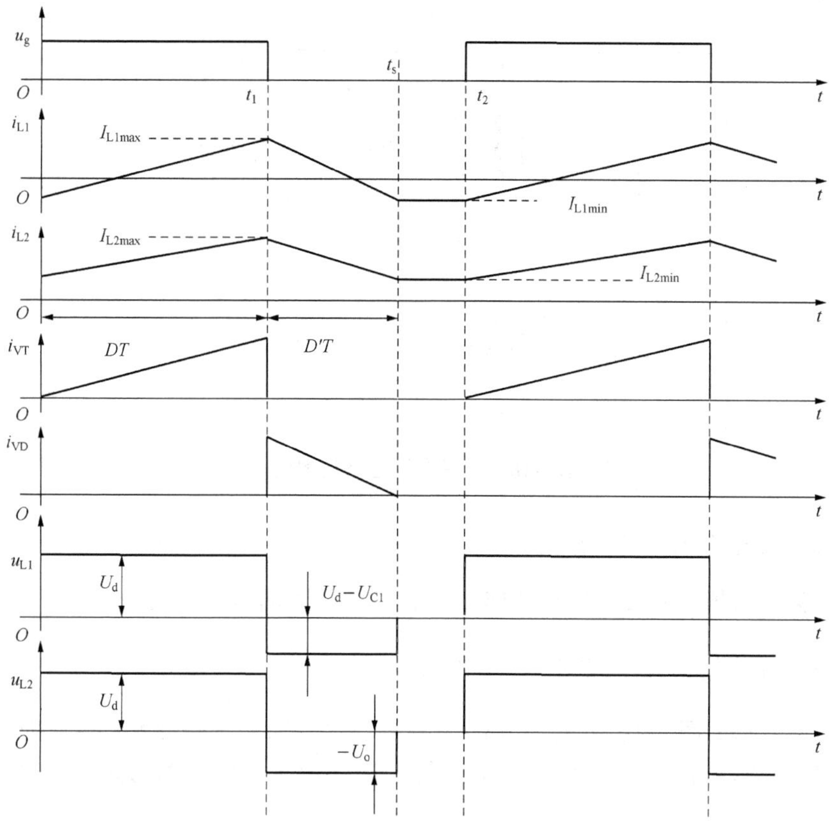

图 2-17　Cuk 电路各点工作波形（DCM 状态）

在 $0 \leqslant t \leqslant t_1$ 时段，VT 导通，VD 截止，电流 $i_{VT}=i_{L1}+i_{L2}$ 从零开始线性增长。

在 $t_1 \leqslant t \leqslant t_s$ 时段，VT 关断，VD 导通，电感续流，在 t_s 时刻 $i_{VD}=i_{L1}+i_{L2}=0$。

在 $t_s \leqslant t \leqslant t_2$ 时段，VT、VD 均截止，电感电流为零，$i_{L1}+i_{L2}=0$。自此完成一个周期的工作，在 t_2 后波形再次重复。

2.6　正激式变换器

2.6.1　正激变换电路基本结构及工作机理分析

正激变换电路是一种典型的隔离型 DC-DC 变换电路，由于输入、输出经过高频变压器隔离，具有良好的电气隔离性能，广泛应用于各种电子电路的控制电源和功率电源，其电路的基本结构如图 2-18 所示，N_1、N_2、N_3 为各绕组匝数。当 VT 开通时，N_1 绕组施加电压 U_d，N_2 绕组输出相应电压使 VD_1 导通、VD_2 关断，电源通过变压器向负载供电，同时，N_3 绕组感应电压将使 VD_3 关断；当 VT 关断时，在变压器激磁电感续流作用下，N_1 绕组感应电势反向，导致 VD_1 关断、VD_3 导通，激磁电感储能从 N_3 绕组释放，电感 L 续流使 VD_2 导通，电感 L、电容 C 释能给负载供电。

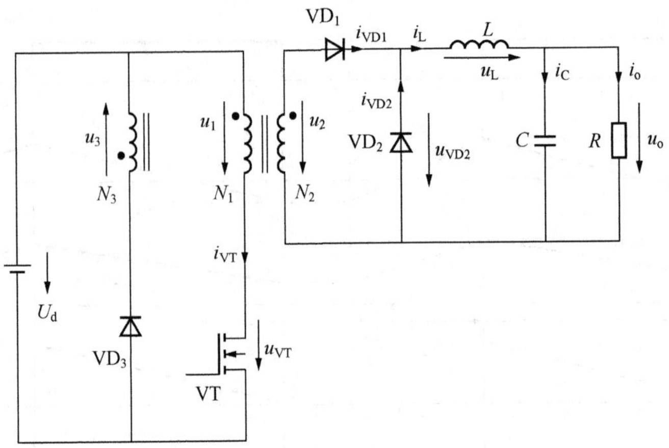

图 2-18　正激变换电路基本结构

2.6.2　正激电路稳态工作过程分析

假定开关工作频率为f，对应的周期为T，开关接通的占空比为D。

1. 电感电流连续模式（CCM）下工作波形分析

电路工作波形如图 2-19 所示，当 $0\leqslant t\leqslant t_1$ 时，VT 导通，二次绕组 N_2 感应正电压，导致 VD_1 导通、VD_2 截止，二次绕组 N_3 感应电压与 U_d 叠加，使 VD_3 截止，电感两端电压为

$$u_L = L\frac{di_L}{dt} = \frac{N_2}{N_1}U_d - u_o = \frac{N_2}{N_1}U_d - U_o$$

电感电流线性变化，有

$$u_L = L\frac{\Delta I_{L1}}{\Delta t} = L\frac{\Delta I_{L1}}{DT} = \frac{N_2}{N_1}U_d - U_o \tag{2-61}$$

此时，激磁电流在 U_d 作用下线性增长，导致变压器磁通密度 B_{Tr} 线性增长。

当 $t_1\leqslant t\leqslant t_3$ 时，VT 关断，绕组 N_1 中的激磁电流转移到绕组 N_3 中续流，VD_3 导通，N_3 绕组电压为 U_d；由于同名端的关系，N_3 绕组的电压具有反向去磁作用，形成磁复位；此时 N_2 绕组感应电压导致 VD_1 关断，电感 L 续流使 VD_2 导通，电感两端电压为

$$u_L = L\frac{di_L}{dt} = -u_o \approx -U_o$$

电感电流线性减小，有

$$-U_o = L\frac{\Delta I_{L2}}{(1-D)T} \tag{2-62}$$

$$u_{VT} = U_d + \frac{N_1}{N_3}U_d \tag{2-63}$$

在 t_2 之前，激磁电流在 N_3 绕组续流，在 U_d 作用下线性减小，导致变压器磁通密度 B_{Tr} 线性递减，至 t_2 时刻，激磁电流降至零，B_{Tr} 也下降为零，磁路复位，VD_3 关断，此时全部绕组均无电流，$u_{VT} = U_d$。

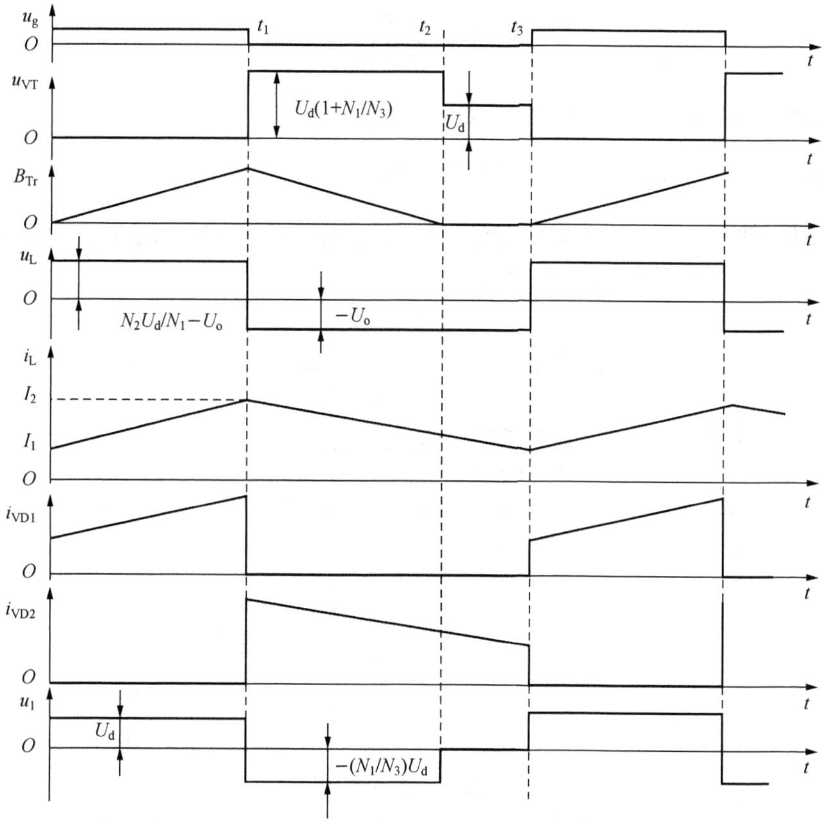

图 2-19　正激变换电路各点工作波形（CCM 状态）

2. 电感电流连续模式（CCM）下工作参数分析

稳态工作时电感伏秒平衡，由式（2-61）、式（2-62）或图 2-19 中 u_L 波形可以得到

$$U_o = D\frac{N_2}{N_1}U_d \tag{2-64}$$

式（2-64）表明，正激 DC-DC 变换电路的输出电压平均值和 Buck 电路一样与 D 成正比，不同的是还与匝比有关。由于匝比的预调节作用，该电路可以比较方便地应用于输入、输出电压差比较大的场合，而不会因为输入、输出电压差比较大而引起占空比调节范围过小。

为避免变压器磁路饱和，每个工作周期内磁路必须复位（即变压器磁链回到初始值），因此，$0\leqslant t\leqslant t_1$ 时段磁链增量不能大于 $t_1\leqslant t\leqslant t_3$ 阶段磁链最大衰减量。

对于变压器 N_1 绕组，在 $0\leqslant t\leqslant t_1$ 时段的磁链净增量为

$$\Delta\Psi_1 = U_d DT$$

$t_1\leqslant t\leqslant t_3$ 时段励磁电感储能经 N_3 绕组释放，变压器开始磁复位，当在 t_3 时刻 N_3 绕组续流正好结束（t_2 与 t_3 重合），则此阶段变压器磁链净增量将达到最大，在这种情况下 N_1 绕组磁链最大净增量为

$$\Delta\Psi_2 = -\frac{N_1}{N_3}U_d(1-D)T$$

为了确保磁路复位，必须满足 $\Delta\Psi_1+\Delta\Psi_2\leqslant 0$，有

$$D \leqslant \frac{N_1}{N_1 + N_3} \tag{2-65}$$

这是正激变换电路一个重要的约束条件。

3. 电感电流断续模式（DCM）下工作波形分析

在电感电流断续模式下，VT 导通前电感电流已经衰减到零，VT 导通时，电感电流从零开始增长，电路工作波形如图 2-20 所示。

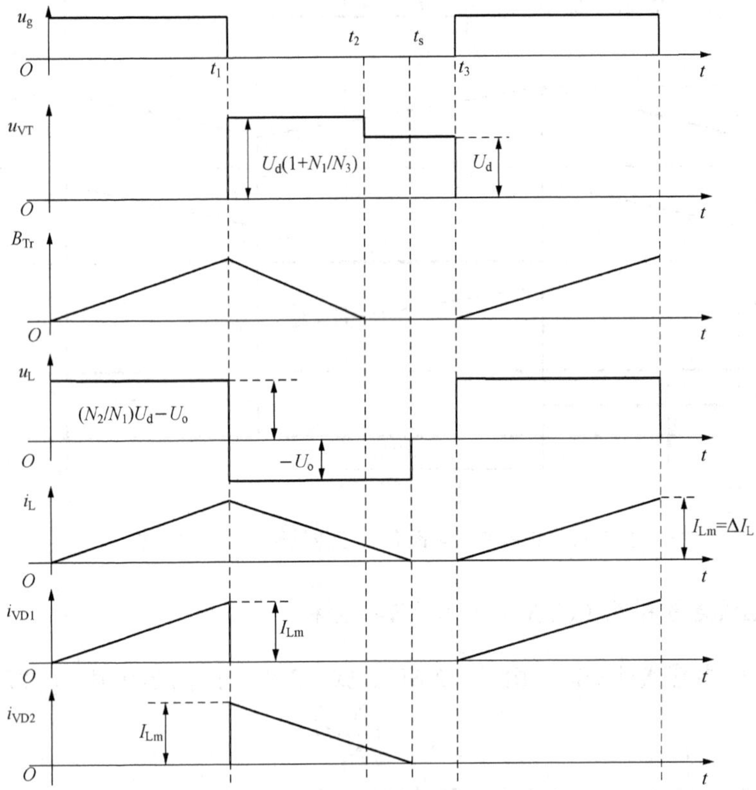

图 2-20 正激变换电路各点工作波形（DCM 状态）

在 $0 \leqslant t \leqslant t_1$ 时段，VT 导通，二次绕组 N_2 感应正电压导致 VD_1 导通、VD_2 截止，电感电流从零开始线性增长，二次绕组 N_3 感应电压与 U_d 叠加，使 VD_3 截止。

在 $t_1 \leqslant t \leqslant t_s$ 时段，VT 关断，绕组 N_1 中的激磁电流转移到绕组 N_3 中续流，VD_3 导通形成磁复位，在 t_2 时刻完成复位；此时 N_2 绕组感应电压使 VD_1 关断，电感 L 续流使 VD_2 导通。

在 $t_s \leqslant t \leqslant t_3$ 时段，VT、VD_1、VD_2、VD_3 截止，电感电流为零，MOS 管两端压降为输入电压，此时负载电流来自电容放电。自此完成一个周期的工作，在 t_3 后波形再次重复。

4. 电感电流断续模式（DCM）下工作参数分析

由于稳态工作时电感伏秒平衡，由图 2-20 中 u_L 波形可以得到

$$\left(\frac{N_2}{N_1}U_\mathrm{d}-U_\mathrm{o}\right)DT-U_\mathrm{o}(t_\mathrm{s}-t_1)=0$$

令 $D'=\frac{t_\mathrm{s}-t_1}{T}$，有

$$U_\mathrm{o}=\frac{DN_2U_\mathrm{d}}{(D'+D)N_1} \tag{2-66}$$

考虑到输出直流电流 I_o 就是电感电流 i_L 的平均值，可以得出

$$\frac{U_\mathrm{o}}{R}=\frac{1}{2}\Delta I_\mathrm{L}(D+D') \tag{2-67}$$

根据 $0\leqslant t\leqslant t_1$ 时段波形，有

$$\Delta I_\mathrm{L}=\frac{1}{L}\left(\frac{N_2}{N_1}U_\mathrm{d}-U_\mathrm{o}\right)DT \tag{2-68}$$

由式（2-66）、式（2-67）、式（2-68）可以解得

$$U_\mathrm{o}=\frac{N_2}{N_1}\frac{\sqrt{1+4K}-1}{2K}U_\mathrm{d} \tag{2-69}$$

其中，$K=\frac{2L}{D^2TR}$。

5. 正激电路电感电流连续的临界条件

由图 2-19 可以看出，电感电流临界连续时，输出直流电流 I_o 正好为电感电流脉动值 Δi_L 的一半，当输出电流 I_o 大于 $\frac{1}{2}\Delta i_\mathrm{L}$ 时，电感电流连续，因此可以得到电感电流连续的临界条件为

$$\frac{U_\mathrm{o}}{R}\geqslant\frac{U_\mathrm{o}}{2L}(1-D)T$$

即

$$L\geqslant\frac{1}{2}(1-D)RT \tag{2-70}$$

2.7 反激式变换器

2.7.1 反激变换电路基本结构及工作机理分析

反激变换电路与正激电路一样，输入、输出经过高频变压器隔离，具有良好的电气隔离性能，由于其变压器同时作为滤波电感使用，具有结构简单、体积小的优点，在小功率场合得到广泛应用，其电路的基本结构如图 2-21 所示。

VT 导通时，二次绕组 N_2 感应电势导致 VD_1 截止，一次绕组 N_1 作为电感 L_1 充电储能；VT 关断时，二次绕组 N_2 感应电势促使 VD_1 导通，电感 L_1 储能通过绕组 N_2 传递到负载。

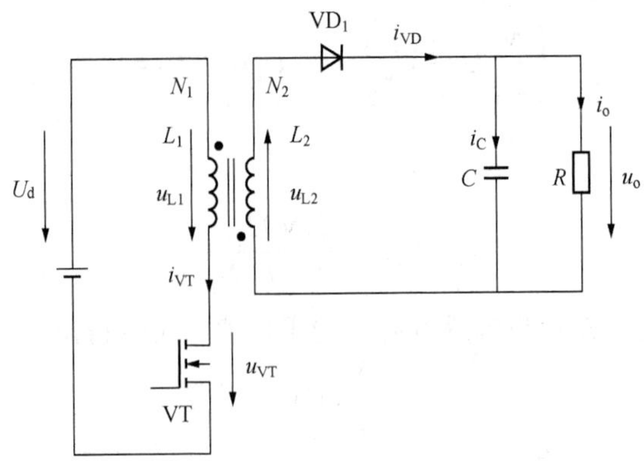

图 2-21　反激变换电路的基本结构

2.7.2　稳态工作过程分析

1. 电感电流连续模式（CCM）下工作波形分析

假定开关工作频率为 f，对应的周期为 T，开关接通的占空比为 D。

电路工作波形如图 2-22 所示，当 $0 \leqslant t \leqslant t_1$ 时，VT 导通，VD_1 截止，一次绕组 N_1 作为电感 L_1 充电储能，有

$$u_{L1} = L_1 \frac{di_{L1}}{dt} = U_d$$

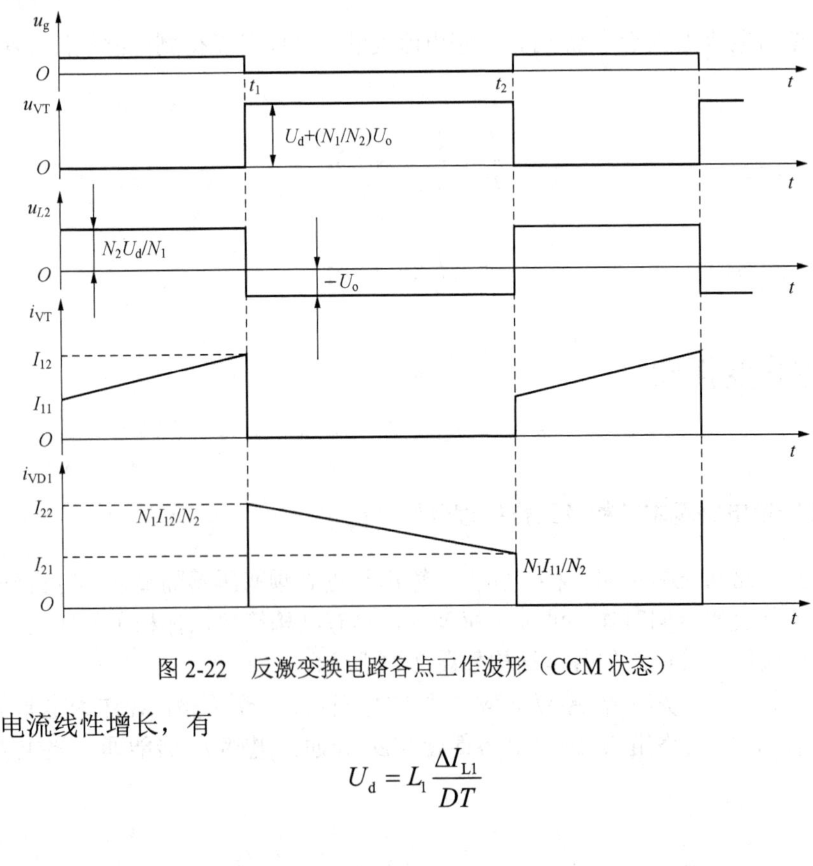

图 2-22　反激变换电路各点工作波形（CCM 状态）

电感电流线性增长，有

$$U_d = L_1 \frac{\Delta I_{L1}}{DT} \tag{2-71}$$

电感电流流过 VT，二次绕组 N_2 的感应电压 $u_{L2}=\frac{N_2}{N_1}U_d$ 导致 VD_1 截止。

当 $t_1 \leqslant t \leqslant t_2$ 时，VT 关断，电感 L_1 激磁电流从绕组 N_1 转移到绕组 N_2 续流，VD_1 导通，电感 L_1 转移能量到二次绕组 N_2 中，有

$$u_{L2}=L_2\frac{di_{L2}}{dt}=-U_o \qquad u_{L1}=\frac{N_1}{N_2}u_{L2}=-\frac{N_1}{N_2}U_o \text{（反射电压）}$$

L_2 释放能量，电流流过 VD_1 并线性下降，有

$$U_o=-L_2\frac{\Delta I_{L2}}{(1-D)T} \tag{2-72}$$

至此，电路完成一个周期的工作，在 t_2 后波形重复。

2. 电感电流连续模式（CCM）下工作参数分析

稳态工作时电感伏秒平衡，由图 2-22 中 u_{L2} 波形可以得到

$$\frac{N_2}{N_1}U_dDT-U_o(1-D)T=0$$

$$U_o=\frac{N_2}{N_1}\frac{D}{1-D}U_d \tag{2-73}$$

式（2-73）表明反激变换电路的输入、输出关系和 Buck-Boost 电路相似，不同的是还与匝比有关。与正激电路一样，由于匝比的预调节作用，该电路可以比较方便地应用于输入、输出电压差比较大的场合。从电路工作过程可以看出，反激式电源变压器一方面耦合传递能量，另一方面也作为电感起到滤波的作用；与正激电路相比少一个滤波电感，这样有利于简化电路结构、减小电源体积，这是反激式电源的一个特点。

3. 电感电流断续模式（DCM）下工作波形分析

在电感电流断续模式下，VT 导通前电感电流已经衰减到零，VT 导通时，电感电流从零开始增长，电路工作波形如图 2-23 所示。

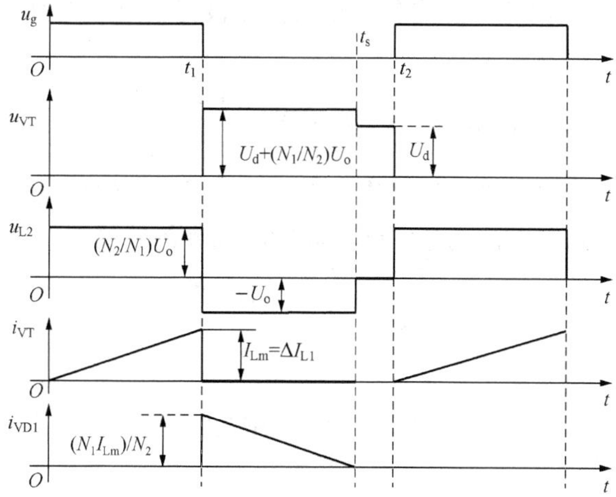

图 2-23　反激变换电路各点工作波形（DCM 状态）

在 $0 \leqslant t \leqslant t_1$ 时段，VT 导通，VD_1 截止，一次绕组 N_1 作为电感，电流从零开始线性增长。

在 $t_1 \leqslant t \leqslant t_s$ 时段，VT 关断，绕组 N_1 中的励磁电流转移到绕组 N_2 中续流，VD_1 导通，电感电流衰减，在 t_s 时刻降为零。

在 $t_s \leqslant t \leqslant t_2$ 时段，VT、VD_1 均截止，电感电流为零，MOS 管两端压降为输入电压，此时负载电流来自电容放电。自此完成一个周期的工作，在 t_2 后波形再次重复。

4. 电感电流断续模式（DCM）下工作参数分析

稳态工作时电感伏秒平衡，由图 2-23 中 u_{L2} 波形可以得到

$$\frac{N_2}{N_1}U_d DT - U_o(t_s - t_1) = 0$$

令 $D' = \dfrac{t_s - t_1}{T}$，有

$$U_o = \frac{N_2}{N_1}\frac{D}{D'}U_d \tag{2-74}$$

考虑到输出直流电流 I_o 就是电感 L_2 电流（或二极管 VD_1 电流）的平均值，有

$$\frac{U_o}{R} = \frac{1}{2}\times\frac{N_1}{N_2}I_{Lm}D' \tag{2-75}$$

根据 $0 \leqslant t \leqslant t_1$ 时段波形，有

$$I_{Lm} = \frac{1}{L_1}U_d DT = \left(\frac{N_2}{N_1}\right)^2 \frac{U_d DT}{L_2} \tag{2-76}$$

由式（2-74）、式（2-75）、式（2-76）可以解得

$$U_o = \frac{N_2}{N_1}\sqrt{\frac{1}{K}}U_d \tag{2-77}$$

其中，$K = \dfrac{2L_2}{D^2 TR}$。

5. 反激电路电感电流连续的临界条件

由图 2-23 可以看出，电感电流临界连续时，二极管电流平均值 I_{VD1AV} 与电感电流之间有如下关系：

$$I_{VD1AV} = \frac{1}{2}\Delta I_{L2}(1-D) = \frac{(1-D)^2 TU_o}{2L_2}$$

当电感电流连续时，二极管电流平均值将大于上式。而输出直流电流 I_o 正好为二极管 VD_1 电流的平均值，因此可以得到电感电流连续的临界条件如下：

$$\frac{U_o}{R} \geqslant \frac{U_o}{2L_2}(1-D)^2 T$$

即

$$L_2 \geqslant \frac{1}{2}(1-D)^2 RT \tag{2-78}$$

2.8　桥式变换器*

2.8.1　半桥变换电路基本结构及工作机理分析

半桥变换电路（half-bridge converter）结构如图 2-24 所示，电路中的一个桥臂由电容串联而成，两个电容 C_1、C_2 值相等，电容分压后电压各为 $\frac{1}{2}U_d$，另一个桥臂的开关管交替工作，当 VT_1 导通时，变压器一次绕组电压 $u_p(t)=\frac{1}{2}U_d$，VD_1 导通，电感电流增长；当 VT_2 导通时，变压器一次绕组电压 $u_p(t)=-\frac{1}{2}U_d$，VD_2 导通，电感电流增长；当 VT_1、VT_2 同时关断时，一次绕组电流为零，二次绕组由于电感续流，两个绕组电流相等、方向相反、磁链平衡，电感电流减小。

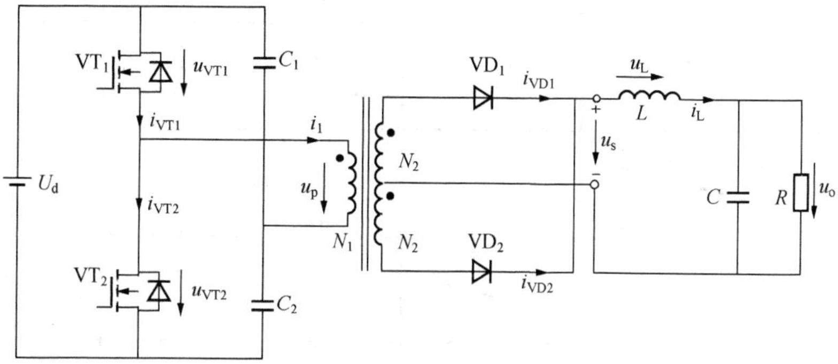

图 2-24　半桥式变换电路基本结构

2.8.2　稳态工作过程分析

1. 电感电流连续模式（CCM）下工作波形分析

假定开关工作频率为 f，对应的周期为 T，假定每个开关的导通占空比为 D，工作波形如图 2-25 所示。

当 $0\leqslant t\leqslant t_1$ 时，VT_1、VD_1 导通，VT_2、VD_2 截止，电感 L 充电储能，有

$$u_L=L\frac{di_L}{dt}=\frac{N_2}{2N_1}U_d-U_o$$

电感电流线性增长，有

$$\frac{N_2}{2N_1}U_d-U_o=L\frac{\Delta I_{L1}}{DT} \tag{2-79}$$

当 $t_1\leqslant t\leqslant t_2$ 时，VT_1、VT_2 截止，电感 L 续流，VD_1、VD_2 导通各分担约一半的电感电流，变压器磁链平衡，各绕组感应电压为零，电感释放储能为

$$u_L = L\frac{di_L}{dt} = -U_o$$

电感电流线性减小，有

$$L\frac{\Delta I_{L2}}{(1-2D)T/2} = -U_o \tag{2-80}$$

当 $t_2 \leqslant t \leqslant t_3$ 时，VT_2、VD_2 导通，VT_1、VD_1 截止，电感 L 充电储能，电感电压方程与式（2-79）一致。

当 $t_3 \leqslant t \leqslant t_4$ 时，VT_1、VT_2 截止，状态与 $t_1 \leqslant t \leqslant t_2$ 时相同。

根据以上的分析，一个周期的电路工作波形如图 2-25 所示。

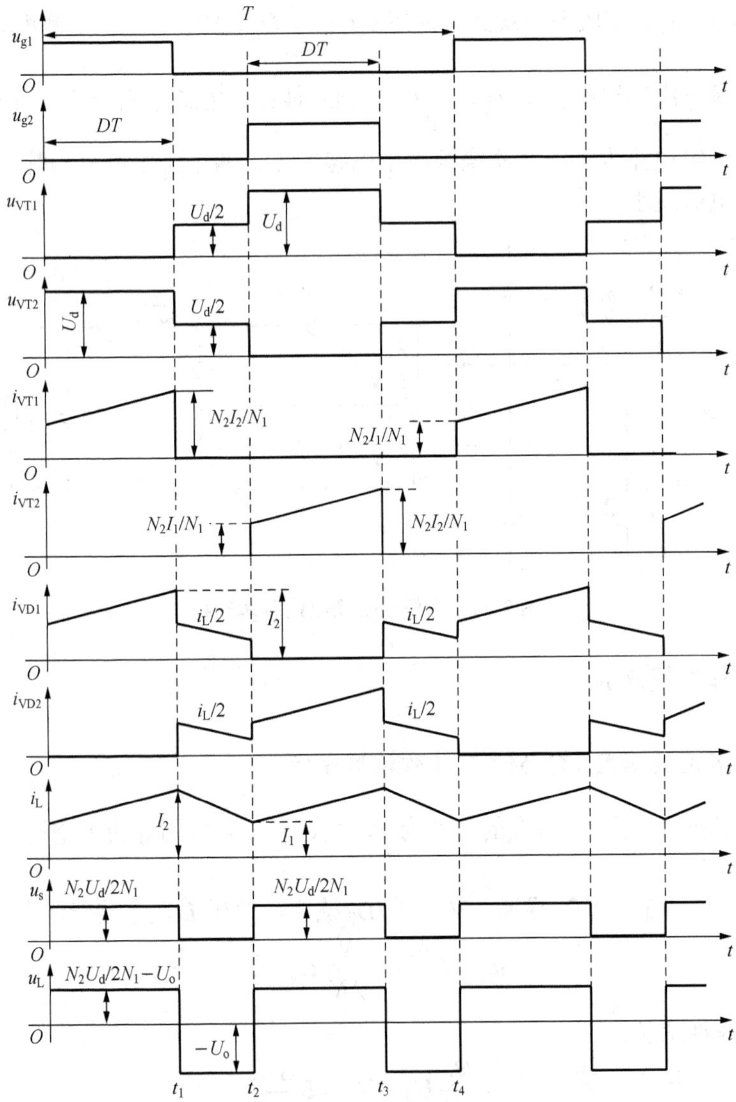

图 2-25　半桥变换电路工作波形（CCM 状态）

2. 电感电流连续模式（CCM）下工作参数分析

稳态工作时电感伏秒平衡，由图 2-25 中 u_L 波形可以得到

$$\left(\frac{N_2}{2N_1}U_d - U_o\right)DT - \frac{(1-2D)T}{2}U_o = 0$$

$$U_o = \frac{N_2}{N_1}DU_d \tag{2-81}$$

半桥电路在一定条件下也会进入电感电流断续工作模式，限于篇幅此处不再详细讨论，半桥电路电感电流连续的临界条件为

$$L \geqslant \frac{1}{4}(1-2D)RT \tag{2-82}$$

2.8.3　全桥变换器

半桥电路的两个电容改为全控型开关器件，就构成了全桥变换器（full-bridge converter)，电路如图 2-26 所示。电路中桥对角的两个功率管分别组成一对同步开关交替工作，电路工作波形与半桥电路相似，只不过加在变压器一次绕组的电压为 U_d 而不是半桥电路的 $U_d/2$，参考半桥电路的推导，假定每个开关的导通占空比为 D，电感电流连续时电路输入、输出关系为

$$U_o = \frac{2N_2}{N_1}DU_d \tag{2-83}$$

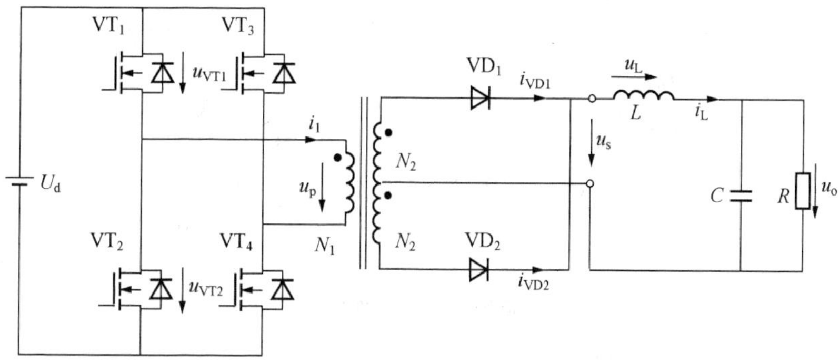

图 2-26　全桥变换电路基本结构

全桥变换电路在一定条件下也会进入电感电流断续工作模式，全桥变换电路电感电流连续的临界条件为

$$L \geqslant \frac{1}{4}(1-2D)RT \tag{2-84}$$

2.8.4　防止桥式电路的直流偏磁

桥式电路变压器一次绕组激磁电压波形如图 2-27 所示，当正负半波完全对称时，有 $U_1t_1 = U_2(t_3 - t_2)$，平均电压为零，无直流电流。

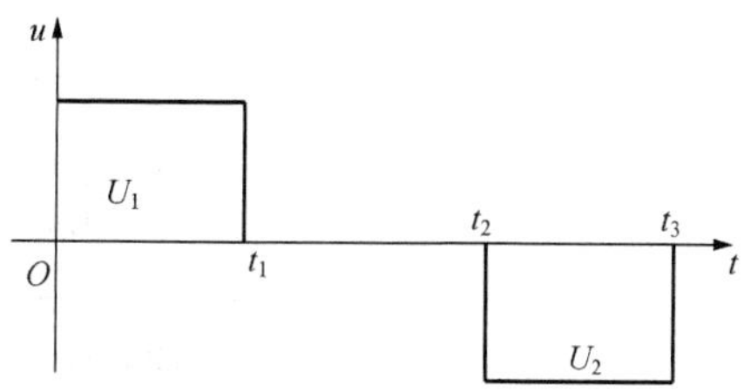

图 2-27　励磁电压工作波形

当出现 $U_1t_1 \neq U_2(t_3 - t_2)$ 时（波形不对称），平均电压不为零，出现一个直流电压 U_{dc} 施加于一次绕组，由于绕组直流电阻一般很小，就会导致比较大的直流激磁电流，产生较大的磁通密度 B_{dc}；由于通常磁性材

料有饱和磁通密度 B_s 的限制，使得变压器允许的最大磁通密度变化量 $\Delta B = B_{max} - B_{dc}$ 变小，变压器传递功率的能力下降，最恶劣的结果是导致变压器磁路饱和使变压器失效，因此必须加以防止。

对于桥式电路，可以在变压器一次绕组上串入一个容值应较大，电容具有的直流隔离能力将消除直流电流，能有效防止直流偏磁。

2.9 多象限直流变换器*

直流负载有多种形式，对于直流电动机负载，其运行过程可以有四种工作状态，如图 2-28 所示，各种状态下电枢电流方向和电枢感应电势方向各不相同，对于这一类的反电动势负载，通常需要直流变换电路具有多象限工作的能力。

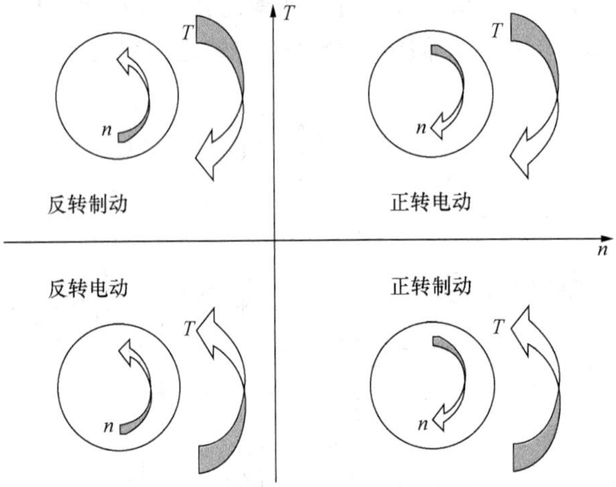

图 2-28 直流电动机工作状态示意图

2.9.1 两象限直流-直流变换器

两象限直流-直流变换器的电路结构如图 2-29 所示，其中 E_a 是直流电动机的电枢反电动势，L_a、R_a 为电路中的等效电感和电阻，通常 L_a 较大（包括电动机的电枢绕组电感及为减小电流脉动而外加的平波电感），R_a 一般很小。该电路输出直流电压恒大于零，但输出电流方向可变，故在电源与负载之间功率流向可逆。

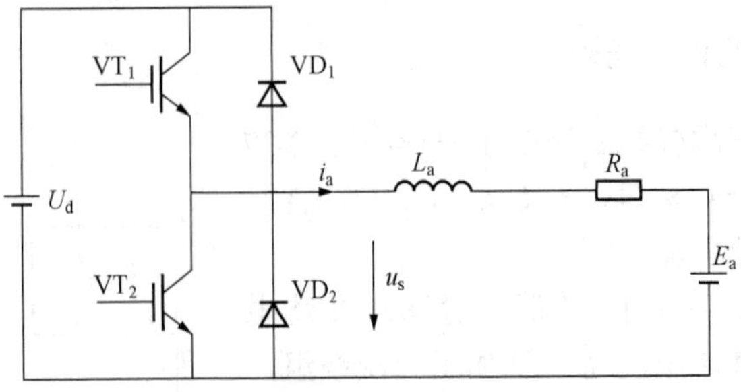

图 2-29 双向直流-直流变换电路基本结构

电路中若 VT_2 截止，VT_1 周期性导通、截止，则电路成为一个 Buck 电路，假定电路工

作占空比为 D，在电感电流连续模式下，输出直流电压 $U_s = DU_d$。

考虑到电机运行方程为

$$E_a = C_e \Phi n\text{，}\quad T = C_M \Phi I_a$$

有

$$n = \frac{1}{C_e \Phi}(DU_d - R_a I_a) \tag{2-85}$$

式中，n 为电机转速；C_e 为直流电机电势常数；C_M 为电动机转矩常数；Φ 为电动机定子磁通；I_a 为电枢直流电流；T 为电磁转矩（与负载转矩平衡）。

此工作方式下，电动机运行于正转电动模式，即处于如图 2-28 所示第一象限，调节占空比可以调节电动机转速。

电路中如果 VT_1 截止，VT_2 周期性导通、截止，则电路成为一个 Boost 电路，电枢电流 i_a 为负值，在电感电流连续模式下，有

$$U_d = \frac{1}{1-D}(E_a + I_a R_a)$$

即

$$C_e \Phi n + I_a R_a = (1-D)U_d \tag{2-86}$$

此工作模式下，电动机运行于正转制动（再生制动）模式，即处于如图 2-28 所示第四象限，调节占空比可以调节制动力矩。

实际工作时 VT_1、VT_2 通常为互补开关，如图 2-30 所示，定义开关导通占空比为 $D = t_{on}/(t_{on} + t_{off})$，此时电路的工作可以有三种状态。

（1）当 $DU_d > E_a$ 时，电枢电流为正，电动机作正转电动运行，工作波形如图 2-30（a）。

（2）当 $DU_d \approx E_a$ 时，电枢电流有时为正有时为负（直流平均值接近为零）工作波形如图 2-30（b）所示。

$0 \leqslant t < t_1$ 时段，电枢电流 i_a 为负值，VD_1 导通，电动机正转制动（再生制动）。

$t_1 \leqslant t < t_2$ 时段，电枢电流 i_a 为正值，VT_1 导通，电动机作正转电动运行。

$t_2 \leqslant t < t_3$ 时段，电枢电流 i_a 为正值，VD_2 导通，电动机作正转制动（能耗制动）。

$t_3 \leqslant t < t_4$ 时段，电枢电流 i_a 为负值，VT_2 导通，电动机作正转制动（能耗制动）。

（3）当 $DU_d < E_a$ 时，电枢电流为负，电动机运行于再生制动状态，工作波形如图 2-30（c）所示。

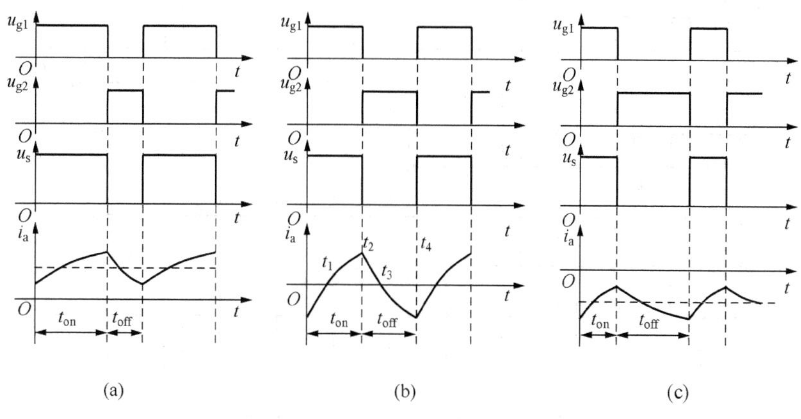

图 2-30　两象限直流变换器工作状态波形

从上面分析可以看出，无论电动机处于电动还是制动状态，u_s 平均值（DU_d）始终为正，而电枢电流的平均值可正可负，取决于 DU_d 与 E_a 的相对大小。

2.9.2 四象限直流变换电路

四象限直流变换电路如图 2-31 所示，其中 E_a 是直流电动机的电枢反电动势（极性与转向相关），L_a、R_a 为电路中的等效电感和电阻，通常 L_a 较大（包括电动机的电枢绕组电感及为减小电流脉动而外加的平波电感），R_a 一般很小。

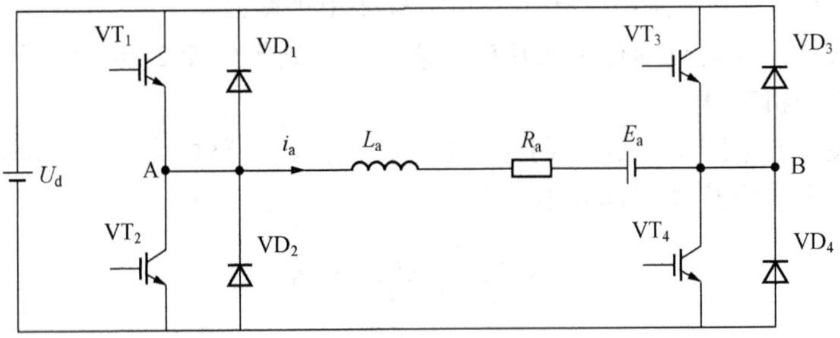

图 2-31 四象限直流变换电路基本结构

这个电路的负载电压 u_{AB} 和负载电流 i_a 的极性都可变，故可以控制电动机正、反转和电动、制动状态，即四象限运行。该电路工作方式有两种：单极性 PWM 和双极性 PWM。

1）单极性 PWM 工作方式

以 VT_1、VT_2 互补 PWM 开关，调节输出电压，以 VT_3、VT_4 控制输出电压极性（控制电动机转向）。正转时 VT_4 恒导通、VT_3 恒关断，反转时 VT_3 恒导通、VT_4 恒关断，这种控制方式下，输出电压波形总是在一个方向变化，所以称为单极性 PWM，如图 2-32 所示，输出直流电压为

$$|U_{AB}| = DU_d \tag{2-87}$$

其中，$D = \dfrac{t_{on}}{t_{on} + t_{off}}$，为开关导通占空比。

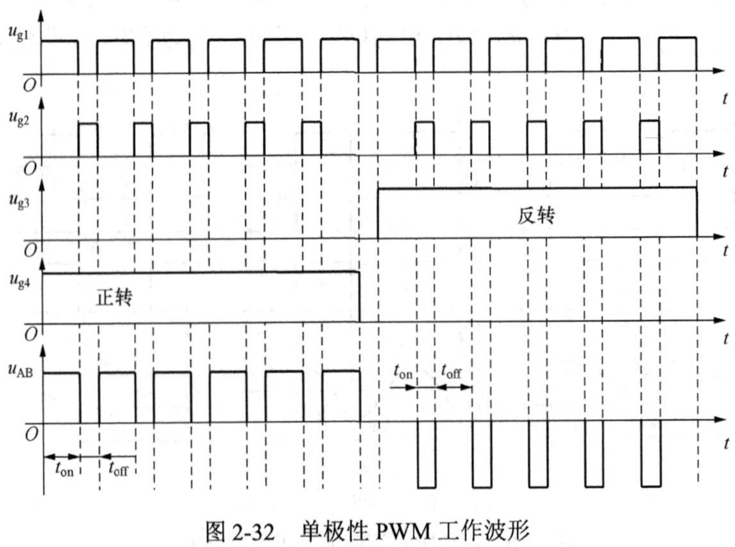

图 2-32 单极性 PWM 工作波形

2）双极性 PWM 工作方式

VT_1、VT_4 和 VT_2、VT_3 分别成组作为互补 PWM 开关，双极性工作方式有控制正转和反转两种工作状态，工作波形如图 2-33 所示，输出直流电压为

$$U_{AB}=(2D-1)U_d \tag{2-88}$$

其中，$D=\dfrac{t_{on}}{t_{on}+t_{off}}$，为开关导通占空比。

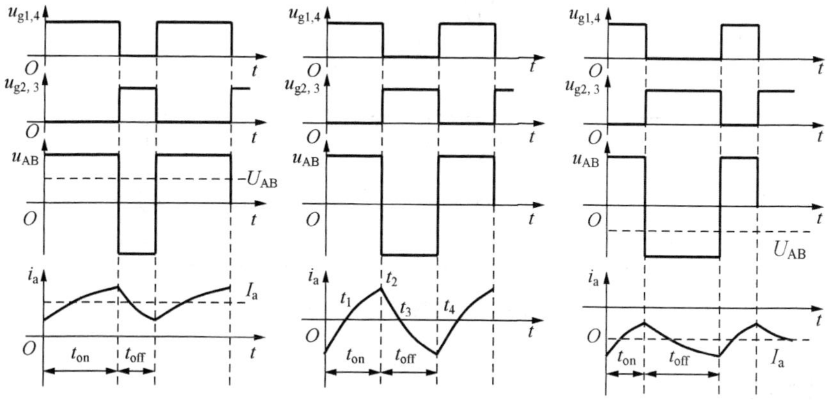

(a) $U_{AB}>0$　　(b) $U_{AB}=0$　　(c) $U_{AB}<0$

图 2-33　四象限直流变换器工作状态波形

从图 2-33 中可以看出，当 $U_{AB}=0$ 时，电动机并不是完全静止，而是在正反电流作用下微振，这种微振可以加快电动机的正反转响应速度。

2.10　其他典型直流变换器*

1. Sepic 变换器

Sepic 电路结构如图 2-34 所示，当开关 VT 导通时，输入电源 U_d 经开关 VT 给 L_1 充电储能，同时 C_1 给 L_2 充电储能，当开关 VT 截止时，L_1 给 C_1 充电并经 VD 向 C_2 和 R 释放储能，同时 L_2 也经过 VD 向负载回路释放储能。假定开关导通占空比为 D，当电感 L_1、L_2 的电流连续时，Sepic 电路输入、输出关系为

$$U_o=\frac{D}{1-D}U_d \tag{2-89}$$

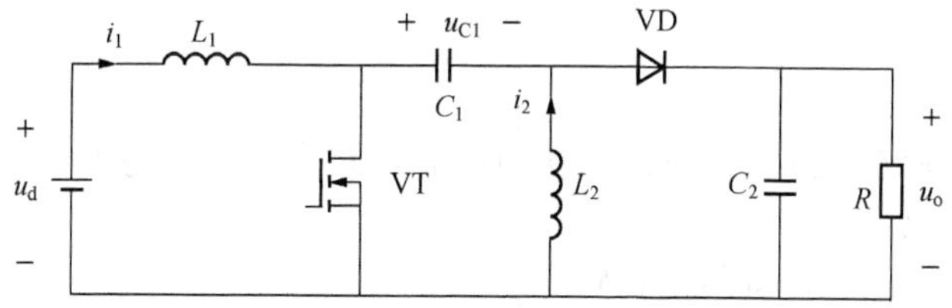

图 2-34　Sepic 电路结构

2. Zeta 变换器

Zeta 电路结构如图 2-35 所示，当开关 VT 导通时，电感 L_1 充电储能，电容 C_1 放电提供 L_2 储能和负载供电，当开关 VT 截止时，L_1、C_1、VD 构成回路使 C_1 充电储能，L_2 经 VD 向负载释放储能。假定开关导通占空比为 D，当电感 L_1、L_2 的电流连续时，Zeta 电路输入、输出关系为

$$U_o = \frac{D}{1-D} U_d \tag{2-90}$$

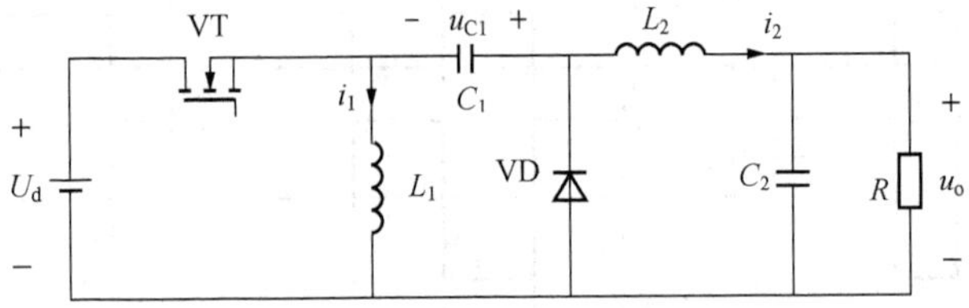

图 2-35 Zeta 电路结构

3. 推挽变换器

推挽变换电路（push-pull converter）的结构如图 2-36 所示，一次侧包含一中心抽头绕组，两个功率开关 VT_1、VT_2 交替工作，假定每个开关的导通占空比为 D，电感电流连续时，电路输入、输出关系为

$$U_o = \frac{2N_2}{N_1} D U_d \tag{2-91}$$

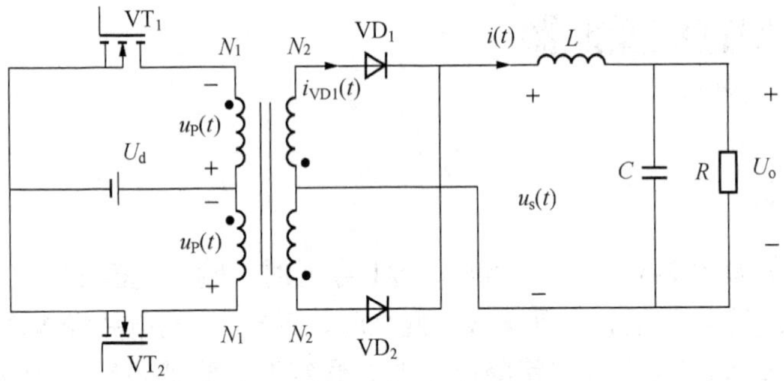

图 2-36 推挽变换电路的基本结构

2.11 应用示例*

例 2-1 Buck 电路如图 2-2（a），利用 Buck 电路设计开关电源，电路工作于电感电流连续状态，设计指标如下：

（1）输入直流电压 $U_d = 147 \sim 220\text{V}$。

（2）输出直流电压 $U_o = 110\text{V}$。

（3）输出电压纹波峰峰值不大于输出电压的 1%。

（4）额定负载电流为 11A，最小负载电流为 1.1A。

（5）开关频率 $f=20\text{kHz}$ 。

请选择 Buck 电路相关元件的参数。

元件参数设计要求（此后均相同）：

（1）电感参数：电感量、额定电流、最大峰值电流。

（2）电容参数：电容量、额定电压。

（3）主开关元件：额定电压、额定电流。

（4）二极管：额定电压、额定电流、反向恢复时间（或二极管类型）。

解：因电感电流连续，故有：$D=\dfrac{U_o}{U_d}$；开关周期：$T=50\mu s$ 。

当 $U_{dmin}=147\text{V}$ 时，$D_{max}=0.75$；当 $U_{dmax}=220\text{V}$ 时，$D_{min}=0.5$ 。

1）计算电感参数

因电感电流连续，最小负载电流应不小于临界连续电流，根据式（2-15），电感必须满足

$$L\geqslant\frac{U_o(1-D_{min})}{2fI_{o\min}}=1.25\text{mH}$$

假定取 $L=1.5\text{mH}$ ，则根据式（2-8），电感电流脉动最大峰峰值为

$$\Delta I_{Lppmax}=\frac{(1-D_{min})U_o}{fL}=1.8\text{A}\ll 11\text{A}$$

根据图 2-4 所示的波形，额定负载时电感电流脉动很小，电感额定电流可近似以流过的直流电流（即输出电流）代替，开关元件可近似以中值方波估算。

电感额定电流为

$$I_{Lrmsrated}=I_{Lrmsmax}\approx I_{omax}=11\text{A}$$

电感电流最大峰值为

$$I_{Lpkmax}=I_{omax}+\frac{1}{2}\Delta I_{Lppmax}=11.9\text{A}$$

2）计算开关元件参数

MOS 管电流波形如图 2-37 所示，其电流中值即为输出直流电流，最大电流有效值为

$$I_{VTrmsmax}\approx I_{omax}\sqrt{D_{max}}=9.5\text{A}$$

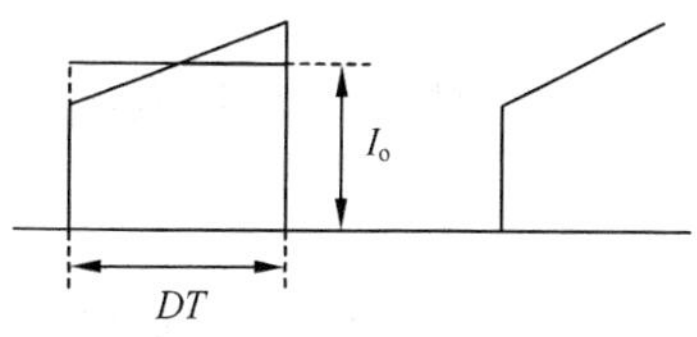

图 2-37　MOS 管电流波形

同理，二极管最大电流有效值为

$$I_{VDrmsmax}\approx I_{omax}\sqrt{1-D_{min}}=7.8\text{A}$$

MOS 管的额定电流选择为

$$I_{VTrated}=k_{sai}I_{VTrmsmax}\geqslant 19\text{A}\qquad（取 k_{sai}\geqslant 2）$$

二极管的额定电流选择为

$$I_{VDrated}=\frac{k_{sai}I_{VDrmsmax}}{1.57}\geqslant 9.9\text{A}\qquad（取 k_{sai}\geqslant 2，1.57 为波形系数）$$

考虑二极管承受的最大反向电压和 MOS 管承受的最大正向电压均为 U_{dmax}，则额定电压选择为

$$U_{VTrated}=k_{sav}U_{dmax}\geqslant 330\text{V}\qquad（取 k_{sav}\geqslant 1.5）$$

$$U_{VDrated}=k_{sav}U_{dmax}\geqslant 330\text{V}\qquad（取 k_{sav}\geqslant 1.5）$$

二极管类型：选择快恢复二极管。

3）计算滤波电容参数

由于输出纹波小于1%，由式（2-9）可以得出

$$C \geqslant \frac{(1-D_{\min})U_{\text{omax}}}{8\Delta U_{\text{oppmax}}Lf^2} = \frac{(1-D_{\min})}{8Lf^2 \times 1\%} = 10.4\mu\text{F}$$

输出滤波电容参数选择为

额定容量：$C_{\text{rated}} \geqslant 10.4\mu\text{F}$

额定电压：$U_{\text{Crated}} = k_{\text{sac}}U_{\text{omax}} \geqslant 132\text{V}$ （取$k_{\text{sac}} \geqslant 1.2$）

例 2-2 Boost 电路如图 2-9（a），利用 Boost 电路设计开关电源，电路工作于电感电流连续状态，设计指标如下：

（1）输入直流电压：$U_{\text{d}} = 10\text{V}$。

（2）输出直流电压：$U_{\text{o}} = 30\text{V}$。

（3）输出电压纹波峰峰值不大于 300mV。

（4）额定负载电流 1A，最小负载电流 100mA。

（5）开关频率 100kHz。

请选择 Boost 电路相关元件的参数。

解：因电感电流连续，故有

$$D = 1 - \frac{U_{\text{d}}}{U_{\text{o}}} = 0.67$$

1）计算电感参数

因电感电流连续，最小负载电流应不小于临界连续电流，根据式（2-31），电感必须满足

$$L \geqslant \frac{U_{\text{omax}}}{2fI_{\text{omin}}}(1-D)^2 D = 0.11\text{mH}$$

假定取$L = 0.15\text{mH}$，则根据式（2-24），电感电流脉动最大峰峰值为

$$\Delta I_{\text{Lppmax}} = \frac{(DU_{\text{d}})_{\max}}{fL} = 0.45\text{A}$$

流过电感的直流电流，即为输入直流电流

$$I_{\text{inmax}} = \frac{1}{1-D}I_{\text{omax}} = 3\text{A} \gg \Delta I_{\text{Lppmax}}$$

电感额定电流可近似以流过的直流电流代替（即输入直流电流），开关元件可近似以中值方波估算。

电感额定电流为

$$I_{\text{Lrmsrated}} = I_{\text{Lrmsmax}} \approx I_{\text{inmax}} = 3\text{A}$$

电感电流最大峰值为

$$I_{\text{Lpkmax}} = I_{\text{inmax}} + \frac{1}{2}\Delta I_{\text{Lppmax}} \approx 3.2\text{A}$$

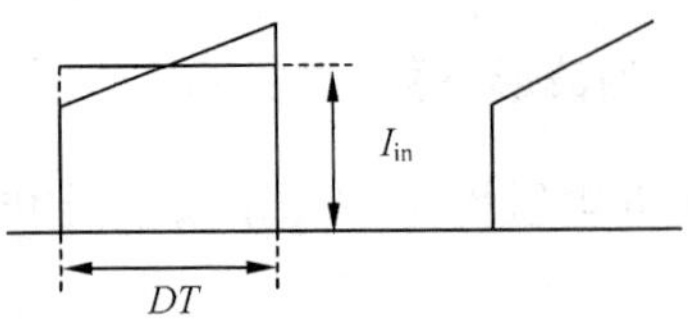

图 2-38 MOS 管电流波形

2）计算开关元件参数

MOS 管电流波形如图 2-38 所示，其电流中值即为输入直流电流，最大电流有效值为

$$I_{\text{VTrmsmax}} \approx I_{\text{inmax}}\sqrt{D_{\max}} \approx 2.5\text{A}$$

同理，二极管最大电流有效值为

$$I_{\text{VDrmsmax}} \approx I_{\text{inmax}}\sqrt{1-D_{\min}} \approx 1.7\text{A}$$

MOS 管的额定电流选择为

$$I_{\text{VTrated}} = k_{\text{sai}} I_{\text{VTrmsmax}} \geqslant 5\text{A} \qquad （取 k_{\text{sai}} \geqslant 2）$$

二极管的额定电流选择为

$$I_{\text{VDrated}} = \frac{k_{\text{sai}} I_{\text{VDrmsmax}}}{1.57} \geqslant 2.2\text{A} \qquad （取 k_{\text{sai}} \geqslant 2，1.57 为波形系数）$$

考虑二极管承受的最大反向电压和 MOS 管承受的最大正向电压均为 U_{omax}，则额定电压选择为

$$U_{\text{VTrated}} = k_{\text{sav}} U_{\text{omax}} \geqslant 45\text{V} \qquad （取 k_{\text{sav}} \geqslant 1.5）$$

$$U_{\text{VDrated}} = k_{\text{sav}} U_{\text{omax}} \geqslant 45\text{V} \qquad （取 k_{\text{sav}} \geqslant 1.5）$$

二极管类型：选择肖特基二极管。

3）计算滤波电容参数

根据输出纹波要求，由式（2-25）可以得出：$C \geqslant \dfrac{I_{\text{omax}} D_{\max}}{\Delta U_{\text{oppmax}} f} = 22.3\mu\text{F}$

输出滤波电容参数选择为

额定容量：$C_{\text{rated}} \geqslant 22.3\mu\text{F}$

额定电压：$U_{\text{Crated}} = k_{\text{sac}} U_{\text{omax}} \geqslant 36\text{V}$　　（取 $k_{\text{sac}} \geqslant 1.2$）

例 2-3　Buck-Boost 电路如图 2-12（a），利用 Buck-Boost 电路设计开关电源，电路工作于电感电流连续状态，设计指标如下。

（1）输入直流电压：$U_{\text{d}} = 15\text{V}$。

（2）输出直流电压：$U_{\text{o}} = -10 \sim -30\text{V}$（输入输出电压参考点相同）。

（3）输出电压纹波峰峰值不大于 100mV。

（4）输出电流最大 1A，最小 100mA。

（5）开关频率 100kHz。

请选择 Buck-Boost 电路相关元件的参数。

解：因电感电流连续，故有

$$D_{\min} = \frac{U_{\text{omin}}}{U_{\text{omin}} + U_{\text{d}}} = 0.4 \qquad D_{\max} = \frac{U_{\text{omax}}}{U_{\text{omax}} + U_{\text{d}}} = 0.67$$

1）计算电感参数

因电感电流连续，最小负载电流应不小于临界连续电流，根据式（2-48），电感必须满足

$$L \geqslant \frac{1}{2}(1-D_{\min})^2 R_{\max} T = \frac{U_{\text{omin}}}{2fI_{\text{omin}}}(1-D_{\min})^2 = 0.18\text{mH}$$

（注意：最小占空比时对应最小输出电压）

假定取 $L = 0.2\text{mH}$，则根据式（2-41），电感电流脉动最大峰峰值为

$$\Delta I_{\text{Lppmax}} = \frac{(DU_{\text{d}})_{\max}}{fL} = 0.5\text{A}$$

流过电感的最大直流电流为

$$I_{\text{Lavmax}} = I_{\text{inavmax}} + I_{\text{VDavmax}} = \frac{D_{\max}}{1-D_{\max}} I_{\text{omax}} + I_{\text{omax}} = 3\text{A} \gg \Delta I_{\text{Lppmax}}$$

电感额定电流可近似以流过的直流电流代替，开关元件可近似以中值方波估算。

电感额定电流为

$$I_{\text{Lrmsrated}} = I_{\text{Lrmsmax}} \approx I_{\text{Lavmax}} = 3\text{A}$$

电感电流最大峰值为

$$I_{\text{Lpkmax}} = I_{\text{Lavmax}} + \frac{1}{2}\Delta I_{\text{Lppmax}} \approx 3.3\text{A}$$

2）计算开关元件参数

MOS 管电流波形如图 2-39 所示，其电流中值即为电感直流电流，最大电流有效值为

$$I_{\text{VTrmsmax}} \approx I_{\text{Lavmax}}\sqrt{D_{\max}} \approx 2.5\text{A}$$

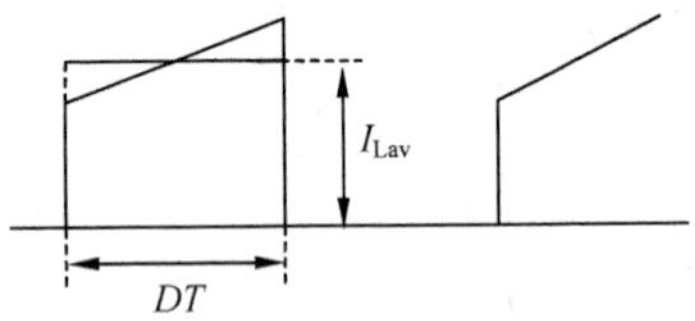

图 2-39　MOS 管电流波形

同理，二极管最大电流有效值为

$$I_{\text{VDrmsmax}} \approx I_{\text{Lavmax}}\sqrt{1-D_{\min}} \approx 2.3\text{A}$$

MOS 管的额定电流选择为

$$I_{\text{VTrated}} = k_{\text{sai}} I_{\text{VTrmsmax}} \geqslant 5\text{A} \qquad （取 k_{\text{sai}} \geqslant 2）$$

二极管的额定电流选择为

$$I_{\text{VDrated}} = \frac{k_{\text{sai}} I_{\text{VDrmsmax}}}{1.57} \geqslant 2.9\text{A} \qquad （取 k_{\text{sai}} \geqslant 2，1.57 为波形系数）$$

考虑二极管承受的最大反向电压和 MOS 管承受的最大正向电压均为$|U_{\text{dmax}}| + |U_{\text{omax}}|$，则额定电压选择为

$$U_{\text{VTrated}} = k_{\text{sav}}\left(|U_{\text{dmax}}| + |U_{\text{omax}}|\right) \geqslant 67.5\text{V} \qquad （取 k_{\text{sav}} \geqslant 1.5）$$

$$U_{\text{VDrated}} = k_{\text{sav}}\left(|U_{\text{dmax}}| + |U_{\text{omax}}|\right) \geqslant 67.5\text{V} \qquad （取 k_{\text{sav}} \geqslant 1.5）$$

二极管类型：选择超快恢复二极管或肖特基二极管。

3）计算滤波电容参数

根据输出纹波要求，由式（2-42）可以得出

$$C \geqslant \frac{I_{\text{omax}} D_{\max}}{\Delta U_{\text{oppmax}} f} = 67\mu\text{F}$$

输出滤波电容参数选择为

额定容量：$C_{\text{rated}} \geqslant 67\mu\text{F}$

额定电压：$U_{\text{Crated}} = k_{\text{sac}} U_{\text{omax}} \geqslant 36\text{V}$　（取 $k_{\text{sac}} \geqslant 1.2$）

例 2-4　正激电路如图 2-18，设计一个正激式开关稳压电源，电源工作在 CCM 模式，设计指标如下：

（1）输入直流电压 $U_{\text{d}} = 100 \sim 150\text{V}$。

（2）输出直流电压 $U_{\text{o}} = 5\text{V}$。

（3）额定输出电流 5A，最小输出电流 100mA。

（4）输出电压纹波峰峰值不大于 100mV。

（5）开关频率 100kHz。

设计电路相关参数，变压器仅要求计算匝比、功率、一次和二次绕组额定电流。

解：如图 2-18 所示，由于磁通复位绕组 N_3 与主绕组 N_1 耦合度高，有利于减小主开关

关断时产生的尖峰电压，因此通常选择 $N_1 = N_3$，以利于采用并绕方式提升两者的耦合度，此时最大占空比为

$$D_{\max} = 0.5$$

因电感电流连续，故有

$$\frac{N_1}{N_2} = \frac{D_{\max} U_{\text{dmin}}}{U_{\text{o}}} = 10$$

假定取 $\frac{N_1}{N_2} = 10$，则

$$D_{\min} = \frac{N_1}{N_2}\frac{U_{\text{o}}}{U_{\text{dmax}}} = 0.33$$

1）计算电感参数

因电感电流连续，根据式（2-70），电感必须满足

$$L \geqslant \frac{U_{\text{omax}}}{2fI_{\text{omin}}}(1 - D_{\min}) = 0.17\text{mH}$$

假定取 $L = 0.18\text{mH}$，则根据式（2-62），电感电流脉动最大峰峰值为

$$\Delta I_{\text{Lppmax}} = \frac{(1 - D_{\min})U_{\text{omax}}}{fL} \approx 0.2\text{A}$$

流过电感的最大直流电流为

$$I_{\text{Lavmax}} = I_{\text{omax}} = 5\text{A} \gg \Delta I_{\text{Lppmax}}$$

电感额定电流可近似以流过的直流电流代替，开关元件可近似以中值方波估算。

电感额定电流为

$$I_{\text{Lrmsrated}} = I_{\text{Lrmsmax}} \approx I_{\text{Lavmax}} = 5\text{A}$$

电感电流最大峰值为

$$I_{\text{Lpkmax}} = I_{\text{Lavmax}} + \frac{1}{2}\Delta I_{\text{Lppmax}} \approx 5.1\text{A}$$

2）计算开关元件参数

VD_1 电流波形如图 2-40 所示，最大电流有效值为

$$I_{\text{VD1rmsmax}} = I_{\text{omax}}\sqrt{D_{\max}} \approx 3.5\text{A}$$

VD_1 承受的最大反向电压为

$$U_{\text{VD1max}} = \frac{N_2}{N_1}U_{\text{dmax}} = 15\text{V}$$

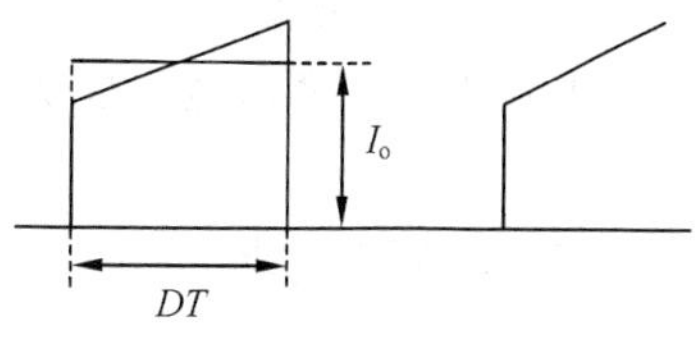

图 2-40　VD_1 电流波形

VD_1 额定电流为

$$I_{\text{VD1rated}} = \frac{k_{\text{sai}} I_{\text{VD1rmsmax}}}{1.57} \geqslant 4.5\text{A} \qquad （取 k_{\text{sai}} \geqslant 2）$$

VD_1 额定电压为

$$U_{\text{VD1rated}} = k_{\text{sav}} U_{\text{VD1max}} \geqslant 22.5\text{V} \qquad （取 k_{\text{sav}} \geqslant 1.5）$$

二极管类型：肖特基二极管。

同理，VD_2 最大电流有效值为

$$I_{\text{VD2rmsmax}} = I_{\text{omax}}\sqrt{1 - D_{\min}} \approx 4.1\text{A}$$

VD_2 承受的最大反向电压为

$$U_{\text{VD2max}} = \frac{N_2}{N_1} U_{\text{dmax}} = 15\text{V}$$

VD_2 额定电流为

$$I_{\text{VD2rated}} = \frac{k_{\text{sai}} I_{\text{VD2rmsmax}}}{1.57} \geqslant 5.2\text{A} \qquad （取 k_{\text{sai}} \geqslant 2）$$

VD_2 额定电压为

$$U_{\text{VD2rated}} = k_{\text{sav}} U_{\text{VD2max}} \geqslant 22.5\text{V} \qquad （取 k_{\text{sav}} \geqslant 1.5）$$

二极管类型：肖特基二极管。

MOS 管开通时，电流波形与 VD1 电流一致，数量上缩小 $\frac{N_2}{N_1}$ 倍，因此 MOS 管通过的最大电流有效值为

$$I_{\text{VTrmsmax}} = \frac{N_2}{N_1} I_{\text{omax}} \sqrt{D_{\max}} = 0.35\text{A}$$

MOS 管承受的最大电压为

$$U_{\text{VTmax}} = \left(1 + \frac{N_1}{N_3}\right) U_{\text{dmax}} = 300\text{V}$$

MOS 管额定电流为

$$I_{\text{VTrated}} = k_{\text{sai}} I_{\text{VTrmsmax}} \geqslant 0.7\text{A} \qquad （取 k_{\text{sai}} \geqslant 2）$$

MOS 管额定电压为

$$U_{\text{VTrated}} = k_{\text{sav}} (U_{\text{omax}} + U_{\text{dmax}}) \geqslant 450\text{V} \qquad （取 k_{\text{sav}} \geqslant 1.5）$$

3）计算滤波电容参数

正激电路输出部分工作模式与 Buck 电路类似，参考式（2-9），有

$$C \geqslant \frac{(1 - D_{\min}) U_{\text{omax}}}{8 \Delta U_{\text{oppmax}} L f^2} = 2.3\mu\text{F}$$

电容承受的最大电压为 $U_{\text{C}} = U_{\text{o}}$，电容额定参数选择为

额定容量：$C_{\text{rated}} \geqslant 2.3\mu\text{F}$

额定电压：$U_{\text{Crated}} = k_{\text{sac}} U_{\text{omax}} \geqslant 6\text{V}$ （取 $k_{\text{sac}} \geqslant 1.2$）

4）计算变压器参数

如前计算，变压器匝比为

$$N_1 : N_2 : N_3 = 10 : 1 : 10$$

变压器额定功率为

$$P_{\text{T}} = U_{\text{o}} I_{\text{o}} = 25\text{W}$$

一次侧主绕组 N_1 的额定电流与 MOS 管通过的最大电流有效值一致，二次侧输出绕组 N_2 的额定电流与 VD_1 最大电流有效值一致，复位绕组 N_3 的额定电流一般可以粗略取主绕组额定电流的 10%左右，因此各绕组额定电流选择如下。

一次侧 N_1 线圈额定电流：$I_{\text{N1rmsrated}} = I_{\text{VTrmsmax}} = 0.35\text{A}$。

二次侧 N_2 线圈额定电流：$I_{\text{N2rmsrated}} = I_{\text{VD1rmsmax}} = 3.5\text{A}$。

二次侧 N_3 线圈额定电流：$I_{\text{N3rmsrated}} = 0.1 I_{\text{N1rmsmax}} = 0.04\text{A}$。

5）磁通复位绕组 N_3 续流二极管 VD_3 参数计算

VD_3 的额定电流一般采用粗略估算，通常以复位绕组 N_3 的额定电流来计算。

VD_3 额定电流为

$$I_{\mathrm{VD3rated}}=\frac{k_{\mathrm{sai}}I_{\mathrm{N3rmsmax}}}{1.57}\geqslant 0.05\mathrm{A}\qquad（取 k_{\mathrm{sai}}\geqslant 2）$$

VD_3 额定电压选择与 MOS 管一致

$$U_{\mathrm{VD3rated}}=k_{\mathrm{sav}}(U_{\mathrm{omax}}+U_{\mathrm{dmax}})\geqslant 450\mathrm{V}\qquad（取 k_{\mathrm{sav}}\geqslant 1.5）$$

二极管类型：超快恢复二极管。

例 2-5　反激电路如图 2-21，设计一个反激式开关电源，电源工作在 CCM 模式，设计指标如下：

（1）输入直流电压：$U_{\mathrm{d}}=100\sim150\mathrm{V}$。

（2）输出直流电压：$U_{\mathrm{o}}=5\mathrm{V}$。

（3）额定负载电流 5A，最小负载电流 0.5A。

（4）输出电压纹波峰峰值不大于 100mV。

（5）开关频率：$f=100\mathrm{kHz}$。

（6）变压器一次绕组反射电压不高于 50V。

设计电路相关参数，变压器仅要求计算匝比、一次绕组电感、一次绕组和二次绕组额定电流、一次绕组最大峰值电流。

解：如图 2-21 所示，一次绕组反射电压和输入电压决定了主开关管的额定电压选择。

1）计算变压器参数

根据反射电压的要求，一次绕组和二次绕组的匝比须满足 $\frac{N_1}{N_2}\leqslant 10$，取 $\frac{N_1}{N_2}=10$。

由于电源工作在 CCM 模式，则根据式（2-73）得到

$$D_{\max}=0.33,\quad D_{\min}=0.25$$

同时，根据式（2-78）有

$$L_2\geqslant\frac{(1-D_{\min})^2U_{\mathrm{omax}}}{2fI_{\mathrm{omin}}}=28.1\mu\mathrm{H}$$

则

$$L_1=\left(\frac{N_1}{N_2}\right)^2L_2\geqslant 2.8\mathrm{mH}$$

取

$$L_1=3\mathrm{mH}。$$

参考图 2-22，变压器一次绕组、二次绕组电流波形如图 2-41 所示。

根据式（2-72），有

$$\Delta I_{\mathrm{L1max}}=\frac{N_2(1-D_{\min})U_{\mathrm{omax}}}{fN_1L_2}=0.13\mathrm{A}$$

由于 $I_{\mathrm{o}}=I_{\mathrm{L2av}}(1-D)=\frac{N_1}{N_2}I_{\mathrm{L1av}}(1-D)$，得出一次绕组最大电流中值为

$$I_{\mathrm{L1avmax}}=0.75\mathrm{A}\gg\Delta I_{\mathrm{L1max}}$$

一次绕组、二次绕组电感的额定电流及开关元件电流有效值可近似以中值方波估算。

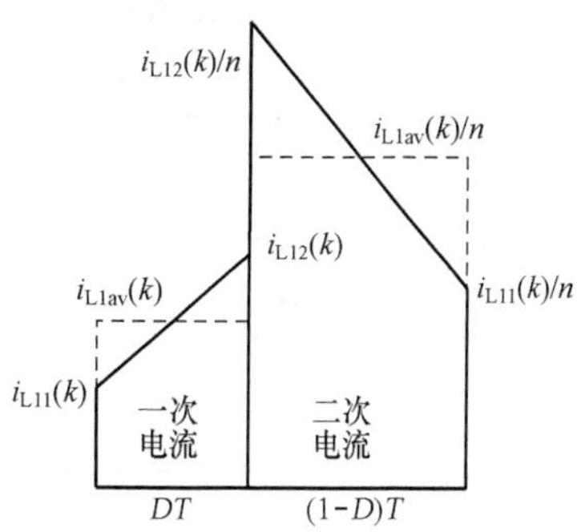

图 2-41　第 k 个开关周期电流波形($n=N_2/N_1$)

一次绕组 N_1 额定电流为

$$I_{\rm N1rmsrated} \approx I_{\rm L1avmax}\sqrt{D_{\max}} = 0.43{\rm A}$$

一次绕组 N_1 最大峰值电流为

$$I_{\rm L1pkmax} = I_{\rm L1avmax} + \frac{\Delta I_{\rm L1max}}{2} \approx 0.8{\rm A}$$

二次绕组 N_2 额定电流为

$$I_{\rm N2rmsrated} \approx I_{\rm L2avmax}\sqrt{1-D_{\min}} = 6.5{\rm A}$$

2）计算开关元件参数

MOS 管最大电流有效值：$I_{\rm VTrmsmax} = I_{\rm N1rmsrated} = 0.43{\rm A}$。

MOS 管承受的最大电压：$U_{\rm VTmax} = U_{\rm dmax} + \dfrac{N_1}{N_2}U_{\rm o} = 200{\rm V}$。

MOS 管额定电流选择：$I_{\rm VTrated} = k_{\rm sai}I_{\rm VTrmsmax} \geqslant 0.9{\rm A}$ （取 $k_{\rm sai} \geqslant 2$）。

MOS 管额定电压选择：$U_{\rm VTrated} = k_{\rm sav}U_{\rm VTmax} \geqslant 300{\rm V}$ （取 $k_{\rm sav} \geqslant 1.5$）。

二极管最大电流有效值：$I_{\rm VD1rmsmax} = I_{\rm N2rmsrated} = 6.5{\rm A}$。

二极管承受的最大电压：$U_{\rm VD1max} = U_{\rm o} + \dfrac{N_2}{N_1}U_{\rm dmax} = 20{\rm V}$。

二极管额定电流选择：$I_{\rm VD1rated} = \dfrac{k_{\rm sai}I_{\rm VD1rmsmax}}{1.57} \geqslant 8.3{\rm A}$ （取 $k_{\rm sai} \geqslant 2$）。

二极管额定电压选择：$U_{\rm VD1rated} = k_{\rm sav}U_{\rm VD1max} \geqslant 30{\rm V}$ （取 $k_{\rm sav} \geqslant 1.5$）。

二极管类型：肖特基二极管。

3）计算滤波电容参数

反激电路电容充放电过程类似于 Boost 和 Buck-Boost 电路，参考式（2-25）或式（2-42），滤波电容应满足

$$C \geqslant \frac{I_{\rm omax}D_{\max}}{\Delta U_{\rm oppmax}f} = 165\mu{\rm F}$$

输出滤波电容参数选择为

额定容量：$C_{\rm rated} \geqslant 165\mu{\rm F}$

额定电压：$U_{\rm Crated} = k_{\rm sac}U_{\rm omax} \geqslant 6{\rm V}$ （取 $k_{\rm sac} \geqslant 1.2$）

例 2-6 电路结构如图 2-42 所示，电路参数：$U_{\rm dmin} = 30{\rm V}$，$U_{\rm dmax} = 50{\rm V}$，$U_{\rm o} = 20{\rm V}$，

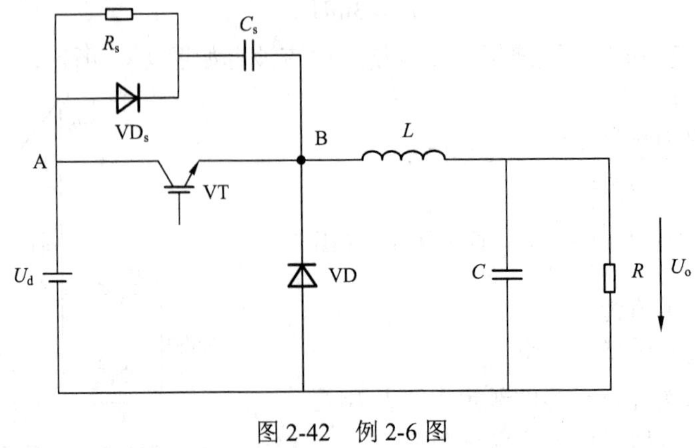

图 2-42 例 2-6 图

$R=10\Omega$，$L=100\mu H$，开关频率 $f=100kHz$；IGBT 元件参数：电流下降时间 300ns，最大峰值电流 20A，试合理选择 VD_s、R_s、C_s 参数。

解：

1. 电路运行基本条件

（1）VT 关断时，AB 间最高电压：$U_{ABmax}=U_{dmax}=50V$。

（2）VT 最小占空比 D_{min} 或最小导通时间 t_{onmin}：$D_{min}=0.4$，$t_{onmin}=4\mu s$。

（3）VT 最大负载电流（A 端最大电流）为

$$\Delta I_{Lmax}=\frac{U_o}{L}(1-D_{min})T=1.2A$$

$$I_{Amax}=I_{Lmax}=I_{omax}+\frac{1}{2}\Delta I_{Lmax}=2.6A$$

（4）VT 开关频率：$f=100kHz$，$T=10\mu s$。

（5）VT 的关断时间：$t_f=300ns$。

（6）VT 允许最大电压上升率：无要求。

（7）VT 导通允许最大峰值电流：$I_{Cpmax}=20A$。

（8）VT 开通允许最大电流上升率：无要求。

2. 参数设计

1）C_s 电容参数选择

由 $\frac{I_{Amax}t_f}{2C_s}=U_{Cf}\ll U_{dmin}$，得 $C_s\gg 13nF$。

电容量选择 $C_s=130nF$；电容承受的最高电压 $U_{Csmax}=50V$；额定电压选择 $U_{Csrated}=k_{sac}U_{Csmax}\geqslant 60V$（取 $k_{sac}\geqslant 1.2$）。

2）R_s 参数选择

由 $3R_sC_s\leqslant t_{onmin}=4\mu s$，得 $R_s<10.3\Omega$；由 $\frac{U_{ABmax}}{R_s}+I_{Amax}<I_{Cpmax}$，得 $R_s>2.87\Omega$。

电阻功率 $P_R\geqslant\frac{1}{2}fC_sU_{ABmax}^2=16.3W$。

R_s 电阻选择 5.1Ω 左右，额定功率不小于 32.6W。

3）二极管选择

MOS 管额定电流：$I_{VTrms}\approx I_{omax}\sqrt{D_{max}}=1.6A$，$D_{max}=0.67$。

VD_s 额定电流：$I_{VD}=k_{sai}\times\frac{1.6}{1.57\times 10}\geqslant 0.2A$（取 $k_{sai}\geqslant 2$）。

VD_s 承受的电压：$U_{VDsmax}=50V$。

VD_s 额定电压：$U_{VDsrated}=k_{sav}U_{VDsmax}\geqslant 75V$（取 $k_{sav}\geqslant 1.5$）。

二极管类型：肖特基二极管。

思考题与习题

2-1　Buck 电路如图 2-2 所示，设输入电压为 200V，电感 L 是 100μH，电容 C 为无穷大，输出接 10Ω 的电阻，电路工作频率为 50kHz，MOSFET 的导通占空比为 0.5，试求：(1)输出直流电压 U_o，输出直流电流 I_o；(2)流过 MOSFET 的峰值电流；(3)如要将 MOSFET 的峰值电流减小为输出直流电流的 110%，应改变什么参数？其值是多少？

2-2　Boost 电路如图 2-9 所示，设输入电压为 100V，电感 L 为 1000μH，电容 C 为无穷大，输出接 10Ω 的电阻，电路工作频率为 50kHz，MOSFET 的导通占空比为 0.5，试求：（1）输出直流电压 U_o，输出直流电流 I_o；（2）电感电流平均值 I_L；（3）MOSFET 阻断时的电压。

2-3　设有两组蓄电池，A 组电压为 100V，B 组电压为 200V，用 Buck 电路和 Boost 电路组合设计一种电路，以完成既能由 A 组蓄电池向 B 组蓄电池充电，又能由 B 组蓄电池向 A 组蓄电池充电的功能。

2-4　为什么当直流变换电路输入、输出电压差别很大时，常常采用正激和反激电路，而不用 Buck 电路或 Boost 电路？

2-5　Boost 变换器，其输入电压在 12～36V 的较宽范围内变化，通过占空比调节使输出电压等于 48V，最大输出功率为 120W，变换器工作在电流断续方式，开关频率为 50kHz，假定变换器中所有元件为理想元件，且输出电容很大，试求可能使用的最大电感 L 的值。

2-6　升压式 DC-DC 变换器电路如图 2-43 所示，输入电压为 $27V \pm 10\%$，输出电压为 45V，输出功率为 750W，效率为 95%，若等效电阻为 R=0.05Ω，试求：（1）最大占空比；（2）如果要求输出 60V，是否可能？为什么？

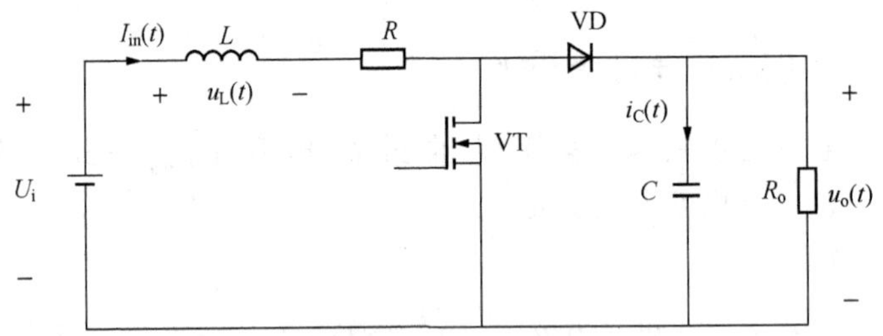

图 2-43　习题 2-6 图

2-7　反激式变换器如图 2-21 所示，$U_d = 150V$，变压器励磁电感 $L_M = 1mH$，一次绕组匝数为 60，负载电阻 $R = 25\Omega$。使其工作时晶体管 $t_{on} = t_{off}$，并使得 t_{on} 期间储存的能量在 t_{off} 期间正好放出。为了使输出电压 U_o 为 50V，试计算工作频率 f 及变压器二次侧匝数分别为多少比较合适？（电路中各种损耗忽略不计。）

2-8　使用直流斩波器控制一台它激直流电动机，如图 2-44 所示，直流电源电压 $U_d = 120V$，电枢电阻 $R = 0.5\Omega$，电机常数 $C_e\Phi = 0.05V/r/min$，电动机拖动恒转矩负载，要求有 20A 的平均电枢电流，假定电动机电流是连续的，试求：（1）电动机的调速范围；（2）占空比 D 的变化范围。

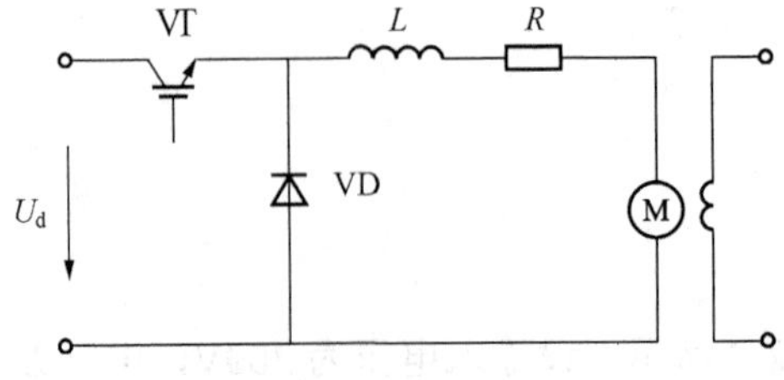

图 2-44　习题 2-8 图

2-9　Boost 变换器如图 2-9 所示，已知输入电压 $U_d = 3V$，输出电压 $U_o = 15V$，输出电流 $I_o = 2A$，开关频率为 120kHz，工作于电流连续模式，要求电感电流脉动量峰峰值 $\Delta I_{Lpp} \leqslant 0.01A$，输出电压的纹波峰峰值 $\Delta U_{opp} \leqslant 10mV$，计算电感的最小取值和电容的最小取值。

2-10　设计开关电源，电源工作在 CCM 模式，设计指标如下：

（1）输入直流电压变化范围为 $10V \leqslant U_d \leqslant 20V$。

（2）输出直流电压为 5V。

（3）输出纹波电压为输出电压的 0.5%。

（4）负载电阻将在 $1\Omega \leqslant R \leqslant 10\Omega$ 变化。

（5）工作频率为 50kHz。

请选择合适的电路拓扑并计算相关元件的参数。

2-11　设计开关电源，电路工作于电感电流连续状态，设计指标如下：

（1）输入直流电压 $U_d = 10 \sim 20V$。

（2）输出直流电压 $U_o = 30V$。

（3）输出电压纹波峰峰值不大于 300mV。

（4）额定负载电流 1A，最小负载电流 100mA。

（5）开关频率 100kHz。

请选择合适的电路拓扑并计算相关元件的参数。

2-12　设计开关电源，电源工作在 CCM 模式，设计指标如下：

（1）输入直流电压 $U_d = 100 \sim 150V$。

（2）输出直流电压 $U_o = 5 \sim 10V$。

（3）额定负载电流 5A，最小负载电流 0.5A。

（4）输出电压纹波峰峰值不大于 100mV。

（5）开关频率 $f = 100kHz$。

（6）电路主开关管耐压不超过 500V。

请选择合适的电路拓扑并计算相关参数。

第 3 章　直流-交流变换技术

3.1　概述

直流-交流（DC-AC）变换电路，也可称为逆变电路或逆变器，其功能是将直流电能转换成固定频率和电压或可调频率和可调电压的交流电能供给交流负载使用。逆变电路既可以作为一个独立的装置使用，也可以作为一个复杂的变流装置的一部分应用于所需要的场合中。

逆变电路分类方法有多种，主要包括以下几项。

（1）按输出相数分类，有单相、三相和多相逆变电路。

（2）按使用的功率开关器件分类，有半控型（晶闸管）器件和全控型器件逆变电路。

（3）按负载以及能量传递情况分类，可分为有源逆变电路和无源逆变电路。有源逆变电路交流侧接电网，逆变的频率必须等于电网频率；无源逆变电路交流侧接负载，逆变的频率可根据需要变化，本章主要介绍无源逆变电路。

（4）按直流电源的性质区分，有电压源型逆变电路和电流源型逆变电路。

（5）按电路结构进行分类，可分为桥式逆变电路、非桥式逆变电路、组合式逆变电路、多电平逆变电路。

（6）按开关器件工作状态分类，可分为硬开关和软开关逆变电路。

早期的逆变电路采用简单频控方式，其输出为方波，故有方波逆变电路之称，其调制方法有 180°导通型和 120°导通型等方式，它存在自身无调压功能和输出端谐波含量过高以及谐波次数较低等弱点。随着全控型器件大量应用，鉴于 PWM 技术在直流变换电路中的成功应用，于是将斩控技术与频控方式相结合产生了 PWM 逆变电路，该电路因兼具调压变频功能，输出谐波含量又得以减小，此种电路的调制方法有很多，主要有正弦脉宽调制，电流跟踪 PWM 调制和空间电压矢量控制等。

常用的逆变电路拓扑有推挽、桥式两类结构，如图 3-1 所示。推挽结构多用于单相逆变，桥式结构的典型应用有单相半桥电路、单相桥式电路和三相桥式电路。其中，单相半桥电路利用两个电容作为其中一个桥臂，为负载提供双极性电压，一般仅用于中小功率场合，而单相桥式和三相桥式电路的应用则比较广泛，本章主要介绍电压源式单相桥式逆变电路和三相桥式逆变电路。

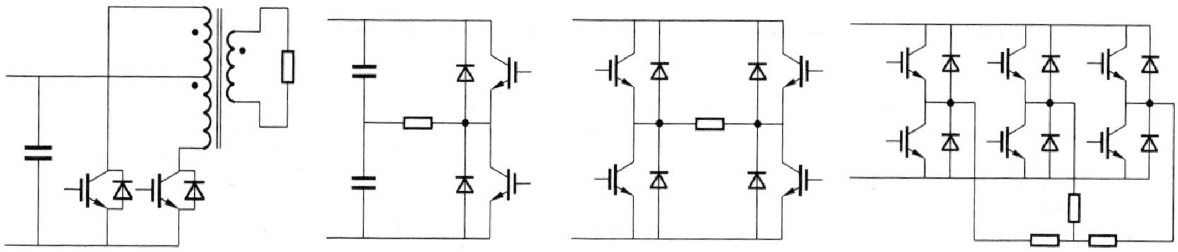

（a）推挽逆变　（b）单相半桥逆变　（c）单相桥式逆变　（d）三相桥式逆变

图 3-1　逆变电路常用拓扑结构

3.2　单相桥式方波逆变

以 IGBT 为主开关器件的单相桥式逆变电路基本结构如图 3-2 所示，输入为直流电压源 U_d，又称为电压源型逆变电路。

为方便分析，对电路实际工作状况进行简化与近似，包括如下内容。

（1）将功率开关器件视为理想器件，忽略器件损耗和开关延时。

（2）输入为理想直流电压源，直流电压无脉动。

（3）直流电源侧并接电容为理想电容，无等效串并联电阻和电感。

（4）忽略电路分布、寄生参数的影响，连接线为理想零阻抗。

（5）负载为理想线性元件，电阻无寄生电感和电容，电抗器无损耗和饱和。

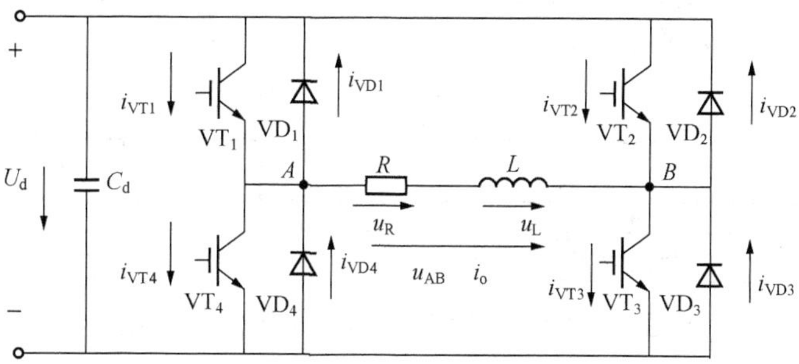

图 3-2　单相桥式电压源型逆变电路

3.2.1　电路工作过程分析

图 3-3 所示是单相桥式方波逆变电路的工作过程波形，下面对该工作过程进行详细的分析。

1. 逆变电路控制规律（180°导通型）

（1）开关管 VT_1、VT_3 和 VT_2、VT_4 分为两个工作组，开关工作状态互补。

（2）输出交流电周期为 T，VT_1、VT_3 和 VT_2、VT_4 分别开通、关断 $T/2$。

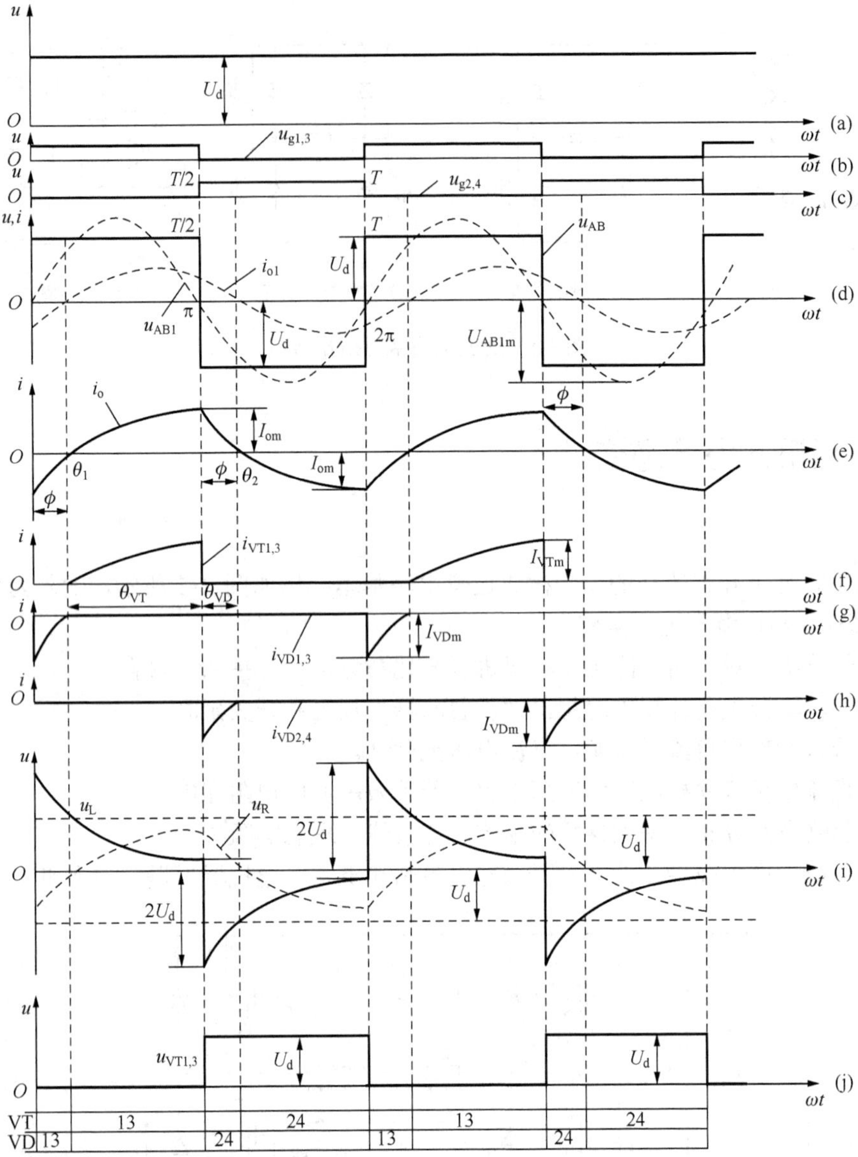

图 3-3 单相方波桥式逆变电路的工作过程波形

（虚线 u_{AB1} 和 i_{o1} 分别为 u_{AB} 和 i_o 的基波）

2. 电路稳态工作波形分析

由图 3-2 所示电路可知，各桥臂由 IGBT 管与反并联二极管组成，当 IGBT 开通时，该桥臂可流过正向或反向电流（正向电流经 IGBT 流通，反向电流经二极管流通），此时该桥臂相当于一个闭合的开关。假定一个周期内 0～π 期间，VT_1、VT_3 开通，VT_2、VT_4 关断，则 $u_{AB}=U_d$；在 π～2π 期间，VT_2、VT_4 开通、VT_1、VT_3 关断，则此时 $u_{AB}=-U_d$。一个周期内电压平均值为零（直流分量为零），因此负载上电流波形的直流分量也为零，稳态时电流瞬时值在一个周期内正负交替变化，相差半个周期的电流波形正负对称。此电路在稳态工作时的过程详细分析如下。

1）$0\sim\theta_1$ 时段

VT_1、VT_3 开通，VT_2、VT_4 关断，感性负载电流波形滞后于电压波形，此时电压值为正，电流值为负，电流经 VD_1、VD_3 续流，VT_1、VT_3 实际无电流，电流方向为 A－VD_1－C_d－VD_3－B。在 $u_{AB}=U_d$ 的作用下，电感电流逐渐增大。

2）$\theta_1\sim\pi$ 时段

VT_1、VT_3 开通，VT_2、VT_4 关断，此时在 $u_{AB}=U_d$ 的作用下，电感电流继续增大，VD_1、VD_3 电流过零关断，VT_1、VT_3 有电流流过，电流方向为 VT_1－A－B－VT_3，电压和电流同相。

3）$\pi\sim\theta_2$ 时段

VT_1、VT_3 关断，VT_2、VT_4 开通，电感经 VD_2、VD_4 续流，VT_2、VT_4 实际无电流，电流方向为 B－VD_2－C_d－VD_4－A，电流为正，电压为负，在 $u_{AB}=-U_d$ 的作用下，电感电流逐渐减小。

4）$\theta_2\sim2\pi$ 时段

VT_1、VT_3 关断，VT_2、VT_4 开通，在 $u_{AB}=-U_d$ 的作用下，电感电流继续减小，VD_2、VD_4 电流过零关断，VT_2、VT_4 有电流流过，电流方向为 VT_2－B－A－VT_4，电压和电流同相。

稳态时电路的工作状态就是这四个过程的不断重复。

3.2.2 相关参数分析

1．输出电压分析

逆变器的输出电压为一个周期性变化的交变方波，如图 3-3（d）所示，将此波形按照傅里叶级数展开分析，可得到逆变电路的输出电压表达式为

$$u_{AB}=\sum_n\frac{4U_d}{n\pi}\sin n\omega t\quad n=1,3,5,\cdots \tag{3-1}$$

式中，$\omega=2\pi f$；f 为器件开关频率（$1/T$），也即输出电压的基波频率。

从傅里叶级数可以看出，输出电压只含有奇数次谐波分量，其中基波分量幅值为

$$U_{AB1m}=\frac{4U_d}{\pi}=1.27U_d \tag{3-2}$$

则基波电压有效值为

$$U_{AB1rms}=\frac{U_{AB1m}}{\sqrt{2}}=0.9U_d \tag{3-3}$$

直流电压利用率为

$$A_V=\frac{U_{AB1rms}}{U_d}=0.9 \tag{3-4}$$

直流电压利用率为逆变器输出电压基波分量有效值与直流侧电压的比值。

谐波失真度为

$$\mathrm{THD}=\frac{1}{U_{AB1m}}\sqrt{\sum_{n=2}^{\infty}U_{ABnm}^2}=\sqrt{\sum_{n=2}^{\infty}C_n^2} \tag{3-5}$$

式中，$C_n=\dfrac{1}{n}$ 为各次谐波相对于基波幅值的标幺值，偶次谐波的系数为零。

单相方波逆变电路 17 次以下的谐波分布如表 3-1 所示，按照式（3-5）所计算出来的

方波逆变电路的谐波失真度约 45.2%，这一谐波水平在很多场合往往不能满足交流负载的要求，有些情况下过大的谐波对负载会造成较大损害。

表 3-1 单相桥式电压源型逆变电路低次谐波含量

n	3	5	7	9	11	13	15	17
C_n	0.333	0.200	0.143	0.111	0.091	0.077	0.063	0.059

2. 负载电流分析

在电路稳态工作时，参照图 3-2 和图 3-3，在 0～π 时间段内，VT1、VT3 所在桥臂开通，负载电流 i_o 满足

$$U_d = i_o R + L\frac{di_o}{dt} \tag{3-6}$$

R、L 一阶电路过渡过程的三要素法公式为

$$i(t) = i(\infty) + [i(0^+) - i(\infty)]e^{-\frac{t}{\tau}} \tag{3-7}$$

可得到负载电流 i_o 的变化式为

$$i_o(t) = \frac{U_d}{R} - \left(I_{om} + \frac{U_d}{R}\right)e^{-\frac{t}{\tau}} \tag{3-8}$$

式中，$\tau = \frac{L}{R}$ 为电路时间常数。

同理，在 π～2π 时段，有

$$i_o(t) = -\frac{U_d}{R} + \left(I_{om} + \frac{U_d}{R}\right)e^{-\frac{t}{\tau}} \tag{3-9}$$

从上面分析可以看出，由于输入电压的平均值为零，输出电流的平均值也为零，因此，图 3-3 所示的负载电流波形的正负峰值必然相等，其电流峰值为

$$I_{om} = \frac{1 - e^{-\frac{T}{2\tau}}}{1 + e^{-\frac{T}{2\tau}}} \times \frac{U_d}{R} \tag{3-10}$$

3. 方波逆变电路的特点

由前面的分析可以看出，方波逆变电路具有以下特点。

（1）输出电压波形为交变方波，正负各占半个周期，与负载性质无关，开关器件驱动波形频率决定输出电压频率，输出电压波形和幅值都不可调节。

（2）输出电压谐波含量丰富，除基波外还包含奇次谐波，如用于驱动异步电动机，会造成定子谐波电流铁损明显增加和较大幅度的转矩脉动。

（3）直流电压利用率较高。

4. 方波逆变电路的输出电压控制

单相方波逆变电路在输入直流电压恒定的情况下，输出电压的形状和幅值都是不可调节的，仅有频率值可以改变。但在很多实际应用场合中，逆变输出电压波形幅值和频率都需要调节，单相方波逆变器输出电压调节一般采用调节直流输入电压，这种方式实际为两

级变换的逆变电路结构，如图 3-4 所示，其中输入级的 DC-DC 变换电路也可由相控整流电路代替。

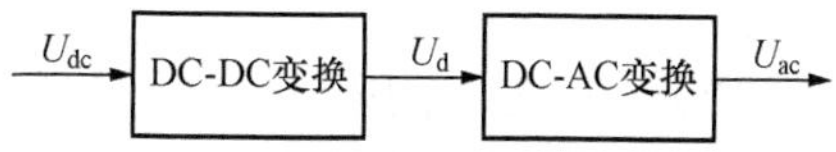

图 3-4　两级变换调压逆变电路

前级电路的作用是调节逆变电路的直流输入电压，从而改变输出交流电压。后级逆变电路控制逆变输出电压频率。这种电路的优点是可以实现分级调压、调频，控制比较方便，缺点是电路结构复杂，效率较低。

3.3　移相控制单相方波逆变

移相控制单相方波逆变电路的原理图同单相桥式方波逆变电路的一样（见图 3-2），同样驱动感性负载，电感电流连续工作状态下工作过程波形如图 3-5 所示。

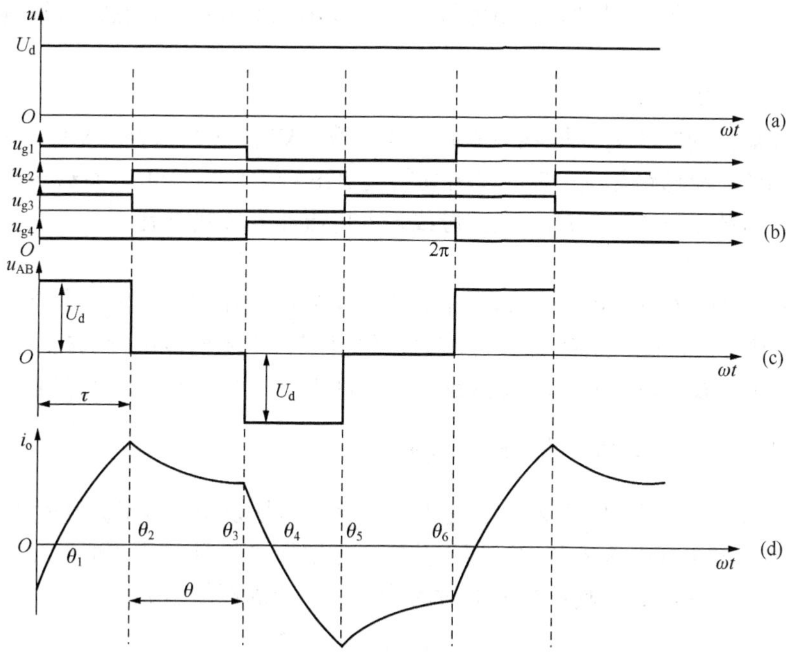

图 3-5　移相调压逆变电路的工作过程波形

与前述单相方波逆变电路不同，移相控制单相方波逆变电路的控制规律为 VT_1、VT_4 驱动信号 u_{g1}、u_{g4} 互补输出，VT_2、VT_3 驱动信号 u_{g2}、u_{g3} 也是互补输出，两组信号错开一个相位角 τ，相位角 τ 变化范围在 0～π 之间，逆变器输出电压波形的宽度可以变化，从而调节了输出电压和基波分量的有效值，当 $\tau=180°$ 时即为方波逆变。

1. 电路稳态工作过程分析

1）0～θ_1 时间段

VT_1、VT_3 开通，VT_2、VT_4 关断，感性负载电流波形滞后于电压波形，此时 $u_{AB}=U_d$，负载电流为负，VD_1、VD_3 续流导通，VT_1、VT_3 无电流流过，电感储能向直流母线反馈，负载电流按照指数规律增长，直到 θ_1 时刻电流过零，此阶段直流母线的输入电流即为负载电流。

2）θ_1～θ_2时间段

此时开关器件驱动电压与 0～θ_1 时间段一致，VT_1、VT_3 开通，VT_2、VT_4 关断，负载电流为正，流经通路由 VD_1、VD_3 转换到 VT_1、VT_3，负载电流按照指数规律继续增长，负载电压 $U_{AB}=U_d$，直流母线的输入电流即为负载电流。

3）θ_2～θ_3时间段

VT_1、VT_2 开通，VT_3、VT_4 关断，电感电流续流，负载电流由 VT_3 换流到 VD_2，VT_1 继续导通，此时负载被 VT_1、VD_2“短路”，电感储能维持负载电流，由于没有外部电压的激励，i_o 以较缓的速率按指数规律减小，负载电压 $U_{AB}=0$，直流母线的输入电流为零。

4）θ_3～θ_4时间段

VT_1、VT_3 关断，VT_2、VT_4 开通，由于电感的续流作用，负载电流由 VT_1 管换流到 VD_4，VD_2 继续导通，电感储能向直流母线反馈，在输入电压的作用下，负载电流以较大的速率按指数规律减小，直到 θ_4 时刻负载电流过零，负载电压 $U_{AB}=-U_d$，直流母线输入电流即为负载电流。

5）θ_4～θ_5时间段

此时开关器件的驱动电压与 θ_3～θ_4 时间段一致，VT_1、VT_3 关断，VT_2、VT_4 导通，负载电流极性为负，流通路径由 VD_2、VD_4 切换到 IGBT 管 VT_2、VT_4，负载电流按照指数规律继续减小，负载电压 $U_{AB}=-U_d$，直流母线输入电流即为负载电流。

6）θ_5～θ_6时间段

此时 VT_1、VT_2 关断，VT_3、VT_4 开通，由于电感的续流作用，负载电流由 VT_2 切换到 VD_3，VT_4 继续导通，此时负载被 VT_4、VD_3“短路”，电感储能维持负载电流，由于没有外部电压的激励，i_o 以较缓的速率按指数增长，负载电压 $U_{AB}=0$，直流母线输入电流为 0。

2. 方波移相调压逆变电路的输出电压分析

从上面的分析可以看出，移相全桥逆变电路输出电压以正、负半波互差 180°的位置为中心伸缩脉冲宽度进行电压调节。为便于分析，按照图 3-6 所示设置时间坐标原点，这一输出电压是时间的偶函数，具备半波成对的特征，半个周期的函数为

$$u_{AB}=\begin{cases}U_d & 0<\omega t<\dfrac{\tau}{2}\\[2mm] 0 & \dfrac{\tau}{2}<\omega t<\dfrac{\pi}{2}\end{cases} \tag{3-11}$$

此输出电压按照傅里叶级数展开，有

$$u_{AB}=\sum_n \frac{4U_d}{n\pi}\sin\frac{n\tau}{2}\cos n\omega t \quad n=1,3,5,\cdots \tag{3-12}$$

各次谐波幅值为

$$U_{ABnm}=\frac{4U_d}{n\pi}\sin\frac{n\tau}{2} \quad n=1,3,5,\cdots \tag{3-13}$$

以 $\tau=\pi$、$n=1$ 时的 U_{AB1m} 为基准，各次谐波的相对幅值为

$$C_n=\frac{U_{ABnm}}{U_{AB1m}}=\frac{U_{ABnm}}{4U_d/\pi}=\frac{1}{n}\sin\frac{n\tau}{2} \quad n=1,3,5,\cdots \tag{3-14}$$

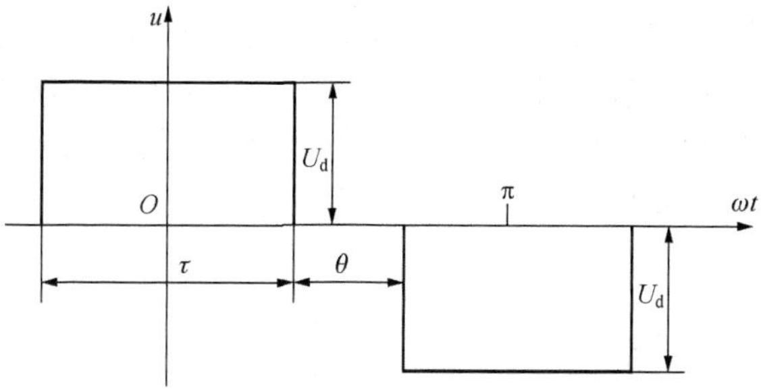

图 3-6　移相调压逆变电路输出电压波形

各个低次谐波随输出电压脉冲宽度 τ 变化的曲线如图 3-7 所示，方波移相调压通过控制脉冲错相实现输出电压的调节，输出电压中谐波含量仍然比较高，各次谐波含量随输出电压的脉冲宽度而变化。

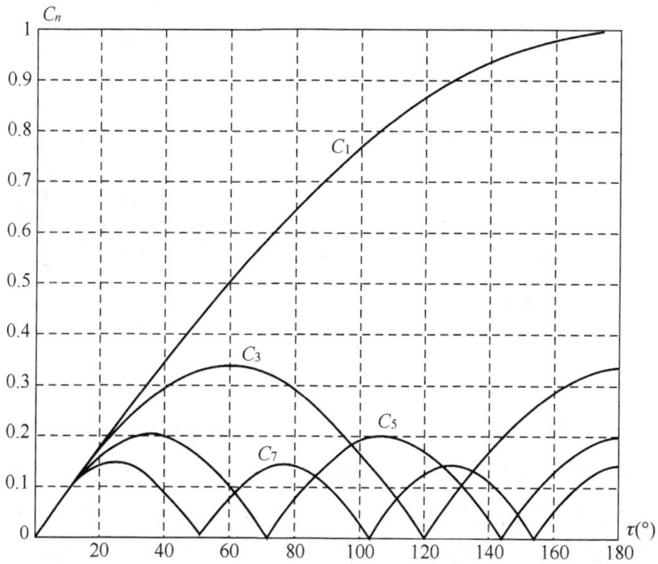

图 3-7　方波移相调压逆变电路输出低次谐波分量随输出电压脉冲宽度 τ 变化曲线

3.4　单相 SPWM 逆变

前面介绍的单相方波逆变和移相调压逆变可以实现调频、调压输出，但谐波含量比较高。单相逆变电路中常用 SPWM 调制法、电流跟踪法（Δ 调制法）、特定谐波消除法等多种方法来抑制输出电压波形中的低次谐波含量，提高谐波频率，以便于采用低通滤波器来消除输出谐波。

1. 正弦脉宽调制（SPWM）技术的理论基础

采样控制理论中有一个重要结论：形状不同但面积相等的窄脉冲加在惯性环节上，得到的输出效果基本相同，此为面积等效原理。如图 3-8 所示，分别是矩形、三角形、正弦半波窄脉冲和理想单位脉冲函数为波形的电压源 $u(t)$施加于 R、L 负载上的情况，当负载时间常数远大于激励脉冲持续时间时，响应 $i(t)$基本一致，只是在体现高频分量的上升段有所不同，体现低频成分的下降段几乎相同。当激励脉冲越窄（或负载惯性常数与脉冲持续时间相差越大），则响应的高频段所占比例愈小，整个响应愈接近。如果周期性施加上述脉冲，响应 $i(t)$也是周期性的，各 $i(t)$的低频特性将非常接近。

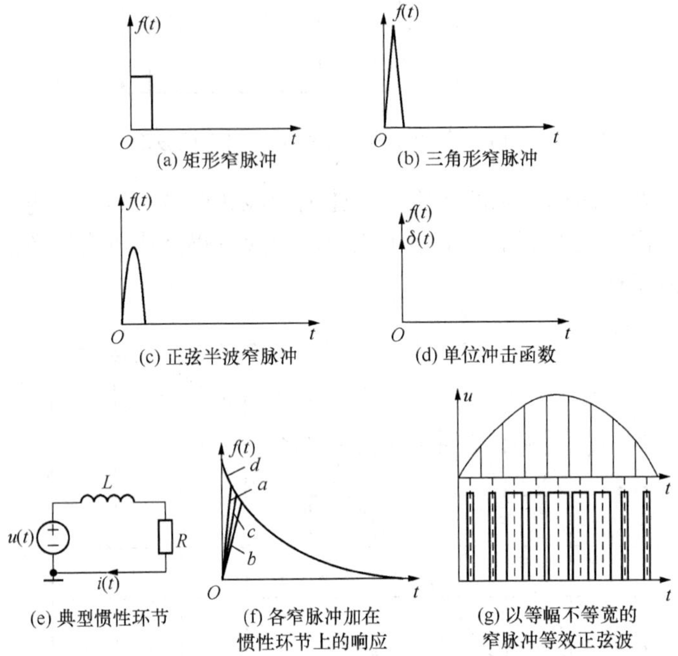

图 3-8 面积等效原理示意图

对于一个正弦波，如果分成 N 等分，可以把正弦波看成由 N 个彼此相连的脉冲序列所组成的波形，利用等幅不等宽但面积相等的矩形脉冲代替这 N 等分正弦波，使矩形脉冲中点与相应正弦波中点部分重合，就形成了一系列脉宽随正弦波瞬时值变动的脉冲序列——正弦脉宽调制波，即 SPWM 波，如图 3-8（g）所示。利用开关功率变换器输出高频 SPWM 波经低通滤波后施加于负载，就能够在负载产生需要的低频正弦响应，这就是 SPWM 逆变技术的基本原理。

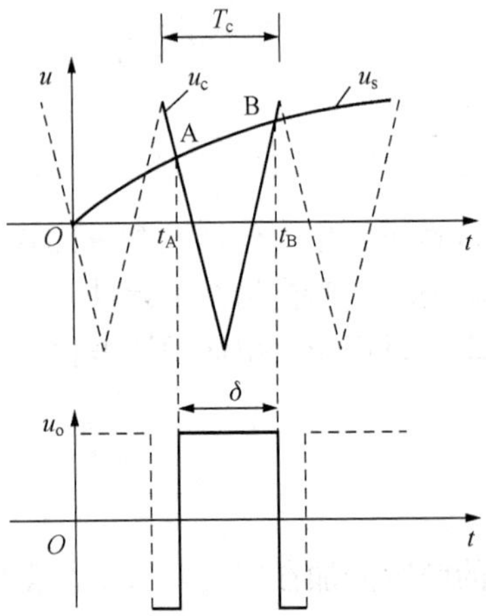

图 3-9 自然采样法生成 SPWM 波

2. 自然采样法——产生 SPWM 波的基本方法

将三角波（或锯齿波）与正弦波比较，产生 SPWM 脉冲序列的方法称为自然采样法。这里的三角波（或锯齿波）被称为载波，正弦波被称为调制波。正弦波在不同相位角时其值不同，与三角波相交所得脉冲宽度也不同，当正弦波频率和幅值变化时，脉冲个数以及各个脉冲宽度也发生相应的变化。自然采样法过程如图 3-9 所示，u_c 为三角载波，周期为 T_c，u_s 为正弦调制波，周期为 T_s，将正弦波与三角波施加于比较器的两个输入端，当 $u_s>u_c$ 时，输出$+U_o$（或$-U_o$）；当 $u_s<u_c$ 时，输出$-U_o$（或$+U_o$），其输出即为 SPWM 波。一般来讲，调制波的周期 T_s 要远大于载波的周期 T_c，调制波的幅值 u_{sm}

应不大于载波幅值 u_{cm}。

利用模拟电路可以方便地实现这个功能，因此这种方法在模拟控制方式中比较常见。

自然采样法过程简单易懂，但在数字控制系统中，这种方法存在计算量大，实时性差，波形准确度差的缺点，因此数字控制系统一般采用改良的规则采样法。

3. 规则采样法——数字控制系统常用的方法

规则采样法是将输出脉冲中点和三角波中点重合，使每个脉冲关于三角波峰值左右对称，这样改进后可以大大减少了计算工作量。

1）规则采样法的原理

以载波周期谷点时刻对应的调制波瞬时值为整个载波周期内调制波的幅值，这样调制波与载波比较得到 SPWM 信号的方法称为规则采样法，如图 3-10 所示。规则采样法的过程：u_c 为三角载波，周期为 T_c；u_s 为正弦调制波，周期为 T_s。载波周期谷点时刻（t_o）对应的调制波瞬时值 $u_s(t_o)$为整个载波周期内调制波的幅值，当 $u_s(t_o)>u_c$ 时，输出+U_o（或-U_o）；当 $u_s(t_o)< u_c$ 时，输出-U_o（或+U_o），以此形成 SPWM 波。

2）规则采样法的特点

规则采样法的等效示意如图 3-11 所示。相当于以载波周期谷点时刻对应的调制波瞬时值作为基准的阶梯波代替正弦调制波来产生 SPWM 波。在数字控制系统中，SPWM 信号由计算机产生，采用逻辑电平“1”或“0”来表示 PWM 输出信号的两种状态，采用这种方法计算工作量大为减少。

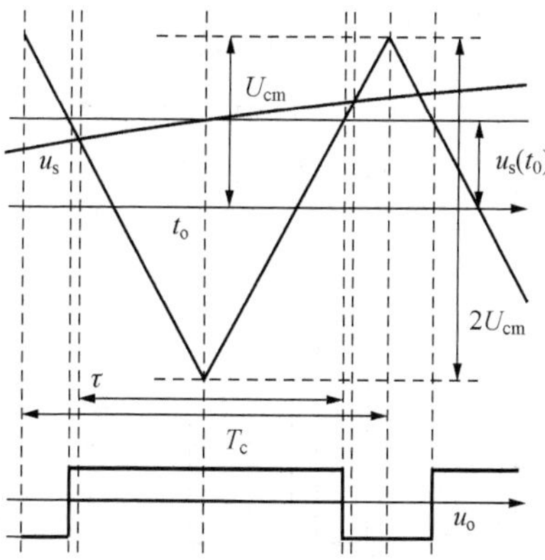

图 3-10　规则采样法生成 SPWM 波示意

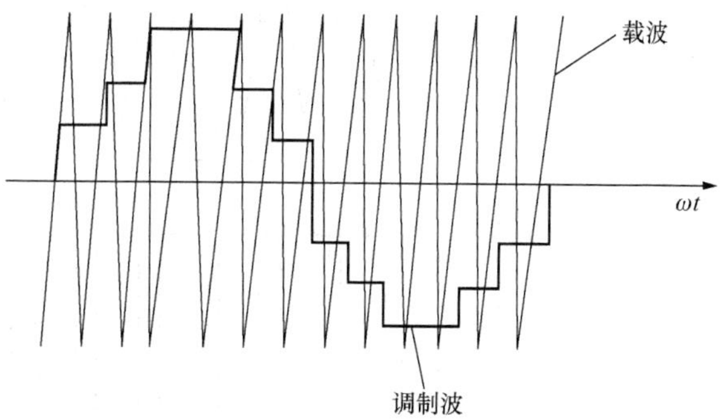

图 3-11　规则采样法的等效示意图

在前面介绍的调制过程中，输出 SPWM 波与载波和调制波之间关系密切，存在以下定义。

幅度调制比为

$$m_a = \frac{U_{sm}}{U_{cm}} \tag{3-15}$$

载波比（频率调制比）为

$$m_f = \frac{f_c}{f_s} = \frac{T_s}{T_c} \tag{3-16}$$

式中，T_s 为调制波周期（频率为 f_s）；T_c 为载波周期（频率为 f_c）；U_{sm} 为调制波幅值；U_{cm} 为载波幅值。

无论是自然采样法还是规则采样法，实际应用中一般固定三角载波的频率和幅值，通过调节正弦调制波的频率和幅值来调节逆变输出的正弦基波频率与幅值。

4. 双极性控制 SPWM 逆变的原理与分析

1）双极性 SPWM 控制逆变的工作原理

单相桥式双极性 SPWM 控制逆变的电路结构与图 3-2 相同，其电路控制规则如下。

将调制波 u_s 与三角波 u_c 进行比较，输出一列 SPWM 波，用来控制桥式逆变器的两组开关，其中 VT_1、VT_3 和 VT_2、VT_4 分别成组并互补工作。

图 3-12 示出了 m_a=0.8、m_f=15 状态下双极性 SPWM 控制逆变输出电压的波形和频谱，其具体控制采用以下规则。

当 $u_s>u_c$ 时，VT_1、VT_3 开通，VT_2、VT_4 关断，此时 VT_1、VT_3 所在的桥臂导通，输出电压 $u_{AB}=+U_d$。

当 $u_s<u_c$ 时，VT_2、VT_4 开通，VT_1、VT_3 关断，此时 VT_2、VT_4 所在的桥臂导通，输出电压 $u_{AB}=-U_d$。

双极性 SPWM 控制模式下每个调制周期内的工作分析与方波逆变电路相同，从图中可以看出，每个调制周期内输出电压出现正负两种极性的电平，因此称为双极性 SPWM 控制。VT_1、VT_3 和 VT_2、VT_4 两组开关的控制规则也可以互换，但输出基波的相位也随之变化。

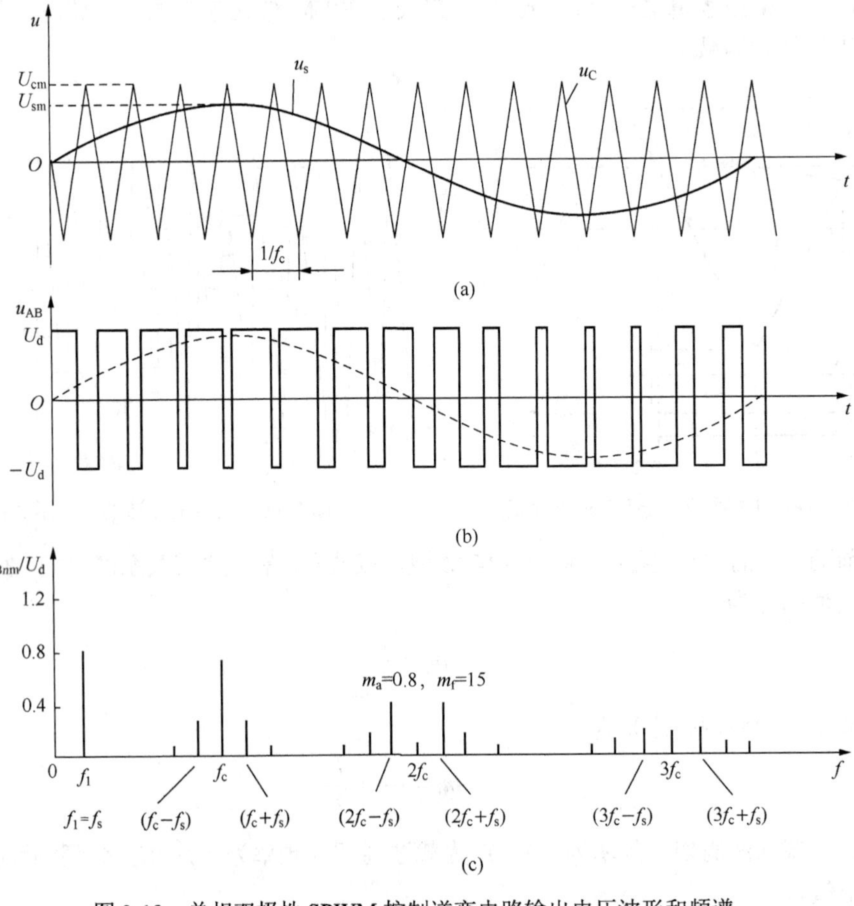

图 3-12 单相双极性 SPWM 控制逆变电路输出电压波形和频谱

2）输出特性分析

由图 3-12（c）的频谱图可以看出，双极性 SPWM 控制逆变的输出波形中，主要成分是与调制波频率相同的基波，以及载波频率整数倍附近的谐波，输出基波电压幅度与幅度调制比 m_a 相关。

实际上，当 $m_f \gg 1$ 时，由于三角载波频率远高于正弦调制波，则在一个开关周期内正弦调制波的电压变化很小，可以视为恒定。

假定第 k 个开关周期内调制波的瞬时值为 $u_s(k)$，参照图 3-12，该周期内输出电压平均值 $u_{ABav}(k)$ 有如下关系：

$$u_{ABav}(k)=\frac{u_s(k)}{U_{cm}}U_d \tag{3-17}$$

当三角载波频率足够高时，开关周期足够短，上式中 $u_s(k)$ 可以近似以 $u_s(t)$ 代替，有

$$u_{ABav}(t)=\frac{u_s(t)}{U_{cm}}U_d=\frac{U_{sm}}{U_{cm}}U_d\sin\omega t=m_aU_d\sin\omega t \tag{3-18}$$

可以看出，输出电压开关周期中的平均值 $u_{ABav}(t)$ 以正弦规律变化，与调制波同频同相，这个平均电压就是输出电压的基波分量。

由于输出电压每个开关周期内都进行了一次从正到负和从负到正的变化，逆变输出的谐波电压都聚集在以载波频率整数倍为中心的周围，形成边带。

分析与测试表明，当 $m_f \gg 1$ 时，双极性 SPWM 控制逆变电路的输出有以下关系：

（1）输出基波电压幅值与输入直流母线电压、幅度调制比的关系为

$$U_{AB1m}=m_aU_d\Big|_{m_a\leqslant 1} \tag{3-19}$$

由式（3-19）可看出，在幅度调制比 m_a 不超过 1 时，双极性 SPWM 的输出电压基波幅值与 m_a 和直流母线电压 U_d 成正比。

（2）输出基波直流电压利用率为

$$A_V=\frac{U_{AB1rms}}{U_d}=0.707m_a \tag{3-20}$$

5. 单极性倍频控制 SPWM 逆变的原理与分析（倍频控制的 SPWM 方法）

1）单极性倍频控制 SPWM 逆变的工作原理

单相单极性控制 SPWM 逆变电路结构与图 3-2（方波控制逆变电路结构）一样，其具体控制规则如下。

将调制波 u_s 与三角波 u_c 进行比较，输出一列 SPWM 波作为控制信号，用来互补控制桥式逆变器的 VT_1、VT_4；将调制波 $-u_s$ 与三角载波 u_c 进行比较，输出另一列 SPWM 波，用来互补控制桥式逆变器的 VT_2、VT_3。

图 3-13 示出了 m_a=0.8、m_f=15 状态下单极性 SPWM 控制逆变电路输出电压波形和频谱，其具体控制采用以下规则：

当 $u_s>u_c$ 时，VT_1 开通，VT_4 关断；当 $u_s<u_c$ 时，VT_4 开通，VT_1 关断。

当 $-u_s>u_c$ 时，VT_2 开通，VT_3 关断；当 $-u_s<u_c$ 时，VT_3 开通，VT_2 关断。

典型工作过程分析如下。

（1）t_1～t_2 时间段：由于 $u_s<u_c$，VT_4 所在桥臂导通，VT_1 所在桥臂关断；由于 $-u_s<u_c$，VT_3 所在桥臂导通，VT_2 所在桥臂关断，因此，输出电压 u_{AB}=0。

（2）t_3～t_4时间段：由于$u_s>u_c$，VT_1所在桥臂导通，VT_4所在桥臂关断；由于$-u_s<u_c$，VT_3所在桥臂导通，VT_2所在桥臂关断，因此，输出电压$u_{AB}=U_d$。

（3）t_5～t_6时间段：由于$u_s>u_c$，VT_1所在桥臂导通，VT_4所在桥臂关断；由于$-u_s>u_c$，VT_2所在桥臂导通，VT_3所在桥臂关断，因此，输出电压$u_{AB}=0$。

（4）t_7～t_8时间段：由于$-u_s>u_c$，VT_2所在桥臂导通，VT_3所在桥臂关断；由于$u_s<u_c$，VT_4所在桥臂导通，VT_1所在桥臂关断，因此，输出电压$u_{AB}=-U_d$。

从图3-13中可以看出，这种控制方式下，前半周中输出电压是$+U_d$或0，不出现负的电压；在后半周中输出电压是$-U_d$或0，不出现正的电压，因此这种控制方法称为单极性SPWM控制。

从频谱分析结果可以看出，输出波形中除与调制波相同频率的基波幅值较大外，其余的谐波含量主要为与三角载波频率相关的高次谐波，最低为三角载波频率的2倍左右（所以又称为倍频控制），由于最低次谐波频率较高，与基波频率相距较远，因此比较容易滤除谐波而得到与调制波频率相同的基波。

以上电路运行中，VT_1、VT_4和VT_2、VT_3的信号控制规则也可以互换，只是输出基波的相位也随之变化。

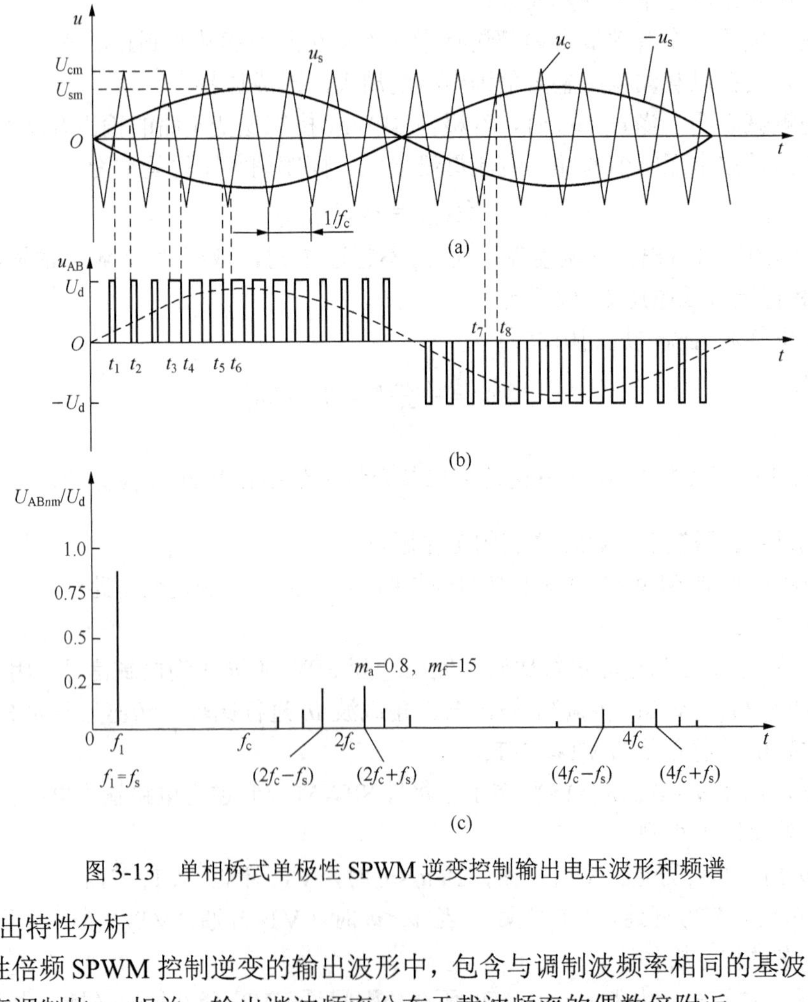

图3-13 单相桥式单极性SPWM逆变控制输出电压波形和频谱

2）输出特性分析

单极性倍频SPWM控制逆变的输出波形中，包含与调制波频率相同的基波，输出基波电压与幅度调制比m_a相关，输出谐波频率分布于载波频率的偶数倍附近。

与双极性控制类似，当$m_f\gg 1$时，单极性SPWM控制逆变电路输出有以下关系：

（1）输出基波电压幅值与输入直流母线电压、幅度调制比的关系为

$$U_{AB1m} = m_a U_d \Big|_{m_a \leqslant 1} \tag{3-21}$$

（2）输出基波直流电压利用率为

$$A_V = \frac{U_{AB1rms}}{U_d} = 0.707 m_a \tag{3-22}$$

从上面的分析可以看出，单极性倍频控制 SPWM 逆变的基波输出特性与双极性控制完全一致，区别在于谐波，单极性倍频控制模式把最低次谐波频率提升到载波频率的 2 倍附近，对输出滤波更有利。

6. 桥式 SPWM 控制逆变电路的特点

1）与方波逆变相比，谐波含量降低，谐波频率较高，但直流电压利用率较低。

2）输出谐波分布与开关频率（载波频率）相关，提高开关频率可以提高输出谐波频率，但开关损耗也相应增大。

3）桥臂互补工作的可靠性问题要求加入“死区时间”，即同一桥臂的上、下两个开关管中的开通信号需要延迟适当时间到来，保证另一个管子可靠关断之后才开始导通，这样虽然保证了电路的可靠工作，但是降低了直流电压利用率并引入理论上没有的低次谐波（3，5，7，…）等不良影响。

7. SPWM 调制的相关技术

1）调制方式

根据载波和调制波是否同步及载波比的变化情况，SPWM 调制方式可分为三种：异步调制方式、同步调制方式、分段同步调制方式。

（1）异步调制方式：载波和调制波不保持同步关系，通常保持载波频率不变，而调制波频率可变，因此载波比（频率调制比）可变。在调制波半个周期内，脉冲个数、脉冲相位也不固定，正负半周内脉冲不对称，半周期内前后 1/4 周期的脉冲也不对称。

（2）同步调制方式：载波比（频率调制比）等于常数，在变频调节时载波和调制波相位上保持同步。在调制波半个周期内，脉冲个数、脉冲相位固定，正负半周内脉冲对称，半周内前后 1/4 周期的脉冲也对称。

（3）分段同步调制方式：把逆变电路输出频率分为多个频段，在每个频段内分别采用同步调制，各频段采用不同载波比（频率调制比）。这样可以克服同步调制低频段载波频率降低的弊端。不同调制方法的频率关系如图 3-14 所示，其中 f_o 为输出基波频率（与调制波频率 f_s 一致）。

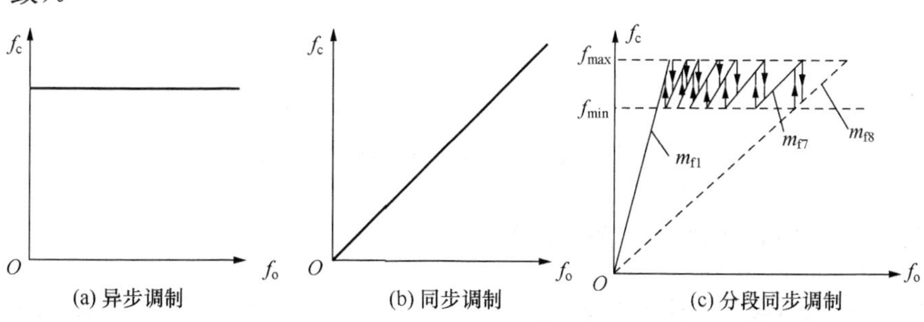

图 3-14　不同调制方法的频率关系

2）提高直流电压利用率的方法

前面曾提到 SPWM 控制逆变的直流电压利用率较低，采用过幅度调制（即 $m_a>1$）可以提高直流电压利用率。具体做法是：当 $u_{sm}>u_{cm}$ 时，对于 $u_{sm}>u_{cm}$ 部分相应输出 $\pm U_d$（相当于用削顶调制波与载波相比较），此时电路谐波增加，但直流电压的利用率却得到提高，也可以利用梯形波代替正弦调制波来取得类似的效果。

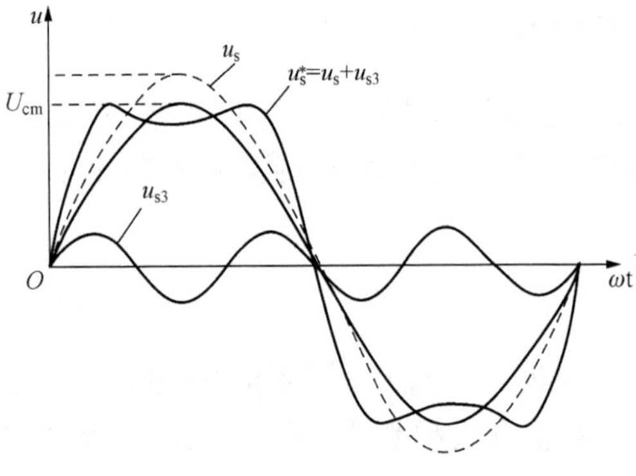

图 3-15 马鞍波示意图

在三相逆变电路对称负载状态下，一种行之有效的办法是在正弦调制波中同步叠加三次谐波，形成马鞍波作为调制波，如图 3-15 所示，其效果也同样提高直流电压的利用率，但仅增加三次谐波，鉴于三相对称电路不产生三次谐波电流的特点，这种方法不会对负载产生三次谐波的影响。

3.5 电流跟踪控制单相逆变

电流跟踪控制的基本思想是直接以负载电流为控制对象，通过调节负载电流与参考正弦信号之间的偏差使负载电流波形逼近正弦。

1. 电流跟踪 PWM 波的生成原理

利用一个参考正弦波 i_s 和一个信号偏差阈值 $\varDelta$，将输出电流反馈信号 i_o 与参考正弦波 i_s 比较。

（1）当满足 $i_o \geqslant i_s + \varDelta$（即 $i_s-i_o<-\varDelta$）时，输出信号 $-U$（或 $+U$），此信号控制 i_o 减小。

（2）当满足 $i_o \leqslant i_s - \varDelta$（即 $i_s-i_o>+\varDelta$）时，输出信号 $+U$（或 $-U$），此信号控制 i_o 增大。

以此产生 PWM 波加在负载上，结果使输出电流基波强制跟随 i_s 变化，偏差为 $\pm\varDelta$。其 PWM 波产生过程的原理可以用图 3-16 表示。

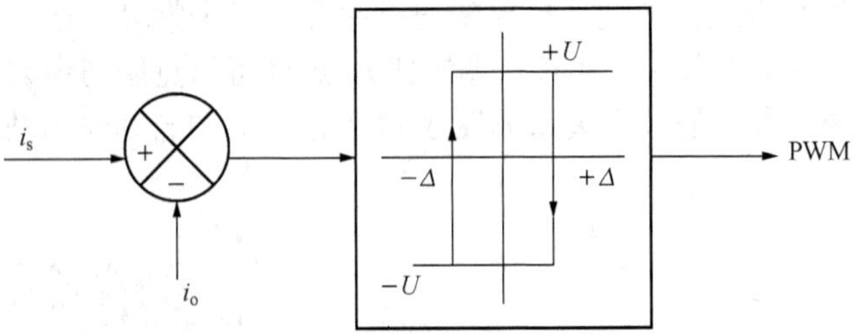

图 3-16 电流跟踪 PWM 波的产生原理

2. 电流跟踪 PWM 的双极性控制应用

单相桥式电流跟踪 PWM 控制逆变的电路结构与图 3-2 相同，工作原理如下：

实时检测参考电流信号 i_s 与输出电流反馈信号 i_o 之间的误差，根据误差情况实时控制逆变桥路。图 3-17 示出了电流跟踪 PWM 双极性控制的工作波形，具体控制采用以下规则：

当输出电流 $i_o \geqslant i_s + \varDelta$ 时，PWM 输出控制 VT_1、VT_3 关断，VT_2、VT_4 开通，则逆变器输出电压为$-U_d$，此电压迫使 i_o 减小。

当输出电流 $i_o \leqslant i_s - \varDelta$ 时，PWM 输出控制 VT_2、VT_4 关断，VT_1、VT_3 开通，则逆变器输出电压为$+U_d$，此电压迫使 i_o 增大。

通过改变参考波 i_s 的频率和幅值，可以改变输出电流基波的频率和幅值。

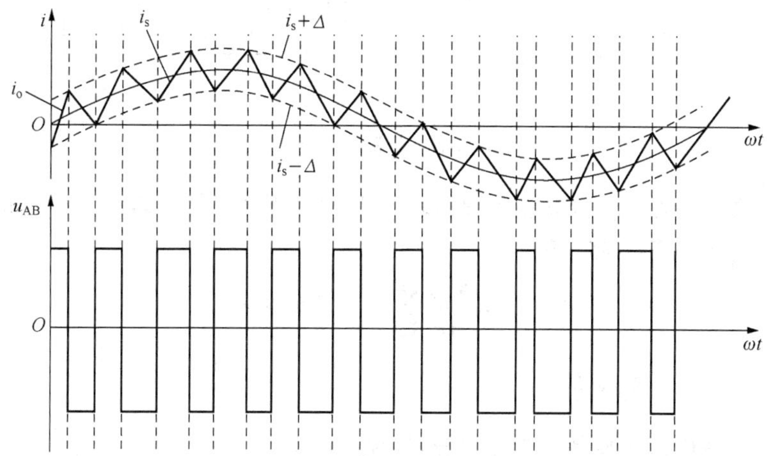

图 3-17　电流跟踪 PWM 控制逆变输出的电压和电流波形

3. 电流跟踪法的特点

（1）直接以输出电流为控制对象，系统响应速度快并无条件稳定。

（2）以电流为控制对象，容易防止变压器偏磁现象，避免磁路饱和。

（3）电路的开关频率与电流容差带的大小、电流变化速度有关，而电流变化速度又与输入电压 U_d 和负载状态相关，因此开关频率不固定，输出电压频谱可变。实际应用常采取一定恒频控制措施，通常引入定频时钟信号，仅当时钟信号来临时才改变逆变桥输出状态，由于篇幅有限，请读者参考相关资料。

3.6　特定谐波消除控制单相逆变*

特定谐波消除控制逆变的基本思想是通过控制输出电压脉冲列的电角度以消除逆变器输出电压中某些危害较大的谐波（一般是低次谐波），控制基波分量大小，从而使输出波形逼近正弦。

图 3-18 所示的单极性调制波，通过控制 θ_1，θ_2，θ_3，…，θ_M 的相对位置，就可以消除若干次的低次谐波。图中波形为奇函数，对称于 π/2，波形中只含有奇次谐波，有如下关系：

$$u_o = \sum_{n=1}^{\infty} B_n \sin n\omega t \tag{3-23}$$

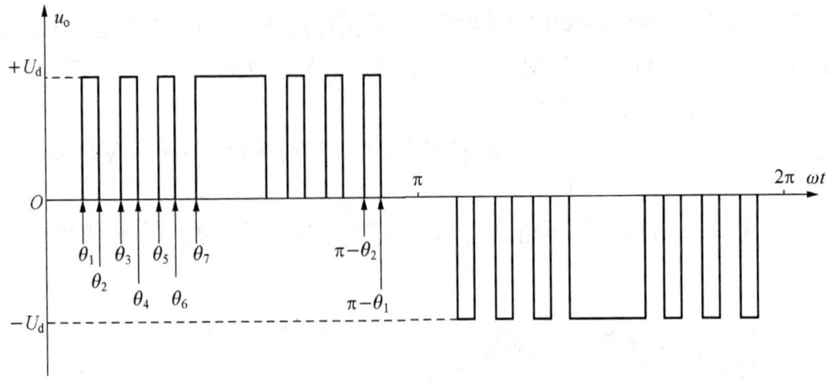

图 3-18　单极性调制波

假设波形幅度为 U_d，将方波在半波内斩切为 M 个脉冲，其斩切角分别为 $\theta_1, \theta_2, \theta_3, \cdots, \theta_M$，则对于奇数 n 和任意 M，有

$$B_n = \frac{4U_d}{n\pi}\sum_{k=1}^{M}(-1)^{k+1}\cos n\theta_k \tag{3-24}$$

其中，$0<\theta_1<\theta_2<\cdots<\theta_M<\frac{\pi}{2}$。

B_n 是 n 次谐波电压的峰值，对于任意的 M，只要令

$$U_{1m}(\theta) = \frac{4U_d}{\pi}\sum_{k=1}^{M}(-1)^{k+1}\cos\theta_k = B_1 \tag{3-25}$$

$$U_{im}(\theta) = \frac{4U_d}{i\pi}\sum_{k=1}^{M}(-1)^{k+1}\cos i\theta_k = B_i = 0 \tag{3-26}$$

式中，i 是要消除的谐波次数。只要给定基波幅值，i 可取 $M-1$ 个奇数，从而得出一组方程，它的解可消除 $M-1$ 个奇数次谐波。以此确定多个开关角 θ_1，θ_2，θ_3，…，θ_M，从而确定单极性控制的脉冲波形。

3.7　三相方波逆变

三相方波逆变电路常用三相桥式电路结构，如图 3-19 所示，这里采用的开关器件为 IGBT。在图 3-19 中，直流侧实际上只要一个电容就可以了，画成两个电容串联是为了引出直流电源中点 O′，设 O′电位为零。

1. 控制规则

每个主开关管的控制脉冲宽度为 πrad，同一桥臂上、下两个开关管互补工作。相邻桥臂之间的脉冲相序互差 2π/3rad，即相邻序号主开关管之间的脉冲相序相差 π/3rad，如图 3-21（b）所示。

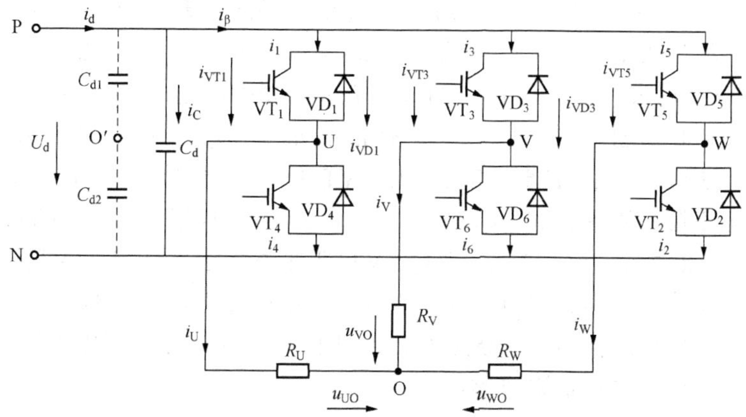

图 3-19　三相方波逆变电路结构

2. 三相逆变电路纯电阻负载状态波形分析

1）电路稳态工作分析条件设定

电路中 $R_U=R_V=R_W=R$ 为三相对称负载；设定中心点 O 为输出的相电压参考点；功率器件具有理想开关特性，忽略开关时延、忽略导通电阻和断态漏电流；输入电源为理想电压源，忽略电源内阻；忽略电路寄生参数影响。

2）主电路拓扑结构形态变换

三相逆变电路带纯电阻负载时，在控制脉冲作用下，主电路拓扑结构形态变换如图 3-20 所示。

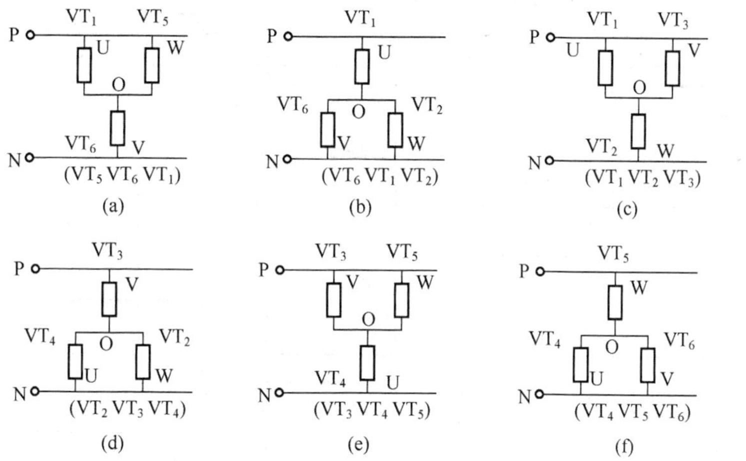

图 3-20　三相逆变电路带纯电阻性负载时主电路拓扑结构形态变换示意图

3）稳态工作波形分析

电路控制波形如图 3-21（b）所示，下面按区间分段来分析输出波形。

（1）0～π/3 时段：此时 VT_1、VT_5、VT_6 所在桥臂开通，VT_2、VT_3、VT_4 所在桥臂关断，输出电路拓扑如图 3-20（a）所示，有 $u_{UO}=u_{WO}=+U_d/3$，$u_{VO}=-2U_d/3$。

（2）π/3～2π/3 时段：此时 VT_1、VT_2、VT_6 所在桥臂导通，VT_3、VT_4、VT_5 所在桥臂关断，输出电路拓扑如图 3-20（b）所示，有 $u_{VO}=u_{WO}=-U_d/3$，$u_{UO}=+2U_d/3$。

（3）2π/3～π 时段：此时 VT_1、VT_2、VT_3 所在桥臂导通，VT_4、VT_5、VT_6 所在桥臂关断，输出电路拓扑如图 3-20（c）所示，有 $u_{UO}=u_{VO}=+U_d/3$，$u_{WO}=-2U_d/3$。

（4）π～4π/3 时段：此时 VT_2、VT_3、VT_4 所在桥臂导通，VT_1、VT_5、VT_6 所在桥臂关断，输出电路拓扑如图 3-20（d）所示，有 $u_{UO}=u_{WO}=-U_d/3$，$u_{VO}=+2U_d/3$。

（5）4π/3～5π/3 时段：此时 VT_3、VT_4、VT_5 所在桥臂导通，VT_1、VT_2、VT_6 所在桥臂关断，输出电路拓扑如图 3-20（e）所示，有 $u_{VO}=u_{WO}=+U_d/3$，$u_{UO}=-2U_d/3$。

（6）5π/3～2π 时段：此时 VT_4、VT_5、VT_6 所在桥臂导通，VT_1、VT_2、VT_3 所在桥臂关断，输出电路拓扑如图 3-20（f）所示，有 $u_{UO}=u_{VO}=-U_d/3$，$u_{WO}=+2U_d/3$。

由此得到一个周期的输出电压波形如图 3-21 所示，由于是纯电阻负载，电流波形与电压波形相似，图中虚线表示基波波形。

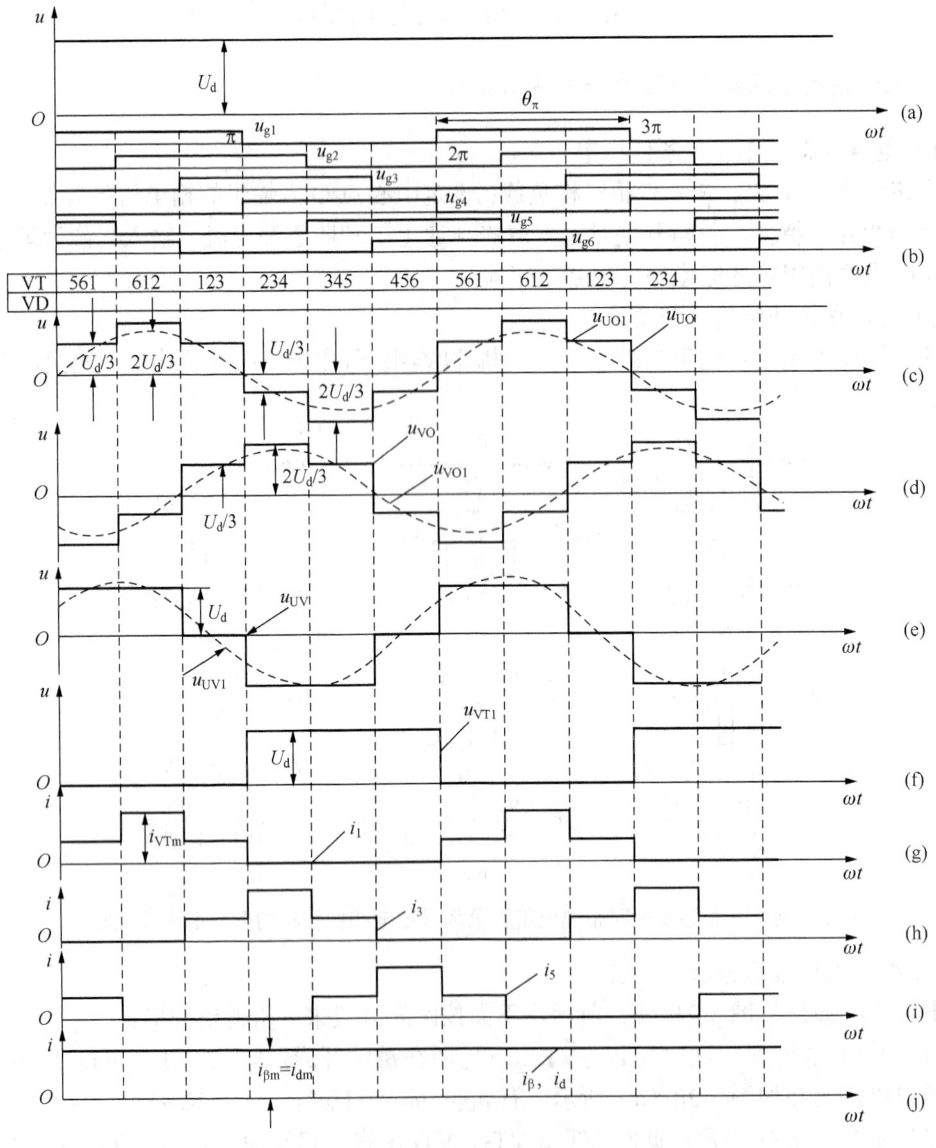

图 3-21　三相方波逆变电路工作过程分析波形

4）输出相电压分析

输出相电压为六拍阶梯波（四电平波形），呈半波对称奇函数特性，按傅里叶级数展开，有

$$u_{UO}=\frac{2U_d}{\pi}\left(\sin\omega t+\frac{1}{5}\sin 5\omega t+\frac{1}{7}\sin 7\omega t+\cdots\right) \tag{3-27}$$

相电压基波幅值为

$$U_{UO1m}=\frac{2U_d}{\pi}=0.637U_d \tag{3-28}$$

相电压基波有效值为

$$U_{UO1rms}=\frac{U_{UO1m}}{\sqrt{2}}=0.45U_d \tag{3-29}$$

相电压有效值为

$$U_{UOrms}=\sqrt{\frac{1}{2\pi}\int_0^{2\pi}u_{UO}^2\mathrm{d}\omega t}=\frac{\sqrt{2}}{3}U_d=0.471U_d \tag{3-30}$$

5）输出线电压分析

输出线电压为调宽方波（三电平波形），呈半波对称奇函数特性，按傅里叶级数展开，有

$$u_{UV}=\frac{2\sqrt{3}}{\pi}U_d\left[\sin\left(\omega t+\frac{\pi}{6}\right)-\frac{1}{5}\sin 5\left(\omega t+\frac{\pi}{6}\right)-\frac{1}{7}\sin 7\left(\omega t+\frac{\pi}{6}\right)+\cdots\right] \tag{3-31}$$

线电压基波幅值为

$$U_{UV1m}=\frac{2\sqrt{3}}{\pi}U_d=1.10U_d \tag{3-32}$$

线电压基波有效值为

$$U_{UV1rms}=\frac{U_{UV1m}}{\sqrt{2}}=\frac{\sqrt{6}U_d}{\pi}=0.78U_d \tag{3-33}$$

线电压有效值为

$$U_{UVrms}=\sqrt{\frac{1}{2\pi}\int_0^{2\pi}u_{UV}^2\mathrm{d}\omega t}=\sqrt{\frac{2}{3}}U_d=0.816U_d \tag{3-34}$$

6）输入、输出电流分析

输入电流为

$$i_d=i_\beta=\frac{2U_d}{3R} \tag{3-35}$$

输出电流：由于是纯电阻负载，电流与输出电压有对应关系，输出电压和负载电阻的比值即为输出电流值。

直流输入功率为

$$P_d=U_dI_d=\frac{2U_d^2}{3R} \tag{3-36}$$

7）三相方波逆变电路的特点

（1）输出谐波含量比较高，输出相电压谐波失真度为

$$\mathrm{THD}=\frac{1}{U_{UO1m}}\sqrt{\sum_{n=2}^{\infty}U_{UOnm}^2}\approx 26\% \tag{3-37}$$

（2）输出电压不可调，传统解决方法是前面增加一级直流调压电路。

（3）直流电压利用率（线电压基波有效值与直流母线电压之比）不高，为 0.78。

3. 感性负载时电路工作情况分析

1）电路工作模式分析

由于存在电感，IGBT 管两端并联二极管具有反向续流作用，电路工作形态可以分为三种模式。

第一种模式：三个导电臂均由 IGBT 管导通［如图 3-22（a）所示，假定 VT_1、VT_2、VT_3 导通］。这种状态中，负载由直流电源和电容 C_d 获取能量，电路中各相电压的状态分布为

$$u_{UO}=u_{VO}=+U_d/3 \quad u_{WO}=-2U_d/3 \quad u_{UV}=u_{UO}-u_{VO}=0$$

第二种模式：两个 IGBT 管和一个二极管导通［如图 3-22（b）、3-22（c），假定 VT_1、VT_2、VD_3 导通］。这种状态中，一方面，直流电源向负载输送电能（如图通过 VT_1－U－O－W－VT_2 路径输送电能）；另一方面，负载电感储能形成环流（如图由于 VT_1、VD_3 导通，UV 两相负载沿 O－V－VD_3－VT_1－U－O 流过环流）。负载端存在两种供电状态：

（1）直流电源同时向平波电容和负载供电，如图 3-22（b）所示。

（2）直流电源和平波电容同时向负载供电，如图 3-22（c）所示。

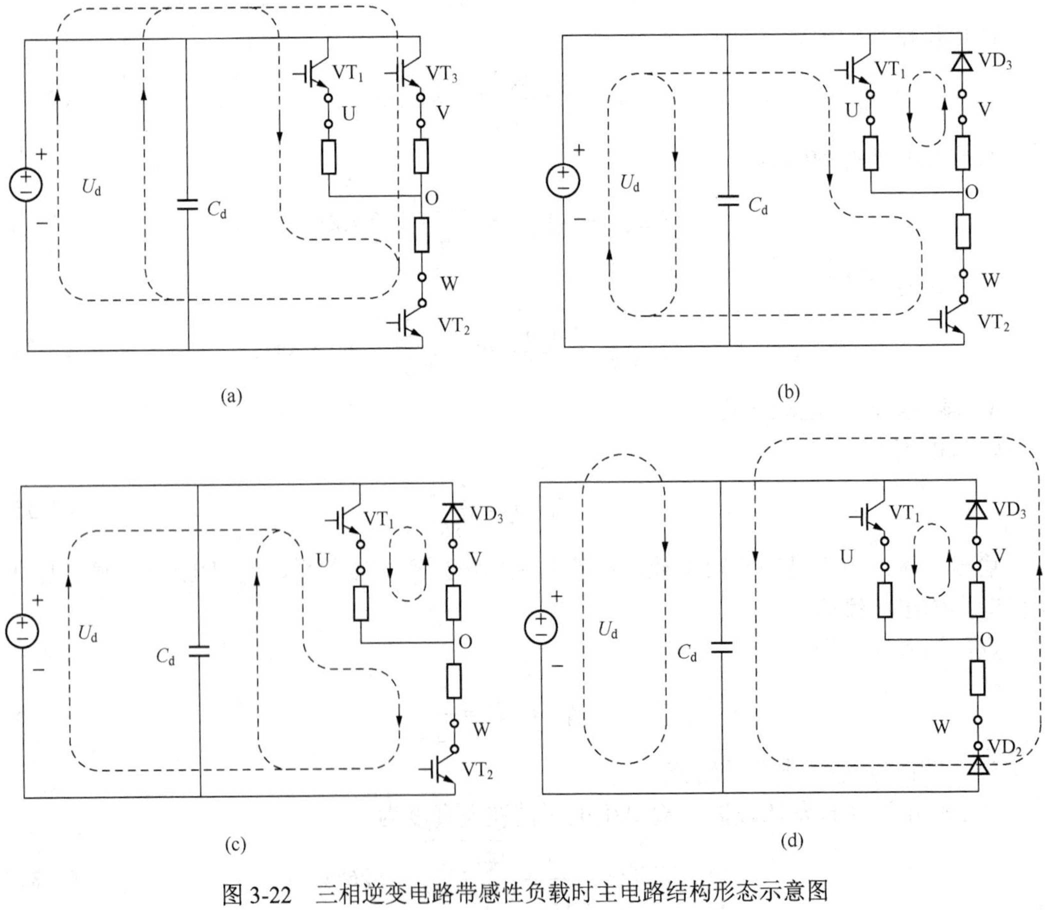

图 3-22　三相逆变电路带感性负载时主电路结构形态示意图

电路中各相电压的状态分布为

$$u_{UO}=u_{VO}=+U_d/3 \quad u_{WO}=-2U_d/3 \quad u_{UV}=u_{UO}-u_{VO}=0$$

第三种模式：一个 IGBT 管和两个二极管导通［如图 3-22（d）所示，假定 VT_1、VD_2、VD_3 导通］。这种状态中，负载中的能量一部分形成环流（如图沿 O－V－VD_3－VT_1－U－O 形成环流），另一部分则将电能反馈到 C_d 中（如图沿 O－V－VD_3－C_d－VD_2－W－O 构成导电回路将电能反馈到 C_d 中），电路中各相电压的状态分布为

$$u_{UO}=u_{VO}=+U_d/3 \quad u_{WO}=-2U_d/3 \quad u_{UV}=u_{UO}-u_{VO}=0$$

从分析可以看出，尽管负载性质变化使电路工作状态发生变化，电路中能量流传情况也相应不同，但电路各相电压的分布状态却与纯电阻条件下相同，输出电压与负载性质无关。

2）稳态工作时感性负载输出电压电流波形分析

假定负载为三相对称无源感性负载，有 $R_U=R_V=R_W=R$、$L_U=L_V=L_W=L$，其基波阻抗角 $\varphi_1=\arctan\dfrac{\omega L}{R}$（$\omega$ 为逆变角频率），由于逆变输出电压波形与负载性质无关，逆变输出相电流可视为阶梯波相电压分段作用的结果，对于 U 相电流 i_U，满足 $u_{UO}=L\dfrac{di_U}{dt}+i_U R$，其他各相类似。

图 3-23 所示是根据 $\varphi_1>\dfrac{\pi}{3}$rad 的负载参数画出的工作波形，分析如下。

（1）第 1、2 工作区间：VT_1、VT_5、VT_6 所在桥臂导通，$u_{UO}=+U_d/3$，由于感性负载电流滞后，i_U 的过零点在 $\omega t=\varphi_1$ 时刻，VT_1 所在桥臂实际是 VD_1 导通，电流 i_U 在 u_{UO} 作用下增长，$i_\beta=-i_V$。

（2）第 3 工作区间：VT_1、VT_2、VT_6 所在桥臂导通，$u_{UO}=+2U_d/3$，电流 i_U 加速增长，在 $\omega t=\varphi_1$ 时刻过零，此阶段 VT_1 所在桥臂仍然由 VD_1 导通，$i_\beta=i_U$。

（3）第 4 工作区间：VT_1、VT_2、VT_6 所在桥臂导通，$u_{UO}=+2U_d/3$，电流 i_U 过零后继续增长，VT_1 所在桥臂 VD_1 关断而 VT_1 开通，$i_\beta=i_U$。

（4）第 5、6 工作区间：VT_1、VT_2、VT_3 所在桥臂导通，$u_{UO}=U_d/3$，电流 i_U 继续增长，但增长速率回复到与第 1、2 工作区间相同，$i_\beta=-i_W$。

（5）第 7、8 工作区间：VT_2、VT_3、VT_4 所在桥臂导通，$u_{UO}=-U_d/3$，电流 i_U 开始下降，但电流方向未变，VT_4 所在桥臂实际是 VD_4 导通，$i_\beta=i_V$。

（6）第 9 工作区间：VT_3、VT_4、VT_5 所在桥臂导通，$u_{UO}=-2U_d/3$，电流 i_U 加速下降，但电流方向未变，VT_4 所在桥臂仍然是 VD_4 导通，直至此阶段结束，电流 i_U 过零，$i_\beta=-i_U$。

用同样方法可以分析电流 i_U 的负半周，其余各相的电流波形与 i_U 相似，相位上依次相差 $2\pi/3$。阻感负载的三相方波逆变电路输出相电压、线电压波形均与带纯电阻负载相同，因此其电压分析的结论与带纯电阻负载的结论是一样的，在此不再赘述。

由图 3-23 可以看出，VD 的导通角 $\theta_D=\varphi_1$，VT 的导通角 $\theta_T=\pi-\theta_D=\pi-\varphi_1$；输入电流 i_β 可以表示为 $i_\beta=i_1+i_3+i_5=i_2+i_4+i_6$，波形如图 3-23（e）所示，其平均值等于直流电源的输入直流，即 $\overline{i_\beta}=I_d$，其交流分量则作为充放电电流流过电容 C_d。

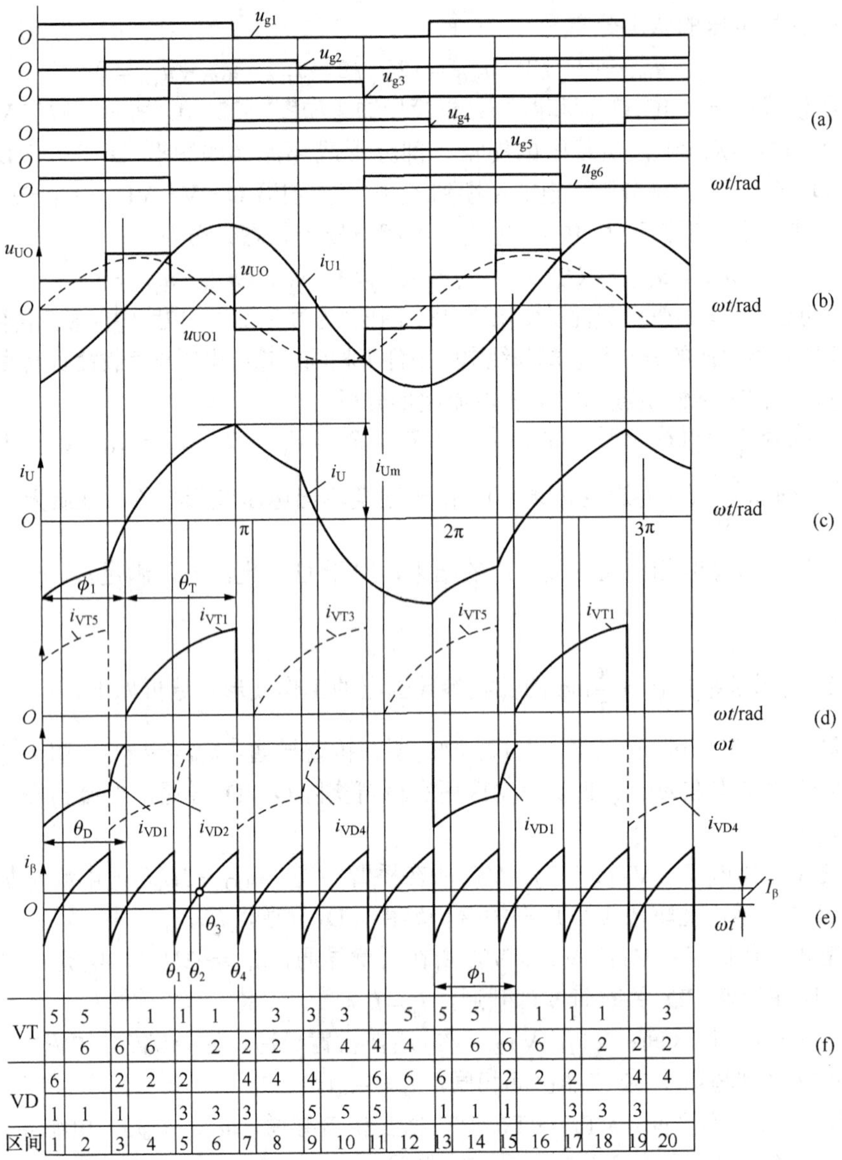

图 3-23 阻感性负载下三相逆变电路工作波形$\left(\varphi_1 > \dfrac{\pi}{3}\text{rad}\right)$

3.8 三相 SPWM 逆变

与单相逆变电路的谐波控制类似，在三相逆变电路中为了减少输出电压或输出电流的谐波含量，广泛采用 SPWM 调制法、电流跟踪法（Δ 调制法）、特定谐波消除法、空间电压矢量（SVPWM）控制法等多种方法。

三相 SPWM 逆变电路结构与三相方波逆变电路结构是一样的，如图 3-24 所示，所不同的是控制方法。

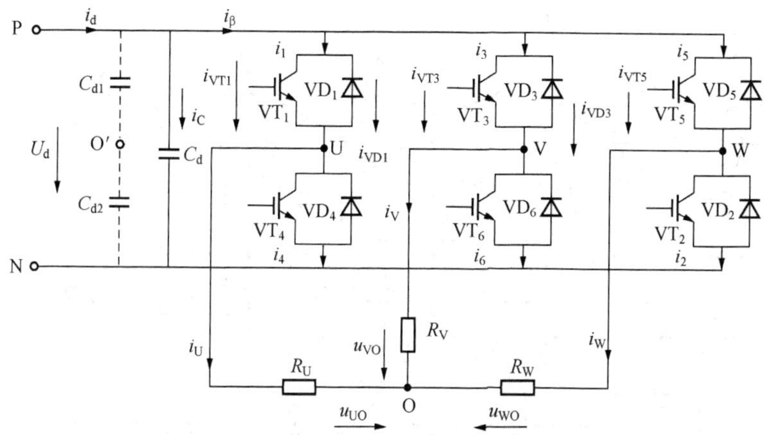

图 3-24　三相 SPWM 逆变电路结构

1. 三相 SPWM 逆变的控制方法

由一个频率固定为 f_c、幅值固定为 U_{cm} 的三角载波 u_c，与三相正弦调制波 u_{gu}、u_{gv}、u_{gw}（幅度为 U_{gm}，频率为 f，互差 $2\pi/3$ 相位）分别进行比较，形成三路 SPWM 调制波分别控制三个桥臂，其中 u_{gu} 与 u_c 比较形成的 SPWM 波控制 VT_1、VT_4（U 相桥臂），u_{gv} 与 u_c 比较形成的 SPWM 波控制 VT_3、VT_6（V 相桥臂），u_{gw} 与 u_c 比较形成的 SPWM 波控制 VT_5、VT_2（W 相桥臂），同桥臂上、下功率管互补工作。

2. 三相 SPWM 逆变电路输出电压波形分析

三相 SPWM 的幅度调制比和频率调制比的定义与单相时相同。以三相负载中点 O 为输出相电压的参考点，各桥臂输出电压之差构成输出线电压。为了分析方便，假设直流电源中点 O'电位为零，设定载波比 $m_f=3$（实际应用一般远大于此值），取 $m_a \leqslant 1$，按照如图 3-25 所示的坐标，有

$$\begin{cases} u_{gu} = U_{gm}\sin\left(\omega t - \dfrac{\pi}{6}\right) \\ u_{gv} = U_{gm}\sin\left(\omega t - \dfrac{5\pi}{6}\right) \\ u_{gw} = U_{gm}\sin\left(\omega t + \dfrac{\pi}{2}\right) \end{cases} \tag{3-38}$$

图 3-25 中的具体控制规律如下。

当 $u_{gU} > u_c$ 时，控制脉冲 u_{g1} 输出$+U$ 开通 VT_1，控制脉冲 u_{g4} 输出$-U$ 关断 VT_4，反之则反；其他各桥臂脉冲产生规律与此类似。

1）$\alpha_1 \sim \alpha_2$ 区间

该时段 VT_1、VT_5、VT_6 所在桥臂导通，VT_2、VT_3、VT_4 所在桥臂关断，其输出电压为

$$u_{UO} = u_{WO} = \frac{U_d}{3} \quad u_{VO} = -\frac{2U_d}{3} \quad u_{OO'} = u_{ON} - u_{O'N} = \frac{2U_d}{3} - \frac{U_d}{2} = \frac{U_d}{6}$$

$$u_{UO'} = u_{UO} + u_{OO'} = \frac{U_d}{2} \quad u_{UV} = u_{UO} - u_{VO} = U_d$$

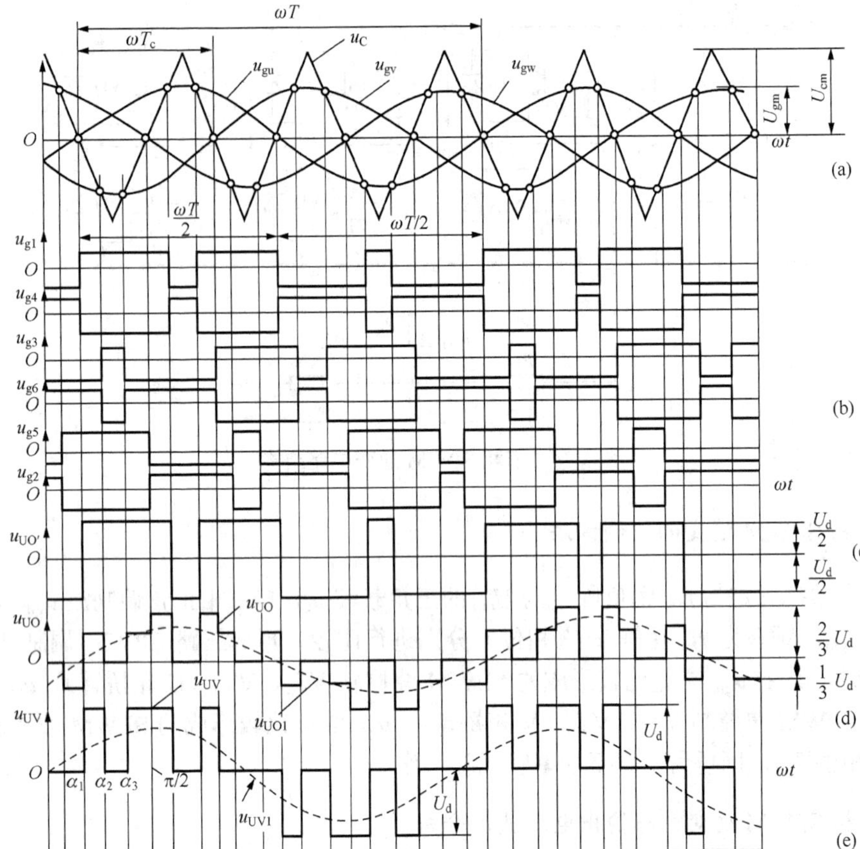

	4	4	1	1	1	1	4	1	1	1	1	4	4	4	4	1	4	4	4	4	1	1	1	1	4	1	1	1	1	4	4	4
VT	2	5	5	5	5	2	2	2	2	5	2	2	2	2	5	5	5	5	2	5	5	5	5	2	2	2	2	5	2	2	2	2
	6	6	6	3	6	6	6	6	3	3	3	3	6	3	3	3	3	6	6	6	6	3	6	6	6	6	3	3	3	3	6	3

(f)

图 3-25　三相 SPWM 逆变电路输出电压波形分析

2）$\alpha_2 \sim \alpha_3$ 区间

该时段 VT_1、VT_3、VT_5 所在桥臂导通，VT_2、VT_4、VT_6 所在桥臂关断，其输出电压为

$$u_{UO} = u_{VO} = u_{WO} = 0 \qquad u_{OO'} = u_{ON} - u_{O'N} = U_d - \frac{U_d}{2} = \frac{U_d}{2}$$

$$u_{UO'} = u_{UO} + u_{OO'} = \frac{U_d}{2} \qquad u_{UV} = u_{UO} - u_{VO} = 0$$

其他各时段的分析与上述类同，波形如图 3-25 所示。

由图 3-25 的波形分析可知，所有的输出电压脉冲按照载波频率重复出现，并以载波周期中点为轴线对称分布，每个桥臂的输出点电压相对于 O′点在 $\pm U_d/2$ 之间波动；输出线电压 u_{UV} 根据调制波线电压的正负半周期在 $+U_d$、0 和 $-U_d$、0 之间来回变化，总体呈现单极性特征，星形连接负载的相电压在 $\pm U_d/3$ 和 $\pm 2U_d/3$ 之间来回变化，关于载波周期中点对称。

三相 SPWM 逆变比方波逆变多出三个上管同时导通和三个下管同时导通两种电路状态，此时，直流电源和负载之间没有电流流通。

3）输出电压分析

在满足电压调制比 $m_a \leqslant 1$、$m_f \gg 1$ 的条件下，输出电压存在如下关系：

（1）输出相电压基波幅值为

$$U_{\mathrm{UO1m}}=\frac{m_{\mathrm{a}}U_{\mathrm{d}}}{2} \tag{3-39}$$

（2）输出相电压基波有效值为

$$U_{\mathrm{UO1rms}}=\frac{m_{\mathrm{a}}U_{\mathrm{d}}}{2\sqrt{2}}=0.354m_{\mathrm{a}}U_{\mathrm{d}} \tag{3-40}$$

（3）输出线电压基波幅值为

$$U_{\mathrm{UV1m}}=\sqrt{3}U_{\mathrm{UO1m}}=0.866m_{\mathrm{a}}U_{\mathrm{d}} \tag{3-41}$$

（4）输出线电压基波有效值为

$$U_{\mathrm{UV1rms}}=\frac{\sqrt{6}U_{\mathrm{UO1m}}}{2}=0.612m_{\mathrm{a}}U_{\mathrm{d}} \tag{3-42}$$

（5）输出线电压直流电压利用率为

$$A_{\mathrm{V}}=\frac{U_{\mathrm{UV1rms}}}{U_{\mathrm{d}}}=\frac{\sqrt{6}}{4}m_{\mathrm{a}}=0.612m_{\mathrm{a}} \tag{3-43}$$

当需要提高直流电压利用率时可以采取过调制的方法，此时三相 SPWM 与单相 SPWM 调制过程非常相似，当幅度调制比 $m_{\mathrm{a}}>1$ 时，输出的线电压基波有效值会随着调制比上升，直流电压利用率与幅度调制比呈现单调非线性关系，直至接近于方波输出特性。虽然过调制时电压利用率会有所上升，但是同时也导致输出电压谐波成分增加，这种方法通常应用在谐波要求不高的场合。在三相交流传动中，由于存在三次谐波电流抵消的机制，常采用在三相正弦调制波中注入三次谐波形成三相马鞍作为调制波来提高基波直流电压利用率，当然也可以采取空间电压矢量调制方法（SVPWM 调制法）。

3. 三相 SPWM 逆变电路的特点

（1）采用 SPWM 控制的三相逆变电路输出电压谐波特性相对于三相方波逆变电路大为改善，最低次谐波在开关频率（载波频率）附近。

（2）与单相 SPWM 电路相同，单级电路实现输出电压的频率、幅度可调。

（3）直流电压利用率不高，比单相电路更低，常采用调制波注入三次谐波的方法（马鞍波调制）提高直流电压利用率。

（4）三相 SPWM 逆变电路带纯电阻性负载时，输出的相电流与相电压波形相似，幅值有所变化，但带感性负载时，输出的电流波形分析比较复杂。感性负载的时间常数一般远远大于逆变器开关周期，输出电流可以看成是平滑的基波正弦电流，其幅度和相位都由电压基波和负载阻抗决定。

4. 三相负载不平衡的对策

三相负载不平衡将会使负载中点 O 的电位产生偏离，引起输出相电压不稳定，简单的处理办法是将母线中点和三个桥臂一起作为三相四线输出，则各相电压均独立加以控制，如图 3-26 所示。

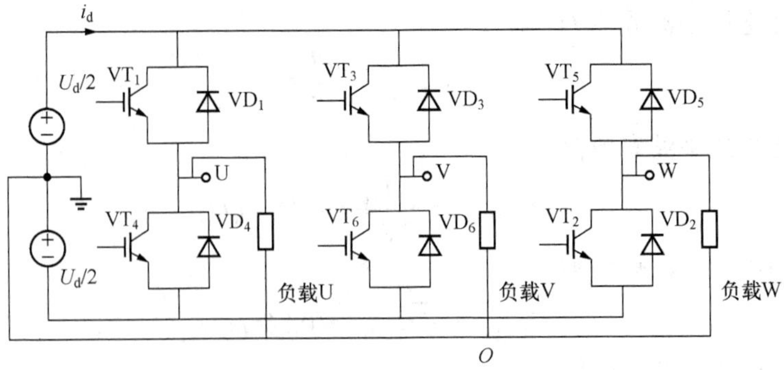

图 3-26　三相 SPWM 逆变器带不均衡负载时改进措施电路示意图

3.9　空间电压矢量控制的三相 PWM 逆变*

利用 SPWM 控制逆变器使得输出电压达到正弦化（谐波含量尽量小），这种电路就其输出电流而言是开环的，它可能远非正弦波，因为在电压源逆变电路中，输出电流的波形会受到负载参数的影响。分析表明，当 SPWM 逆变电路用于交流电动机拖动系统时，电动机电流谐波（逆变器输出电流谐波）不仅使损耗增加，还会产生脉动转矩，影响电动机性能，据此才有电流跟踪法（Δ 调制法）出现，它直接追求输出电流的正弦化，这比只着眼于输出电压是进了一步，然而，就交流调速而言，电动机电流正弦化的目的是希望在空间建立圆形磁链轨迹，从而产生恒定的电磁转矩。按磁链轨迹为圆的目标来形成 PWM 控制信号称为磁链跟踪控制，由于磁链轨迹可借助电压空间矢量相加得到，故又称电压空间矢量（SVPWM）控制。

1. 电路结构、空间矢量及其运动轨迹

空间电压矢量控制逆变电路结构与三相 SPWM 逆变电路结构以及三相方波逆变电路结构是一样的，如图 3-27 所示。

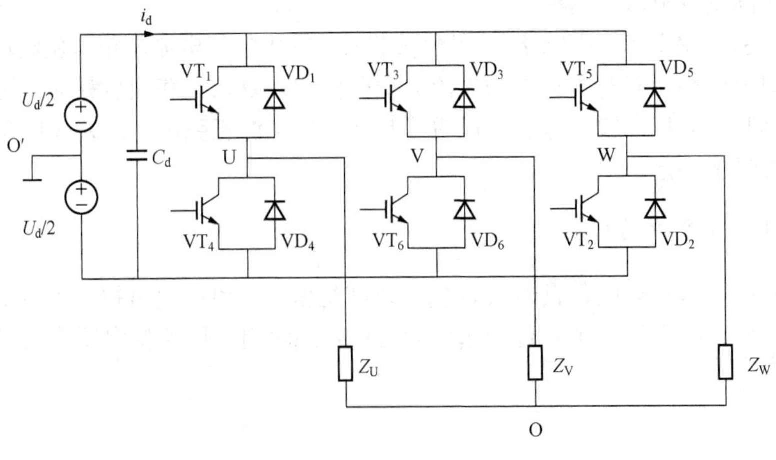

图 3-27　空间电压矢量控制逆变电路结构图

Z_U、Z_V、Z_W为三相交流异步电动机三相定子绕组，在电动机中它们沿圆周交错分布，在空间上互差120°接成星形或者三角形(图3-27中为星形)。定子三相绕组的相电压为u_{UO}、u_{VO}、u_{WO}。在使用相电压幅值为U_m、角频率为ω的标准三相交流电驱动时，选择适当的时间坐标，电动机定子三相绕组相电压可表示为

$$\begin{cases} u_{UO} = U_m \cos \omega t \\ u_{VO} = U_m \cos\left(\omega t - \dfrac{2\pi}{3}\right) \\ u_{WO} = U_m \cos\left(\omega t + \dfrac{2\pi}{3}\right) \end{cases} \tag{3-44}$$

可定义三个相电压空间矢量$\dot{U}_{UO}$、$\dot{U}_{VO}$、$\dot{U}_{WO}$，其方向定在各定子绕组轴线上，在空间互差120°。

$$\begin{cases} \dot{U}_{UO} = k u_{UO} \\ \dot{U}_{VO} = k u_{VO} \alpha \\ \dot{U}_{WO} = k u_{WO} \alpha^2 \end{cases} \tag{3-45}$$

式中，$\alpha = e^{j\frac{2}{3}\pi} = -\dfrac{1}{2} + j\dfrac{\sqrt{3}}{2}$为旋转因子。

当$u_{UO} > 0$时，$\dot{U}_{UO}$与U轴同相，否则，$\dot{U}_{UO}$与U轴反向，其他两相也是如此，图3-28所示为$u_{UO} > 0$、$u_{VO} > 0$、$u_{WO} < 0$的状态。

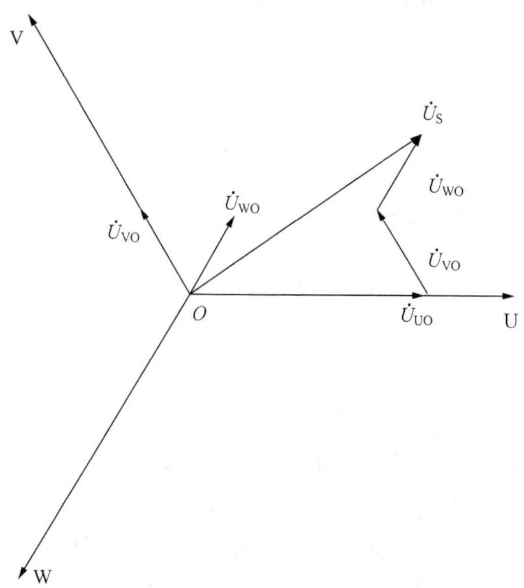

图 3-28　电压空间矢量

三相合成矢量$\dot{U}_s$也为空间矢量且可表示为

$$\dot{U}_s = \dot{U}_{UO} + \dot{U}_{VO} + \dot{U}_{WO} = k u_{UO} + \alpha k u_{VO} + \alpha^2 k u_{WO} \tag{3-46}$$

同理，定义三相交流异步电动机定子电流和磁链的空间矢量$\dot{I}_s$和$\dot{\Psi}_s$分别为

$$\dot{I}_s = k i_{UO} + \alpha k i_{VO} + \alpha^2 k i_{WO} \tag{3-47}$$

$$\dot{\Psi}_s = k\psi_{UO} + \alpha k\psi_{VO} + \alpha^2 k\psi_{WO} \tag{3-48}$$

按照空间矢量功率与三相瞬时功率相等的原则，有

$$\mathrm{Re}(\dot{U}_s \dot{I}_s^*) = u_{UO}i_{UO} + u_{VO}i_{VO} + u_{WO}i_{WO} \tag{3-49}$$

其中，$\dot{I}_s^*$ 为 $\dot{I}_s$ 的共轭复数，由此导出 $k=\sqrt{\frac{2}{3}}$。

合成电压矢量 $\dot{U}_s$ 又可表示为

$$\dot{U}_s = \sqrt{\frac{2}{3}}(u_{UO} + \alpha u_{VO} + \alpha^2 u_{WO}) \tag{3-50}$$

将式（3-44）代入到式（3-50）中，整理后可得到

$$\dot{U}_s = \sqrt{\frac{3}{2}}U_m e^{j\omega t} = U_s e^{j\omega t} \tag{3-51}$$

上式表明，$\dot{U}_s$ 是一个以电源角频率 ω 为角速度作恒速旋转的空间矢量，它的幅值是相电压幅值的 $\sqrt{\frac{3}{2}}$ 倍，当某一相电压为最大值时，合成电压矢量 $\dot{U}_s$ 就落在该相的轴线上。

对于三相电压供电的异步电动机，每一相定子绕组都可写出一个电压平衡方程式，求三相电压平衡方程式的矢量和，即得到用合成空间矢量表示的定子电压方程式：

$$\dot{U}_s = R_s\dot{I}_s + \frac{d\dot{\Psi}_s}{dt} \tag{3-52}$$

式中，R_s 为定子每一相绕组电阻值。

当电动机转速较高时，电动机定子电阻压降可以忽略，式（3-52）可近似简化为

$$\dot{U}_s \approx \frac{d\dot{\Psi}_s}{dt} \tag{3-53}$$

或为

$$\dot{\Psi}_s = \int \dot{U}_s dt \tag{3-54}$$

利用式（3-51）的结论，由式（3-54），可解出为

$$\dot{\Psi}_s = \frac{U_s}{\omega} e^{j\left(\omega t - \frac{\pi}{2}\right)} = \Psi_s e^{j\left(\omega t - \frac{\pi}{2}\right)} \tag{3-55}$$

式中，$\Psi_s = \frac{U_s}{\omega}$。

由上式可知，电动机空间磁链矢量 $\dot{\psi}_s$ 与空间电压矢量 $\dot{U}_s$ 一样以 ω 为角速度沿圆周作恒速旋转，两者方向始终正交，如图 3-29 所示。空间磁链矢量沿合成电压所指的方向行进，直观看，表示磁链矢量的箭头尾部不动，头部跟随合成电压矢量行进，因此电动机旋转磁场的轨迹问题就可以转化为合成空间电压矢量的运动轨迹问题，换句话说，可以用对合成空间电压矢量的分析来代替对空间磁链矢量运动轨迹的分析。

与使用正弦交流电情况不同，图 3-27 所示为桥式逆变器驱动下的三相交流异步电动机，各相定子绕组被施加的不是幅值连续变化的电压，三相合成电压矢量也不是等幅值匀速地在圆轨迹上运行。三组桥臂各组在任意时刻都有且仅有一个开关管导通，六个开关管导通或阻断状态组合出来八个离散的电压输出模式。如果定义各相上臂导通（输出接母线正端）为“1”，各相下臂导通（输出接母线负端）为“0”，那么各个矢量编号与对应开关逻辑

如图 3-30 所示。

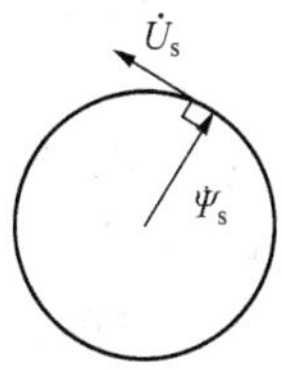

图 3-29　磁链矢量与三相合成空间电压矢量的关系

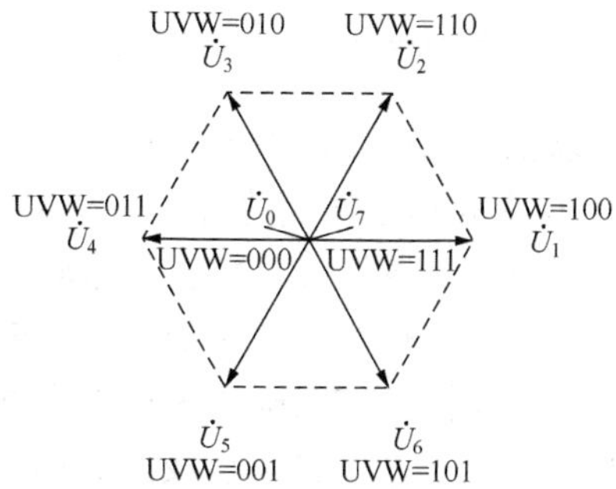

图 3-30　开关组合提供的电压空间矢量

可以看到，在这八个矢量中有两个零矢量，即三组桥臂都输出“1”的 $\dot{U}_7$ 以及三组桥臂都输出“0”的 $\dot{U}_0$（分别对应三个上管或下管将电动机定子绕组短接的情况，这两种情况的电路工作状态不一样，对负载而言则是等价的）。此外，另外六个矢量编号为 $\dot{U}_1$、$\dot{U}_2$、$\dot{U}_3$、$\dot{U}_4$、$\dot{U}_5$、$\dot{U}_6$（对应开关逻辑为 100、110、010、011、001、101），按照空间位置 U 相绕组 0°、V 相绕组 120°、W 相绕组 240° 的坐标，从 0° 开始均匀分布在矢量空间平面。很明显，相邻矢量对应的电路工作状态之间只有一组桥臂开关状态改变，因而，零矢量 $\dot{U}_0$ 与矢量 $\dot{U}_1$、$\dot{U}_3$、$\dot{U}_5$ 相邻，零矢量 $\dot{U}_7$ 与矢量 $\dot{U}_2$、$\dot{U}_4$、$\dot{U}_6$ 相邻。矢量控制基本点之一就是电路输出状态为系列相邻矢量连贯而成。

由于 $1+\alpha+\alpha^2=0$，根据式（3-50）可以得到

$$\begin{aligned}\dot{U}_s &= \sqrt{\frac{2}{3}}[(u_{UO}+u_{OO'})+\alpha(u_{VO}+u_{OO'})+\alpha^2(u_{WO}+u_{OO'})] \\ &= \sqrt{\frac{2}{3}}(u_{UO'}+\alpha u_{VO'}+\alpha^2 u_{WO'})\end{aligned} \tag{3-56}$$

对于矢量 $\dot{U}_1$，开关逻辑组合为“100”，参考图 3-27，对应输出为

$$u_{UO'}=\frac{U_d}{2}\quad u_{VO'}=u_{WO'}=-\frac{U_d}{2}$$

代入式（3-56）可以得到 $\dot{U}_1$ 的幅值为 $\sqrt{\frac{2}{3}}U_d$，同理可以得出六个基本矢量幅值均为 $\sqrt{\frac{2}{3}}U_d$。

为说明逆变桥驱动情况下空间磁链的运动情况，以三相方波控制逆变为例，电路依次等时长输出矢量 $\dot{U}_1$，$\dot{U}_2$，…，$\dot{U}_6$，绘制各输出矢量成为首尾相接的正六边形，如图 3-31 所示，这个六边形就是三相方波逆变电路在三相异步电动机中形成的磁链矢量顶点运动的轨迹。可见三相方波逆变所达到的效果离磁链圆轨迹运行的最佳目标相差甚远，实际电动机气隙磁链运行轨迹在期望的圆圈内外出入，引起转矩脉动、损耗增加。从另外一个角度来理解，这些缺点其实是来

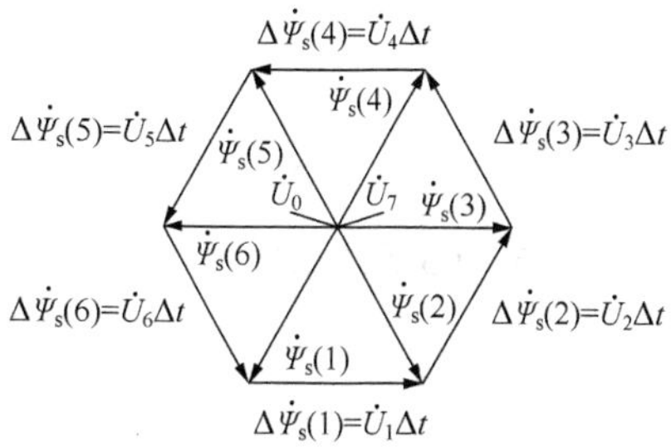

图 3-31　磁链矢量的运动轨迹

自于输出电压、电流中较低频率、较大幅度的谐波成分。

2. 期望空间电压矢量的合成

由以上结论可知，对于三相方波逆变电路，由于每个有效工作（非零）矢量在一个时间周期 T_0 内只作用一次的方式只能生成正六边形的旋转磁场，与正弦波供电时所产生的圆形旋转磁场相差甚远，这样会导致转矩与转速的脉动。要降低谐波含量，就必须获得更多边的多边形（一般为正多边形）的旋转磁场来逼近圆形旋转磁场，这样就必须构造出更多的空间位置不同的空间电压矢量以供选择，但三相方波逆变器输出只有八个基本电压矢量，能否利用这八个基本矢量合成出其他多种不同的矢量呢？答案是肯定的，按空间矢量平行四边形合成法则，用相邻的两个有效工作矢量合成期望的输出矢量，这就是空间电压矢量 PWM 的基本思想。

按六个有效工作矢量将空间电压矢量分为对称的六个扇区，如图 3-32 所示，每个扇区对应 π/3，当期望输出电压矢量落在某个扇区内时，就用期望输出电压矢量相邻的两个有效工作矢量等效地合成期望输出矢量。所谓等效是指在一个开关周期内，产生的定子磁链的增量近似相等。

以在第 I 扇区内的期望输出矢量为例，图 3-33 表示由基本电压空间矢量 $\dot{U}_1$ 和 $\dot{U}_2$ 的线性组合构成期望的电压矢量 $\dot{U}_s$，θ 为期望输出电压矢量与扇区起始边的夹角。在一个开关周期 T_0 中，$\dot{U}_1$ 的作用时间为 t_1，$\dot{U}_2$ 的作用时间为 t_2，按矢量合成法则可得

$$\dot{U}_s = \frac{t_1}{T_0}\dot{U}_1 + \frac{t_2}{T_0}\dot{U}_2 = \frac{t_1}{T_0}\sqrt{\frac{2}{3}}U_d + \frac{t_2}{T_0}\sqrt{\frac{2}{3}}U_d e^{j\frac{\pi}{3}} \tag{3-57}$$

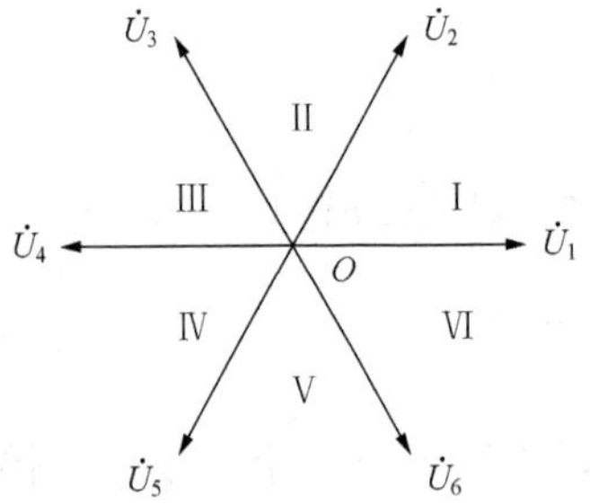

图 3-32　空间电压矢量的六个扇区

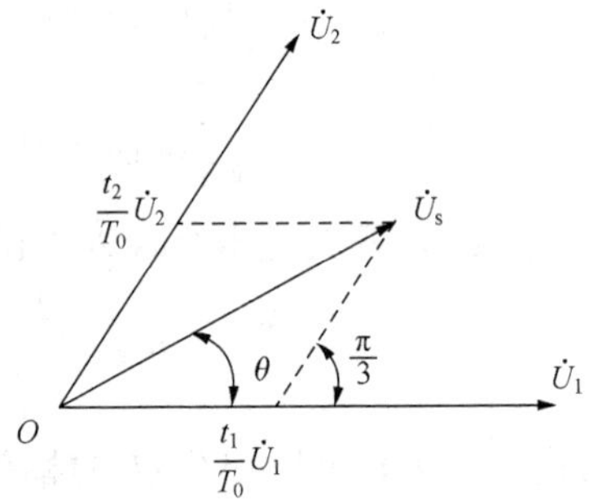

图 3-33　期望输出电压矢量的合成

由正弦定理可得到

$$\frac{\frac{t_1}{T_0}\sqrt{\frac{2}{3}}U_d}{\sin\left(\frac{\pi}{3}-\theta\right)} = \frac{\frac{t_2}{T_0}\sqrt{\frac{2}{3}}U_d}{\sin\theta} = \frac{U_s}{\sin\frac{2\pi}{3}} \tag{3-58}$$

由式（3-58）解得

$$t_1 = \frac{\sqrt{2}U_s T_0}{U_d}\sin\left(\frac{\pi}{3}-\theta\right) \tag{3-59}$$

$$t_2 = \frac{\sqrt{2}U_s T_0}{U_d}\sin\theta \tag{3-60}$$

一般$t_1+t_2<T_0$，其余的时间可用零矢量$\dot{U}_0$或$\dot{U}_7$来填补，零矢量作用的时间为

$$t_0=T_0-t_1-t_2 \tag{3-61}$$

两个基本矢量作用时间之和应满足：

$$\frac{t_1+t_2}{T_0}=\frac{\sqrt{2}U_s}{U_d}\left[\sin\left(\frac{\pi}{3}-\theta\right)+\sin\theta\right]=\frac{\sqrt{2}U_s}{U_d}\cos\left(\frac{\pi}{6}-\theta\right)\leqslant 1 \tag{3-62}$$

由式（3-62）可知，当$\theta=\dfrac{\pi}{6}$时，$t_1+t_2=T_0$最大，输出电压矢量最大幅值为

$$U_{sm}=\frac{U_d}{\sqrt{2}}$$

由式（3-51）可以得出，此时输出相电压基波最大幅值为

$$U_{UO1m}=\sqrt{\frac{2}{3}}U_{sm}=\frac{U_d}{\sqrt{3}}$$

输出线电压基波最大幅值为

$$U_{UV1m}=\sqrt{3}U_{UO1m}=U_d$$

根据式（3-41）的结论，采用 SPWM 控制，在调制比m_a=1 时，输出线电压基波幅值为

$$U_{UV1m}=\frac{\sqrt{3}}{2}U_d\approx 0.866U_d$$

因此SVPWM方式的逆变器输出线电压基波最大值比SPWM方式的逆变器输出电压提高了约 15%。

由于六个扇区都是对称的，以上的分析可以推广到其他各个扇区。

3. SVPWM 实现方法

由期望输出电压矢量的幅值及位置可确定相邻的两个基本电压矢量以及它们作用时间的长短，并由此得出零矢量的作用时间的大小，但尚未确定它们的作用顺序。通常以开关损耗和谐波分量都较小为原则，来安排基本矢量和零矢量的作用顺序，一般在减少开关次数的同时，尽量使 PWM 输出波形对称，以减少谐波分量。下面以扇区 I 为例，介绍两种常用的 SVPWM 实现方法。

1）零矢量集中的 SVPWM 实现方法

按照对称原则，将两个基本电压矢量$\dot{U}_1$、$\dot{U}_2$的作用时间t_1、t_2平分为二后，安放在开关周期的首端和末端，把零矢量的作用时间放在开关周期的中间，并按开关次数最少的原则选择零矢量。图 3-34（a）、图 3-34（b）分别给出了两种零矢量集中的 SVPWM 的实现，图 3-34（a）作用序列为 12721，图 3-34（b）作用序列为 21012。从图 3-34 中可知，在一个开关周期内，有一相的状态保持不变，始终为“1”或“0”，从一个矢量切换到另一个矢量时，只有一相状态发生变化，因而开关次数少，开关损耗小。

2）零矢量分散的 SVPWM 实现方法

将零矢量平均分为四份，在开关周期的首尾各放一份，在中间放两份，将两个基本电压矢量$\dot{U}_1$、$\dot{U}_2$的作用时间t_1、t_2平分为二后，插在零矢量间，按开关损耗较小的原则，首尾的零矢量取$\dot{U}_0$，中间零矢量取$\dot{U}_7$，具体实现方法如图 3-35 所示，作用序列为 0127210。这种实现方法的特点是：每个周期均以零矢量开始，并以零矢量结束，从一个矢量切换到

另一个矢量时，只有一相状态发生变化，但在一个开关周期内，三相状态均各变化一次，开关损耗略大于零矢量集中的地方。

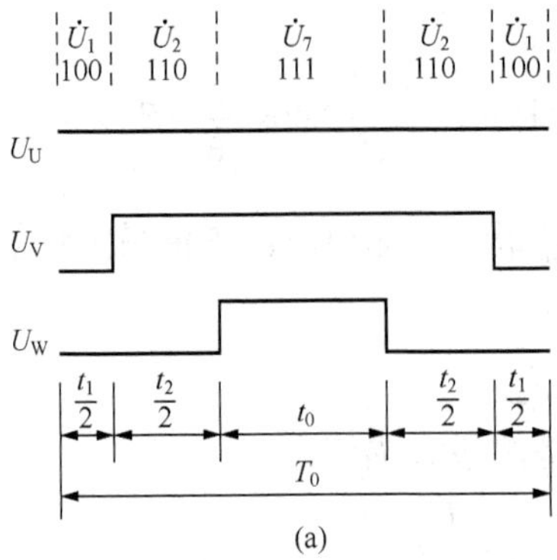

图 3-34　零矢量集中的 SVPWM 实现

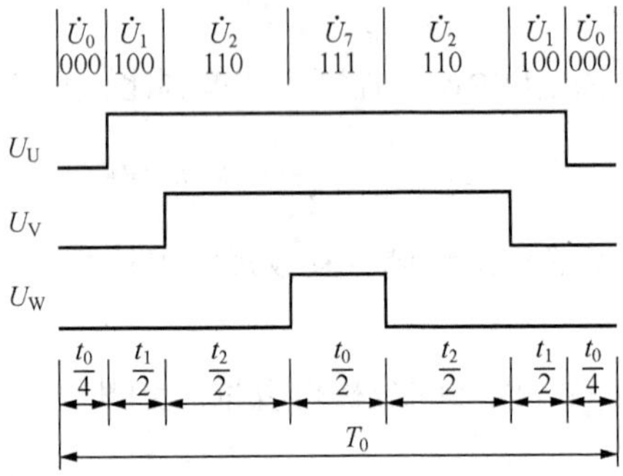

图 3-35　零矢量分布的 SVPWM 实现

4. 三相 SVPWM 逆变电路的特点

（1）开关状态改变对应相邻矢量输出，仅有一次开关状态切换，开关损耗可能比较小。

（2）构造的电压矢量越多，开关周期 T_0 越小（如果输出电压基波频率不变），产生磁场对圆周的逼近越好，但功率器件的开关频率越高，损耗也会增加。

（3）利用空间电压矢量直接生成三相 PWM 波，计算相对简便，动态性能较好。

（4）直流电压利用率比一般的三相 SPWM 逆变电路最多可高出 15%。

3.10　逆变器输出滤波器的设计

逆变开关电路的输出通常为方波或脉冲波序列，输出电压或电流中含有大量的谐波成分，谐波失真度（THD）较高，在许多场合应用时需要采取一定的措施抑制谐波。

对于 SPWM 逆变、电流跟踪逆变、指定消谐逆变、SVPWM 逆变等方式，输出的谐波主要是高次谐波，通过在逆变输出和负载之间插入低通滤波器可以有效改善输出波形。大部分高频开关工作的逆变器使用滤波器来获得接近基准的理想的输出，如 UPS 输出、电力系统用有源滤波等，交流电动机驱动一般不使用额外的输出滤波器，而是将电动机的漏抗作为滤波元件。本节主要介绍无源二阶 LC 滤波器的设计方法。

1. 二阶 LC 滤波器的特性

二阶 LC 低通滤波器电路结构及电抗幅频特性如图 3-36 所示，传递函数为

$$W(s)=\frac{1}{L_0C_0s^2+\frac{L_0}{R_0}s+1}=\frac{\omega_0^2}{s^2+\frac{\omega_0}{Q}s+\omega_0^2} \tag{3-63}$$

式中，谐振角频率 $\omega_0=\frac{1}{\sqrt{L_0C_0}}$；品质因数 $Q=\frac{R_0}{Z_0}$，其中特征阻抗 $Z_0=\sqrt{\frac{L_0}{C_0}}$。

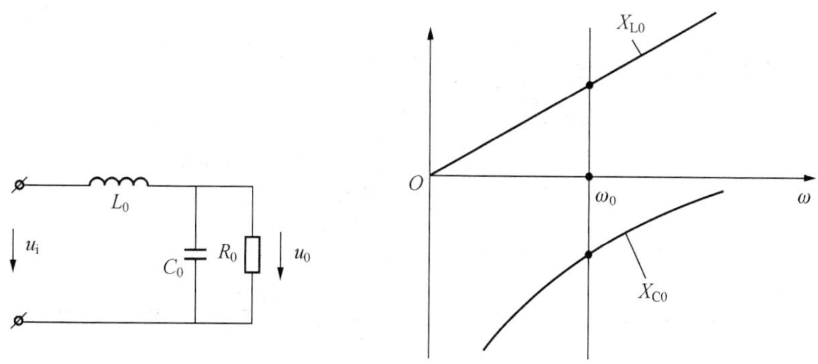

(a) 电路结构　(b) 电抗幅频特性

图 3-36　二阶 LC 低通滤波器的电路结构及电抗幅频特性

根据式（3-63）可以分析滤波器的幅频特性和相频特性，首先可得到两个特性的频率表达式为

$$A(\omega)=20\lg\frac{\omega_0^2}{\sqrt{(\omega_0^2-\omega^2)^2+(\omega\omega_0/Q)^2}} \tag{3-64}$$

$$\varphi(\omega)=-\arctan\frac{\omega\omega_0}{(\omega_0^2-\omega^2)Q} \tag{3-65}$$

理想 LC 滤波器与电阻负载的幅频、相频特性曲线如图 3-37 所示，在品质因数 Q 不是特别低的情况下，以 ω_0 为转折频率，对于角频率远远小于转折频率的输入信号，滤波器对其幅度的增益几乎为 0dB，既不衰减也不增大，滤波后相移为零，对于频率远远高于转折频率的输入信号，滤波器按照-40dB/10 倍频（相对于转折频率）进行幅值衰减，相移约 180°。为了获得良好的滤波性能，一般滤波器的转折频率要远远大于输出的基波频率，同时远远小于开关频率。负载电阻可以被看成是对滤波元件 LC 谐振的并联阻尼，负载越重负载电阻越小，品质因数越低，阻尼越大，在输出负载很小甚至空载情况下，在 ω_0 附近频率的输入信号会得到一个大的增益，当 ω_0 过于接近输出需要的最高频率分量或者开关频率时，都会引起控制系统的不稳定。

2. 滤波器的参数设计

1）谐振频率 f_0 的选择

定义滤波器的滤波能力（谐波电压衰减率）为

$$B_0 = \ln \frac{U_{kim}}{U_{kom}} \tag{3-66}$$

式中，U_{kom} 和 U_{kim} 分别是滤波器输出端和输入端的最低次谐波电压幅值。

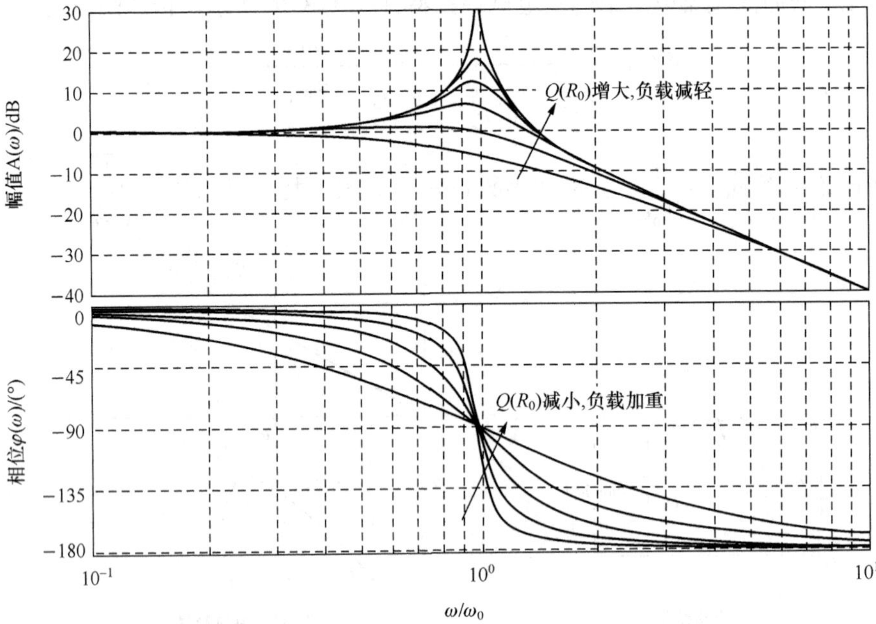

图 3-37 理想 LC 滤波器与电阻负载的幅频、相频特性曲线

假定逆变器输出基波频率 f_1，最低次谐波电压频率 f_k，则要求

$$f_1 \ll f_0 \ll f_k \tag{3-67}$$

同时，按滤波能力选择 f_0，要求满足

$$f_0 = \frac{f_k}{0.5(e^{B_0} + e^{-B_0})} = \frac{1}{2\pi\sqrt{L_0 C_0}} \tag{3-68}$$

2）特征阻抗 Z_0 的选择

$$Z_0 = \sqrt{\frac{L_0}{C_0}} = (0.5 \sim 0.8)R_0 \tag{3-69}$$

根据式（3-68）、式（3-69）可以确定 L_0、C_0 参数，设计中可以取较大的 L_0 和较小的 C_0，也可取较小的 L_0 和较大的 C_0，使其乘积不变，但 L_0、C_0 参数的选择还要考虑以下因素。

（1）电感 L_0 上基波压降将使负载的基波电压产生变化，而电容 C_0 上基波电流与负载电流相加将改变逆变电路的输出电流。

（2）纯电阻负载时，电容上基波电流将增大逆变器输出电流，但在感性负载时，容性电流与感性电流方向相反，只要 C_0 不过大，逆变桥电流反而减小。

（3）谐振频率 f_0 通常选择在输出基波频率 f_1 和最低次高频谐波频率 f_k 的几何中点附近，即 $f_0^2 \approx f_1 f_k$。

在 LC 二阶滤波电路中，滤波器的参数和逆变器的特性及控制性能密切相关，一般来说，只要 LC 乘积一致，相对较大的滤波电感和相对较大的滤波电容对滤波器的幅频和相频稳态特性的影响是一致的，但是对于瞬态特性、电气应力、损耗等效应的影响却不一样，必须严格设计。

3.11　应用示例*

例 3-1　单相桥式方波逆变电路如图 3-2 所示，采用移相调压控制方式，输入直流电压 180～360V，负载电阻 10Ω，要求输出功率恒定 1kW，逆变器工作频率为 50kHz，最大导通比 $\frac{\tau}{T} \leqslant 0.45$，计算电路的相关参数。

解：各次谐波幅值为

$$U_{\mathrm{AB}n\mathrm{m}} = \frac{4U_{\mathrm{d}}}{n\pi}\sin\frac{n\tau}{2} \quad n = 1,3,5,\cdots$$

n 次谐波产生的功率为

$$P_n = \frac{U_{\mathrm{AB}n\mathrm{m}}^2 R}{2[R^2 + (n\omega L)^2]}$$

有

$$P_{\mathrm{o}} = \sum_{n=1,3,5\cdots} P_n \approx P_1 = \frac{U_{\mathrm{AB1m}}^2 R}{2[R^2 + (\omega L)^2]}$$

当输入电压最低时，导通比达到最大，最小基波幅值为

$$U_{\mathrm{AB1mmin}} \frac{4U_{\mathrm{dmin}}}{\pi}\sin\frac{\tau}{2} = \frac{4\times 180}{\pi}\sin\frac{0.45\times 360^\circ}{2} = 226.4\mathrm{V}$$

在输入电压最低状态下，电路必须能够输出额定功率，由此可以得到

$$P_{\mathrm{o}} \approx \frac{U_{\mathrm{AB1mmin}}^2 R}{2[R^2 + (\omega L)^2]} = 1000\mathrm{W}$$

得出

$$L \approx 39.8\mu\mathrm{H}$$

前面计算过程由于忽略谐波功耗，此电感量实际偏小，输出功率富裕部分可以作为功率冗余，系统可以通过移相控制实现预定功率输出。

当输入电压最低时，输出接近方波，输出电流达到最大峰值，此时可以近似以方波逆变输出的峰值电流计算。

电感电流最大峰值近似为

$$I_{\mathrm{Lpkmax}} \approx \frac{1 - \mathrm{e}^{-\frac{T}{2\tau'}}}{1 + \mathrm{e}^{-\frac{T}{2\tau'}}} \times \frac{U_{\mathrm{dmin}}}{R} \approx 18\mathrm{A} \qquad \tau' = \frac{L}{R}$$

电感电流最大有效值也可近似以基波有效值计算

$$I_{\mathrm{Lrmsmax}} = \sqrt{\frac{P_{\mathrm{o}}}{R}} \approx \frac{U_{\mathrm{AB1mmin}}}{\sqrt{2[R^2 + (\omega L)^2]}} = 10\mathrm{A}$$

开关管最大有效值电流可以借助电感电流有效值近似计算：

$$I_{\mathrm{VTrmsmax}} \approx \frac{I_{\mathrm{Lrmsmax}}}{\sqrt{2}} = 7.1\mathrm{A} \qquad \text{（各开关仅导通半个周期）}$$

开关管承受的最大电压为

$$U_{VTmax}=360V$$

开关管额定电压选择为

$$U_{VTrated}=k_{sav}U_{VTmax}\geqslant 540V \quad （取 k_{sav}\geqslant 1.5）$$

开关管额定电流选择为

$$I_{VTrated}=k_{sai}I_{VTrmsmax}\geqslant 14.2A \quad （取 k_{sai}\geqslant 2）$$

例 3-2 单相桥式 SPWM 逆变电路如图 3-2 所示，采用双极性调制，输入直流电压 180～360V，负载电阻 10Ω，要求输出功率恒定 1kW，逆变器载波频率为 20kHz，输出基波为 50Hz，设计电路的相关参数。

解：R、L 负载状态下，为了能够在电阻负载上得到低频正弦电流波形，必须使电路的惯性足够大，滤除高频载波。假定逆变电路的开关周期为T_s，则有 $T_s=50\mu s$。

1）电感参数设计

电感量选择应满足$\tau=\dfrac{L}{R}\gg T_s=50\mu s$，得出$L\gg 500\mu H$。取$L=5mH$，对于基波频率，有$R=10\Omega$、$\omega L\approx 1.57\Omega$。

由于输出电流为 50Hz 的正弦波，负载电流有效值满足

$$I_{orms}=\frac{U_{ABrms}}{\sqrt{R^2+(\omega L)^2}}=\frac{m_aU_d}{\sqrt{2[R^2+(\omega L)^2]}}\approx\frac{m_aU_d}{\sqrt{2}R}=\sqrt{\frac{P_o}{R}}$$

可以得到

$$m_a=0.39\sim 0.79$$

SPWM 逆变的幅度调制比在合理的范围内，电感量的选择满足要求。

电感电流最大有效值为

$$I_{Lrmsmax}=I_{ormsmax}\approx\sqrt{\frac{P_{omax}}{R}}=10A$$

在每一个开关周期内，电感电流满足

$$U_d-U_R(k)=L\frac{di_L}{dt}\approx L\frac{\Delta I_L(k)}{D_kT_s}$$

其中，D_k为第 k 个开关周期的占空比；T_s为开关周期（由载波频率决定）；$U_R(k)$为此开关周期内电阻上压降；$\Delta I_L(k)$为第 k 个开关周期电感电流增量。

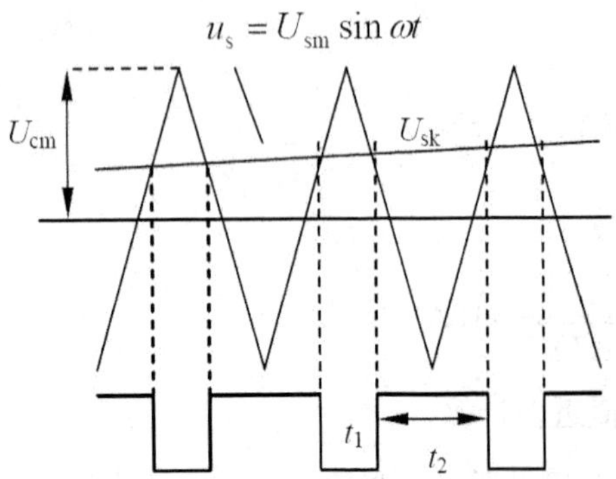

图 3-38 双极性调制示意图

电阻上流过基波电流，其压降可表示为

$$u_R\approx m_aU_d\sin\omega t$$

D_k动态变化，双极性调制的示意图如图 3-38 所示，由图可以得出占空比动态变化的关系式为

$$D_k(t)=\frac{t_2}{T_s}=\frac{U_{cm}+U_{sk}}{2U_{cm}}\approx\frac{U_{cm}+u_s}{2U_{cm}}=\frac{1}{2}(1+m_a\sin\omega t)$$

由于T_s足够小（相对于基波），U_{sk}可以近似以瞬时值代替。同理，$U_R(k)$亦用u_R代替，由此可以导出

$$\Delta I_L=\frac{U_dT_s}{2L}(1-m_a^2\sin^2\omega t)$$

有 $\Delta I_{\mathrm{Lmax}}=\dfrac{U_{\mathrm{dmax}}T_{\mathrm{s}}}{2L}$，则电感最大峰值电流为

$$I_{\mathrm{Lpkmax}}=\sqrt{2}I_{\mathrm{Lrmsmax}}+\frac{1}{2}\Delta I_{\mathrm{Lmax}}\approx 15\mathrm{A}$$

2）开关管参数设计

开关管最大有效值电流可以借助电感电流有效值近似计算：

$$I_{\mathrm{VTrmsmax}}\approx\frac{I_{\mathrm{Lrmsmax}}}{\sqrt{2}}=7.1\mathrm{A}\qquad\text{（桥壁上下两个开关管均分电流）}$$

开关管承受的最大电压为

$$U_{\mathrm{VTmax}}=360\mathrm{V}$$

开关管额定电压选择为

$$U_{\mathrm{VTrated}}=k_{\mathrm{sav}}U_{\mathrm{VTmax}}\geqslant 540\mathrm{V}\qquad\text{（取 }k_{\mathrm{sav}}\geqslant 1.5\text{）}$$

开关管额定电流选择为

$$I_{\mathrm{VTrated}}=k_{\mathrm{sai}}I_{\mathrm{VTrmsmax}}\geqslant 14.2\mathrm{A}\qquad\text{（取 }k_{\mathrm{sai}}\geqslant 2\text{）}$$

采用逆导型 IGBT 或功率 MOSFET 内含逆导二极管，无需选择其额定参数。

例 3-3　三相桥式 SPWM 逆变电路如图 3-39 所示，采用双极性调制，输入直流电压 300～360V，各相负载电阻 10Ω，要求每相输出功率恒定 1kW，逆变器载波频率为 20kHz，输出基波为 50Hz，设计配套的 L、C 滤波电路及桥式逆变电路的相关参数。

解：电路各相输出负载电流均为正弦波。

1）LC 滤波器设计

为了能够在负载上得到正弦电流波形，滤波器应满足

$$f_0\approx\sqrt{f_1 f_{\mathrm{k}}}=10^3=\frac{1}{2\pi\sqrt{LC}}$$

$$Z_0=\sqrt{\frac{L}{C}}=0.6R$$

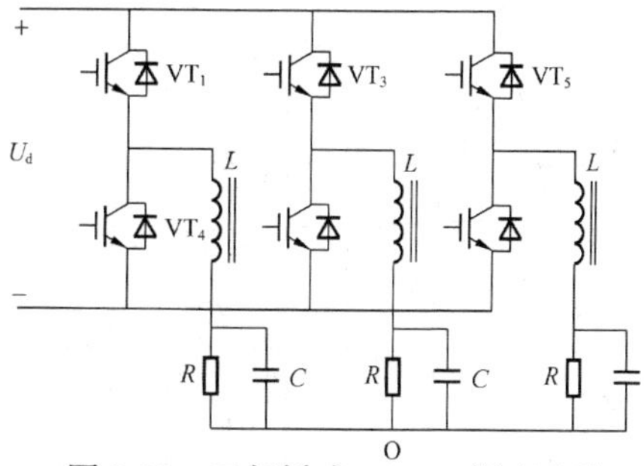

图 3-39　三相桥式 SPWM 逆变电路

由此得到

$$C=26.5\mu\mathrm{F}$$
$$L=954\mu\mathrm{H}$$

取电感量、电容量为

$$L=1\mathrm{mH}\qquad C=22\mu\mathrm{F}$$

由于负载电流为正弦波，输出电流有效值为

$$I_{\mathrm{Urms}}=\frac{U_{\mathrm{UO1rms}}}{R}=\frac{m_{\mathrm{a}}U_{\mathrm{d}}}{2\sqrt{2}R}=\sqrt{\frac{P_{\mathrm{U}}}{R}}$$

可得电感最大电流有效值为

$$I_{\mathrm{Urmsmax}}=I_{\mathrm{Lrmsmax}}=10\mathrm{A}$$

$$m_{\mathrm{a}}=0.79\sim 0.94\qquad\text{在合理范围}$$

参照例 3-2，考虑到每相最大脉冲电压为 $\dfrac{2}{3}U_{\mathrm{dmax}}$，电感最大脉动电流为

$$\Delta I_{\mathrm{Lmax}} = \frac{U_{\mathrm{dmax}} T_{\mathrm{s}}}{3L} = 6\mathrm{A}$$

则电感最大峰值电流为

$$I_{\mathrm{Lpkmax}} = \sqrt{2} I_{\mathrm{Lrmsmax}} + \frac{1}{2}\Delta I_{\mathrm{Lmax}} \approx 17.1\mathrm{A}$$

考虑到每相最大脉冲电压为$\frac{2}{3}U_{\mathrm{dmax}}$，可以作为电容额定电压选择参考。

电容额定电压选择

$$U_{\mathrm{Crated}} = k_{\mathrm{sac}} \frac{2}{3} U_{\mathrm{dmax}} \geqslant 288\mathrm{V} \quad （取 k_{\mathrm{sac}} \geqslant 1.2）$$

2）开关管的参数设计

每个开关管承受的最大电压为：U_{VTmax}=360V

开关管最大有效值电流可以借助电感电流有效值近似计算：

$$I_{\mathrm{VTrmsmax}} \approx \frac{I_{\mathrm{Lrmsmax}}}{\sqrt{2}} = 7.1\mathrm{A} \quad （桥壁上下两个开关管均分电流）$$

开关管额定电压选择为

$$U_{\mathrm{VTrated}} = k_{\mathrm{sav}} U_{\mathrm{VTmax}} \geqslant 540\mathrm{V} \quad （取 k_{\mathrm{sav}} \geqslant 1.5）$$

开关管额定电流选择为

$$I_{\mathrm{VTrated}} = k_{\mathrm{sai}} I_{\mathrm{VTrmsmax}} \geqslant 14.2\mathrm{A} \quad （取 k_{\mathrm{sai}} \geqslant 2）$$

例 3-4 单极性倍频 SPWM 调制过程如图 3-40 所示，其中 SPWM1 是 u_{s} 产生的调制波，SPWM2 为$-u_{\mathrm{s}}$产生的调制波，两者分别控制图 3-2 单相桥式逆变电路中的一个桥臂，合成后输出形成 SPWM 波，求电感电流最大脉动量。

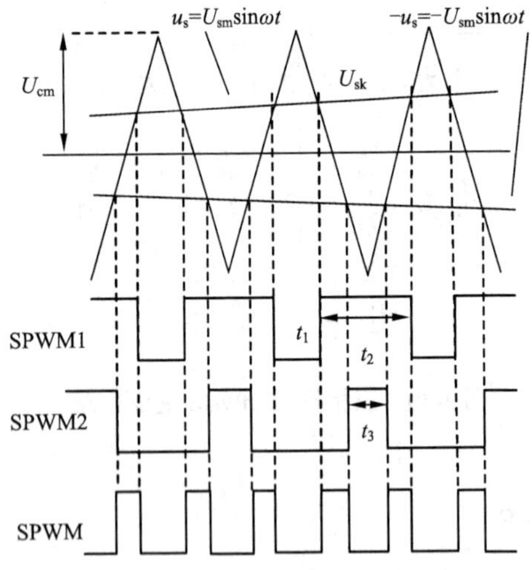

图 3-40 单极性倍频调制示意图

解：与双极性调制类似，在每一个开关周期内，电感电流满足：

$$U_{\mathrm{d}} - U_{\mathrm{R}}(k) = L\frac{\mathrm{d}i_{\mathrm{L}}}{\mathrm{d}t} \approx L\frac{\Delta I_{\mathrm{L}}(k)}{\Delta t_{\mathrm{k}}}$$

其中，Δt_{k}为第 k 个开关周期的脉宽，$U_{\mathrm{R}}(k)$为此开关周期内电阻上压降，$\Delta I_{\mathrm{L}}(k)$为第 k 个开关周期电感电流增量。

电阻上流过基波电流，其压降可表示为

$$u_{\mathrm{R}} \approx m_{\mathrm{a}} U_{\mathrm{d}} \sin\omega t$$

参考例 3-2，当载波比足够大时，由图 3-40 可得

$$D_{1\mathrm{k}}(t) = \frac{t_2}{T_{\mathrm{s}}} \approx \frac{1}{2}(1 + m_{\mathrm{a}}\sin\omega t)$$

$$D_{2\mathrm{k}}(t) = \frac{t_3}{T_{\mathrm{s}}} \approx \frac{1}{2}(1 - m_{\mathrm{a}}\sin\omega t)$$

式中，T_{s}为开关周期（载波周期）。

合成后输出脉宽可表示为

$$\Delta t_{\mathrm{k}}=\frac{1}{2}[D_{1\mathrm{k}}(t)-D_{2\mathrm{k}}(t)]T_{\mathrm{s}}=\frac{1}{2}T_{\mathrm{s}}m_{\mathrm{a}}\sin\omega t$$

则每个开关周期内电感电流脉动可表示如下：

$$\Delta I_{\mathrm{L}}=\frac{(U_{\mathrm{d}}-u_{\mathrm{R}})\Delta t_{\mathrm{k}}}{L}\approx\frac{U_{\mathrm{d}}T_{\mathrm{s}}(1-m_{\mathrm{a}}\sin\omega t)m_{\mathrm{a}}\sin\omega t}{2L}\leqslant\frac{U_{\mathrm{d}}T_{\mathrm{s}}}{8L}$$

电感电流最大脉动量为

$$\Delta I_{\mathrm{Lmax}}=\frac{U_{\mathrm{d}}T_{\mathrm{s}}}{8L}$$

思考题与习题

3-1 有源逆变和无源逆变的区别是什么？

3-2 单相电压型方波逆变电路采用 180° 调制方式控制时，交流输出电压中含有哪些次数的谐波？三次谐波分量占基波分量比值是多少？

3-3 移相调压逆变电路中在半导体器件旁边并联的二极管有什么作用？

3-4 正弦脉宽调制 SPWM 的基本原理是什么？载波比 m_{f} 和电压调制比 m_{a} 的定义是什么？如何调节输出电压基波的幅度与频率？

3-5 单极性 SPWM 调制与双极性 SPWM 调制各有什么特点？

3-6 什么是异步调制？什么是同步调制？两者各有什么特点？分段同步调制有什么特点？

3-7 什么是规则采样法？什么是自然采样法？两者相比各有什么特点？

3-8 三相方波逆变电路输出线电压有几种电平？相电压有几种电平？

3-9 逆变电路如图 3-2 所示，如果将 IGBT 的反并二极管去掉，此电路能工作吗？如负载如改为纯电阻，此电路工作吗？为什么？

3-10 SVPWM 的实现方法有几种？各有什么特点？

3-11 SVPWM 调制逆变电路的直流电压利用率最大可以比 SPWM 调制逆变电路的直流电压利用率高出多少？SVPWM 调制逆变电路有哪些特点？

3-12 三相 SPWM 逆变电路如图 3-24 所示，直流输入电压 $U_{\mathrm{d}}=650\mathrm{V}$，输出交流基波线电压有效值为 280～390V，假定 SPWM 的三角载波幅值为 $U_{\mathrm{cm}}=10\mathrm{V}$，确定正弦调制波的变化范围。

3-13 滤波器的主要作用是什么？主要参数有哪些？

3-14 逆变电路如图 3-41 所示，输入电压 $U_{\mathrm{d}}=300\mathrm{V}$，负载电阻为 $R_{\mathrm{L}}=2\Omega$，采用双极性 SPWM 控制逆变，输出基波频率 $f_{\mathrm{o}}=50\mathrm{Hz}$，载波频率 $f_{\mathrm{c}}=5\mathrm{kHz}$，要求负载电压波形中谐波含量不超过 5%，请设计相关滤波器参数和开关管的参数。

3-15 单相桥式 SPWM 逆变电路如图 3-2 所示，电路采用双极性调制，设计指标如下：

（1）输入直流电压 250～350V。

（2）负载电阻 10Ω。

（3）输出功率 1～2kW 可调。

（4）逆变器载波频率 20kHz。

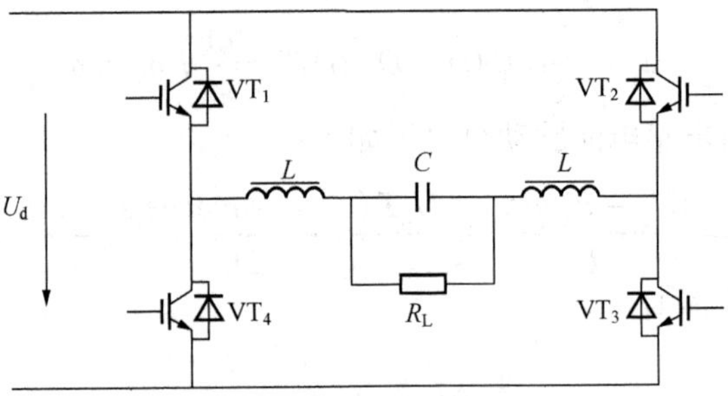

图 3-41 习题 3-14 图

（5）输出基波 50Hz。

请设计主电路的相关参数。

第 4 章　交流-直流变换技术

4.1　概述

交流-直流变换电路又叫作整流（rectifier）电路，是将交流电变换成直流电的电路。整流电路是电力电子电路中出现很早的一种，应用十分广泛。例如电压大小可调的直流电压用于直流电动机的调速，恒定或可调的直流电源给蓄电池充电，低压大电流的直流电源用于电解和电镀，电子、通信系统中的基础电源等。

整流电路的形式多种多样，不同形式的电路具有不同的电路结构和性能指标。根据交流电源的相数分类，整流电路可分为单相整流、三相整流和多相整流；根据整流电路的结构分类，可分为半波整流、全波整流和桥式整流；根据电路组成的器件来分，又分为二极管整流电路、晶闸管相控整流电路、由全控型器件组成的 PWM 整流电路，其中 PWM 整流电路由于其性能优良而越来越受到工程领域的重视。

电路分类的方法不是唯一的，不同的文献和教科书可能会有所不同。本章主要介绍二极管整流电路、晶闸管相控整流电路、电压型 PWM 整流电路的工作原理与分析方法。

4.2　二极管整流电路

二极管整流电路主要分为单相半波、单相桥式、三相半波和三相桥式等形式，其中比较常用的是单相和三相桥式整流电路。单相桥式整流电路常用于小功率单相交流输入的场合。目前大量普及的微型计算机、电视机等家电产品所采用的开关电源中，其整流部分大多采用单相桥式二极管整流电路。

4.2.1　单相桥式二极管整流电路纯电阻负载工作分析

1. 电路工作原理及稳态工作波形分析

图 4-1 所示为单相桥式二极管整流电路的原理及带电阻负载时的工作波形。在交流电源 u_2 的正半周，二极管 VD_1、VD_4 导通，负载上得到正弦波交流电源电压的正半波；在交流电源 u_2 的负半周，二极管 VD_2、VD_3 导通，把负的交流电压变成正电压加在负载上。负载上得到脉动的直流电压，一个周期脉动两次，这样就把正弦波交流电压变成了脉动的直流。在图 4-1 中，交流电压的过零点恰好对应着两对桥臂上二极管导通或阻断的切换点。例如，在 π 时刻，二极管 VD_1、VD_4 由导通转为阻断，VD_2、VD_3 由阻断转为导通；在 2π 时

刻，VD_2、VD_3由导通转为阻断，VD_1、VD_4由阻断转为导通。器件的这种切换叫作换流或换相，对应的切换点（相应的时刻）叫作换流点或换相点。由于电路中二极管为不可控器件，其通断完全由加在管子上的电压所决定，因此在电路中二极管的通断是随着外加电源电压的交变而自然切换的，换流时刻通常称为自然换流点或自然换相点。自然换流点是后续晶闸管相控电路中一个很重要的概念，对于任何一个晶闸管相控电路，把电路中的晶闸管换为二极管，此时电路的换流点即为该晶闸管相控电路的自然换流点。

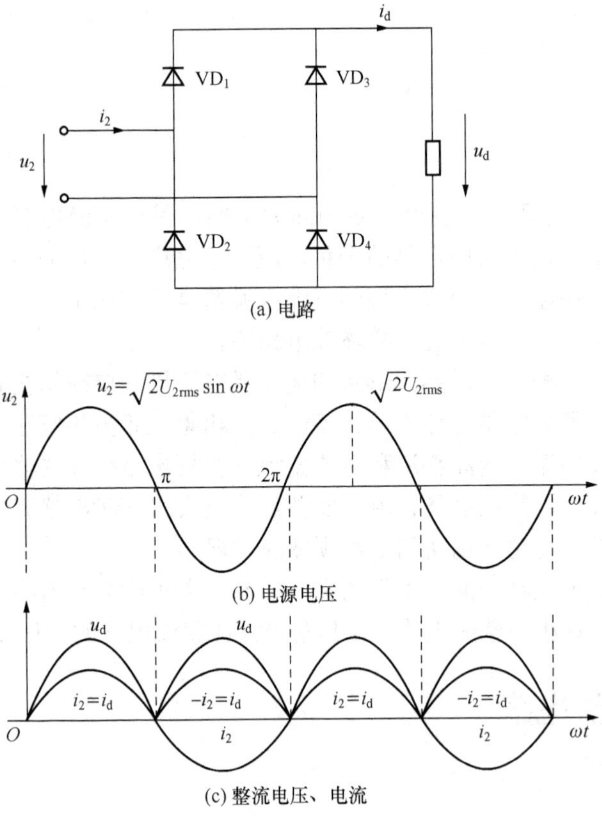

图 4-1 单相桥式二极管整流电路及电阻负载工作波形

在生产实际中，有一些负载基本是电阻性质的，如电阻加热炉、电解、电镀等。电阻负载的特点是电阻上的电压与电流成正比，两者波形形状相同。

2. 运行参数分析

根据图 4-1，假定输入电压为$u_2=\sqrt{2}U_{2rms}\sin\omega t$，单相桥式二极管整流电路电阻负载状态运行参数分析如下。

直流输出电压平均值为

$$U_{dav}=\frac{1}{\pi}\int_0^{\pi}\sqrt{2}U_{2rms}\sin\omega t\,d(\omega t)=\frac{2\sqrt{2}}{\pi}U_{2rms}\approx 0.9U_{2rms} \tag{4-1}$$

负载直流电流平均值为

$$I_{dav}=\frac{U_{dav}}{R}\approx\frac{0.9U_{2rms}}{R} \tag{4-2}$$

负载电流的有效值，即输入电流的有效值为

$$I_{2\mathrm{rms}}=\sqrt{\frac{1}{\pi}\int_{0}^{\pi}\left(\frac{\sqrt{2}U_{2\mathrm{rms}}}{R}\sin\omega t\right)^{2}\mathrm{d}(\omega t)}=\frac{U_{2\mathrm{rms}}}{R} \tag{4-3}$$

流过二极管的电流有效值为

$$I_{\mathrm{VDrms}}=\sqrt{\frac{1}{2\pi}\int_{0}^{\pi}\left(\frac{\sqrt{2}U_{2\mathrm{rms}}}{R}\sin\omega t\right)^{2}\mathrm{d}(\omega t)}=\frac{U_{2\mathrm{rms}}}{\sqrt{2}R} \tag{4-4}$$

4.2.2　单相桥式二极管整流电路阻容负载工作分析

带电容滤波的二极管整流电路是一种非常常见的电路结构，多用来为电压源型逆变器、DC-DC 变换器等提供直流电源。图 4-2（a）所示为带电容滤波的单相桥式整流电路。由于电容两端的电压不能突变，利用电容 C 对整流电压进行滤波，使直流输出电压变平滑。

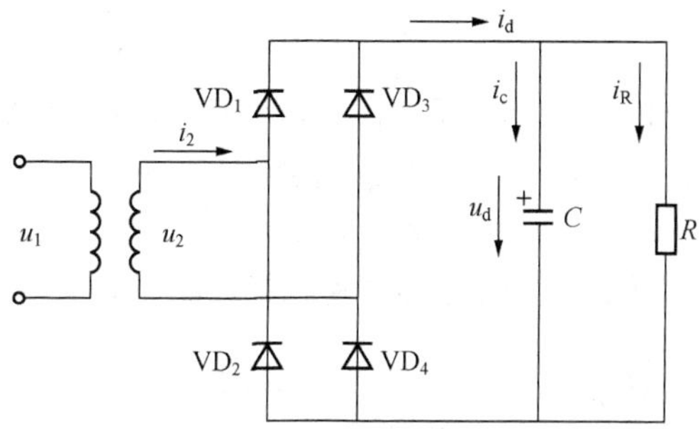

（a）电容滤波单相桥式二极管整流电路

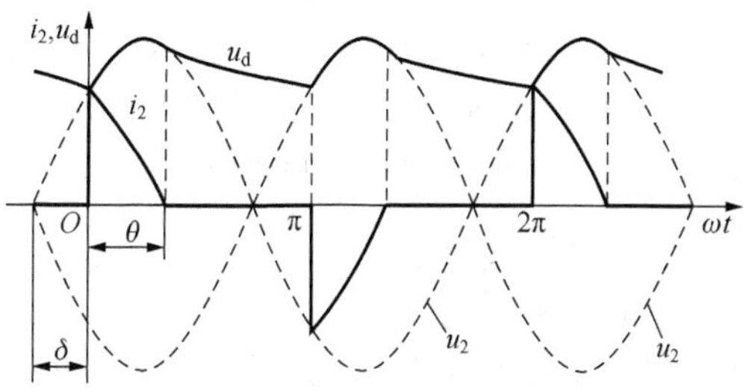

(b) 稳态工作波形

图 4-2　电容滤波单相桥式二极管整流电路及其稳态工作波形

1. 电路工作原理及稳态工作波形分析

假设电路稳态工作，在实际运行中，作为负载的后级电路稳态时消耗的直流电流是一定的，因此整流电路的负载可用等效电阻 R 表示，图 4-2（b）所示为电路稳态工作波形。

该电路的基本工作过程是，在 u_2 正半周过零点至 $\omega t=0$ 期间，因 $u_2<u_d$，故二极管均不导通，此阶段电容 C 向 R 放电，提供负载所需电流，同时 u_d 下降。至 $\omega t=0$ 之后，u_2 将要超过 u_d，使得 VD_1 和 VD_4 开通，$u_d=u_2$，交流电源向电容充电，同时向负载 R 供电。

设 VD_1 和 VD_4 导通的时刻与 u_2 过零点相距 δ 角，则

$$u_2 = \sqrt{2}U_{2\mathrm{rms}}\sin(\omega t + \delta) \tag{4-5}$$

在 VD_1 和 VD_4 导通期间，以下方程成立：

$$\begin{cases} u_\mathrm{d}(0) = \sqrt{2}U_{2\mathrm{rms}}\sin\delta \\ u_\mathrm{d}(0) + \dfrac{1}{C}\displaystyle\int_0^t i_\mathrm{c}\mathrm{d}t = u_2 \end{cases} \tag{4-6}$$

式中，$u_\mathrm{d}(0)$为 VD_1 和 VD_4 开始导通时刻直流侧电压值。

将 u_2 代入并求解得

$$i_\mathrm{c} = \sqrt{2}\omega C U_{2\mathrm{rms}}\cos(\omega t + \delta) \tag{4-7}$$

而负载电流为

$$i_\mathrm{R} = \frac{u_2}{R} = \frac{\sqrt{2}U_{2\mathrm{rms}}}{R}\sin(\omega t + \delta) \tag{4-8}$$

于是有

$$i_\mathrm{d} = i_\mathrm{c} + i_\mathrm{R} = \sqrt{2}\omega C U_{2\mathrm{rms}}\cos(\omega t + \delta) + \frac{\sqrt{2}U_{2\mathrm{rms}}}{R}\sin(\omega t + \delta) \tag{4-9}$$

设 VD_1 和 VD_4 的导通角为 θ，则当 $\omega t = \theta$ 时，VD_1 和 VD_4 关断，电容电压为 $u_\mathrm{d} = u_2 = \sqrt{2}U_{2\mathrm{rms}}\sin(\theta + \delta)$。在式（4-9）中令 $i_\mathrm{d}(\theta) = 0$，可得

$$\tan(\theta + \delta) = -\omega RC \tag{4-10}$$

在 $\omega t = \theta$ 之后，电容开始以时间常数 RC 按指数函数放电，有

$$u_\mathrm{d} = \sqrt{2}U_{2\mathrm{rms}}\sin(\theta + \delta)\mathrm{e}^{-\frac{t-\theta/\omega}{RC}} = \sqrt{2}U_{2\mathrm{rms}}\sin(\theta + \delta)\mathrm{e}^{-\frac{\omega t-\theta}{\omega RC}}$$

整流电路稳态工作情况下，整流波形周期为 π，因此，当 $\omega t = \pi$ 时，u_d 降至开始充电时的初值，有

$$\sqrt{2}U_{2\mathrm{rms}}\sin(\theta + \delta)\mathrm{e}^{-\frac{\pi-\theta}{\omega RC}} = \sqrt{2}U_{2\mathrm{rms}}\sin\delta \tag{4-11}$$

注意到 $\delta + \theta$ 为第 II 象限的角，由式（4-10）和式（4-11）得

$$\pi - \theta = \delta + \arctan(\omega RC) \tag{4-12}$$

$$\frac{\omega RC}{\sqrt{1+(\omega RC)^2}}\mathrm{e}^{-\frac{\arctan(\omega RC)}{\omega RC}}\mathrm{e}^{-\frac{\delta}{\omega RC}} = \sin\delta \tag{4-13}$$

在 ωRC 已知时，即可由式（4-13）求出 δ，进而由式（4-12）求出 θ。显然 δ 和 θ 仅由乘积 ωRC 决定。图 4-3 给出了根据以上两式求得的 δ 和 θ 角随 ωRC 变化的曲线。

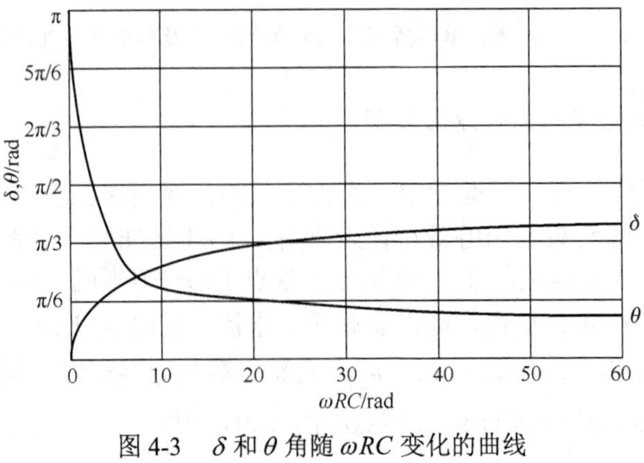

图 4-3　δ 和 θ 角随 ωRC 变化的曲线

2. 运行参数分析

1）输出电压平均值

空载时 $R \to \infty$，放电时间常数为无穷大，输出电压最大，$U_{dmax} = \sqrt{2}U_{2rms}$。

整流电压平均值 U_{dav} 可根据前述波形及有关计算公式推导得出，但推导烦琐，故此处直接给出 U_{dav} 与输出到负载的电流平均值 I_R 之间的关系曲线如图 4-4 所示。

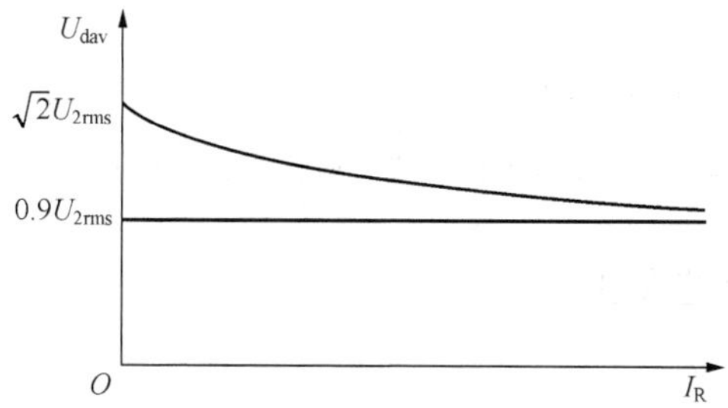

图 4-4　电容滤波单相桥式二极管整流电路输出电压与输出电流的关系曲线

空载时输出直流电压达到 $\sqrt{2}U_{2rms}$，随着负载增大输出电压逐渐下降，重载时 R 很小，电容放电很快，几乎失去储能作用，输出直流电压 U_{dav} 逐渐趋近于 $0.9U_{2rms}$，即趋近于电阻负载时的特性。

通常在设计时根据负载的情况选择电容 C 值，使 $RC \geqslant (3\sim5)T/2$，T 为交流电源的周期，此时输出直流电压平均值为

$$U_{dav} \approx 1.2U_{2rms} \tag{4-14}$$

2）输出电流平均值

输出电流平均值（即输出直流电流）为

$$I_{Rav} = \frac{U_{dav}}{R} \tag{4-15}$$

在稳态时，电容 C 在一个电源周期内吸收的能量和释放的能量相等，其电压平均值保持不变。相应地，流经电容的电流在一周期内平均值为零，又由 $i_d = i_c + i_R$ 得出

$$I_{dav} = I_{Rav} \tag{4-16}$$

在一个电源周期中，i_d 有两个波头，分别轮流流过 VD_1、VD_4 和 VD_2、VD_3。反过来说，流过某个二极管的电流 i_{VD} 只是两个波头中的一个，故其平均值为

$$I_{VDav} = \frac{I_{dav}}{2} = \frac{I_{Rav}}{2} \tag{4-17}$$

3）二极管承受的电压

二极管承受的反向电压最大值为变压器二次电压最大值，即 $\sqrt{2}U_{2rms}$。

以上讨论过程中，忽略了电路中诸如变压器漏抗、线路电感等的作用。另外，实际应用中为了抑制电流冲击，常在直流侧串入较小的电感，成为 LC 滤波的电路，如图 4-5（a）所示。此时输出电压和输入电流的波形如图 4-5（b）所示，由波形可见，u_d 波形更平直，而电流 i_2 的上升段平缓了许多，这对于电路的工作是有利的。当 L 和 C 的取值变化时，电路的工作情况会有很大的不同，这里不再详细介绍。

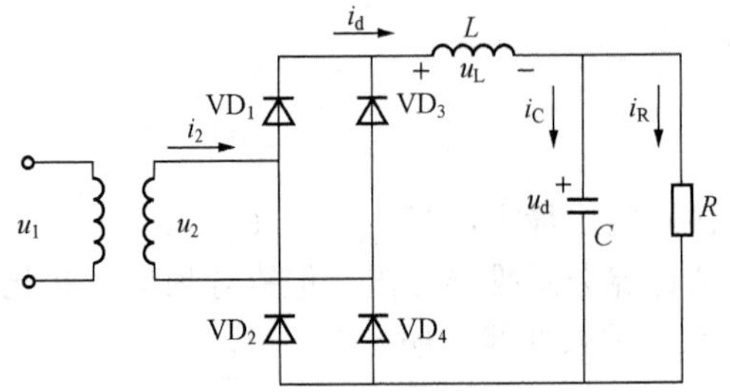

(a) LC 滤波单相桥式二极管整流电路

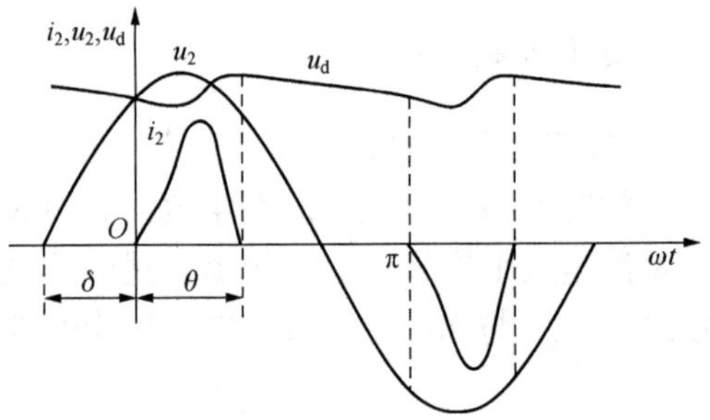

(b) 工作波形

图 4-5　LC 滤波单相桥式二极管整流电路及工作波形

4.2.3　二极管倍压、倍流整流电路*

1. 二极管倍压整流电路

世界各国的市电电压并不完全一样，有的单相电压有效值为 110V，有的为 220V（或 230V），我国的市电电压标准为 220V，为适应不同国家的需要，实现两种输入电源的转换，可采用如图 4-6 所示的倍压整流电路。

两种输入交流电压的转换由开关 S 来完成，当 S 闭合时，电路在 110V 交流输入电压下工作。在交流电的正半周，通过 VD_1，C_1 上的电压被充电到接近交流电压峰值的 1/2，即 $u_d/2$；而在交流电的负半周，C_2 上的电压通过 VD_2 也被充电达到 $u_d/2$，电路输出直流电压为 C_1、C_2 上电压之和，即 u_d。当开关 S 打开后，电路为标准的单相桥式二极管整流电容滤波电路，对输入交流 220V 进行整流，也同样产生数值为 u_d 的直流电压。

S 闭合时的电路称为倍压整流电路，同样，利用二极管的整流与导引作用，配合电容的储能效应，也可以构成多倍压整流电路，读者可以参考相关资料。

2. 二极管倍流整流电路

在变压器隔离 DC-DC 变换电路中，输出端整流属于高频整流，输出常为对称方波，在低压大电流输出时，传统桥式整流电路存在两个二极管压降，二极管的导通损耗会大大降低电路的效率，而全波整流虽然只需要两个二极管，损耗小，但变压器二次侧绕组有中心抽头，绕制比较困难，此时可采用如图 4-7（a）所示的倍流整流电路。

在 0～t_1 时段，u_T 处于正半周，VD_1 截止，VD_2 导通，i_{L1} 在 u_T 作用下线性增长并为负载 R 提供能量，L_1 充电储能，而此时 L_2 经 VD_2 释放能量给负载 R，有 $i_L=i_{L1}+i_{L2}\approx 2i_{L1}$。

在 t_2～t_3 时段，u_T 处于负半周，VD_1 导通，VD_2 截止，i_{L2} 在 u_T 作用下线性增长并为负载 R 提供能量，L_2 充电储能，而此时 L_1 经 VD_1 释放能量给负载 R，同样有 $i_L=i_{L1}+i_{L2}\approx 2i_{L1}$。

在 t_1～t_2 及 t_3～t_4 时段，$u_T=0$，L_1、L_2 分别通过 VD_1、VD_2 续流，同样有 $i_L=i_{L1}+i_{L2}\approx 2i_{L1}$。

倍流整流不需要变压器二次侧中心抽头，仅用两个二极管就完成全波整流的功能，变压器绕组中的电流仅是输出电流的一半，故称为倍流整流。

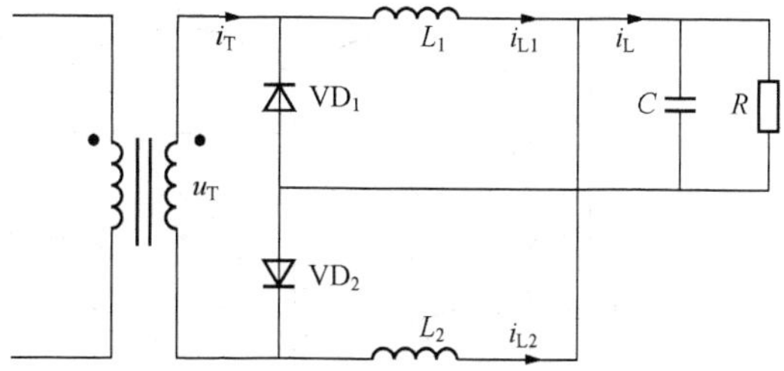

（a）二极管倍流整流电路

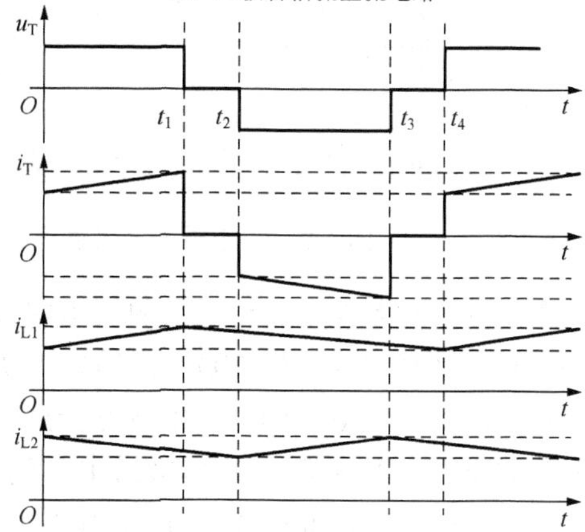

(b) 倍流整流工作波形

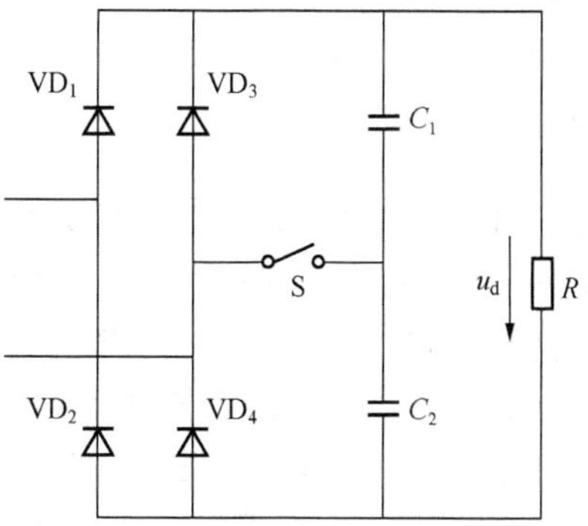

图 4-6　二极管倍压整流电路

图 4-7　二极管倍流整流电路及工作波形

4.2.4　三相桥式二极管整流电路纯电阻负载工作分析

当整流负载容量比较大时，多采用三相整流电路，如图 4-8 所示是三相桥式二极管整流电路纯电阻负载电路的结构形式，图中变压器 T 多采用△/Y连接，这样为三次（包括 3 的倍数次）谐波电流提供流通路径，以减少谐波对交流电源的影响，当然变压器的需要与否与实际情况有关。在图 4-8 中，二极管 VD_1、VD_3、VD_5 组成共阴极组；VD_4、VD_6、VD_2 组成共阳极组。显然，共阴极组在电源的正半周时导通，共阳极组在电源的负半周时导通。

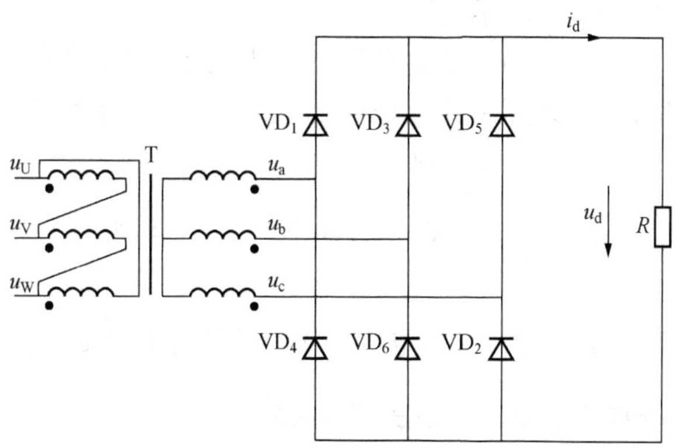

图 4-8　三相桥式二极管整流电路纯电阻负载电路

为了便于分析，将一个电源周期分为六段，如图 4-9 所示。

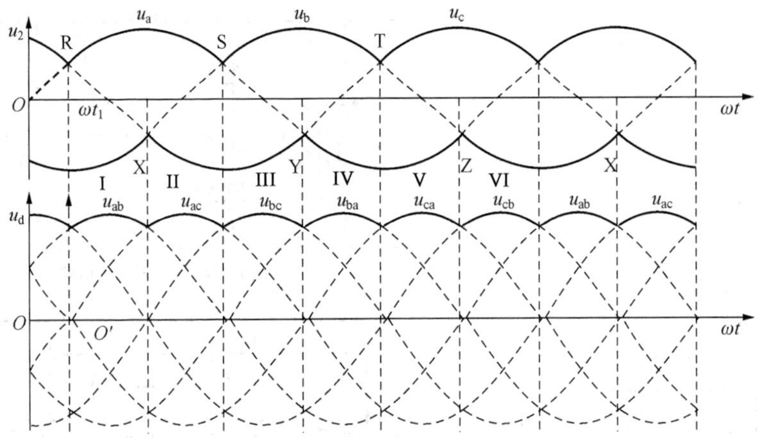

图 4-9 三相桥式二极管整流电路纯电阻负载工作波形

在第 I 区间，a 相电位最高，共阴极组中 VD_1 导通，VD_3、VD_5 承受反向电压截止。b 相电位最低，共阳极组中 VD_6 导通，VD_2、VD_4 承受反向电压截止，负载电压 $u_d = u_a - u_b = u_{ab}$。在第 II 区间，a 相电位仍然最高，共阴极组仍维持 VD_1 导通，VD_3、VD_5 截止。但此时 c 相电位最低，共阳极组中 VD_2 导通，VD_4、VD_6 承受反向电压截止，负载电压 $u_d = u_a - u_c = u_{ac}$。以此类推，在第 III 区间，VD_2、VD_3 导通，$u_d = u_{bc}$；在第 IV 区间，VD_3、VD_4 导通，$u_d = u_{ba}$；在第 V 区间，VD_4、VD_5 导通，$u_d = u_{ca}$；在第 VI 区间，VD_5、VD_6 导通，$u_d = u_{cb}$。

通过上述分析可以看出以下内容。

（1）在任一时刻，均有两个二极管同时导通，其中电位最高相的共阴极组的二极管和电位最低相的共阳极组的二极管导通，每个二极管导通 $2\pi/3$。

（2）二极管的导通顺序为（VD_1、VD_6）→（VD_1、VD_2）→（VD_2、VD_3）→（VD_3、VD_4）→（VD_4、VD_5）→（VD_5、VD_6）→（VD_1、VD_6）。共阴极组自然换流点为图 4-9 中的 R、S、T 等点；共阳极组自然换流点为图中的 X、Y、Z 等点。

（3）三相桥式二极管控整流电路输出电压为变压器二次侧线电压，波形是变压器二次侧线电压的完整包络线，如图 4-9 所示。

（4）为计算方便，以线电压 u_{ac} 过零点作为计算的起点（图中的 O' 点，称以 O' 点为坐标原点的坐标为计算坐标），计算整流电路直流输出电压，假定整流输入端相电压 u_a、u_b、u_c 的有效值为 U_{2rms}，则输出直流电压为

$$U_{dav} = \frac{1}{\frac{\pi}{3}} \int_{\frac{\pi}{3}}^{\frac{2\pi}{3}} \sqrt{6} U_{2rms} \sin \omega t \mathrm{d}(\omega t) = 2.34 U_{2rms}$$

显然，每个二极管承受的最大反向电压为线电压的峰值 $\sqrt{6} U_{2rms}$。

4.2.5 三相桥式二极管整流电路阻容负载工作分析

三相桥式电容滤波二极管整流阻容负载电路如图 4-10（a）所示，这种结构在负载功率较大的直流电源、逆变电源中很常见。

1. 电路工作原理及稳态工作波形分析

在该电路中，当某一对二极管导通时，输出直流电压等于交流侧线电压中最大的一个，该线电压既向电容供电，也向负载供电。当没有二极管导通时，由电容向负载放电，u_d 按指数规律下降。

设二极管在距线电压过零点 δ 角处开始导通，并以二极管 VD_6 和 VD_1 开始同时导通的时刻为时间零点，整流输入端相电压 u_a、u_b、u_c 的有效值为 U_{2rms}，则线电压为

$$u_{ab}=\sqrt{6}U_{2rms}\sin(\omega t+\delta)$$

相电压为

$$u_a=\sqrt{2}U_{2rms}\sin\left(\omega t+\delta-\frac{\pi}{6}\right)$$

在 t=0 时，二极管 VD_6 和 VD_1 开始同时导通，直流侧电压等于 u_{ab}；下一次同时导通的一对管子是 VD_1 和 VD_2，直流侧电压等于 u_{ac}。这两段导通过程之间的交替有两种情况，一种是在 VD_1 和 VD_2 同时导通之前 VD_6 和 VD_1 是关断的，交流侧向直流侧的充电电流 i_d 是断续的，如图 4-10（b）所示；另一种是 VD_1 一直导通，交替时由 VD_6 导通换相至 VD_2 导通，i_d 是连续的。介于二者之间的临界情况是，VD_6 和 VD_1 同时导通的阶段与 VD_1 和 VD_2 同时导通的阶段在 $\omega t+\delta=2\pi/3$ 处恰好衔接起来，i_d 恰好连续。

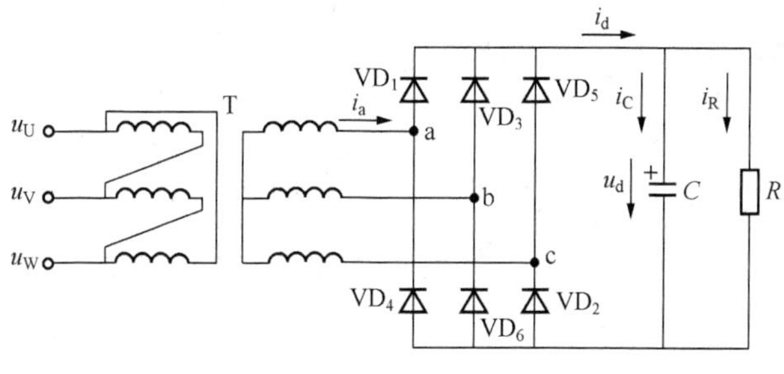

（a）三相桥式二极管整流阻容负载电路

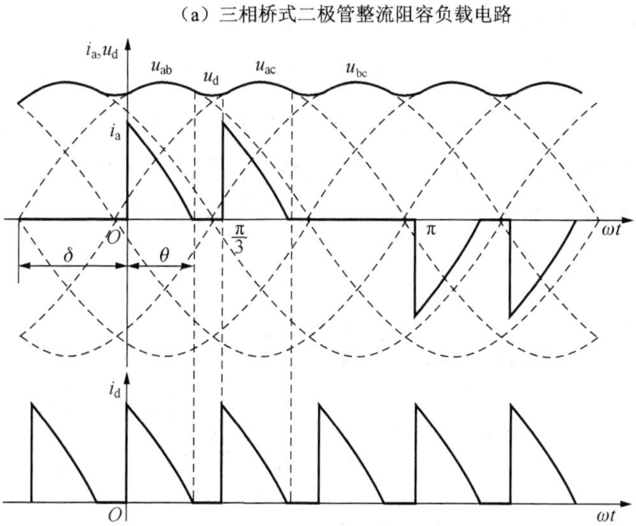

（b）三相桥式二极管整流阻容负载电路稳态工作波形

图 4-10　三相桥式二极管整流阻容负载电路及其稳态工作波形

VD_6和VD_1同时导通时，有

$$u_d = \sqrt{6}U_{2rms}\sin(\omega t+\delta)$$

$$i_C = C\frac{du_d}{dt} = \sqrt{6}U_{2rms}\omega C\cos(\omega t+\delta)$$

$$i_R = \frac{u_d}{R} = \frac{\sqrt{6}U_{2rms}}{R}\sin(\omega t+\delta)$$

$$i_d = i_C + i_R = \sqrt{6}U_{2rms}\omega C\cos(\omega t+\delta) + \frac{\sqrt{6}U_{2rms}}{R}\sin(\omega t+\delta)$$

在$\omega t=\theta$时刻，$i_d=0$，有

$$\tan(\theta+\delta) = -\omega RC \tag{4-18}$$

当$\theta=\frac{\pi}{3}$时，电流i_d临界连续，考虑到整流二极管最大导通周期为$\frac{2\pi}{3}$，此时$\delta=\frac{\pi}{3}$，有

$$\omega RC = \sqrt{3} \tag{4-19}$$

这就是电流i_d连续的临界条件，当$\omega RC>\sqrt{3}$时，电流i_d断续；当$\omega RC<\sqrt{3}$时，电流i_d连续。图4-11分别给出了ωRC等于和小于$\sqrt{3}$时的电流波形，$\omega RC>\sqrt{3}$时，交流侧电流和电压波形如图4-10所示。

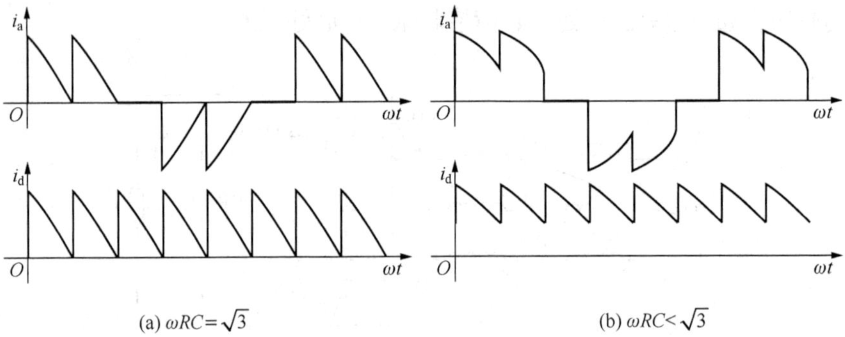

图4-11　电容滤波三相桥式二极管整流电路$\omega RC\leqslant\sqrt{3}$时的电流波形

对一个确定的装置来讲，通常只有R是可变的，它的大小反映了负载的轻重。因此可以说，在轻载时直流侧获得的充电电流是断续的，重载时是连续的，分界点就是$R=\sqrt{3}/\omega C$。

以上分析的是理想的情况，未考虑实际电路中存在的交流侧电感以及为抑制冲击电流而串联的电感。当考虑上述电感时，电路的工作情况发生变化，其电路和交流侧电流波形如图4-12所示。

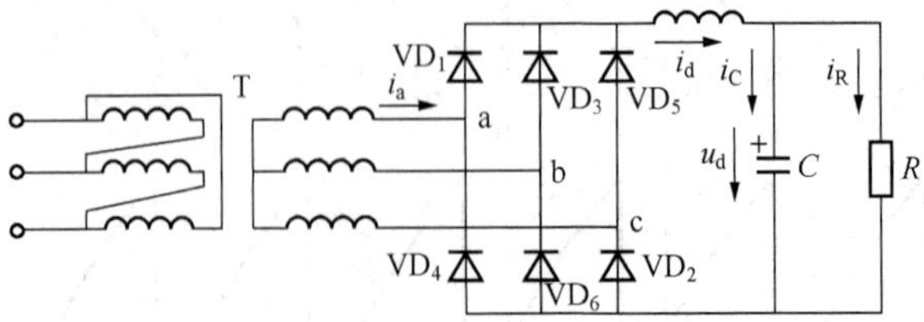

（a）LC滤波三相桥式二极管整流电路

图4-12　LC滤波三相桥式二极管整流电路及其工作波形

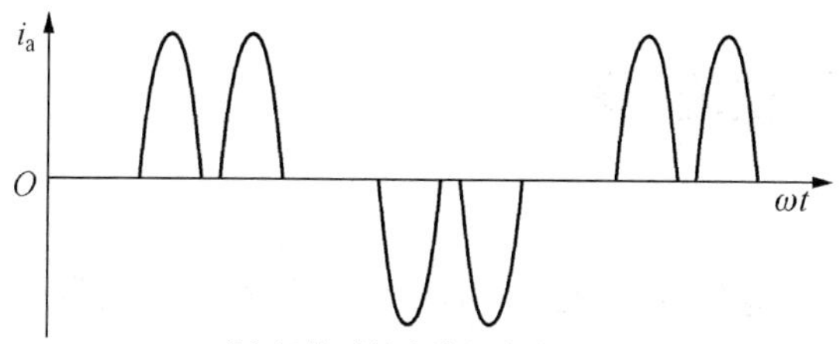

(b) 轻载时的交流侧电流波形

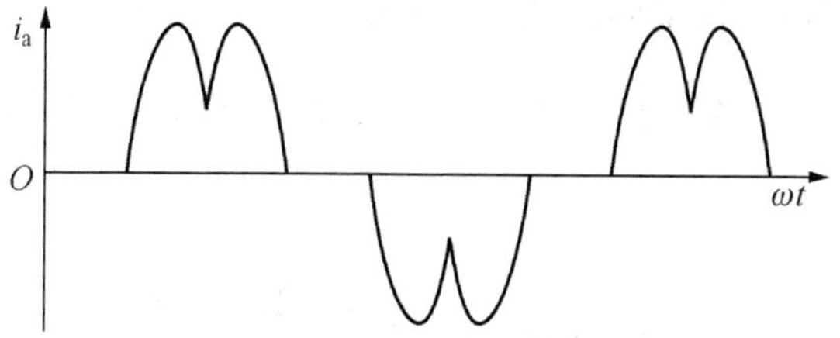

(c) 重载时的交流侧电流波形

图 4-12（续）

将电流波形与不考虑电感时的波形比较可知，有电感时，电流波形的前沿平缓了许多，有利于电路的正常工作。随着负载的加重，电流波形与电阻负载时的交流侧电流波形逐渐接近。

2. 运行参数分析

1）输出电压平均值

三相桥式二极管整流阻容负载电路空载时，输出电压平均值（输出直流电压）最大，为$U_{dav}=U_{dmax}=\sqrt{6}U_{2rms}=2.45U_{2rms}$。随着负载加重，输出电压平均值减小，至$\omega RC=\sqrt{3}$进入$i_d$连续情况后，输出电压波形成为线电压的包络线，最低点电压为$U_{dmin}=\sqrt{6}U_{2rms}\sin 60°=2.12U_{2rms}$，其输出直流电压为$U_{dav}=2.34U_{2rms}$。可见，$U_{dav}$的变化范围为$2.34U_{2rms}$～$2.45U_{2rms}$，而$U_d$的最大变化范围则为$2.12U_{2rms}$～$2.45U_{2rms}$。

与电容滤波的单相桥式二极管整流电路相比，U_d和U_{dav}的变化范围小得多，而且，当负载加重到一定程度后，U_{dav}就稳定在$2.34U_{2rms}$不变了。

2）电流平均值

输出电流平均值为

$$I_{Rav}=\frac{U_{dav}}{R} \tag{4-20}$$

与单相电路情况一样，电容电流i_C平均值为零，因此有

$$I_{dav}=I_{Rav} \tag{4-21}$$

在一个电源周期中，i_d有六个波头，流过每一个二极管的是其中的两个波头，因此二极管电流平均值为I_d的 1/3，即

$$I_{VDav}=\frac{I_{dav}}{3}=\frac{I_{Rav}}{3} \tag{4-22}$$

3）二极管承受的电压

二极管承受的最大反向电压为线电压的峰值，为$\sqrt{6}U_{2rms}$。

4.3 单相桥式全控整流电路

单相可控整流电路结构有多种形式，单相桥式可控整流电路是其中比较常用的一种电路结构。

4.3.1 单相桥式全控整流电路电阻负载工作分析

把图 4-1（a）中的二极管换成晶闸管，电路就变成了单相桥式全控整流电路，如图 4-13（a）所示。

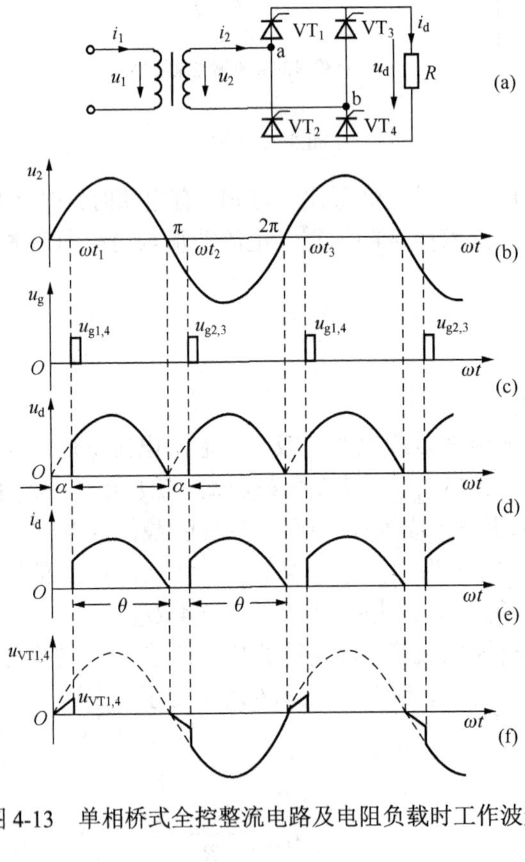

图 4-13　单相桥式全控整流电路及电阻负载时工作波形

1. 电路工作原理及稳态工作波形分析

在单相桥式全控整流电路中，晶闸管 VT_1 和 VT_4、VT_2 和 VT_3 分别成组工作，自然换流点分别为交流电压过零点，从晶闸管的工作特性可以看出，自然换流点是相应晶闸管最早允许导通的时刻，也就是相应晶闸管的触发脉冲起始时刻。若把晶闸管近似看成理想的开关，忽略其开关时间和导通压降、忽略器件关断时的漏电流，则其电路的稳态工作过程分析如下。

1）在 0～ωt_1 时段

交流电源 u_2>0（即图中 a 点电位高于 b 点电位），晶闸管 VT_1 和 VT_4 承受正向电压，晶闸管 VT_2 和 VT_3 承受反向电压，但此时四个晶闸管上均不施加门极触发脉冲，四个晶闸管都不导通，负载电流、电压均为零。一组管子串联起来承受电源电压，假定各个管子的特性相同，则 VT_1 和 VT_4、VT_2 和 VT_3 串联后各承受一半电源电压，如图 4-13（f）所示。

2）ωt_1～π时段

在 ωt_1 时刻 VT_1 和 VT_4 出现门极触发脉冲 $u_{g1,4}$，根据晶闸管的工作特性，此时 VT_1 和 VT_4 导通，负载电压 $u_d = u_{ab}$。电流方向为 a→VT_1→R→VT_4→b。当 $\omega t = \pi$ 时，u_2 为零，负载电流 i_d 及晶闸管的电流降为零，VT_1 和 VT_4 关断，输出电压为零。

3）π～ωt_2 时段

电源电压进入负半周，b 点电位高于 a，VT_1 和 VT_4 承受反向电压，VT_2 和 VT_3 承受正向电压，但此时没有门极触发脉冲，四个晶闸管均关断，输出电压、电流为零。与前面类似，一组管子串联起来均分电源电压。

4）ωt_2～2π时段

在 ωt_2 时刻 VT_2 和 VT_3 出现门极触发脉冲 $u_{g2、3}$，VT_2 和 VT_3 导通，把负的电源电压倒相后加在负载上，负载上得到与正半周相同的电压和电流，电流方向为 b→VT_3→R→VT_2→a。到 $\omega t = 2\pi$ 时刻，电源电压再次过零，VT_2 和 VT_3 关断，完成一个周期交流到直流的变换。在电源的下一个周期，电路重复前面的过程。

从图 4-13 可以看出，门极触发脉冲 $u_{g1,4}$ 和 $u_{g2,3}$ 距离相应的自然换流点均延后α角度，这个角度称为触发延迟角。改变触发延迟角α的大小，输出电压 u_d 随之也发生变化。

在单相桥式全控整流电路中，晶闸管承受的最大反向电压为$\sqrt{2}U_{2rms}$，承受的最大正向电压为$\sqrt{2}U_{2rms}/2$。

从上面的分析可以看出，在 u_2 一个周期里，变压器二次绕组正、负两个半周电流方向相反且波形对称，变压器不存在直流磁化的问题，绕组的利用率较高。

在晶闸管相控电路的分析中，有几个常用的名词术语。

（1）触发延迟角α：从晶闸管自然换流点开始到施加触发脉冲时刻所对应的电角度，叫作触发延迟角，也叫控制角，用α表示。

（2）导通角θ：晶闸管在一个交流电源周期内导通的时间所对应的电角度，叫作导通角，也叫导电角，用θ表示。在如图 4-13 所示的电路中，$\theta=\pi-\alpha$。

（3）移相：改变触发脉冲出现的时刻，即改变α的大小，叫作移相。改变α的大小，也就改变了输出电压的大小，这种方式称为“相控”或“移相控制”。

（4）移相范围：改变α使输出电压平均值从最大值降到最小值，α的变化范围叫作移相范围。如图 4-13 所示的电路α的移相范围为 0°～180°。

（5）同步：为了使整流电路输出电压波形呈周期性地重复，触发脉冲与整流电路的交流电压在频率和相位上必须保持某种固定的协调关系，这种关系称为同步。触发脉冲与交流电源电压保持同步是可控整流电路正常工作的基本条件。

2. 运行参数分析

可控整流电路中最基本的可控变量是触发延迟角α，α与电压、电流之间的关系决定了可控整流电路的基本特性。根据上面的电路和工作波形，可以分析电路的一些数量关系。

设交流电源电压为$u_2=\sqrt{2}U_{2\text{rms}}\sin\omega t$，由输出整流电压波形可得到单相桥式全控整流电路电阻性负载整流电压平均值为

$$U_{\text{dav}}=\frac{1}{\pi}\int_{\alpha}^{\pi}\sqrt{2}U_{2\text{rms}}\sin\omega t\text{d}(\omega t)=\frac{\sqrt{2}U_{2\text{rms}}}{\pi}(1+\cos\alpha)=0.9U_{2\text{rms}}\frac{1+\cos\alpha}{2} \tag{4-23}$$

负载直流电流平均值为

$$I_{\text{dav}}=\frac{U_{\text{dav}}}{R}=\frac{0.9U_{2\text{rms}}}{R}\frac{1+\cos\alpha}{2} \tag{4-24}$$

为了选择晶闸管、计算变压器容量、计算导线截面积等参数，需要计算电流有效值。流过每个管子的电流有效值为

$$I_{\text{VTrms}}=\sqrt{\frac{1}{2\pi}\int_{\alpha}^{\pi}\left(\frac{\sqrt{2}U_{2\text{rms}}}{R}\sin\omega t\right)^2\text{d}(\omega t)}=\frac{U_{2\text{rms}}}{\sqrt{2}R}\sqrt{\frac{\sin2\alpha}{2\pi}+\frac{\pi-\alpha}{\pi}} \tag{4-25}$$

变压器次级电流的有效值$I_{2\text{rms}}$与负载电流的有效值I_{drms}相等，为

$$I_{2\text{rms}}=I_{\text{drms}}=\sqrt{\frac{1}{\pi}\int_{\alpha}^{\pi}\left(\frac{\sqrt{2}U_{2\text{rms}}}{R}\sin\omega t\right)^2\text{d}(\omega t)}=\frac{U_{2\text{rms}}}{R}\sqrt{\frac{\sin2\alpha}{2\pi}+\frac{\pi-\alpha}{\pi}} \tag{4-26}$$

负载电压有效值为

$$U_{\text{drms}}=\sqrt{\frac{1}{\pi}\int_{\alpha}^{\pi}(\sqrt{2}U_{2\text{rms}}\sin\omega t)^2\text{d}(\omega t)}=U_{2\text{rms}}\sqrt{\frac{\sin2\alpha}{2\pi}+\frac{\pi-\alpha}{\pi}}=I_{\text{drms}}R \tag{4-27}$$

整流电路中的交流电源输入电流除含有基波电流外还含有谐波电流，因而交流电源视在功率S一般要大于有功功率P。电路的功率因数PF（power factor）为

$$\text{PF}=\frac{P}{S}=\frac{U_{\text{drms}}I_{\text{drms}}}{U_{2\text{rms}}I_{2\text{rms}}}=\sqrt{\frac{\sin2\alpha}{2\pi}+\frac{\pi-\alpha}{\pi}} \tag{4-28}$$

功率因数PF是触发延迟角α的函数，相控整流电路在输出电压较低时（称为深调节），α值较大，功率因数PF较低，这是相控整流的一大缺点。

4.3.2 单相桥式全控整流电路阻感负载工作分析

整流电路的实际负载大多是既有电阻又有电感，一般把负载中的感抗ωL与电阻R相比其值不可忽略时的负载称为阻感负载。实际应用中，为了滤平整流后的输出电流波形，常常在负载回路中串联所谓的平波电抗，并且有$\omega L\gg R$，整个负载的性质主要呈感性，这样的负载叫作大电感负载。在大电感负载情况下，由于电感具有抗拒电流变化的特性，稳态时流过负载的电流 i_{d} 连续且波形近似为一条水平直线，幅值为 I_{d}（可以视电感$L\to\infty$）。

1. 电路工作原理及稳态工作波形分析

图4-14（a）为单相桥式全控整流电路带阻感负载电路图，假定电感L很大，为大电感负载，电路的触发延迟角为α，晶闸管近似为理想开关，则其稳态工作过程如下。

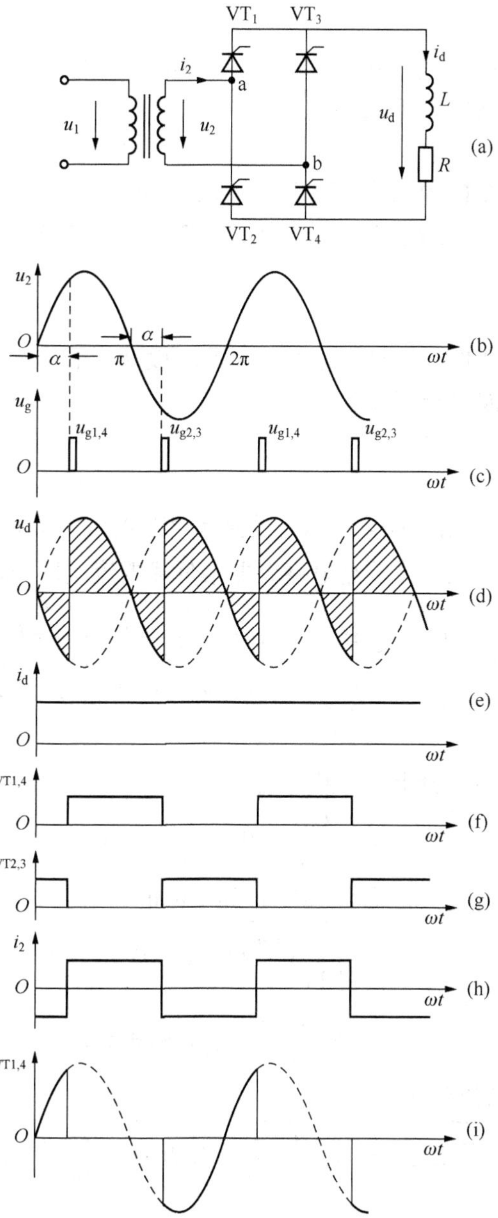

图 4-14　单相桥式全控整流阻感负载电路的结构及大电感负载时的波形

1）0～α 时段

电路工作于稳态时具有周期性，该时段是 VT_2、VT_3 导通过程的延续。虽然此时段 $u_{VT1AK}=u_{VT4AK}>0$，但由于没有相应的触发脉冲，在电感的续流作用下 VT_2、VT_3 仍维持导通，输出电压 $u_d=-u_2$。

2）α～π 时段

在 α 时刻 VT_1、VT_4 的触发脉冲出现，VT_1、VT_4 满足导通条件而导通。随着 VT_1、VT_4 的导通，VT_2、VT_3 开始承受反压，电流从 VT_2、VT_3 向 VT_1、VT_4 转移并完成换流，输出电压 $u_d=u_2$。

3）π～π+α 时段

虽然此时段 $u_{\mathrm{VT2AK}}=u_{\mathrm{VT3AK}}>0$，但由于没有相应的触发脉冲，在电感的续流作用下 VT_1、VT_4 仍维持导通，输出电压 $u_d=u_2$。

4）π+α～2π 时段

在 π+α 时刻 VT_2、VT_3 的触发脉冲出现，VT_2、VT_3 满足导通条件而导通。随着 VT_2、VT_3 的导通，VT_1、VT_4 开始承受反压，电流从 VT_1、VT_4 向 VT_2、VT_3 转移并完成换流，输出电压 $u_d=-u_2$。

5）2π～2π+α 时段

由于电路工作的周期性，该时段即为 0～α 时段波形的重复。至此形成一个周期的工作波形，稳态工作时各波形周期性重复。

2. 运行参数分析

电路的完整工作波形如图 4-14 所示。设交流电源电压为 $u_2=\sqrt{2}U_{2\mathrm{rms}}\sin\omega t$，由输出直流电压波形可得到单相桥式全控整流电路大电感负载整流电压平均值（输出直流电压）为

$$U_{\mathrm{dav}}=\frac{1}{\pi}\int_{\alpha}^{\pi+\alpha}\sqrt{2}U_{2\mathrm{rms}}\sin\omega t\mathrm{d}(\omega t)=\frac{2\sqrt{2}U_{2\mathrm{rms}}}{\pi}\cos\alpha=0.9U_{2\mathrm{rms}}\cos\alpha \tag{4-29}$$

当 $\alpha=0°$ 时，$U_{\mathrm{dav}}=U_{\mathrm{dav0}}=0.9U_{2\mathrm{rms}}$；当 $\alpha=90°$ 时，$U_{\mathrm{dav}}=0$，可见 α 的移相范围为 0°～90°。

输出电流 i_d 为平直的直流电流，其值为

$$I_d=\frac{U_{\mathrm{dav}}}{R}=0.9\frac{U_{2\mathrm{rms}}}{R}\cos\alpha \tag{4-30}$$

晶闸管导通角 θ 与 α 无关，均为 180°，其电流的有效值与平均值分别为

$$I_{\mathrm{VTrms}}=\sqrt{\frac{1}{2\pi}\int_{\alpha}^{\pi+\alpha}(I_d)^2\mathrm{d}(\omega t)}=\frac{1}{\sqrt{2}}I_d \tag{4-31}$$

$$I_{\mathrm{VTav}}=\frac{1}{2\pi}\int_{\alpha}^{\pi+\alpha}I_d\mathrm{d}(\omega t)=\frac{1}{2}I_d \tag{4-32}$$

变压器二次交流电流有效值为

$$I_{2\mathrm{rms}}=\sqrt{\frac{1}{2\pi}\int_{\alpha}^{\alpha+2\pi}i_2^2\mathrm{d}(\omega t)}=\sqrt{\frac{1}{2\pi}\left[\int_{\alpha}^{\alpha+\pi}I_d^2\mathrm{d}(\omega t)+\int_{\alpha+\pi}^{\alpha+2\pi}(-I_d)^2\mathrm{d}(\omega t)\right]}=I_d \tag{4-33}$$

4.3.3 单相桥式全控整流电路带反电动势负载的工作分析

在生产实践中，晶闸管整流电路除了有电阻、电感性负载之外，还有一类具有反电动势性质的负载。比如给蓄电池充电，带动直流电动机运转。这一类负载的共同特点是工作时会产生一个极性与电流方向相反的电动势，把这一类负载叫作反电动势负载，反电动势负载对整流电路的工作会产生影响。

反电动势负载可看成是一个电动势源与电阻的串联，电动势源的极性与电流方向相反，电阻是电流回路的等效电阻（包括反电动势和导线等的电阻，对于电动机忽略其中的电感），如图 4-15 所示。

图 4-15（a）所示是单相桥式全控整流带反电动势电路，分析电路时，忽略主电路各部分的电感，在一个交流电源周期，认为电动势源的大小 E 是稳定不变的。根据晶闸管的导

通条件，只有交流电源电压 u_2 数值上大于反电动势 E 时，晶闸管才能承受正压，才能被触发导通。晶闸管导通后，u_2 加在负载上，此时 $u_d = u_2$，$i_d = \dfrac{u_d - E}{R}$。直到电源电压 u_2 在数值上等于或小于反电动势 E，电流下降到零，晶闸管关断。此时负载电压等于反电动势 E，即 $u_d = E$。输出波形如图 4-15（b）所示。由于存在反电动势 E，晶闸管提前关断，提前关断的电角度用 δ 表示，称为停止导电角，即

$$\delta = \arcsin\frac{E}{\sqrt{2}U_{2rms}} \tag{4-34}$$

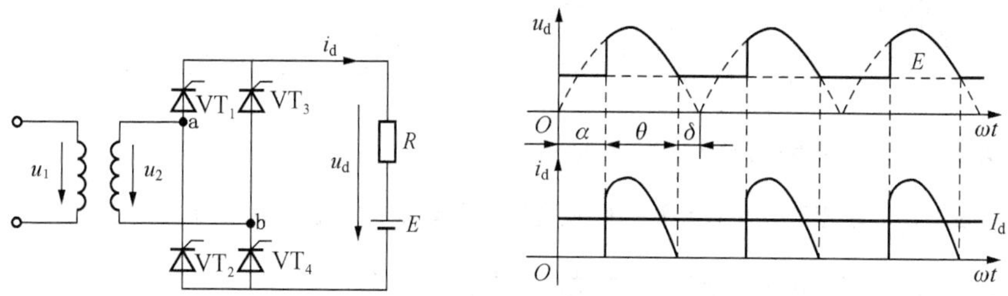

(a) 单相桥式全控整流带反电动势负载电路　　(b) 电路工作波形

图 4-15　单相桥式全控整流带反电动势负载电路及电路工作波形

由于晶闸管整流电路带反电动势负载，当晶闸管导通时，$u_d = u_2$；当晶闸管关断时，$u_d = E$。输出电压波形的面积比阻性负载时增大了，电压平均值提高了。但电流波形断续，电流波形的面积减小了，电流平均值下降了。根据 α 和 δ 的大小可求出输出电压。

当 $\alpha \geqslant \delta$ 时，输出直流电压为

$$U_{dav} = E + \frac{1}{\pi}\int_{\alpha}^{\pi-\delta}(\sqrt{2}U_{2rms}\sin\omega t - E)\mathrm{d}(\omega t) = \frac{\sqrt{2}U_{2rms}}{\pi}(\cos\alpha + \cos\delta) + \frac{\alpha+\delta}{\pi}E \tag{4-35}$$

当 $\alpha < \delta$ 时，触发脉冲到来时刻晶闸管承受负电压，不可能导通。为了使晶闸管可靠导通，要求触发脉冲有足够的宽度，保证当 $\omega t = \delta$ 时刻晶闸管开始承受正电压时，触发脉冲仍然存在。这样，相当于触发角被推迟为 δ，即 $\alpha = \delta$，此时输出直流电压为

$$U_{dav} = E + \frac{1}{\pi}\int_{\delta}^{\pi-\delta}(\sqrt{2}U_{2rms}\sin\omega t - E)\mathrm{d}(\omega t) = \frac{2\sqrt{2}U_{2rms}}{\pi}\cos\delta + \frac{2\delta}{\pi}E \tag{4-36}$$

而负载电流的直流平均值为

$$I_{dav} = \frac{U_{dav} - E}{R} \tag{4-37}$$

晶闸管整流电路直接接反电动势负载时，晶闸管导通角减小、电流断续，电流波形的底部变窄。而电流平均值是与电流波形的面积成比例的，要增大电流的平均值，必须增大电流的峰值，电流有效值也随之大大增加。有效值的增大，使得器件发热量增加，交流电源的容量增加，功率因数降低。

如果反电动势负载是直流电动机，由图 4-15（b）可以看出，增大负载电流，必须要增加电流波形的峰值，这就要求大幅降低电动机的反电动势 E，从而大大降低电动机的转速，这就使得电动机的机械特性变软，相当于整流电源的内阻增大。此外，较大的电流峰值还容易使电动机在换向过程中产生火花，甚至造成环火短路。

为了克服以上缺点，一般在反电动势负载的直流回路中串联一个平波电抗器，用来抑

制电流的脉动和延长晶闸管导通的时间。有了平波电抗器，当 u_2 小于 E 时甚至 u_2 值变负时，晶闸管仍可导通。只要电感量足够大甚至能使电流连续，达到$\theta=180°$。当然如果电感量不够大，负载电流也可能不连续，但电流的脉动情况会得到改善。根据图 4-16 负载电流临界连续的情况，可计算出保证负载电流连续所需的电感量。

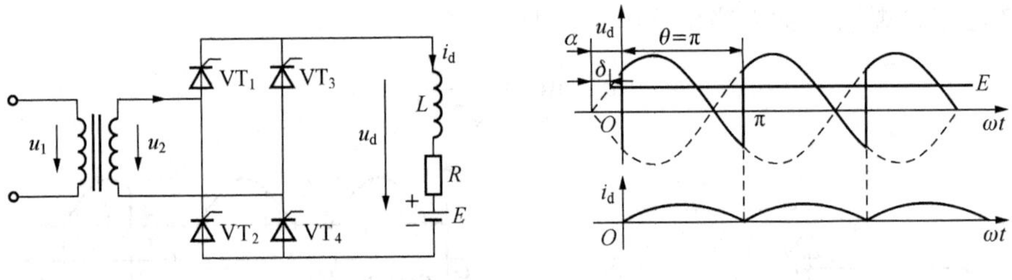

(a) 单相桥式全控整流电路反电势负载串平波电抗电路　　(b) 电压、电流波形

图 4-16　单相桥式全控整流电路反电动势负载串平波电抗电路和电压电流波形

晶闸管导通后，可列出电流回路的电压平衡方程为

$$L\frac{di_d}{dt}+i_dR+E=\sqrt{2}U_{2rms}\sin\omega t \tag{4-38}$$

因电阻 R 很小，忽略 i_dR 项的影响，则上式可简化为

$$L\frac{di_d}{dt}+E=\sqrt{2}U_{2rms}\sin\omega t \tag{4-39}$$

电流临界连续，$\theta=180°$，这时整流电压 u_d 的波形与大电感负载状态时的波形相同，直流输出电压 U_{dav} 的计算公式亦相同，有

$$U_{dav}\approx E=\frac{2\sqrt{2}U_{2rms}}{\pi}\cos\alpha \tag{4-40}$$

图 4-16 所示是将纵坐标平移至晶闸管导通的起点，由式（4-39）得

$$L\frac{di_d}{dt}=\sqrt{2}U_{2rms}\sin(\omega t+\alpha)-\frac{2\sqrt{2}}{\pi}U_{2rms}\cos\alpha \tag{4-41}$$

由式（4-41）可求出负载电流的表达式为

$$i_d(t)=\frac{1}{L}\int_0^t\left[\sqrt{2}U_{2rms}\sin(\omega t+\alpha)-\frac{2\sqrt{2}}{\pi}U_{2rms}\cos\alpha\right]dt$$

有

$$i_d(t)=\frac{\sqrt{2}U_{2rms}}{\omega L}\left[\cos\alpha-\cos(\omega t+\alpha)-\frac{2\omega t}{\pi}\cos\alpha\right] \tag{4-42}$$

式（4-42）就是电流临界连续时，负载电流的函数表达式。此时对应的电流平均值就是最小连续电流平均值 I_{davmin}，则有

$$I_{davmin}=\frac{1}{\pi}\int_0^{\pi}i_d(t)d(\omega t)=\frac{2\sqrt{2}U_{2rms}}{\pi\omega L}\sin\alpha \tag{4-43}$$

式（4-43）表明，处于临界电流连续时的负载电流平均值 I_{davmin} 与触发延迟角 α 及电感 L 有关，当负载电流平均值 $I_{dav}>I_{davmin}$ 时，电流连续，$\theta=180°$；当 $I_{dav}<I_{davmin}$ 时，负载电流断续，$\theta<180°$。

由式（4-43）得到保持负载电流连续的最小电感量为

$$L=\frac{2\sqrt{2}U_{2rms}}{\pi\omega I_{davmin}}\sin\alpha \tag{4-44}$$

在确定 I_{davmin} 的情况下，L 是 α 的函数，当 $\alpha=90°$ 时所需电感量达到最大，因此，保证电流连续所需要的电感应满足

$$L\geqslant\frac{2\sqrt{2}U_{2rms}}{\pi\omega I_{davmin}}\sin 90°=\frac{2\sqrt{2}U_{2rms}}{\pi\omega I_{davmin}}=2.87\times10^{-3}\frac{U_{2rms}}{I_{davmin}} \tag{4-45}$$

在式（4-45）中，ω 为工频角速度（$\omega=2\pi f$），U_{2rms} 为交流相电压有效值，单位为 V；I_{davmin} 为最小连续电流的平均值（输出直流电流），单位为 A；在已知 I_{davmin}（一般取额定电流的 5%～10%）的情况下，根据式（4-45），可求出保持负载电流连续所需要的电感量 L，单位为 H。

需要指出，按照式（4-45）计算出的电感量，是整个负载电流回路所需的总电感量。实际应用中，电流回路总还存在一定的电感，如变压器绕组的漏感、直流电动机电枢绕组的电感等。

4.4　三相桥式全控整流电路

工业上广泛应用的是三相可控整流电路。三相可控整流电路的形式很多，例如，三相半波可控整流电路（又称三相零式可控整流电路，包括共阴极接法和共阳极接法）；三相桥式全控整流电路，三相桥式半控整流电路，双反星形可控整流电路等。除此之外，还有多相（12 相、24 相等）整流电路。在大功率应用场合中，三相桥式全控整流电路是最常用的一种电路，其电路结构如图 4-17 所示。图中共阴极组的晶闸管编号分别为 VT_1、VT_3、VT_5；共阳极组的晶闸管编号分别为 VT_4、VT_6、VT_2。之所以这样编号，完全是为了分析电路方便。从后面的分析可知，按此编号，晶闸管的导通顺序依次为 $VT_1\rightarrow VT_2\rightarrow VT_3\rightarrow VT_4\rightarrow VT_5\rightarrow VT_6$。

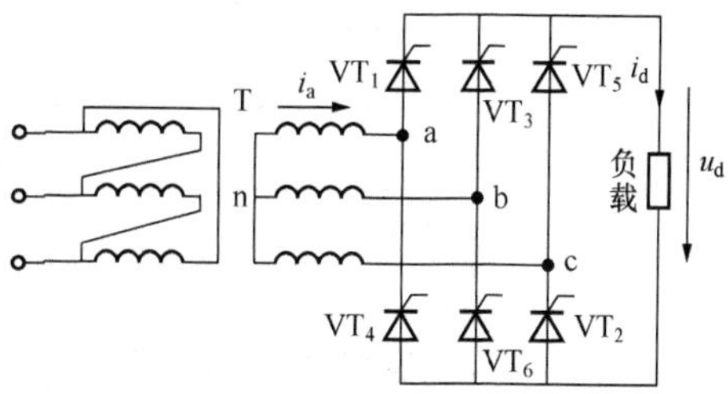

图 4-17　三相桥式全控整流电路

三相桥式全控整流电路对触发脉冲有特殊的要求。由于三相桥式全控整流电路工作时必须有一个共阴极组的晶闸管和一个共阳极组的晶闸管同时导通才能形成电流通路，触发脉冲按照管子的编号依次间隔 60°，即每 60° 有一个管子被触发导通，似乎按照编号每隔 60° 发一个脉冲即可。但是，在整流电路合闸启动过程中或电流断续时，所有的管子均不导通，每隔 60° 发一个脉冲不能保证相应的共阴、共阳两个管子同时触发导通。为确保电路的正常工作，需保证同时导通的两个晶闸管均有触发脉冲。通常采用两种方法：一种是使脉冲宽度大于 60°（一般取 80°～100°），称为宽脉冲触发。另一种方法是，在触发某个晶闸管的同时，给前一序号的晶闸管补发一个脉冲，即用两个窄脉冲代替宽脉冲，两个窄脉冲的前沿相差 60°，脉宽一般为 18°～36°，称为双脉冲触发。这两种方法都是触发某个晶闸管时同时使与之配对导通的另一个晶闸管也有触发信号，保证这两个管子不管在此之前是什么状态（导通或关断），都应该被触发导通。双脉冲电路较复杂，但要求的触发电路输出功率较小。宽脉冲触发电路虽可少输出一半脉冲，但为了不使脉冲变压器饱和，需将铁心体积做得较大，绕组匝数较多，导致漏感增大，脉冲前沿不够陡，对于晶闸管的串、并联使用不利。虽可用去磁绕组改善这种情况，但又使触发电路复杂化，因此，常用的是双脉冲触发。

4.4.1 三相桥式全控整流电路电阻负载工作分析

三相桥式全控整流电路电阻负载结构如图 4-18 所示。在下面的分析中，假定电路已经处于稳态，忽略晶闸管的开关时间、导通压降、断态漏电流，认为输入交流电源容量无限、无畸变，忽略电路中的寄生参数影响，这些都是对实际电路的一种近似，有时称为理想条件假定。

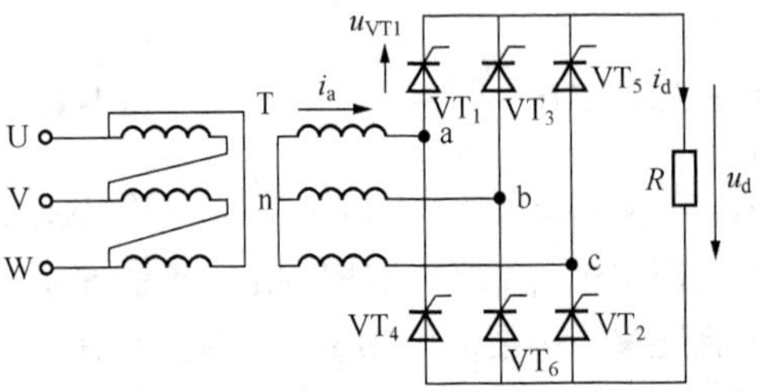

图 4-18 三相桥式全控整流电路电阻负载结构

1. 电路工作原理及稳态工作波形分析

参考三相桥式二极管整流电路的分析，晶闸管的自然换流点分别为 R、S、T、X、Y、Z，它们是相应晶闸管触发延迟角 $\alpha=0°$ 的时刻。当 $\alpha=0°$ 时，三相桥式全控整流电路的工作情形与三相桥式二极管整流电路完全一样。任一时刻均有两只晶闸管同时导通，图 4-19 所示是双脉冲触发下的工作波形，整流波形在一个电源周

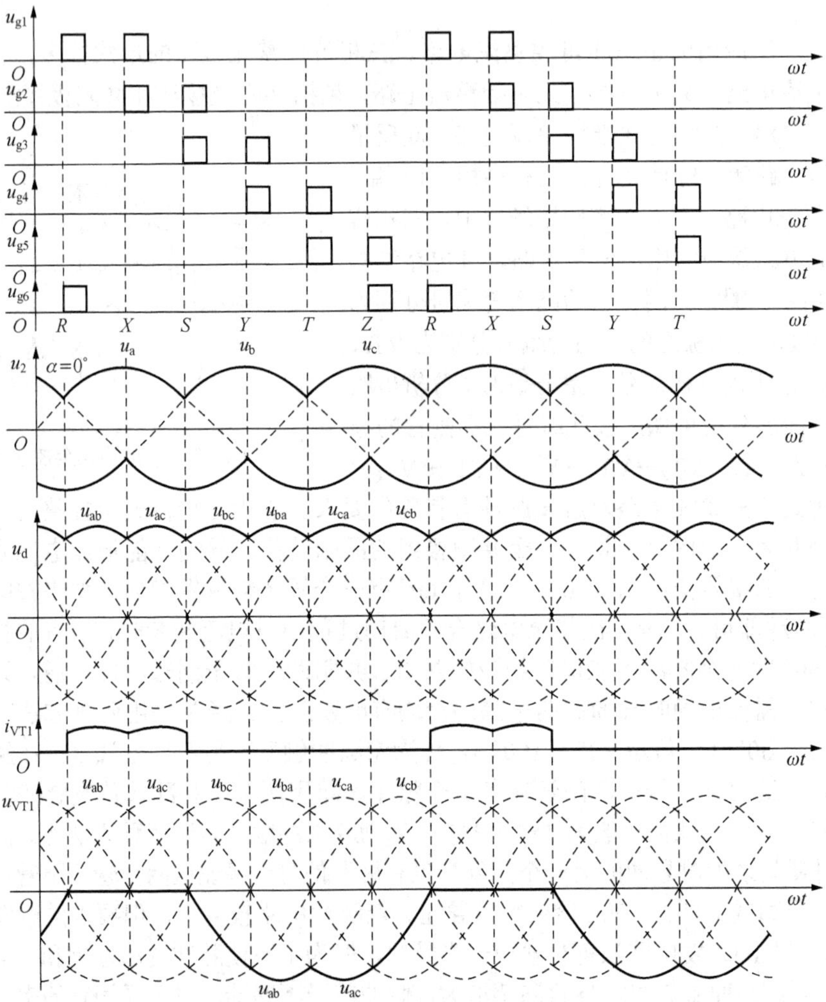

图 4-19 三相桥式全控整流电路电阻负载 $\alpha=0°$ 时的工作波形

期内分为六个等分。在 $R\sim X$ 区间，VT_1 连接的 a 相电压最高、VT_6 连接的 b 相电压最低，在 R 时刻，晶闸管 VT_1、VT_6 有触发脉冲，因此 VT_1、VT_6 导通，$u_d=u_{ab}$；在 X 时刻，VT_1、VT_2 有触发脉冲，且之后 $u_a>u_b>u_c$，因此在 $X\sim S$ 区间，晶闸管 VT_1、VT_2 导通、VT_6 关断，$u_d=u_{ac}$；同理，在 $S\sim Y$ 区间，晶闸管 VT_2、VT_3 触发导通，$u_d=u_{bc}$；在 $Y\sim T$ 区间，晶闸管 VT_3、VT_4 触发导通，$u_d=u_{ba}$；在 $T\sim Z$ 区间，晶闸管 VT_4、VT_5 触发导通，$u_d=u_{ca}$；在 $Z\sim R$ 区间，晶闸管 VT_5、VT_6 触发导通，$u_d=u_{cb}$，一个电源周期之后，波形重复。在 $R\sim S$ 区间，VT_1 导通，$i_{VT1}=u_d/R$，波形与输出电压 u_d 相似，$u_{VT1}\approx 0$；在 $S\sim T$ 区间，VT_3 导通，$u_{VT1}=u_{ab}$；在 $T\sim R$ 区间，VT_5 导通，$u_{VT1}=u_{ac}$。

在 $\alpha=30^\circ$、$\alpha=60^\circ$ 时，双脉冲触发的工作波形如图 4-20、图 4-21 所示，图中以 R'、S'、T'、X'、Y'、Z' 表示实际触发脉冲出现的时刻。图中在 R' 时刻，晶闸管 VT_1、VT_6 有触发脉冲且 $u_a>u_b$，因此 VT_1、VT_6 导通，$u_d=u_{ab}$，在 X 时刻之后，尽管 $u_b>u_c$，但 VT_2 没有触发脉冲不能导通，而且在 X' 之前始终有 $u_a>u_b$，输出电流 i_d 始终大于零，因此 VT_1、VT_6 继续维持导通；在 X' 时刻，VT_1、VT_2 有触发脉冲，且 $u_a>u_b>u_c$，此时 VT_2 承受正向电压而触发导通，并促使 VT_6 关断，在 X' 之后转为 VT_1、VT_2 导通，其他各区段的情况与此类似。

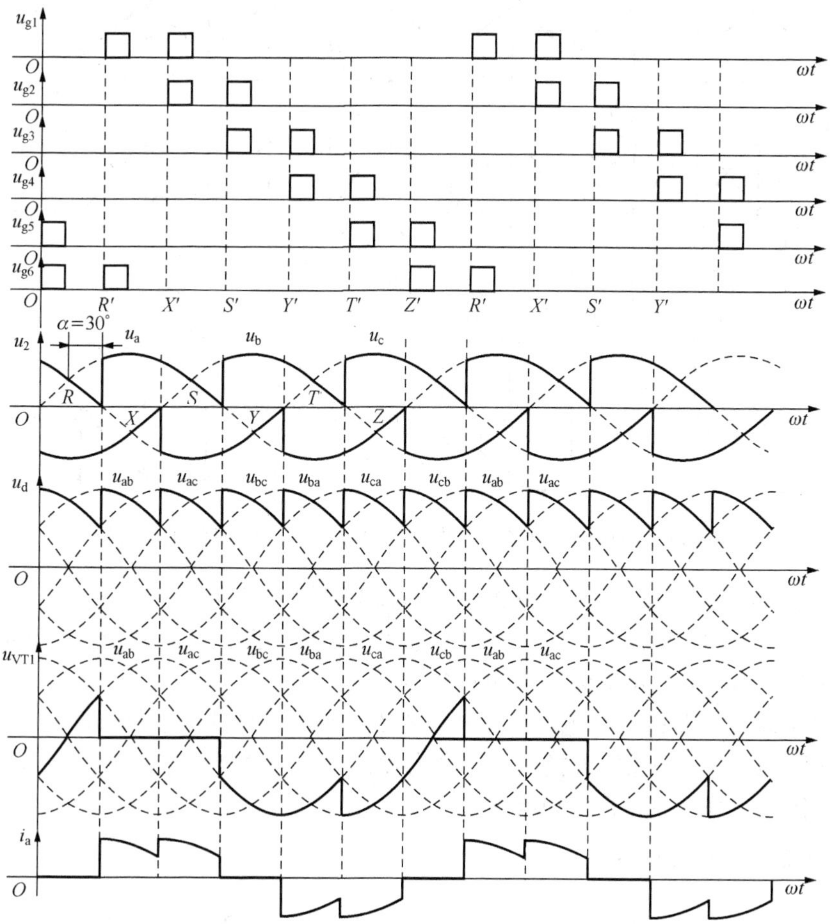

图 4-20　三相桥式全控整流电路电阻负载 $\alpha=30^\circ$ 时的工作波形

从图 4-21 可以看出，在 $\alpha=60^\circ$ 的情况下，触发脉冲出现的时刻正好是输出电压 u_d 下降到零的时刻，如果继续增大α角，输出电流将开始出现断流，即在下一个触发脉冲到来之前，先前导通的晶闸管将提前关断，图 4-22 示出了$\alpha=90^\circ$情况下的波形。图中R'时刻，晶闸管VT_1、VT_6有触发脉冲且$u_a>u_b$，因此VT_1、VT_6导通，$u_d=u_{ab}$；但到S时刻，由于$u_a=u_b$，输出电压$u_d=0$，晶闸管VT_1、VT_6电流为零关断，而此时下一个脉冲尚未出现，因此，在S～X'之间输出电压和输出电流为零，其他区段的情况类似。

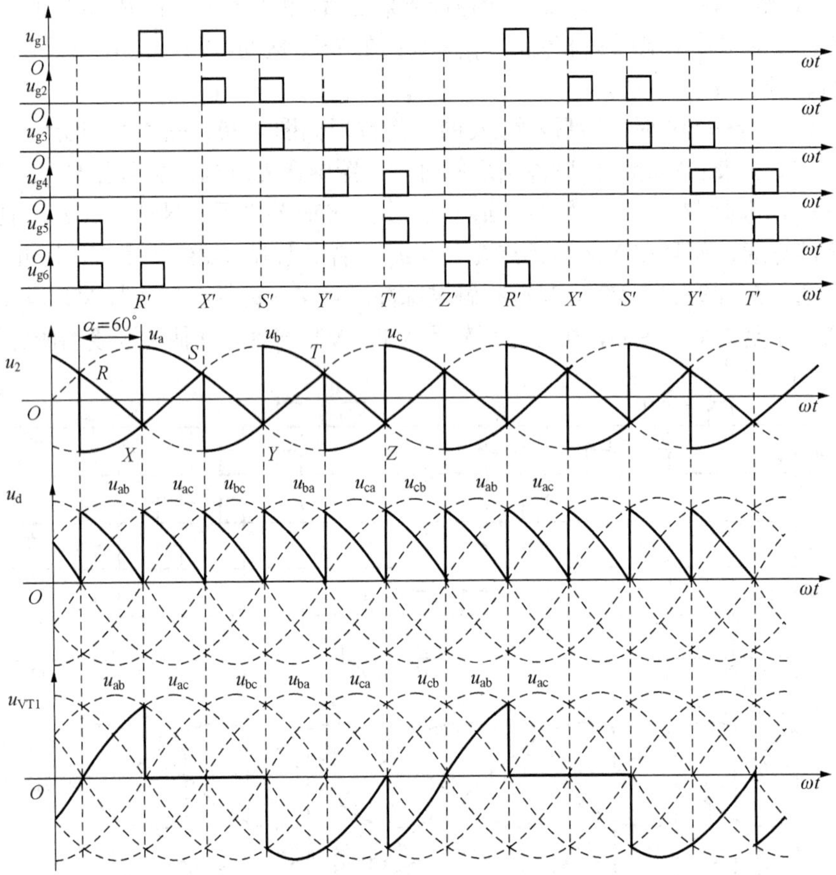

图 4-21　三相桥式全控整流电路电阻负载$\alpha=60^\circ$时的工作波形

通过上述分析，可以得到三相桥式相控整流电路的一些特点。

（1）任一时刻均需由两个晶闸管同时导通形成供电回路，其中共阴极组和共阳极组各有一个晶闸管导通，并且不能为同相的两个晶闸管。

（2）整流输出电压u_d一个电源周期脉动六次，每次脉动的波形都一样。

（3）每隔60°有一个晶闸管换流，顺序为$VT_1\rightarrow VT_2\rightarrow VT_3\rightarrow VT_4\rightarrow VT_5\rightarrow VT_6$，其中共阴极组、共阳极组分别在各自组内换流。

2. 电阻负载运行参数分析

假定输入相电压$u_a=\sqrt{2}U_{2rms}\sin\omega t$、$u_b=\sqrt{2}U_{2rms}\sin\left(\omega t-\dfrac{2\pi}{3}\right)$、$u_c=\sqrt{2}U_{2rms}\sin\left(\omega t+\dfrac{2\pi}{3}\right)$，由如图 4-19～图 4-22 所示的分析可以得到，当触发移相角$\alpha\leqslant 60^\circ$时，输出负载电流连续，输出直流电压平均值为

$$U_{\mathrm{dav}}=\frac{1}{\frac{\pi}{3}}\int_{\alpha+\frac{\pi}{6}}^{\alpha+\frac{\pi}{2}}\sqrt{6}U_{2\mathrm{rms}}\sin\left(\omega t+\frac{\pi}{6}\right)\mathrm{d}(\omega t)=2.34U_{2\mathrm{rms}}\cos\alpha \tag{4-46}$$

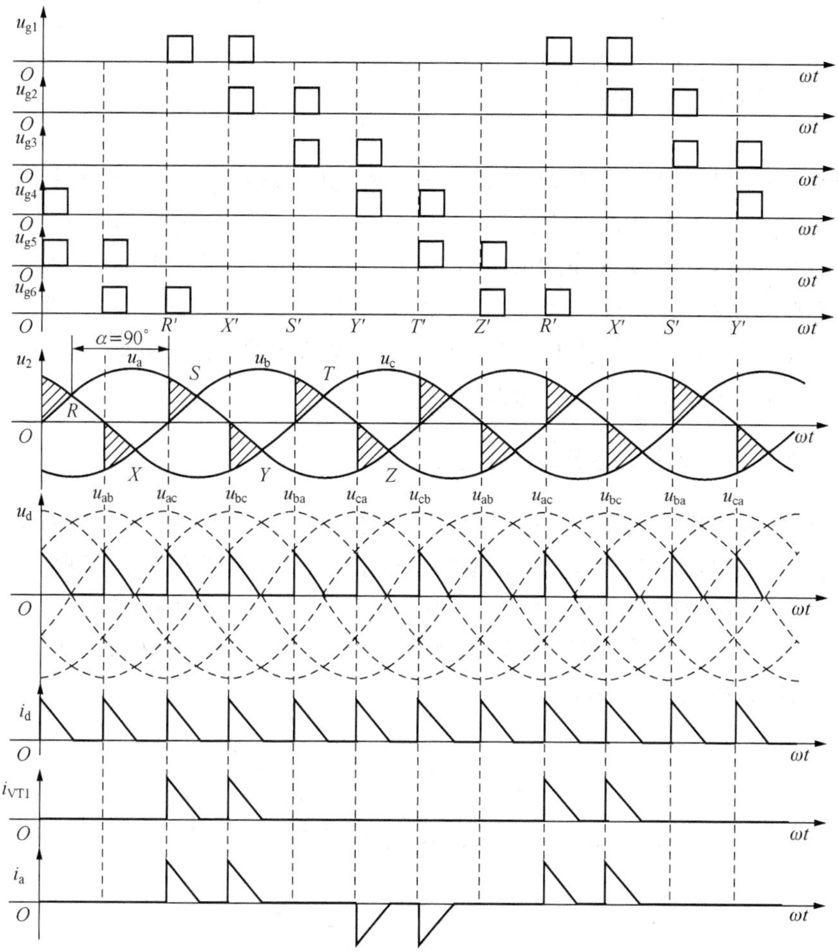

图 4-22　三相桥式全控整流电路电阻负载 $\alpha=90°$ 时的工作波形

而当触发移相角 $\alpha>60°$ 时，输出负载电流断续，输出直流电压平均值 U_{dav} 为

$$U_{\mathrm{dav}}=\frac{1}{\frac{\pi}{3}}\int_{\alpha+\frac{\pi}{6}}^{\frac{5\pi}{6}}\sqrt{6}U_{2\mathrm{rms}}\sin\left(\omega t+\frac{\pi}{6}\right)\mathrm{d}(\omega t)=2.34U_{2\mathrm{rms}}\left[1+\cos\left(\frac{\pi}{3}+\alpha\right)\right] \tag{4-47}$$

从式（4-47）可以看出，当 $\alpha=120°$（即 $2\pi/3$）时，$U_{\mathrm{dav}}=0$，由此可以得到，三相桥式全控整流电路电阻负载的触发移相角变化范围为 $0°\sim120°$。

整流输出电流平均值为

$$I_{\mathrm{dav}}=\frac{U_{\mathrm{dav}}}{R} \tag{4-48}$$

当 $\alpha\leqslant60°$ 时，输出负载电流连续，晶闸管的电流有效值为

$$I_{\mathrm{VTrms}}=\sqrt{\frac{2}{2\pi}\int_{\alpha+\frac{\pi}{6}}^{\alpha+\frac{\pi}{2}}\left[\frac{\sqrt{6}U_{2\mathrm{rms}}}{R}\sin\left(\omega t+\frac{\pi}{6}\right)\right]^2\mathrm{d}(\omega t)}=\frac{U_{2\mathrm{rms}}}{R}\sqrt{1+\frac{3\sqrt{3}}{2\pi}\cos2\alpha} \tag{4-49}$$

当$\alpha > 60°$时，输出负载电流断续，晶闸管的电流有效值为

$$I_{\mathrm{VTrms}} = \sqrt{\frac{2}{2\pi}\int_{\alpha+\frac{\pi}{6}}^{\frac{5\pi}{6}}\left[\frac{\sqrt{6}U_{2\mathrm{rms}}}{R}\sin\left(\omega t+\frac{\pi}{6}\right)\right]^2 \mathrm{d}(\omega t)} = \frac{U_{2\mathrm{rms}}}{R}\sqrt{2-\frac{3\alpha}{\pi}+\frac{3}{2\pi}\sin\left(\frac{2\pi}{3}+2\alpha\right)} \tag{4-50}$$

变压器二次侧电流有效值为

$$I_{\mathrm{arms}} = \sqrt{2}I_{\mathrm{VTrms}} \tag{4-51}$$

从波形图中可以看出，晶闸管承受的最大反向电压为$\sqrt{6}U_{2\mathrm{rms}}$，而晶闸管承受的最大正向电压则要根据负载电流是否连续进行分析。以 VT_1 为例，在 VT_1 导通之前，VT_5、VT_6导通，负载电压$u_d = u_{cb}$，VT_1 承受的电压为 u_{ac}，直到在图 4-21 中 X 时刻 u_{cb} 过零；若$\alpha > 60°$，则此后所有晶闸管均不导通，在 X～S 区间，u_{ac} 电压最高，但 VT_1、VT_2 共同承担 u_{ac}，直到 VT_1、VT_6 导通，因此，三相桥式全控整流电路电阻负载时，晶闸管 VT_1 可能承受的最大电压就出现在X时刻，为$3\sqrt{2}U_{2\mathrm{rms}}/2$。

4.4.2 三相桥式全控整流电路阻感负载工作分析

整流电路实际应用中通常在负载回路串联平波电抗，并且有 $\omega L \gg R$，形成大电感负载，稳态时流过负载的电流 i_d 连续且波形近似为一条水平直线，幅值为 I_d(可以视电感 $L \to \infty$)。三相桥式全控整流电路阻感负载电路结构如图 4-23 所示，在下面的分析中假定电路已经处于稳态，忽略晶闸管的开关时间、导通压降、断态漏电流，认为输入交流电源容量无限、无畸变，忽略电路中的寄生参数影响。

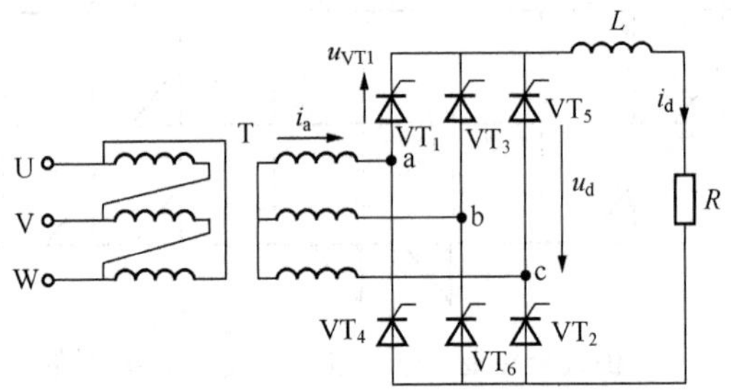

图 4-23 三相桥式全控整流电路阻感负载电路结构

1. 电路工作原理及稳态工作波形分析

晶闸管的自然换流点分别为 R、S、T、X、Y、Z，其中 R、S、T 为 VT_1、VT_3、VT_5的自然换流点，X、Y、Z 为 VT_2、VT_4、VT_6的自然换流点，对于$\alpha = 0°$ 的状态，也就是触发脉冲在这些点的时刻发出，整流电路的工作情形与三相桥式二极管整流电路完全一样，任一时刻均有两只晶闸管同时导通。图 4-24 所示是双脉冲触发下 $\alpha = 0°$ 时的工作波形，整流波形在一个电源周期内分为六个等份。

假定电路在 R 时刻开始触发运行进入稳态，则电路运行过程如下。

1）R～X 区间

在 R 时刻 VT_1、VT_6 有触发脉冲，$u_a > u_b$，因此 VT_1、VT_6 满足导通条件而开通，输

出电压$u_d = u_{ab}$。下桥臂共阳极点电位等于 u_b，VT_2 承受电压为$u_{VT2} = u_{bc}$。

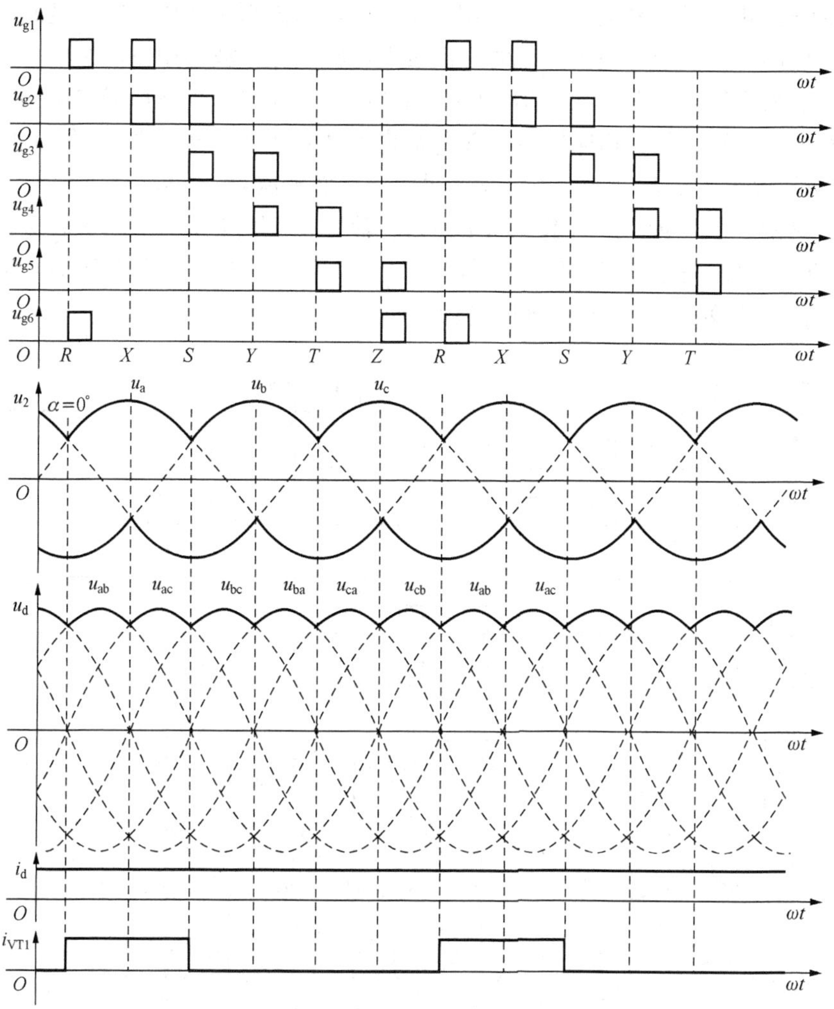

图 4-24　三相桥式全控整流电路阻感负载$\alpha = 0°$时的工作波形

2）X～S 区间

在 X 时刻 VT_1、VT_2 有触发脉冲，此时$u_b \geqslant u_c$，因此，在 X 时刻开始 VT_2 满足导通条件而开通，使共阳极点电位抬高到 u_c，从而使 VT_6 承受反向电压而关断，完成下桥臂的换流，而此时由于电感电流连续，上桥臂 VT_1 继续保持导通，整流桥输出电压$u_d = u_{ac}$，此时上桥臂共阴极点电位等于 u_a，VT_3 承受电压为$u_{VT3} = u_{ba}$。

3）S～Y 区间

在 S 时刻 VT_2、VT_3 有触发脉冲，此时$u_b \geqslant u_a$，因此，在 S 时刻开始 VT_3 满足导通条件而开通，使共阴极点电位抬高到 u_b，从而使 VT_1 承受反向电压而关断，完成上桥臂的换流。由于电感电流连续，下桥臂 VT_2 继续保持导通，整流桥输出电压$u_d = u_{bc}$，此时下桥臂共阳极点电位等于 u_c，VT_4 承受电压为$u_{VT4} = u_{ca}$，等待下一阶段 VT_2、VT_4 之间的换流。

其他各区间的运行与此类似，在 R～S 区间，VT_1 导通，由于大电感的作用，i_d 基本保持不变，故流过 VT_1 的电流为矩形波。

从类似的波形分析可以看到，在 $60^\circ \geqslant \alpha > 0^\circ$ 时，由于输出电压波形 u_d 均大于零，因此，u_d 波形与纯电阻负载状态一致，晶闸管承受的电压波形也相同，区别是流过晶闸管和变压器二次侧的电流波形，电阻负载时电流波形与输出电压波形相似，大电感负载时相应的电流波形变为矩形波，图 4-25 示出了 $\alpha = 30^\circ$ 时的工作波形，变压器二次侧的电流波形为正负对称的矩形波，此时相应的晶闸管电流波形也是单边的矩形波（与图 4-24 中 i_{VT1} 类似）。图中 R'、S'、T'、X'、Y'、Z' 分别为对应于自然换流点 R、S、T、X、Y、Z 的实际触发脉冲出现时刻。在 R' 时刻，$VT_5 \to VT_1$ 进行换流；在 S' 时刻，$VT_1 \to VT_3$ 进行换流，在 T' 时刻，$VT_3 \to VT_5$ 进行换流；在 X' 时刻，$VT_6 \to VT_2$ 进行换流，在 Y' 时刻，$VT_2 \to VT_4$ 进行换流，在 Z' 时刻，$VT_4 \to VT_6$ 进行换流。

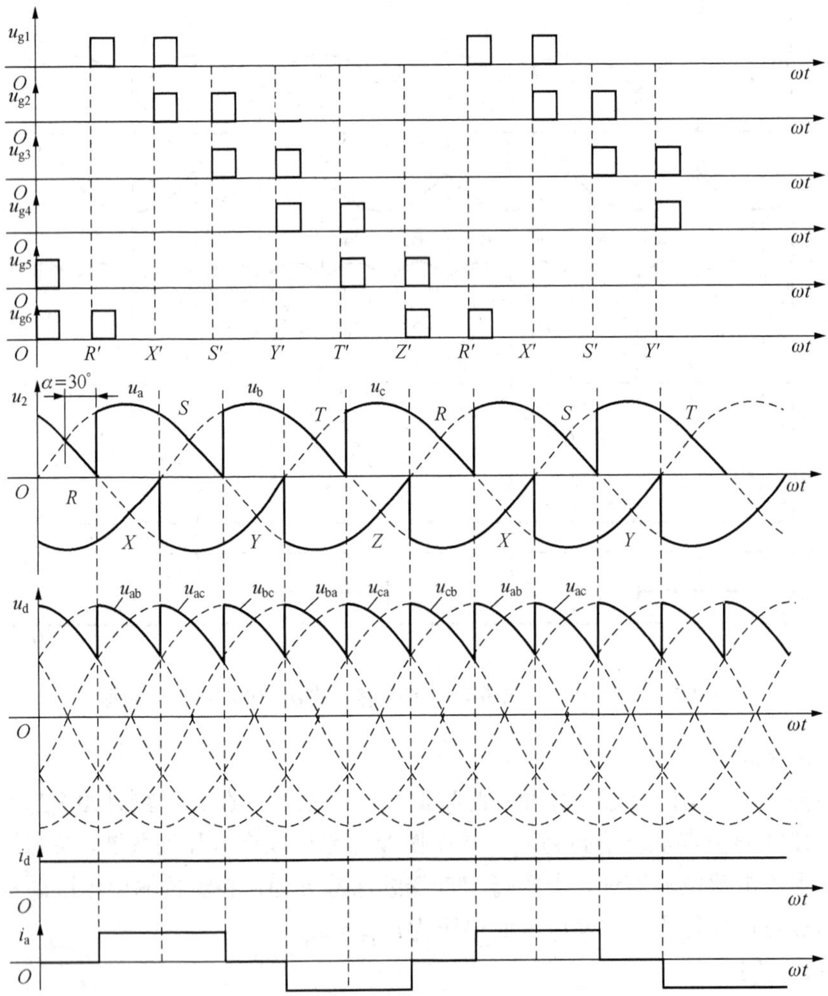

图 4-25 三相桥式全控整流电路阻感负载 $\alpha = 30^\circ$ 时的工作波形

当 $\alpha > 60^\circ$ 时，由于输出电压波形 u_d 开始出现小于零的现象，阻感负载的电路运行状态与电阻负载明显不同。在大电感条件下，由于电感的续流作用，即使输出电压 u_d 小于零，电路仍然能够维持晶闸管导通，图 4-26 示出了 $\alpha = 90^\circ$ 的运行波形，与前面类似，R'、S'、T'、X'、Y'、Z' 分别为对应于自然换流点 R、S、T、X、Y、Z 的实际触发脉冲出现时刻。

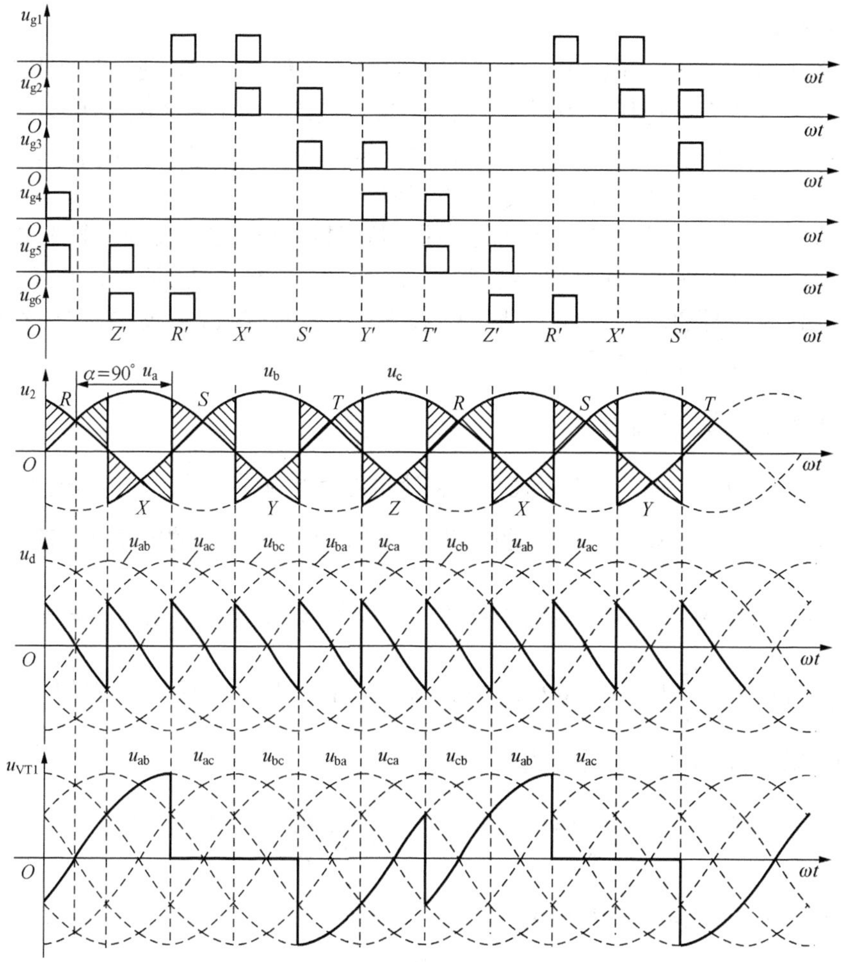

图 4-26　三相桥式全控整流电路阻感负载 $\alpha = 90^\circ$ 时的工作波形

假定电路在 R' 时刻开始触发运行进入稳态，则电路运行过程如下。

1）R'～S 区间

在 R' 时刻，VT_1、VT_6 有触发脉冲，$u_a > u_b$，因此 VT_1、VT_6 满足导通条件而开通，输出电压 $u_d = u_{ab}$。下桥臂共阳极点电位等于 u_b，VT_2 承受电压为 $u_{VT2} = u_{bc}$。

2）S～X' 区间

在 S 时刻开始 $u_a \leqslant u_b$，但由于大电感的续流作用，VT_1、VT_6 仍然维持导通，输出电压 $u_d = u_{ab}$，VT_2 承受电压为 $u_{VT2} = u_{bc} > 0$。

3）X'～Y 区间

在 X' 时刻，VT_1、VT_2 有触发脉冲，VT_2 满足导通条件而开通，使共阳极点电位抬高到 u_c，从而使 VT_6 承受反向电压而关断，完成下桥臂的换流，而此时由于电感电流连续，上桥臂 VT_1 继续保持导通，整流桥输出电压 $u_d = u_{ac}$，此时上桥臂共阴极点电位等于 u_a，VT_3 承受电压为 $u_{VT3} = u_{ba}$。

4）Y～S' 区间

在 Y 时刻开始 $u_a \leqslant u_c$，但由于大电感的续流作用，VT_1、VT_2 仍然维持导通，输出电压 $u_d = u_{ac}$，VT_3 承受电压为 $u_{VT3} = u_{ba} > 0$。

5）S'～T区间

在S'时刻，VT_2、VT_3有触发脉冲，VT_3满足导通条件而开通，使共阴极点电位抬高到u_b，从而使VT_1承受反向电压而关断，完成上桥臂的换流。由于电感电流连续，下桥臂VT_2继续保持导通，整流桥输出电压$u_d = u_{bc}$，此时下桥臂共阳极点电位等于u_c，VT_4承受电压为$u_{VT4} = u_{ca}$，等待下一阶段VT_2、VT_4之间的换流。

其他各区间的运行与此类似，通过上面的分析可以看出，在阻感性负载大电感情况下，系统运行有如下规律：在R'～S'区间，VT_1导通，$u_{VT1} = 0$；在S'～T'区间，VT_3导通，$u_{VT1} = u_{ab}$；在T'～R'区间，VT_5导通，$u_{VT1} = u_{ac}$；同理，在X'～Y'区间，VT_2导通，在Y'～Z'区间，VT_4导通，在Z'～X'区间，VT_6导通。

2. 大电感负载运行参数分析

从波形分析可以看出，三相桥式全控整流电路大电感负载状态下各器件的导通角为120º，输出电压u_d波形是以$\frac{\pi}{3}$为周期的脉动直流波，晶闸管流过的电流是周期为2π、脉宽为$\frac{2\pi}{3}$的方波，由此，对于触发控制角为α的一般状态，假定输入相电压$u_a = \sqrt{2}U_{2rms}\sin\omega t$、$u_b = \sqrt{2}U_{2rms}\sin\left(\omega t - \frac{2\pi}{3}\right)$、$u_c = \sqrt{2}U_{2rms}\sin\left(\omega t + \frac{2\pi}{3}\right)$，可以分析相关参数如下。

（1）整流输出直流电压平均值为

$$U_{dav} = \frac{1}{\frac{\pi}{3}}\int_{\alpha+\frac{\pi}{6}}^{\alpha+\frac{\pi}{2}} \sqrt{6}U_{2rms}\sin\left(\omega t + \frac{\pi}{6}\right)d(\omega t) = 2.34U_{2rms}\cos\alpha \tag{4-52}$$

（2）整流输出直流电流平均值为

$$I_{dav} = \frac{U_{dav}}{R} = I_d \tag{4-53}$$

（3）晶闸管电流有效值为

$$I_{VTrms} = \sqrt{\frac{1}{2\pi}\times\frac{2\pi}{3}I_d^2} = \frac{I_d}{\sqrt{3}} \tag{4-54}$$

（4）输入相电流有效值为

$$I_{arms} = \sqrt{\frac{1}{2\pi}\left[\frac{2\pi}{3}I_d^2 + \frac{2\pi}{3}(-I_d)^2\right]} = \sqrt{\frac{2}{3}}I_d \tag{4-55}$$

（5）晶闸管承受的最大正、反向电压为

$$u_{VTmax} = \sqrt{6}U_{2rms} \tag{4-56}$$

4.4.3 三相桥式全控整流电路带反电动势负载工作分析

与单相桥式全控整流电路类似，三相桥式全控整流电路带反电动势负载一般都在直流回路中串联一个平波电抗器，用来抑制电流的脉动和延长晶闸管导通的时间，三相桥式全控整流电路反电势负载电路结构如图 4-27 所示。

与单相桥式全控整流电路的式（4-45）的分析方法相同，可以导出三相桥式全控整流电路带反电动势负载状态下保证输出电流连续的电感量应满足

$$L \geqslant 0.693\times10^{-3}\frac{U_{2\text{rms}}}{I_{\text{davmin}}} \tag{4-57}$$

式中，$U_{2\text{rms}}$ 为交流相电压有效值，单位为 V；I_{davmin} 为最小连续电流的平均值（输出直流电流，一般取额定电流的 5%～10%），单位为 A。根据式（4-57）求出电感量 L，其单位为 H。

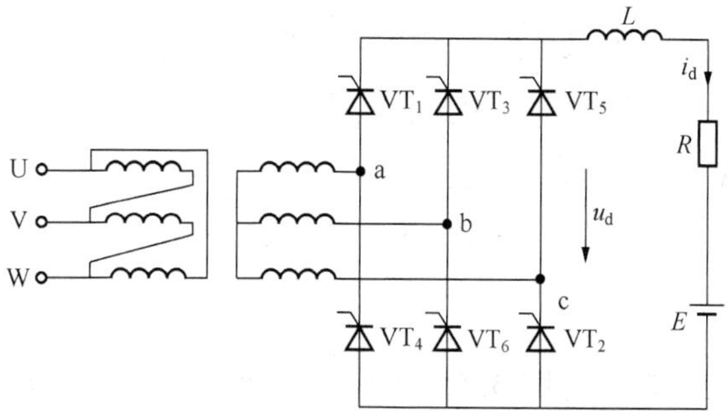

图 4-27 三相桥式全控整流电路带反电势负载电路结构

在输出电流连续的状态下，电路输出的电压波形与大电感负载状态一样，但电流波形与电感大小相关。在电感不太大的情况下，虽然输出电流连续，但电流不是平直线，有一定的脉动，输出直流电流平均值满足

$$I_{\text{dav}} = \frac{U_{\text{dav}} - E}{R} \tag{4-58}$$

4.5 换流过程及其对整流电路性能的影响*

在前面的波形分析中，讲到晶闸管的换流是瞬间完成的，桥臂间电流转移不需要时间。实际电路与此有一定的差异，晶闸管之间的换流需要一定时间过程，其原因如下。

（1）实际的整流变压器具有漏感，变压器至整流电路间的电路存在寄生电感，这些电感在大电流下不能忽略。

（2）实际的晶闸管开通、关断需要一定的时间，为了限制 di/dt 值，某些情况下会在支路中串入附加电感。

（3）由于晶闸管是半控型器件，关断过程需要外部电路反向电压的作用，反向电压的大小和形状直接影响关断时间。

晶闸管之间的换流过程对电路工作性能有一定的影响，下面以三相桥式全控整流电路 $\alpha = 30^\circ$ 的工作情况为例，具体分析换流过程对输出波形和电路输出参数的影响。

假定变压器漏感及其他电路杂散电感等效为 L_k，三相桥式全控整流电路换流过程电路原理如图 4-28 所示，由于电感 L_k 的存在，各相电流将不能突变。

图 4-29 所示，由于 L_k 一般较小，有 $u_a \approx u_U$、$u_b \approx u_V$、$u_c \approx u_W$。假定 R'时刻，VT_1 被触发，之前由于 VT_5 导通，P 点电位约为 u_W、VT_1 承受正向电压，因此 VT_1 满足导通条件开通，进入 VT_1、VT_5 同时导通阶段，P 点电位变为 $u_P = (u_U + u_W)/2$，因而此时 VT_5 承受电压为 $u_{VT5} = (u_W - u_U)/2 = u_{WU}/2 < 0$，这个电压将迫使 VT_5 电流减小至零，而 VT_1 承受

电压为$u_{VT1}=(u_U-u_W)/2=u_{UW}/2>0$，$VT_1$电流将逐渐增大至$I_d$，经过$\gamma$角度后完成换流。换流期间，P点电位$u_P=(u_U+u_W)/2$，N点电位$u_N=u_V$，因此，输出电压为$u_d=u_P-u_N=(u_{UV}+u_{WV})/2$，其他各段波形可以按类似方法分析。

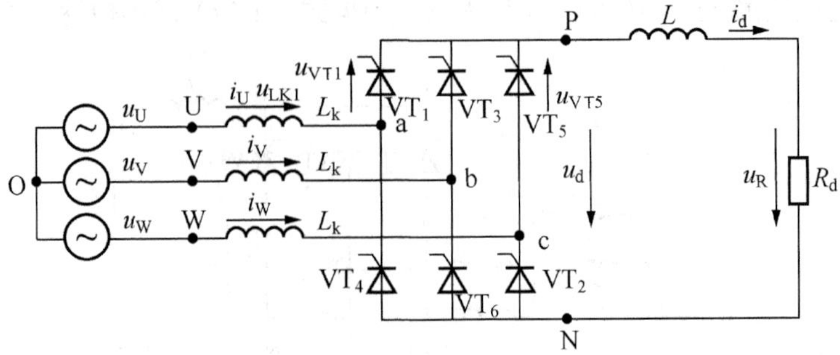

图 4-28 三相桥式全控整流电路换流过程电路原理图

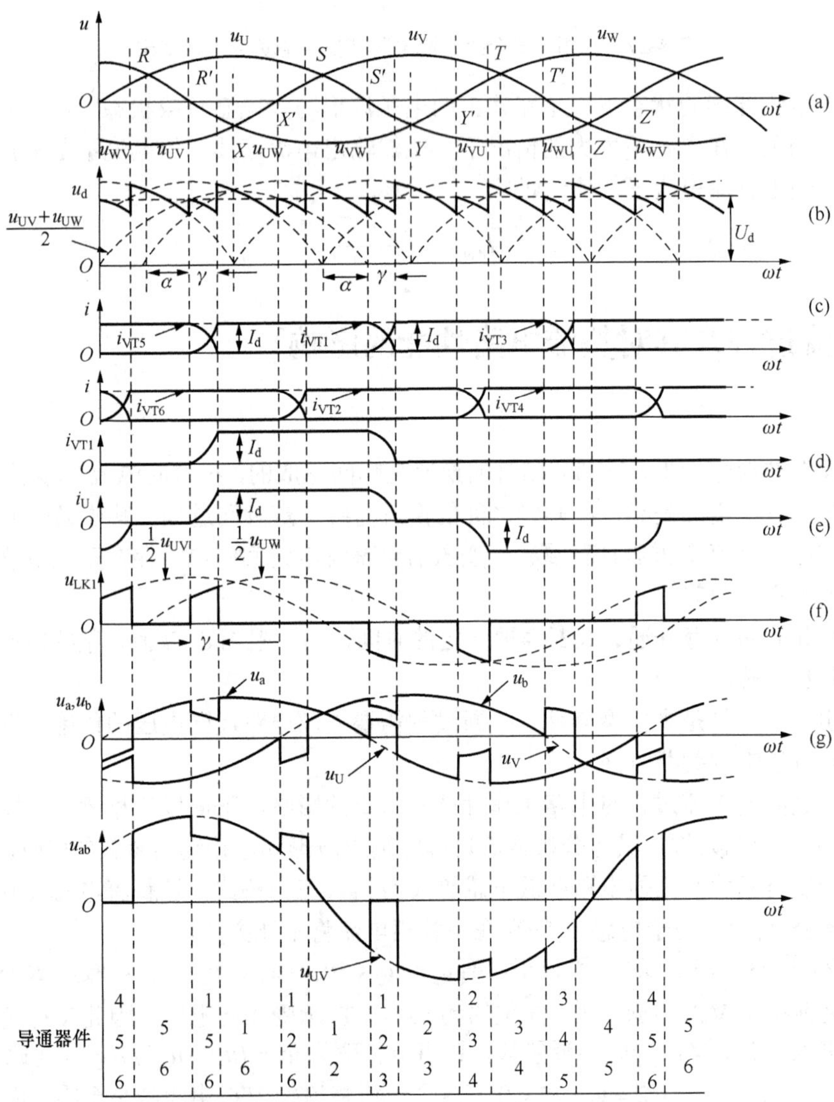

图 4-29 三相桥式全控整流电路换流过程波形分析（$\alpha=30°$）

图 4-30 示出了在大电感状态下，$\alpha=60°$ 时换流过程器件两端的电压波形。当 VT_5 导通，VT_4、VT_6 换流时，N 点的电位 $u_N=u_a=(u_U+u_V)/2$，导致器件端电压 $u_{VT1}=u_a-u_P=(u_{UW}+u_{VW})/2$，形成一个下凹缺口，在换流过程的起始与结束瞬间，端电压有突变，即 du/dt 值较大，其他各段波形分析与之类似。

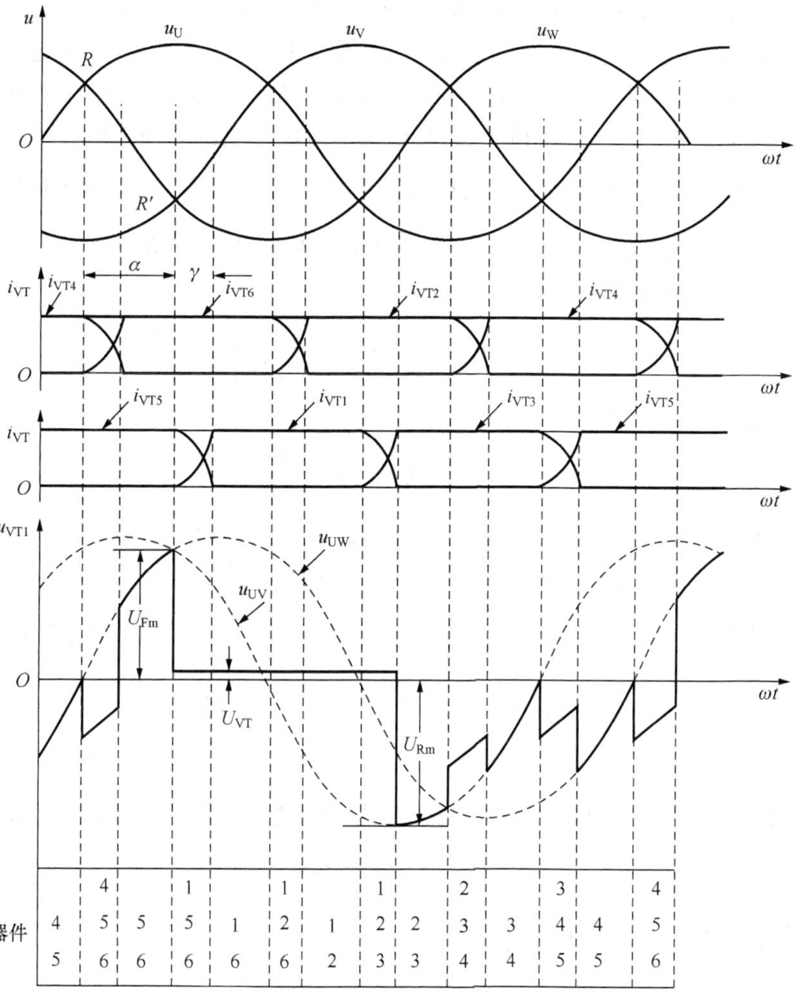

图 4-30　三相桥式全控整流电路换流过程器件两端电压波形（$\alpha=60°$）

从前面的波形分析可以看出，由于换流过程的存在，输出电压多了一个缺口，导致输出电压减小，这种状况相当于整流电路增加了一个内阻 R_Z，其电路输出直流电压变为

$$U_{dav}=U_{dav0}\cos\alpha-I_{dav}R_Z \tag{4-59}$$

进一步分析可以发现，在输出电流连续的条件下，有如下规律。

对于单相桥式全控整流电路，有

$$U_{dav0}=0.9U_{2rms},\quad R_Z=\frac{2\omega L_k}{\pi}$$

对于三相桥式全控整流电路，有

$$U_{dav0}=2.34U_{2rms},\quad R_Z=\frac{3\omega L_k}{\pi}$$

下面介绍换相重叠角γ与负载电流I_{dav}、等效电感L_k、触发延迟角α之间的关系。

（1）在α一定的情况下，I_{dav}越大，则γ越大；ωL_k越大，则γ越大。

这是因为当α一定时，I_{dav}、ωL_k越大，表明变压器漏感储存的能量越多$\left(\frac{1}{2}L_k I_{dav}^2\right)$，那么在换相过程中能量的储存和释放的时间就越长，换相过程就越长，γ就越大；反之γ就越小。

（2）在I_{dav}、ωL_k一定的情况下，α越大，则γ越小；α越小，则γ越大。

这是因为I_{dav}、ωL_k一定时，变压器漏感储存的能量一定，在$\alpha \leqslant 90°$的情况下，α越大，有换相关系的两相电压之间的电压差越大，与这个电压差相抗衡的等效电感上的感应电势$L_k\frac{\mathrm{d}i_k}{\mathrm{d}t}$就越大。$L_k\frac{\mathrm{d}i_k}{\mathrm{d}t}$越大，说明换流变化率越大，漏感上能量释放越快，换相时间越短，γ就越小；反之，γ就越大。进一步的分析可以得出以下结论。

对于单相桥式全控整流电路，有

$$\cos\alpha - \cos(\alpha+\gamma) = \frac{2\omega L_k I_{dav}}{\sqrt{2}U_{2rms}}$$

对于三相桥式全控整流电路，有

$$\cos\alpha - \cos(\alpha+\gamma) = \frac{2\omega L_k I_{dav}}{\sqrt{6}U_{2rms}}$$

由以上分析，可以归纳换流过程对整流电路的影响如下。

（1）出现换相重叠角γ，整流输出电压平均值U_{dav}降低。

（2）由于等效电感L_k的存在，抑制电流上升率$\frac{\mathrm{d}i}{\mathrm{d}t}$，有利于管子的安全开通。

（3）换相时晶闸管端电压出现缺口，产生正的$\frac{\mathrm{d}u}{\mathrm{d}t}$，可能使晶闸管误导通，为此必须增加吸收电路。

（4）换相使电网电压出现缺口，造成电网电压波形的畸变，成为干扰源，影响其他用电设备的正常工作。

4.6 相控整流电路的有源逆变

把直流电能转变为与交流电网同频率的交流电能并且直接提供给电网，这个过程叫作有源逆变，这个源就是交流电网。有源逆变是相控整流电路的另一种工作状态，在一定条件下，同一套相控整流电路既可工作在整流状态，又可工作在有源逆变状态。第3章介绍的各种逆变电路是把直流电转变为交流电直接供给交流负载使用，通常称为无源逆变。有源逆变电路常用于直流可逆调速系统、交流电动机串级调速系统以及高压直流输电系统等方面。

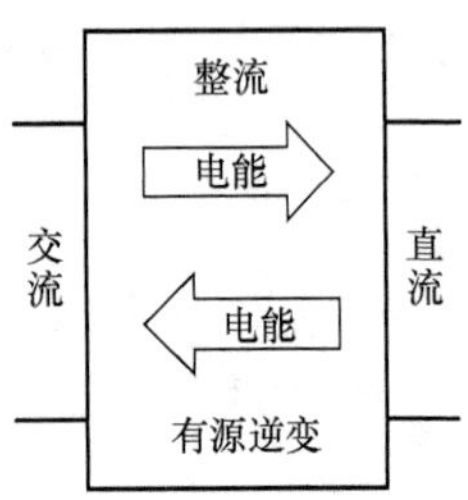

图4-31 整流电路能量转换示意

图4-31为一个整流电路能量转换的示意图。交流侧接至交流电源。直流侧接至直流负载或直流电源。电路工作时，交流侧从交流电网获取能量，经过变流电路转换为直流电能，供

给直流侧的负载使用，这个过程就是整流。由于相控整流电路输出电流方向不能变，在电路不变的情况下，为了使直流侧输出电能并反馈到交流电网，整流电路输出直流端的电压极性必须反向，这样电路才可能实现有源逆变。

由此可见，实现有源逆变需要以下条件：

（1）外部条件：直流侧要有直流电势源 E_M，其极性须和晶闸管的导通方向一致，其值应大于变流电路直流侧的平均电压，即满足 $|U_{dav}|<|E_M|$。

（2）内部条件：直流侧的平均电压 U_{dav} 既能够大于零也能够小于零。

必须指出，如果整流电路不能输出负的直流电压 U_{dav}，则不允许直流侧出现负极性的电动势，也就不能实现有源逆变。

4.6.1　单相桥式全控整流电路的有源逆变工作分析

单相桥式全控整流电路有源逆变工作的电路结构如图 4-32 所示，反向的直流电动势源 E 可以是电动机工作在发电运行状态的感应电动势，也可以是蓄电池等任意形式的直流电源。在大电感条件下，当 $90° < \alpha < 180°$ 时，整流电路输出电压 u_d 反向，满足了逆变的条件，这时可沿用整流的办法来处理逆变时有关波形与参数计算等各项问题。

图 4-33 示出了单相桥式全控整流电路有源逆变工作波形。假定在 t_1 时刻已触发运行进入稳态，此时 VT_1、VT_4 有触发脉冲，在输入交流电压 u_{ab} 和直流侧电势 E 的共同作用下，VT_1、VT_4 导通，输出电压 $u_d = u_2$；在 t_2 时刻，VT_2、VT_3 有触发脉冲，此时两管因承受正向电压而触发导通，并在导通后引起输出电压变化，导致 VT_1、VT_4 关断，此时输出电压 $u_d = -u_2$。之后波形重复上述过程。逆变电路输出直流电流为 $I_{dav} = (U_{dav} - E)/R > 0$，且 $U_{dav} = 0.9U_{2rms}\cos\alpha$。

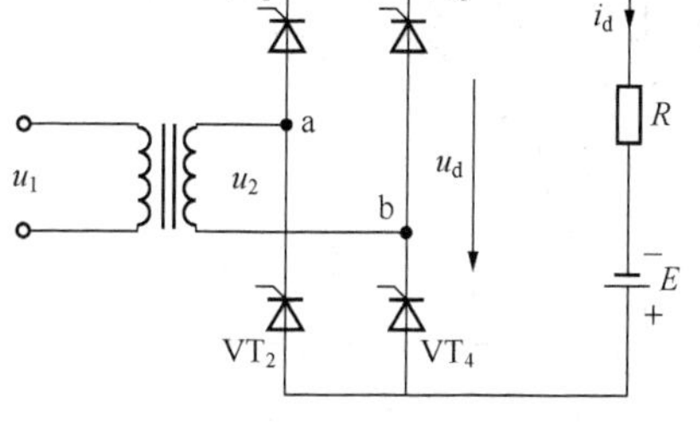

图 4-32　单相桥式全控整流电路有源逆变的电路结构

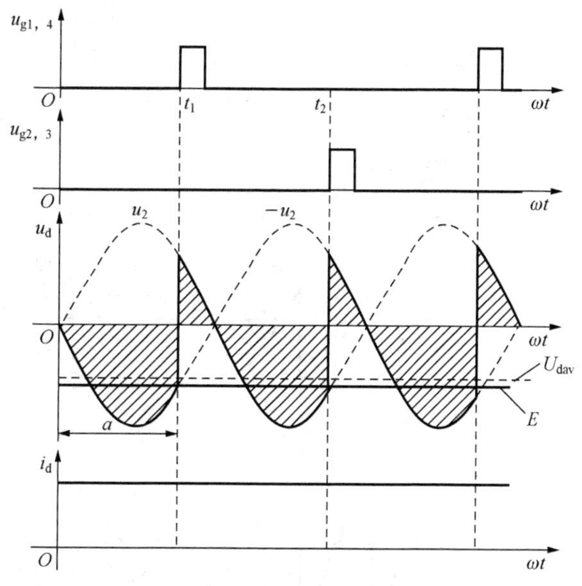

图 4-33　单相桥式全控整流电路有源逆变工作波形

4.6.2 三相桥式全控整流电路的有源逆变工作分析

三相逆变电路与单相逆变电路的原理是一样的，其电路结构如图 4-34 所示。

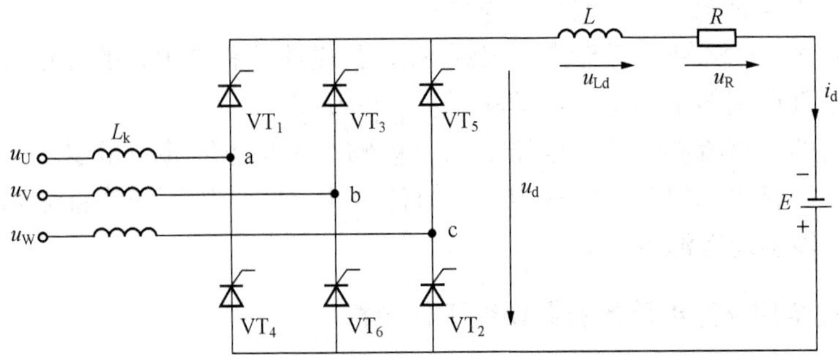

图 4-34　三相桥式全控整流电路有源逆变的电路结构

在大电感状态下，输出直流电流连续，假定输入交流相电压有效值为 U_{2rms}，逆变电路输出电压为$U_{dav}=2.34U_{2rms}\cos\alpha$，当$90^\circ<\alpha<180^\circ$时，$U_{dav}<0$，符合有源逆变的条件。

为了与整流有所区别，在逆变时通常引入逆变角β的概念，逆变角β与触发角α满足如下关系为

$$\alpha+\beta=180^\circ \tag{4-60}$$

触发角α是以自然换流点作为计量起始点向右方计量，而逆变角β和触发角α的计量方向相反，其大小自$\alpha=180^\circ$作为起始点$\beta=0^\circ$向左方计量，逆变时有$0^\circ<\beta<90^\circ$。三相桥式全控整流电路有源逆变工作波形如图 4-35 所示，电路工作过程的分析与整流状态相类似。

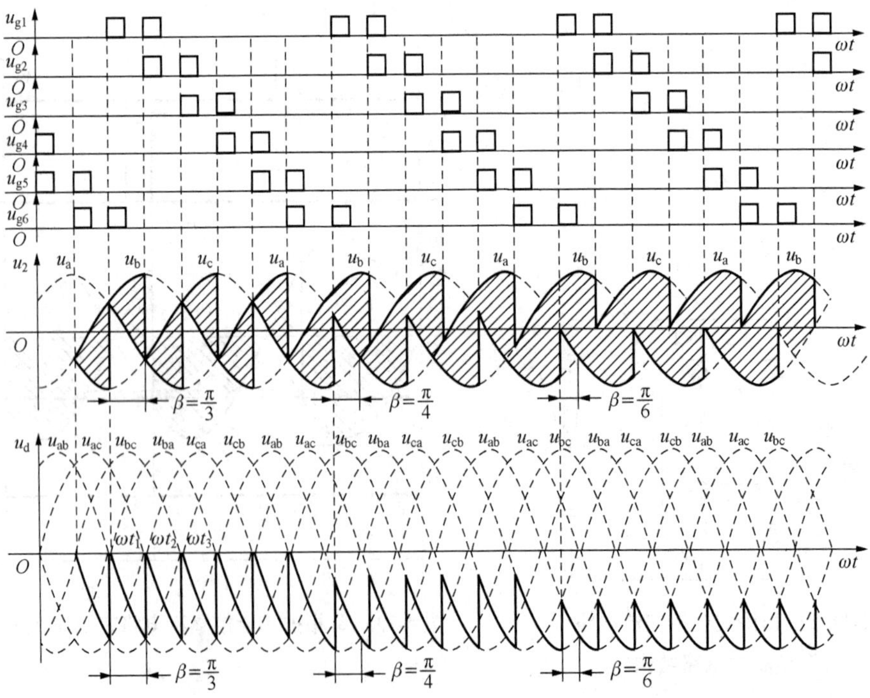

图 4-35　三相桥式全控整流电路有源逆变波形

以逆变角表示的输出直流电压的计算式为

$$U_{dav} = 2.34U_{2rms}\cos\alpha = -2.34U_2\cos\beta \tag{4-61}$$

在逆变状态时，从交流电源送到直流侧负载的有功功率为

$$P_d = RI_{dav}^2 - EI_{dav} \tag{4-62}$$

由于 EI_{dav} 为负值，故 P_d 为负值，交流电源发出负功率，表示功率由直流电源输送到交流电源。

在式（4-62）中，直流电源发出的电功率为 EI_{dav}，只考虑了电流平均值 I_{dav}，这是因为负载电流的交流分量在 E 上产生的功率为 0，同时由于大电感的存在，负载电流的交流分量几乎为零，基本为直流。

4.6.3　逆变颠覆与最小逆变角的限制

晶闸管变流电路工作在整流状态时，如果出现了换相失败，其后果至多是出现缺相，直流输出电压减小。但在逆变运行时，一旦发生换相失败，后果要严重得多。这时，外接的直流电源就会通过晶闸管电路形成短路，或者使变流器的输出平均电压和直流电动势变成顺向串接，两个电源共同输出电能，由于逆变电路的电阻很小，形成很大的短路电流，这种情况称为逆变失败，或称为逆变颠覆。

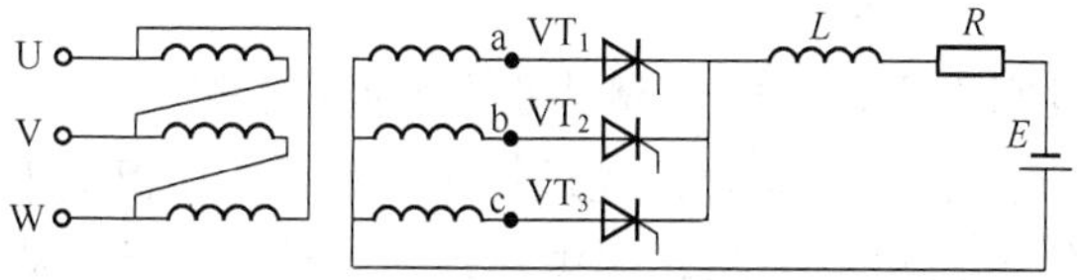

图 4-36　三相半波全控整流电路逆变结构

造成整流电路逆变失败的原因很多，图 4-36 和图 4-37 分别示出了三相半波全控整流电路逆变结构和典型故障波形，下面以此为例进行详细分析。

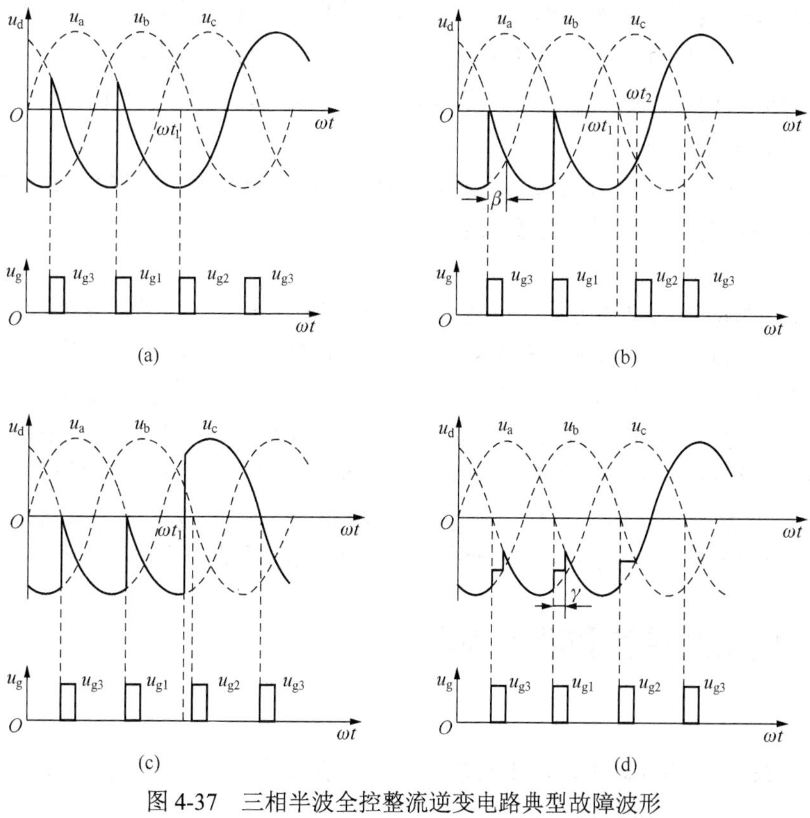

图 4-37　三相半波全控整流逆变电路典型故障波形

（1）触发电路工作不可靠，不能适时、准确地给各晶闸管分配脉冲，致使晶闸管不能正常换相，使交流电源电压和直流电动势顺向串接，形成短路。

图 4-37（a）示出了触发脉冲丢失的情况，在 ωt_1 时刻，应触发 VT_2 导通，电流由 a 相换到 b 相。如果在 ωt_1 时刻 VT_2 的触发脉冲丢失，在大电感状态下 VT_1 将继续导通，将一直持续到正半周，使电源瞬时电压与直流电动势 E 顺向串接，造成短路。

如果在 ωt_1 时刻，VT_2 触发脉冲延迟到 ωt_2 时刻才出现，如图 4-37（b）所示，此时 b 相电压开始小于 a 相，VT_2 因承受反向电压而不能正常换流，VT_1 持续导通而形成短路。

（2）晶闸管发生故障，在应该阻断期间，器件失去阻断能力，或在应该导通期间，器件不能导通，造成逆变失败。

如图 4-37（c）所示，对于三相半波电路，在 ωt_1 时刻，VT_3 因承受线电压 u_{ca} 值较高（接近峰值电压）而误导通（失去阻断能力），则在 u_{g2} 到来时，因 VT_3 导通输出 c 相电压高于 b 相电压而使 VT_2 不能正常导通，原来应该输出 b 相的负压，现在却输出 c 相的正压，使得输出电压在数值上大大减小，负载电流急剧增大，造成逆变失败。

（3）在逆变工作时，交流电源发生缺相或突然消失，由于直流电动势 E 的存在，晶闸管仍可导通，此时变流器的交流侧由于失去了同直流电动势极性相反的交流电压，因此直流电动势将通过晶闸管使电路短路。

（4）晶闸管换流时间不足或换流后反压时间不足，未能可靠关断引起换相失败。

以 VT_1 和 VT_2 的换相过程来分析，当逆变角 β 足够大时，经过换相过程后，b 相电压 u_b 将高于 a 相电压 u_a，所以换相结束时，能使 VT_1 可靠关断。如果换相的裕量角不足，从图 4-37（d）可清楚地看到，换相结束，电路的工作状态已到达自然换流点之后，$u_a \geqslant u_b$，晶闸管 VT_2 将承受反压而重新关断，使得应该关断的 VT_1 不能关断而继续导通，且 a 相电压随着时间的推迟愈来愈高，与直流电动势 E 顺向串接导致逆变失败。

因此，考虑换相过程的客观存在，为了防止逆变失败，逆变角 β 不能太小，必须限制在某一允许的最小角度内。

确定最小逆变角 β_{min} 应考虑换相过程、晶闸管的开关时间、交流电源和触发脉冲的不对称度等因素的影响。因此最小逆变角应为

$$\beta_{min} = \delta + \gamma + \theta' \tag{4-63}$$

式中，δ 为晶闸管的关断时间 t_q 折合的电角度；γ 为换相重叠角；θ' 为安全裕量角。

晶闸管的关断时间可达 200～300μs，折算到电角度 δ 约为 4°～5°；换相重叠角 γ，它的大小与电路形式、工作电流的大小有关，一般取 15°～20°。安全裕量角 θ' 是十分必要的。当变流器工作在逆变状态时，由于种种原因，会影响逆变角，例如，交流电网的波动、波形畸变、触发脉冲间隔的不对称等因素都有可能破坏 $\beta \geqslant \beta_{min}$ 的关系，导致逆变失败。根据经验，θ' 一般取 10°左右。这样，β_{min} 一般取 30°～35°。设计逆变电路时，必须保证 $\beta \geqslant \beta_{min}$，因此常在触发电路中附加一保护环节，保证触发脉冲不进入小于 β_{min} 的区域内。

4.7 整流电路的谐波和功率因数

根据电工理论的基本知识，对于有功功率、视在功率、功率因数的定义是统一的。有

功功率就是电路的平均功率，视在功率是电压、电流有效值的乘积；功率因数定义为有功功率和视在功率的比值。

有功功率为

$$P=\frac{1}{T}\int_0^T ui\mathrm{d}t \tag{4-64}$$

视在功率为

$$S=U_{\mathrm{rms}}I_{\mathrm{rms}}=\sqrt{\frac{1}{T}\int_0^T u^2\mathrm{d}t}\times\sqrt{\frac{1}{T}\int_0^T i^2\mathrm{d}t} \tag{4-65}$$

功率因数为

$$\lambda=\frac{P}{S}=\frac{\frac{1}{T}\int_0^T ui\mathrm{d}t}{\sqrt{\frac{1}{T}\int_0^T u^2\mathrm{d}t}\times\sqrt{\frac{1}{T}\int_0^T i^2\mathrm{d}t}}=\frac{P}{U_{\mathrm{rms}}I_{\mathrm{rms}}} \tag{4-66}$$

式中，u、i 分别为瞬时电压、瞬时电流。

对于无功功率 Q，一般定义为

$$Q=\sqrt{S^2-P^2} \tag{4-67}$$

在正弦电路中，感性负载电路的电压与电流有如下关系

$$u=\sqrt{2}U_{\mathrm{rms}}\sin\omega t \tag{4-68}$$

$$i=\sqrt{2}I_{\mathrm{rms}}\sin(\omega t-\varphi) \tag{4-69}$$

式中，φ 为电压、电流之间的相位差。

此时电路的有功功率、视在功率、功率因数、无功功率可以进行简化。

有功功率为

$$P=U_{\mathrm{rms}}I_{\mathrm{rms}}\cos\varphi \tag{4-70}$$

视在功率为

$$S=U_{\mathrm{rms}}I_{\mathrm{rms}} \tag{4-71}$$

无功功率为

$$Q=S\sin\varphi \tag{4-72}$$

功率因数为

$$\lambda=\cos\varphi \tag{4-73}$$

对于非正弦电路，如前面所介绍的晶闸管整流电路，由于公用电网中电压波形畸变通常很小，可以认为输入电压为正弦波，但输入电流却多为非正弦波。

对于非正弦周期电流波形，一般可以用傅里叶级数表示为

$$i=I_0+\sum_{n=1}^{\infty}I_{n\mathrm{m}}\sin(n\omega t+\varphi_n) \tag{4-74}$$

式中，I_0 为直流分量；$I_{n\mathrm{m}}$ 为 n 次谐波电流的幅值，对应 n=1 时的电流波形即为基波。电流有效值为

$$I_{\mathrm{rms}}=\sqrt{\frac{1}{T}\int_0^T i^2\mathrm{d}t}=\sqrt{I_0^2+\sum_{n=1}^{\infty}I_{n\mathrm{rms}}^2} \tag{4-75}$$

式中，$I_{n\mathrm{rms}}=\frac{1}{\sqrt{2}}I_{n\mathrm{m}}$，为 n 次谐波电流有效值。

定义电流的畸变因子为ξ，表征电流对正弦的偏离度为

$$\xi = \frac{I_{1\text{rms}}}{I_{\text{rms}}} \tag{4-76}$$

电流谐波总畸变率定义为

$$\text{THD} = \frac{\sqrt{\sum_{n=2}^{\infty} I_{n\text{rms}}^2}}{I_{1\text{rms}}} \tag{4-77}$$

对于非正弦周期电压波形，一般也可以用类似方法处理。

前面介绍的单相桥式全控整流电路，在大电感负载状态下其电网输入相电流波形如图 4-14（h）所示，其基波电流有效值为$I_{1\text{rms}} = \frac{2\sqrt{2}}{\pi} I_\text{d}$，而电流有效值为$I_\text{d}$，因此可以得出电流畸变因子为

$$\xi = \frac{I_{1\text{rms}}}{I_{\text{rms}}} = 0.9$$

输出有功功率为

$$P = 0.9 U_{2\text{rms}} I_\text{d} \cos\alpha$$

输入视在功率为

$$S = U_{2\text{rms}} I_\text{d}$$

电路功率因数为

$$\lambda = 0.9\cos\alpha$$

同样，对于三相桥式全控整流电路，在大电感负载状态下其电网输入相电流波形 i_a 如图 4-25 所示，其基波电流有效值为$I_{1\text{rms}} = \frac{\sqrt{6}}{\pi} I_\text{d}$，而相电流有效值为$\sqrt{\frac{2}{3}} I_\text{d}$，类似地可以得出电流畸变因子为

$$\xi = \frac{I_{1\text{rms}}}{I_{\text{rms}}} = 0.955$$

输出有功功率为

$$P = 2.34 U_{2\text{rms}} I_\text{d} \cos\alpha$$

输入视在功率为

$$S = 3U_{2\text{rms}} \times \sqrt{\frac{2}{3}} I_\text{d} = \sqrt{6} U_{2\text{rms}} I_\text{d}$$

电路功率因数为

$$\lambda = 0.955\cos\alpha$$

4.8 PWM 整流电路

由于交流电能大多数来自电网，因而整流电路是电网和电力电子装置的接口电路，其性能将影响电网的运行和电能质量。在传统的整流电路中，无论是二极管整流还是相控整流，交流输入电压为正弦波，而输入电流却不是正弦波，除了包含和电源电压同频率的基

波成分外，还包含了大量的高次谐波。基波电流可能产生有功功率，而高次谐波只能产生无功功率，因此这些电路都难以克服功率因数低的缺点。同时，高次谐波电流导致电路阻抗产生谐波压降，能够使原为正弦的电网电压产生畸变，并使电网供电电路和变压器发热，造成设备损坏。

PWM 整流电路采用 PWM 控制方式并由全控型器件组成，它把逆变电路中的 SPWM 控制技术用于整流电路，使其输入电流非常接近正弦波并和输入电压同相位，使网侧功率因数近似为 1，这种方法称为有源功率因数校正（APFC）技术，因此 PWM 整流电路又称为单位功率因数变流器或高功率因数整流器。

4.8.1　含 Boost APFC 的单相 PWM 整流电路

单相 Boost 型 APFC 电路同样分为电感电流连续（CCM）和电感电流断续（DCM）两种工作模式。DCM 控制的基本特点就是电感能量的完全传输，即在每一个开关周期中，转换电感都必须把从电源中获得的能量完全转移到蓄能电容（输出电容）中去。在 CCM 控制模式时，转换电感的电流始终是连续的，其基本特点就是电感能量的不完全传输，在每一个开关周期中，转换电感都只把部分能量转移到蓄能电容（输出电容）中去。

1. DCM 模式单相 APFC 原理

DCM 控制方法又称为电压跟踪法，是 APFC 控制中一种简单而又实用的方法，开关管实现零电流导通，并且不承受二极管的反向恢复电流；但输入、输出电流纹波较大，对滤波电路要求高，在小功率场合应用较为广泛。其中，又可以采用恒频控制、变频控制和等面积控制等多种方案。

1）恒频控制

Boost 型的 APFC 电路恒频控制方案如图 4-38 所示，功率管的开关周期 T_s 为恒定，开启时间 t_{on} 为恒定。由于输入交流电压经过全桥整流后为 100Hz 的半正弦波，远小于功率开关管的开关频率，因此，在一个开关周期内，可以将输入电压近似地看成恒定。假定第 k 个开关周期内输入电源电压为 $u_{in}(k)$，输出电压 U_o 视为恒定。当功率管导通时，电感 L 充电，在导通时间 t_{on} 内，输入电流为

$$i_L(t)=\left|i_{in}(t)\right|=\frac{\left|u_{in}(k)\right|}{L}t \tag{4-78}$$

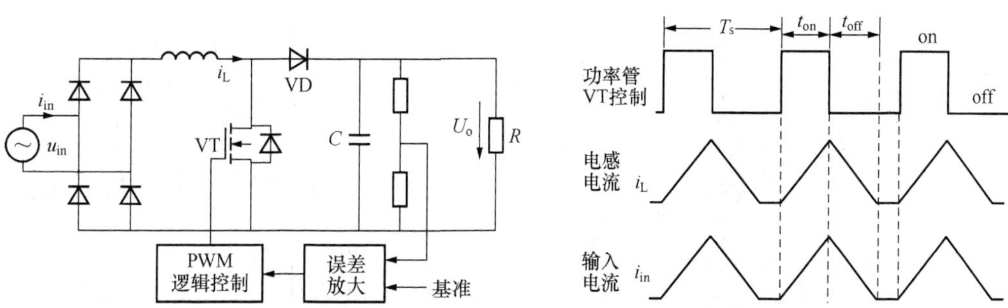

(a) Boost型的APFC电路恒频控制方案　　(b) 开关管的控制波形及电感电流波形

图 4-38　Boost 型的 APFC 电路恒频控制方案及工作波形

当功率管关断，电感 L 向蓄能电容 C 放电时，加在电感两端的电压为输出电压和输入

电压之差，由伏秒平衡原理可得电感放电时间为

$$t_{\rm off}=\frac{|u_{\rm in}(k)|}{U_{\rm o}-|u_{\rm in}(k)|}t_{\rm on} \tag{4-79}$$

在电感放电时间 $t_{\rm off}$ 内，电感电流和电源输入电流为

$$i_{\rm L}(t)=|i_{\rm in}(t)|=\frac{t_{\rm on}|u_{\rm in}(k)|}{L}-\frac{U_{\rm o}-|u_{\rm in}(k)|}{L}t \tag{4-80}$$

这样，在第 k 个开关周期内电感电流的平均值（即第 k 个开关周期内输入平均电流的绝对值）可由式（4-78）和式（4-80）积分求得

$$i_{\rm Lav}(k)=\frac{1}{T_{\rm s}}\int_0^{t_{\rm on}+t_{\rm off}}i_{\rm L}(t){\rm d}t=\frac{|u_{\rm in}(k)|t_{\rm on}(t_{\rm on}+t_{\rm off})}{2LT_{\rm s}}=\frac{t_{\rm on}^2|u_{\rm in}(k)|U_{\rm o}}{2LT_{\rm s}[U_{\rm o}-|u_{\rm in}(k)|]} \tag{4-81}$$

从式（4-81）中可以看出，Boost 变换器在 DCM 模式下的恒频控制方案，当开关周期 $T_{\rm s}$、功率管的开启时间 $t_{\rm on}$ 恒定时，每个开关周期内电源输入平均电流并不正比于输入电压 $u_{\rm in}(k)$，输入电流有一定程度的畸变，影响功率因数的提高和 THD 的减小。只有 $U_{\rm o}\gg u_{\rm in}$ 时，输入电流平均值才近似地正比于输入电压，输出电压 $U_{\rm o}$ 与输入电压 $u_{\rm in}$ 的比值越大，输入电流的畸变程度越小（即输入电压近零附近电流畸变小，在输入电压幅值附近畸变较大）。总体来说，当 Boost 变换器采用 DCM 模式的恒频控制方案时，输入电流总谐波畸变 THD 可以控制在 10%以内。

2）变频控制

为了解决恒频控制方案的缺点，进一步发展出了变频控制法。从式（4-79）中可以看出，Boost 变换器的电感放电时间 $t_{\rm off}$ 并不恒定，而是与输入电压的变化相关的。如果能够在保证功率开关管的开启时间 $t_{\rm on}$ 恒定的前提下，调整功率管的关断时间使之始终和电感的放电时间 $t_{\rm off}$ 一致，即有 $T_{\rm s}=t_{\rm on}+t_{\rm off}$，则由式（4-81）可得输入平均电流为

$$i_{\rm Lav}(k)=|i_{\rm inav}(k)|=\frac{|u_{\rm in}(k)|}{2L}t_{\rm on} \tag{4-82}$$

当 $t_{\rm on}$ 恒定时，电源输入平均电流与输入电压成正比，可以得到单位功率因数。

在这种控制方案下，功率管的开启时间 $t_{\rm on}$ 始终保持恒定，但开关周期随输入电压变化而变化，电感始终处于临界导电模式（critical conduction mode，CRM），因此，这种方法又叫作恒导通时间控制或临界导电控制，如图 4-39 所示。

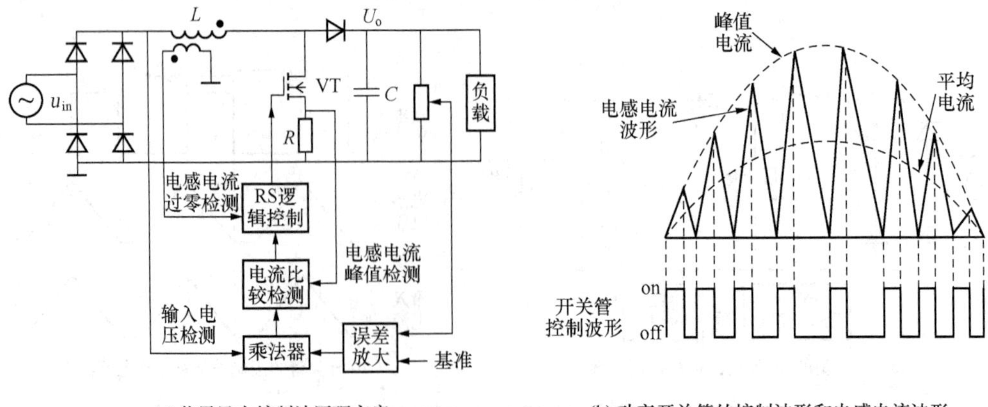

(a) 临界导电控制法原理方案　　(b) 功率开关管的控制波形和电感电流波形

图 4-39　Boost 型的 APFC 电路变频控制方案及工作波形

2. CCM 模式单相 APFC 原理

CCM 模式多以乘法器的方法来实现 APFC，其特点是电感电流连续，相对于 DCM 模式具有电感电流纹波小、THD 和 EMI 小、滤波容易等优点。由于电流有效值相对较小，器件导通损耗小，适用于较大功率场合。CCM 模式的控制结构如图 4-40 所示，常用的控制方法有峰值电流控制、电流滞环控制、平均电流控制三种。

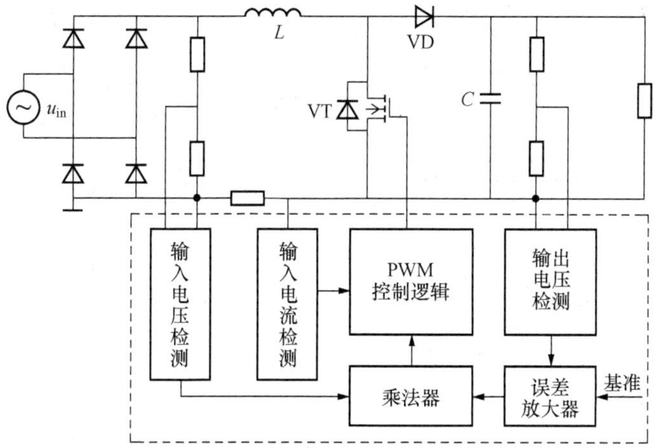

图 4-40　含 Boost APFC 的 PWM 整流 CCM 控制结构

1）峰值电流控制

峰值电流控制法的功率管开关周期恒定不变，输入电压信号和输出电压的误差反馈信号相乘，形成一个与输入电压同频同相的电流控制参考信号（基准电流环信号）。功率管导通，电感 L 充电时，电感电流（即输入电流）的检测信号和基准电流环信号相比较，当电感电流上升到基准信号值时，触发逻辑控制部分使功率管关断，电感开始放电，当一个开关周期结束时，功率管重新导通。图 4-41 所示是在半个工频周期内，功率开关管的控制波形和电感电流波形的示意图。

峰值电流控制的主要问题是被控制量为电感电流峰值，并不能保证每个开关周期内电感电流（即输入电流）平均值和输入电压成正比，无法满足 THD 很小的要求；另外，峰值电流对噪声很敏感，因此这种控制方法已经逐渐趋于淘汰。

2）电流滞环控制

电流滞环控制的被控制量是电感电流的变化范围，输入电压信号和输出电压信号的误差反馈信号相乘，形成两个大小不同，与输入电压同频、同相的电流控制参考信号——上限基准电流环信号和下限基准电流环信号。当功率管导通电感充电时，电感电流（即输入电流）的检测信号和上限基准电流环信号相比较，当电感电流上升到上限基准信号值时，触发逻辑控制部分使功率管关断，电感开始放电；当电感电流下降到下限基准信号值时，触发逻辑控制部分使功率管导通，电感重新充电。

在这种控制方式下，功率管的开启时间是恒定的，而关断时间是变化的，因此功率管的开关周期是变化的。滞环电流控制法对 Boost 型 APFC 电路而言是一种较为简单的控制方式，由于控制中没有外加的调制信号，电流的反馈和调制集于一身，因而可以获得很宽的电流频带宽度，电流动态响应快，具有内在的电流限制能力。它的主要缺点是：负载对开关频率影响很大，因此设计滤波器时，要按最低开关频率考虑；滞环宽度对开关频率和系统性能影响很大，需要合理选取；当输入电源电压近零时，两个基准信号的差值很小，由于比较器精度及延迟等因素，容易引起过零点电流死区问题，一般需要对电路加以补偿来解决。图 4-42 所示是在半个工频周期内，功率开关管的控制波形和电感电流波形的示意图。

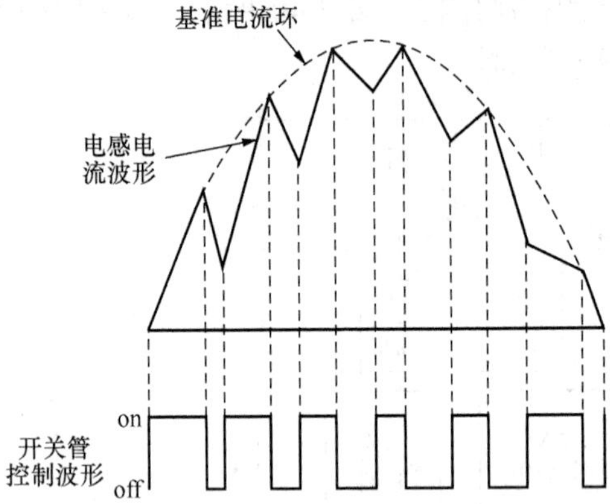

图 4-41　峰值电流控制工作波形示意

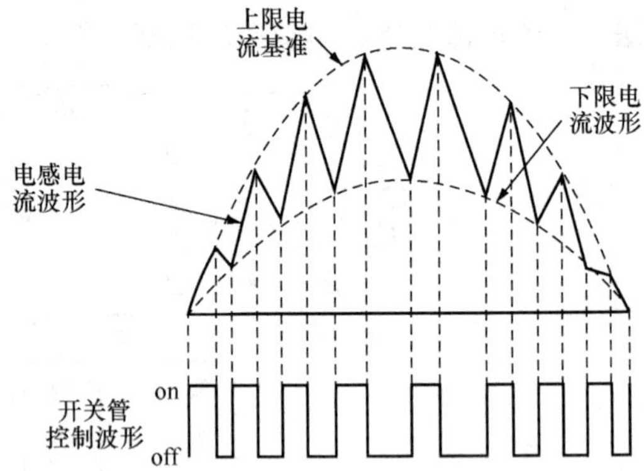

图 4-42　滞环电流控制工作波形示意

3）平均电流控制

平均电流控制又称三角载波控制，其实质就是 SPWM 控制方法。这种控制方法中反馈量是输入电流，被控制量是输入电流的平均值。由于被控制量是输入电流的平均值，因此 THD 和 EMI 都很小，同时平均电流对噪声不敏感，并且开关频率是固定的，适用于大功率的场合，是目前 APFC 中应用最多的一种控制方式。

电路中输出电压的误差信号和输入电压检测信号共同输入模拟乘法器，产生一个和输入电压同频、同相的正弦半波信号作为电流调节器（比例-积分调节）的参考信号。高频的电感电流（输入电流）信号经过电流调节器的比例-积分运算被平均化处理，输入电流平均值的误差信号控制 SPWM 调制的占空比。当检测到的平均输入电流大于乘法器的输出时，减小开关管控制信号的占空比，使输入电流减小；而当平均输入电流小于乘法器的输出时，增加开关管控制信号的占空比，使输入电流增大。这样使得电感 L 上的电流（即输入电流）平均值始终跟踪模拟乘法器输出的半正弦波信号，即跟踪了输入电压波形，可以使功率因数接近 1。该控制方案中有两个反馈量：输出电压的反馈信号和输入电流的反馈信号，因此电路中采用了电压、电流双环反馈控制。图 4-43 所示是在半个工频周期内，功率开关管的平均电流控制波形和电感电流波形的示意图。

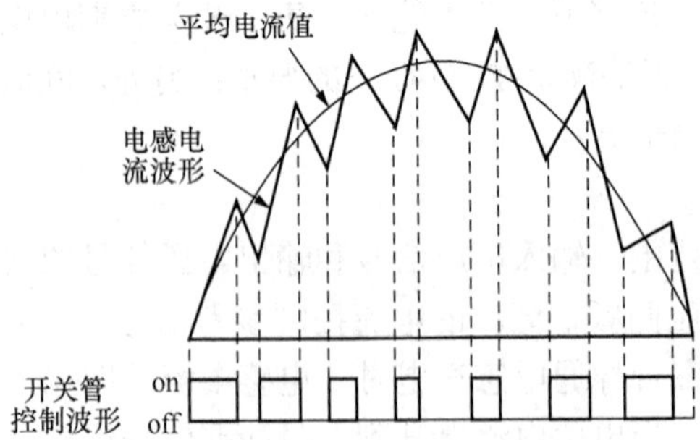

图 4-43　平均电流控制波形和电感电流波形示意

3. 运行参数分析

1）电感量与运行状态的关系

含 Boost APFC 的单相 PWM 整流主电路结构如图 4-44 所示，由于 PWM 开关频率远大

于电网工频，在一个开关周期内可以将输入电压近似地看成不变。假定输入工频电压为 $u_{in}(t)=\sqrt{2}U_{rms}\sin\omega t$，第 k 个开关周期内整流电压 $u_g(k)=|u_{in}(k)|$，开关频率为 f_s（对应周期为 T_s），输出直流电压 U_o 恒定，则当电感电流连续时，第 k 个开关周期的占空比为

$$D(k)=1-\frac{|u_{in}(k)|}{U_o} \tag{4-83}$$

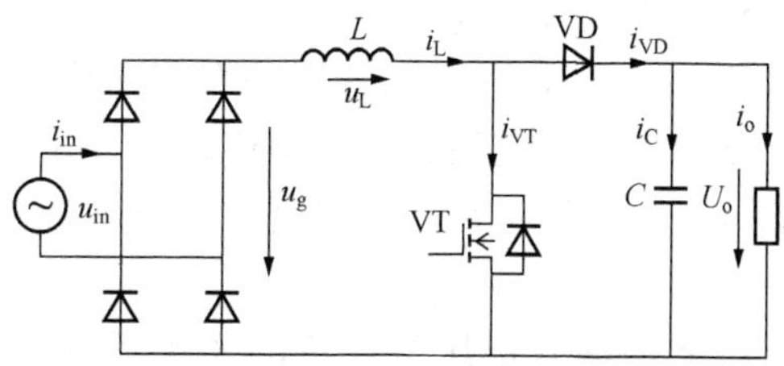

图 4-44　含 Boost APFC 的单相 PWM 整流主电路结构

第 k 个开关周期内 VT 开通时，电感电流增长，有

$$\Delta i_L(k)=\frac{|u_{in}(k)D(k)T_s|}{L} \tag{4-84}$$

当输入功率因数为 1 时，$u_{in}(t)$、$i_{in}(t)$ 同频同相，整流电路输入端等效为纯电阻负载，即

$$R_{in}=\frac{u_{in}(t)}{i_{in}(t)}$$

忽略电路损耗，考虑输入、输出功率平衡，有

$$R_{in}=\left(\frac{U_{rms}}{U_o}\right)^2 R \tag{4-85}$$

式中，R 为整流电路输出负载。

第 k 个开关周期内电感电流平均值为

$$i_{Lav}(k)=\frac{|u_{in}(k)|}{R_{in}} \tag{4-86}$$

当电感电流连续时，有

$$i_{Lav}(k)\geqslant\frac{1}{2}\Delta i_L(k) \tag{4-87}$$

其中，等式表示临界连续的状态，综合式（4-83）～式（4-87）可以得到电感电流连续时电感量的表达式为

$$L\geqslant\frac{1}{2}\left(\frac{U_{rms}}{U_o}\right)^2\left[1-\frac{|u_{in}(k)|}{U_o}\right]RT_s\approx\frac{1}{2}\left(\frac{U_{rms}}{U_o}\right)^2\left[1-\frac{\left|\sqrt{2}U_{rms}\sin(\omega t)\right|}{U_o}\right]RT_s \tag{4-88}$$

为了在任何时刻电感电流均连续，则要求

$$L\geqslant\frac{1}{2f_s}\left(\frac{U_{rms}}{U_o}\right)^2 R \tag{4-89}$$

由式（4-88）可知，电路运行于 DCM 的条件为

$$L < \frac{1}{2f_s}\left(\frac{U_{rms}}{U_o}\right)^2\left(1-\frac{\sqrt{2}U_{rms}}{U_o}\right)R \tag{4-90}$$

当电感量处于式（4-89）、式（4-90）之间时，输入电压接近于零时电路处于 DCM 状态，而接近于峰值时运行于 CCM 状态。考虑到恒频 DCM 工作模式时，输入电流在输入电压近零附近具有良好的电压波形跟踪特性，这种模式在整个工频周期内都具有较高的功率因数和较小的输入电流畸变，同时电感量较小，因此这种运行模式实际应用较多，通常也称为 CCM 模式。本书为了区别，把满足式（4-89）条件的工作模式称为完全 CCM 模式，当电感量处于式（4-89）和式（4-90）之间时的工作模式称为不完全 CCM 模式。

在不完全 CCM 模式下（开关频率通常为恒定值），一般依据电感电流的脉动量限制来选择电感量。

对于实际的电路系统，通常输入电压有一定的变化范围，假定输入电压最小值为 $u_{inmin}(t)=\sqrt{2}U_{rmsmin}\sin\omega t$，考虑电感电流的脉动量为输入最大峰值电流的 δ 倍（通常取 $\delta \leqslant 20\%$），忽略电路损耗，输入、输出功率平衡，则有

$$\Delta i_{Lmax} = \frac{\sqrt{2}P_o\delta}{U_{rmsmin}} \tag{4-91}$$

由于峰值点的电感电流连续，占空比为

$$D_{on\text{-}peak} = \frac{U_o-\sqrt{2}U_{rmsmin}}{U_o}$$

则电感量选择应满足

$$L = \frac{\sqrt{2}U_{rmsmin}D_{on-peak}T_s}{\Delta i_{Lmax}} = \frac{U_{rmsmin}^2(U_o-\sqrt{2}U_{rmsmin})}{\delta P_o U_o f_s} \tag{4-92}$$

式中，P_o 为直流输出功率。

在 CRM 运行状态下，开关导通时间恒定，关断时间可变，电感选择与电路最高、最低开关频率密切相关。

忽略电路损耗，输入、输出功率平衡，由整流输出功率可以得到输入正弦电流的峰值为 $I_{inm}=\sqrt{2}P_o/U_{rms}$。

参考图 4-39（b）可以看出，在 CRM 状态下，一个开关周期内电感电流的平均值正好是电感电流峰值的一半。在开关频率足够高的条件下，每个开关周期内对应的输入正弦电流值可以视为恒定，在数值上等于电感电流的平均值，因此，在输入正弦电流峰值时刻，电感电流的峰值有如下关系

$$I_{Lpk} = \Delta i_L(k_m) = \frac{2\sqrt{2}P_o}{U_{rms}} \tag{4-93}$$

式中，$\Delta i_L(k_m)$ 为输入电流 i_{in} 峰值时刻电感电流增量；I_{Lpk} 为对应的电感电流峰值。

假定在输入电流峰值时刻，开关导通时间为 t_{on}，开关周期内输入电压视为恒定，有

$$\Delta i_L(k_m) = \frac{\sqrt{2}U_{rms}}{L}t_{on} \tag{4-94}$$

综合式（4-93）、式（4-94）可以得到在 CRM 方式下恒定导通时间 t_{on} 的关系式为

$$t_{on} = \frac{2P_o L}{U_{rms}^2} \tag{4-95}$$

由于在一个开关周期内，电感伏秒平衡，假定开关关断时间为 t_{off}，有

$$\left|\sqrt{2}U_{rms}\sin\omega t\right| t_{on} + \left(\left|\sqrt{2}U_{rms}\sin\omega t\right| - U_o\right) t_{off} = 0 \tag{4-96}$$

即

$$t_{off} = \frac{\left|\sqrt{2}U_{rms}\sin\omega t\right|}{U_o - \left|\sqrt{2}U_{rms}\sin\omega t\right|} t_{on} \tag{4-97}$$

开关周期为

$$T_s = t_{on} + t_{off} = \frac{2P_o L}{U_{rms}^2}\left(\frac{U_o}{U_o - \left|\sqrt{2}U_{rms}\sin\omega t\right|}\right) \tag{4-98}$$

开关频率为

$$f_s = \frac{U_{rms}^2}{2P_o L}\left(1 - \frac{\left|\sqrt{2}U_{rms}\sin\omega t\right|}{U_o}\right) \tag{4-99}$$

最大开关频率为

$$f_{smax} = \frac{U_{rms}^2}{2P_o L} \tag{4-100}$$

最小开关频率为

$$f_{smin} = \frac{U_{rms}^2}{2P_o L}\left(1 - \frac{\sqrt{2}U_{rms}}{U_o}\right) \tag{4-101}$$

在设定最小开关频率的基础上，可以合理选定 CRM 状态下的电感量。

2）CCM 模式时开关器件的电流有效值

对于 Boost 变换电路，在第 k 个开关周期内，VT 开通时流过开关管的电流平均值 $i_{VT}(k)$ 等于电感平均电流 $\left|i_{Lav}(k)\right|$，而在开关管关断时电流则为零。考虑 CCM 状态下电流脉动较小，近似以方波代替开关电流的梯形波（方波幅值 $\left|i_{Lav}(k)\right|$），如图 4-45 中值所示，因此一个开关周期内的开关电流平方平均值近似为

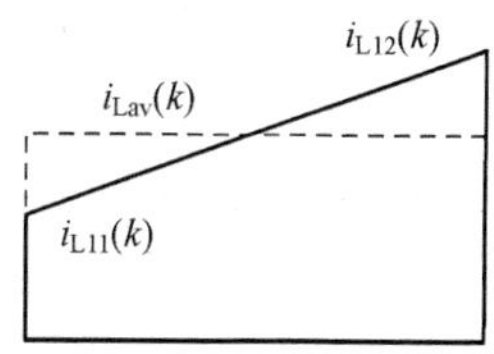

图 4-45　CCM 模式开关导通时电感电流的波形

$$i_{VTav}^2(k) = \frac{1}{T_s}\int_t^{t+T_s} i_{VT}^2(k)\mathrm{d}t = D(k)i_{Lav}^2(k)$$

在 CCM 状态下，即有

$$i_{VTav}^2(k) = D(k)i_{Lav}^2(k) = \left[1 - \frac{\left|u_{in}(k)\right|}{U_o}\right]\left[\frac{u_{in}(k)}{R_{in}}\right]^2$$

当开关频率足够高时，上式可以近似等效为

$$i_{VT}^2(t) = \left[1 - \frac{\left|u_{in}(t)\right|}{U_o}\right]\left[\frac{u_{in}(t)}{R_{in}}\right]^2 \tag{4-102}$$

流过 VT 的电流有效值可以由半个工频周期内的方均根值来计算：

$$I_{\mathrm{VTrms}}=\sqrt{\frac{2}{T}\int_0^{T/2} i_{\mathrm{VT}}^2(t)\mathrm{d}t}$$
$$=\sqrt{\frac{1}{\pi}\int_0^{\pi}\left[1-\frac{\sqrt{2}U_{\mathrm{rms}}\sin\omega t}{U_{\mathrm{o}}}\right]\left[\frac{\sqrt{2}U_{\mathrm{rms}}\sin\omega t}{R_{\mathrm{in}}}\right]^2\mathrm{d}(\omega t)}$$
$$=\frac{U_{\mathrm{rms}}}{R_{\mathrm{in}}}\sqrt{1-\frac{8\sqrt{2}U_{\mathrm{rms}}}{3\pi U_{\mathrm{o}}}}=I_{\mathrm{inrms}}\sqrt{1-\frac{8\sqrt{2}U_{\mathrm{rms}}}{3\pi U_{\mathrm{o}}}} \tag{4-103}$$

式中，T 为电网工频电压的周期。

同理，可以求得二极管的电流有效值为

$$I_{\mathrm{VDrms}}=I_{\mathrm{inrms}}\sqrt{\frac{8\sqrt{2}U_{\mathrm{rms}}}{3\pi U_{\mathrm{o}}}} \tag{4-104}$$

3）CRM 模式时开关器件的电流有效值

在 CRM 模式下，电流脉动较大，不能简单以平均值等效，图 4-46 所示为一个开关周期内开关管、二极管的电流波形。一个开关周期内开关管、二极管、电感绕组的电流平方平均值为

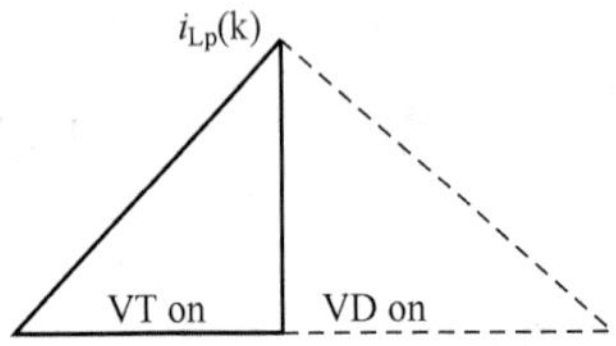

图 4-46 CRM 模式电感电流波形示意

$$i_{\mathrm{VTav}}^2(k)=\frac{1}{T_{\mathrm{s}}}\int_0^{DT_{\mathrm{s}}}\left[\frac{i_{\mathrm{Lp}}(k)}{DT_{\mathrm{s}}}t\right]^2\mathrm{d}t=\frac{1}{3}Di_{\mathrm{Lp}}^2(k)$$
$$i_{\mathrm{VDav}}^2(k)=\frac{1}{T_{\mathrm{s}}}\int_0^{(1-D)T_{\mathrm{s}}}\left[\frac{i_{\mathrm{Lp}}(k)}{(1-D)T_{\mathrm{s}}}t\right]^2\mathrm{d}t=\frac{1-D}{3}\bullet i_{\mathrm{Lp}}^2(k)$$
$$i_{\mathrm{Lav}}^2(k)=i_{\mathrm{VTav}}^2(k)+i_{\mathrm{VDav}}^2(k)=\frac{2}{3}i_{\mathrm{Lp}}^2(k)$$

式中，$i_{\mathrm{Lp}}(k)=\dfrac{|u_{\mathrm{in}}(k)|}{L}t_{\mathrm{on}}$；$t_{\mathrm{on}}=DT_{\mathrm{s}}$ 恒定。

同理，假定 $m=-\dfrac{\sqrt{2}U_{\mathrm{rms}}}{U_{\mathrm{o}}}$，综合式（4-95）、式（4-98），可以得到

$$D=\frac{1}{1+m|\sin\omega t|} \tag{4-105}$$

与前面的方法类似，开关管的电流有效值为

$$I_{\mathrm{VTrms}}=\sqrt{\frac{1}{\pi}\int_0^{\pi}\frac{(\sqrt{2}U_{\mathrm{rms}}\sin\omega t)^2}{3(1+m\sin\omega t)L^2}t_{\mathrm{on}}^2\mathrm{d}(\omega t)}=\frac{2\sqrt{2}P_{\mathrm{o}}}{U_{\mathrm{rms}}}\sqrt{\frac{f_1(m)}{3}} \tag{4-106}$$

式中，$f_1(m)=\dfrac{1}{\pi}\displaystyle\int_0^{\pi}\frac{\sin^2(\omega t)}{1+m\sin(\omega t)}\mathrm{d}(\omega t)\approx\frac{0.5+1.4\times10^{-3}m}{1+0.815m}$。

二极管的电流有效值为

$$I_{\mathrm{VDrms}}=\sqrt{\frac{1}{\pi}\int_0^{\pi}\left[-\frac{m\sin\omega t(\sqrt{2}U_{\mathrm{rms}}\sin\omega t)^2}{3(1+m\sin\omega t)L^2}\right]t_{\mathrm{on}}^2\mathrm{d}(\omega t)}$$
$$=\frac{2\sqrt{2}P_{\mathrm{o}}}{U_{\mathrm{rms}}}\sqrt{\frac{(-m)f_2(m)}{3}} \tag{4-107}$$

式中，$f_2(m)=\dfrac{1}{\pi}\int_0^{\pi}\dfrac{\sin^3\omega t}{1+m\sin\omega t}\mathrm{d}(\omega t)\approx\dfrac{0.424+5.7\times10^{-4}m}{1+0.862m}$。

电感绕组电流有效值为

$$I_{\mathrm{Lrms}}=\sqrt{\frac{1}{\pi}\int_0^{\pi}\frac{2(\sqrt{2}U_{\mathrm{rms}}\sin\omega t)^2}{3L^2}t_{\mathrm{on}}^2\mathrm{d}(\omega t)}=\frac{\sqrt{6}P_{\mathrm{o}}}{3U_{\mathrm{rms}}} \tag{4-108}$$

4）输出电压纹波

由于输出电压稳定，整流电路输出功率基本恒定，假定输入功率因数为 1，则电路的输入功率为

$$P_{\mathrm{in}}=\frac{2U_{\mathrm{rms}}^2}{R_{\mathrm{in}}}\sin^2\omega t=\frac{U_{\mathrm{rms}}^2}{R_{\mathrm{in}}}[1-\cos(2\omega t)]=P_{\mathrm{o}}+P_{\mathrm{ac}} \tag{4-109}$$

输入、输出功率的瞬时值并不相等，因此输入、输出之间必须有蓄能元件作为缓冲。输出滤波电容 C 的作用就是平衡输入、输出瞬时功率差。当输入功率大于输出功率时，电容吸收多余的能量，此时电容电压升高；反之则电容释能，电容电压下降。输入、输出功率波形与直流电压波动示意如图 4-47 所示，电压波动 ΔU_{opp} 一般很小，是叠加在输出电压 U_{o} 上的小纹波。

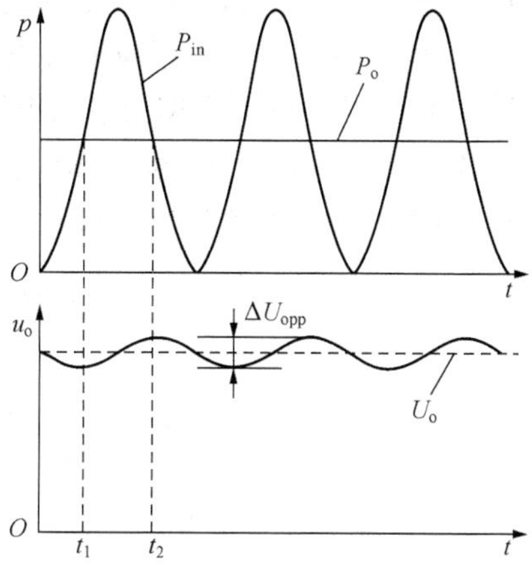

图 4-47　输入、输出功率波形与电压波动示意

从图 4-47 可以看出，在 t_1～t_2 时间段内，输入功率大于输出功率，以 t_1 时刻为计算坐标的时间起点，则电容吸收能量为

$$\Delta E_{\mathrm{C}}=\int_{t_1}^{t_2}\frac{U_{\mathrm{rms}}^2}{R_{\mathrm{in}}}\sin 2\omega t\mathrm{d}t=\frac{U_{\mathrm{rms}}^2}{\omega R_{\mathrm{in}}}=\frac{P_{\mathrm{o}}}{\omega} \tag{4-110}$$

电容能量增量也可以表示为

$$\Delta E_{\mathrm{C}}=\frac{1}{2}Cu_{\max}^2-\frac{1}{2}Cu_{\min}^2=CU_{\mathrm{o}}\Delta U_{\mathrm{opp}} \tag{4-111}$$

综合式（4-110）、式（4-111）可得

$$\Delta U_{\mathrm{opp}}=\frac{P_{\mathrm{o}}}{\omega CU_{\mathrm{o}}} \tag{4-112}$$

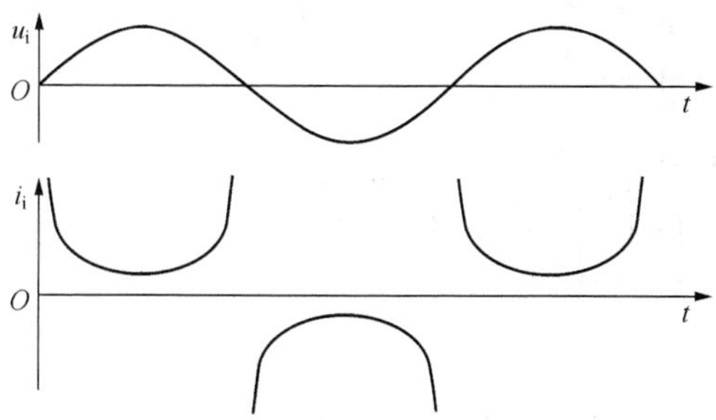

图 4-48　宽带高增益电压反馈时输入电压电流波形示意

在实际的电路中，如果输出电压反馈的增益很高且带宽很宽，将使整流输入等效电阻 R_{in} 随着输入功率的变化而快速变化，使输入功率恒等于输出，极端情况下输入电压和电流的波形将如图 4-48 所示变化。这种情况下输入谐波电流将很大，功率因数很低。为避免这种情况的出现，反馈回路必须限制带宽（一般控制在 20Hz 以内），以保证输出

储能电容能够有必要的能量缓冲过程。

4.8.2 含 Flyback APFC 的单相 PWM 整流电路*

利用反激式电路可以构成具有电隔离能力的 APFC，这类整流电路也可以分为电感电流断续（DCM）、电感电流连续（CCM）和电感电流临界导电（CRM）三种工作模式，下面分别作简要介绍。

1. DCM 模式的 APFC 的原理

Flyback 型 APFC 电路 DCM 控制的结构如图 4-49 所示，反激式电路的特点决定了在 DCM 状态下采用简单的电压反馈就可以达到良好的输入电流自动跟踪输入电压的目的。电路中全桥整流后为 100Hz 的半正弦波，远小于功率开关管的开关频率，因此，在一个开关周期内，可以将输入电压近似地看成不变，每个开关周期内一次绕组线圈的电流均从零开始增长。假定某一开关周期内输入电源电压为 $u_{in}(k)$，功率管的开关周期为 T_s 恒定，控制电路以恒定占空比 D 工作，变压器一次绕组电感为 L_1。根据如图 4-50 所示的波形，在一个开关周期内，当开关导通时输入电流变化为

$$i_{L1}(t)=|i_{in}(t)|=\frac{|u_{in}(k)|}{L_1}t \tag{4-113}$$

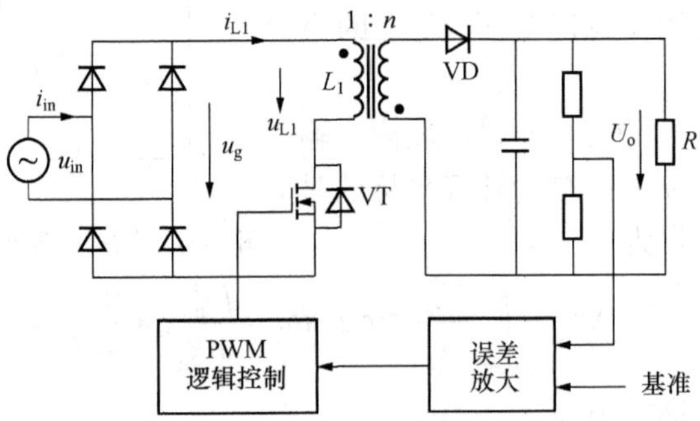

图 4-49 Flyback 型 APFC 电路 DCM 控制的结构示意图

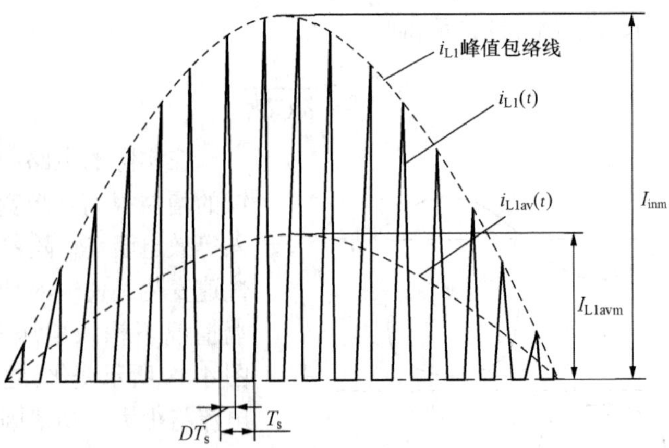

图 4-50 Flyback 型 APFC 电路 DCM 模式输入电流波形

开关关断时，输入电流 $i_{L1}(t)$为零。因此，每个开关周期内输入电流平均值为

$$i_{\text{L1av}}(k)=\frac{1}{T_{\text{s}}}\int_0^{T_{\text{s}}} i_{\text{L1}}(t)\text{d}t=\frac{|u_{\text{in}}(k)|}{2L_1}D^2T_{\text{s}} \tag{4-114}$$

由上式可以看出，当开关频率、占空比恒定时，则每个开关周期内电源输入平均电流与输入电压成正比，可以使整流电路得到单位输入功率因数。

当采用临界导通控制（CRM）模式时，由于开关导通时间恒定，开关频率可变，电路的运行状态将有所不同。在 CRM 模式下，当开关管关断时，二极管 VD 导通，变压器一次绕组反射电压为$u_{\text{L1}}=-U_{\text{o}}/n$，考虑稳态运行时一次绕组电感伏秒平衡，在一个开关周期内，有

$$t_{\text{on}}u_{\text{g}}(k)-\frac{U_{\text{o}}}{n}t_{\text{off}}=0 \tag{4-115}$$

式中，n 为变压器归一化变比，如图 4-49 所示。

综合式（4-114）、式（4-115），考虑$t_{\text{on}}=DT_{\text{s}}$、$T_{\text{s}}=t_{\text{on}}+t_{\text{off}}$，可以得到

$$i_{\text{L1av}}(k)=\frac{|u_{\text{in}}(k)|}{2L_1\left[1+\frac{n|u_{\text{in}}(k)|}{U_{\text{o}}}\right]}t_{\text{on}} \tag{4-116}$$

从上式可以看出，当功率管的开启时间 t_{on} 恒定时，电源输入平均电流并不正比于输入电压 $u_{\text{in}}(k)$，输入电流会有一定程度的畸变，影响功率因数的提高和 THD 的减小。只有在$\frac{U_{\text{o}}}{n}\gg u_{\text{in}}$时，输入电流平均值近似正比于输入电压。因此，恰当选择反射电压$\frac{U_{\text{o}}}{n}$的大小，可以使输入电流总谐波畸变 THD 在合适的范围内。

2. CCM 模式的 APFC 原理

与 Boost 型 APFC 电路类似，Flyback 电路 CCM 模式的 APFC 的典型控制方法是平均电流控制，基本原理就是在每个开关周期内控制输入电流平均值与输入电压成正比，一般均采用电流、电压双环控制，如图 4-51 所示。由于每个开关周期内的平均电流均与输入电压成比例，因此输入电流波形失真很小，理论上可以得到单位功率因数。

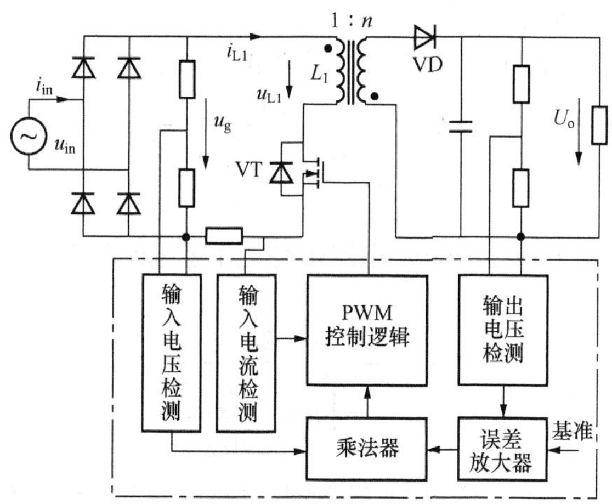

图 4-51　含 Flyback APFC 的 PWM 整流 CCM 控制结构示意图

3. 运行参数分析

1）电感量与运行状态的关系

与 Boost 电路类似，基于 Flyback 结构的 APFC 电路运行状态与变压器一次绕组输入电感密切相关。参考图 4-51 的主电路结构，变压器匝比为 1∶n，考虑到 PWM 开关频率远大于电网工频，在一个开关周期内将输入电压近似地看成不变。假定输入工频电压为 $u_{\rm in}(t)=\sqrt{2}U_{\rm rms}\sin\omega t$，第 k 个开关周期内整流电压 $u_{\rm g}(k)=|u_{\rm in}(k)|$，开关频率为 $f_{\rm s}$（对应周期为 $T_{\rm s}$），输出直流电压 $U_{\rm o}$ 恒定，则当电路工作于 DCM 状态时，输入电流波形如图 4-50 所示。

当输入功率因数为 1 时，$u_{\rm in}(t)$、$i_{\rm in}(t)$ 同频同相，整流电路输入端等效为纯电阻负载，参考式（4-114），等效输入电阻为

$$R_{\rm in}=\frac{u_{\rm in}}{i_{\rm in}}=\frac{u_{\rm g}}{i_{\rm L1av}}=\frac{2L_1}{D^2T_{\rm s}} \tag{4-117}$$

式中，D 为开关导通占空比；L_1 为变压器一次绕组电感。

忽略电路损耗，考虑输入、输出功率平衡，有

$$R_{\rm in}=\left(\frac{U_{\rm rms}}{U_{\rm o}}\right)^2 R \tag{4-118}$$

式中，R 为整流电路输出负载。

综合式（4-117）、式（4-118），有

$$D=\frac{U_{\rm o}}{U_{\rm rms}}\sqrt{\frac{2L_1}{RT_{\rm s}}} \tag{4-119}$$

当开关管关断时，VD 导通，此时变压器一次绕组反射电压为 $u_{\rm L1}=-\dfrac{U_{\rm o}}{n}$，在稳态运行时，一次绕组电感伏秒平衡，有

$$|u_{\rm in}(k)|DT_{\rm s}-\frac{D'T_{\rm s}U_{\rm o}}{n}=0 \tag{4-120}$$

式中，D' 为 VD 导通的占空比。

在 DCM 运行状态下，满足 $D+D'<1$，综合式（4-119）、式（4-120），有

$$L_1<\frac{RT_{\rm s}}{2\left(\dfrac{U_{\rm o}}{U_{\rm rms}}+n\dfrac{|u_{\rm in}(k)|}{U_{\rm rms}}\right)^2} \tag{4-121}$$

由上式可以看出，为了使 Flyback 电路始终工作于电流断续模式，高频变压器一次绕组电感 L_1 应满足

$$L_1<\frac{R}{4f_{\rm s}\left(n+\dfrac{U_{\rm o}}{\sqrt{2}U_{\rm rms}}\right)^2} \tag{4-122}$$

同理，由式（4-121）可知，为了使 Flyback 电路始终工作于电流连续模式，高频变压器一次绕组电感 L_1 应满足

$$L_1 > \frac{R}{2f_s\left(\dfrac{U_o}{U_{rms}}\right)^2} \tag{4-123}$$

与 Boost 电路类似，电感量满足式（4-123）条件时称为完全 CCM 模式，当电感量介于式（4-122）与式（4-123）之间时，我们称为不完全 CCM 模式。在不完全 CCM 状态下（开关频率通常为恒定值），输入电压接近于零时电路处于 DCM 状态，而接近于峰值时运行于 CCM 状态，一般也是依据电感电流的脉动量限制来选择电感量。

通常输入电压有一定的变化范围，假定输入电压最小值为 $u_{inmin}(t)=\sqrt{2}U_{rmsmin}\sin\omega t$，考虑电感电流的脉动量为输入最大峰值电流的 δ 倍（通常取 $\delta \leqslant 20\%$），忽略电路损耗，输入输出功率平衡，则有

$$\Delta i_{L1max} = \frac{\sqrt{2}P_o\delta}{U_{rmsmin}} \tag{4-124}$$

由于峰值点的占空比 $D_{on\text{-}peak} = \dfrac{U_o}{U_o + n\sqrt{2}U_{rmsmin}}$，则一次绕组电感选择应满足

$$L_1 = \frac{\sqrt{2}U_{rmsmin}D_{on-peak}T_s}{\Delta i_{Lmax}} = \frac{U_oU_{rmsmin}^2}{\delta P_o(U_o + n\sqrt{2}U_{rmsmin})f_s} \tag{4-125}$$

式中，P_o 为直流输出功率。

Flyback 电路也可以运行在 CRM 状态下，此时开关导通时间恒定，关断时间可变，变压器一次绕组电感选择与功率管开关频率密切相关，电路工作的电流波形如图 4-52 所示。

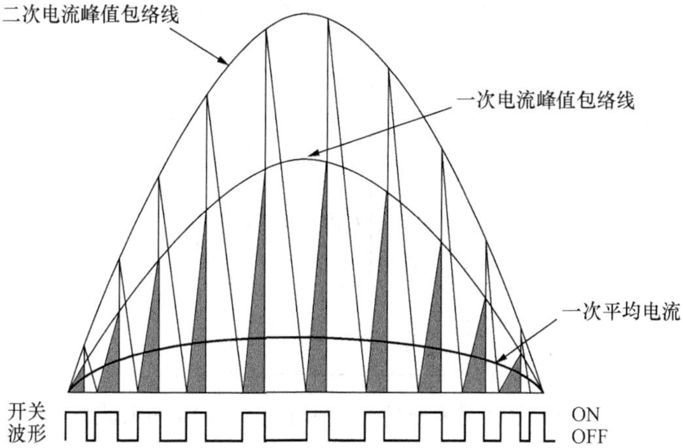

图 4-52　Flyback 型 APFC 电路 CRM 状态电流波形

当开关频率足够高时，参考式（4-116）近似有

$$i_{L1av}(t) = \frac{|u_{in}(t)|}{2L_1\left[1 + \dfrac{n|u_{in}(t)|}{U_o}\right]}t_{on} = I_{L1avmax}\frac{|\sin\omega t|}{1 + m|\sin\omega t|} \tag{4-126}$$

式中，$I_{L1avmax} = \dfrac{\sqrt{2}U_{rms}t_{on}}{L_1}$；$m = \dfrac{n\sqrt{2}U_{rms}}{U_o}$；$n$ 为变压器归一化变比，如图 4-51 所示。

忽略电路损耗，考虑输入、输出功率平衡，有

$$P_{in} = \frac{1}{\pi}\int_0^{\pi} u_{in}(t) i_{L1av}(t) d(\omega t) = \frac{\sqrt{2}}{2} U_{rms} I_{L1avmax} f_1(m) = P_o \tag{4-127}$$

式中，$f_1(m) = \frac{1}{\pi}\int_0^{\pi} \frac{\sin^2(\omega t)}{1 + m\sin(\omega t)} d(\omega t) \approx \frac{0.5 + 1.4\times 10^{-3} m}{1 + 0.815m}$。

由式（4-127）可以导出

$$t_{on} = \frac{P_o L_1}{U_{rms}^2 f_1(m)} \tag{4-128}$$

根据式（4-115），开关周期可以表示为

$$T_s = t_{on} + t_{off} = \left[1 + \frac{n|u_{in}(t)|}{U_o}\right] t_{on} \tag{4-129}$$

综合式（4-128）、式（4-129），最小开关频率为

$$f_{smin} = \frac{U_{rms}^2 f_1(m)}{(1+m) P_o L_1} \tag{4-130}$$

在设定最小开关频率的基础上，可以合理选定 CRM 状态下的电感量。

2）CCM 模式时开关器件的电流有效值

对于 Flyback 变换电路，在第 k 个开关周期内，VT 开通时流过开关管的电流平均值 $i_{VT}(k)$ 等于一次绕组电感平均电流 $|i_{L1av}(k)|$，如图 4-53 所示，而在开关管关断时，流过的电流则为零。考虑电流脉动较小，近似以中值方波代替梯形波，因此一个开关周期内的平方平均值为

$$i_{VTav}^2(k) = \frac{1}{T_s}\int_t^{t+T_s} i_{VT}^2(k) dt = D(k) i_{L1av}^2(k) \tag{4-131}$$

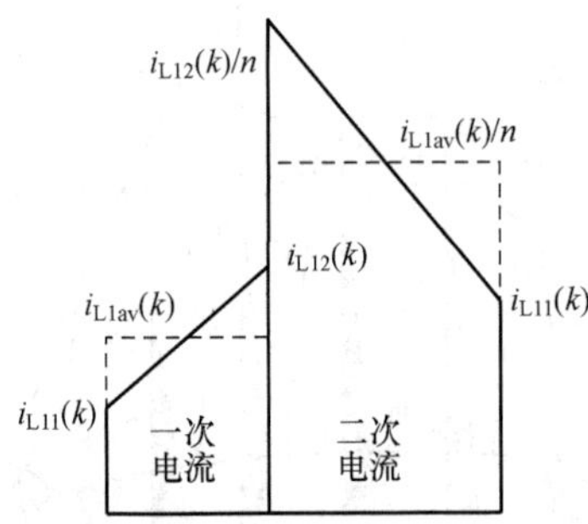

图 4-53 CCM 模式变压器一次绕组与二次绕组电流波形示意

在 CCM 状态下，有

$$D(k) = \frac{1}{1 + \frac{n|u_{in}(k)|}{U_o}} = \frac{1}{1 + m|\sin\omega t|}$$

即

$$i_{VTav}^2(k) = D(k) i_{L1av}^2(k) = \frac{1}{1 + m|\sin\omega t|}\left[\frac{u_{in}(k)}{R_{in}}\right]^2 \tag{4-132}$$

式中，R_{in} 为等效输入电阻，当开关频率足够高时，上式可以近似等效为

$$i_{\rm VTav}^2(t) = D(t)i_{\rm L1av}^2(t) = \frac{1}{1+m|\sin\omega t|}\left[\frac{u_{\rm in}(t)}{R_{\rm in}}\right]^2 \quad (4\text{-}133)$$

流过 VT 的电流有效值（即初级电流有效值）可以由半个工频周期内的方均根值来计算：

$$\begin{aligned} I_{\rm VTrms} &= \sqrt{\frac{2}{T}\int_0^{T/2} i_{\rm VTav}^2(t){\rm d}t} \\ &= \frac{\sqrt{2}U_{\rm rms}}{R_{\rm in}}\sqrt{\frac{1}{\pi}\int_0^{\pi}\frac{\sin^2\omega t}{1+m|\sin\omega t|}{\rm d}(\omega t)} \\ &= \frac{\sqrt{2}U_{\rm rms}}{R_{\rm in}}\sqrt{f_1(m)} = \sqrt{2}I_{\rm inrms}\sqrt{f_1(m)} \end{aligned} \quad (4\text{-}134)$$

式中，T 为电网工频电压的周期，假定电路无损，则 $I_{\rm inrms} = \dfrac{P_{\rm o}}{U_{\rm inrms}}$。

图 4-53 所示，在输出整流二极管导通时，流过二极管的电流平均值为

$$i_{\rm L2av}(k) = \frac{1}{n}|i_{\rm L1av}(k)| \quad (4\text{-}135)$$

参照式（4-131），整流二极管一个开关周期内的电流平方平均值为

$$i_{\rm VDav}^2(k) = \frac{(1-D)}{n^2}i_{\rm L1av}^2(k) \quad (4\text{-}136)$$

当开关频率足够高时，上式可以近似等效为

$$i_{\rm VDav}^2(t) = \frac{(1-D)}{n^2}i_{\rm L1av}^2(t) = \frac{m|\sin\omega t|}{n^2(1+m|\sin\omega t|)}(\sqrt{2}I_{\rm inrms}\sin\omega t)^2 \quad (4\text{-}137)$$

同理，可以求得二极管的电流有效值（即二次绕组电流有效值）为

$$I_{\rm VDrms} = \frac{\sqrt{2m}I_{\rm inrms}}{n}\sqrt{\frac{1}{\pi}\int_0^{\pi}\frac{\sin^3\omega t}{1+m\sin\omega t}{\rm d}(\omega t)} = \frac{I_{\rm inrms}}{n}\sqrt{2mf_2(m)} \quad (4\text{-}138)$$

式中，$f_2(m) = \dfrac{1}{\pi}\displaystyle\int_0^{\pi}\frac{\sin^3\omega t}{1+m\sin\omega t}{\rm d}(\omega t) \approx \frac{0.424+5.7\times10^{-4}m}{1+0.862m}$。

3）CRM 模式时开关器件的电流有效值

在 CRM 模式下，电流脉动较大，不能简单以平均值等效。图 4-54 所示为一个开关周期内一次绕组、二次绕组电流波形。一个开关周期内开关管、二极管的电流平方平均值为

$$i_{\rm VTav}^2(k) = \frac{1}{T_{\rm s}}\int_0^{DT_{\rm s}}\left[\frac{i_{\rm L1p}(k)}{DT_{\rm s}}t\right]^2{\rm d}t = \frac{1}{3}Di_{\rm L1p}^2(k)$$

$$i_{\rm VDav}^2(k) = \frac{1}{T_{\rm s}}\int_0^{(1-D)T_{\rm s}}\left[\frac{i_{\rm L1p}(k)}{n(1-D)T_{\rm s}}t\right]^2{\rm d}t = \frac{(1-D)}{3n^2}i_{\rm L1p}^2(k)$$

式中，$i_{\rm L1p} = \dfrac{|u_{\rm i}(k)|}{L_1}t_{\rm on}$；$t_{\rm on} = DT_{\rm s}$ 恒定。

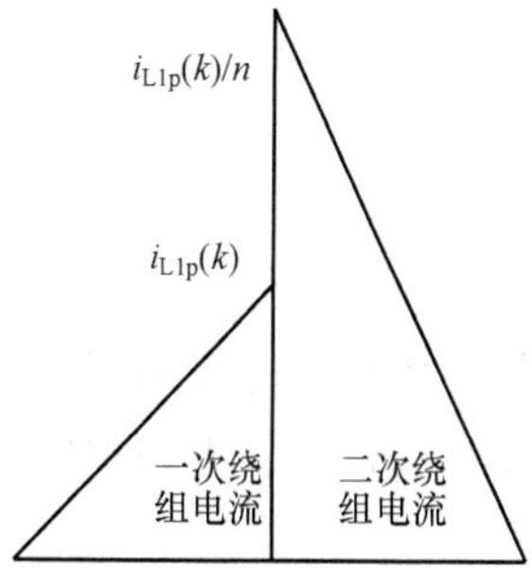

图 4-54　CRM 模式变压器一次绕组与二次绕组电流波形示意

同理，结合式（4-128），可以得到开关管、二极管的电流有效值（即变压器一次绕组、二次绕组电流有

效值）为

$$I_{\mathrm{VTrms}}=\sqrt{\frac{1}{\pi}\int_0^{\pi}\frac{(\sqrt{2}U_{\mathrm{rms}}\sin\omega t)^2}{3(1+m\sin\omega t)L_1^2}t_{\mathrm{on}}^2\mathrm{d}(\omega t)}=\frac{\sqrt{2}P_{\mathrm{o}}}{U_{\mathrm{rms}}f_1(m)}\sqrt{\frac{f_1(m)}{3}} \tag{4-139}$$

$$I_{\mathrm{VDrms}}=\sqrt{\frac{1}{\pi}\int_0^{\pi}\frac{k\sin\omega t(\sqrt{2}U_{\mathrm{rms}}\sin\omega t)^2}{3n^2(1+m\sin\omega t)L_1^2}t_{\mathrm{on}}^2\mathrm{d}(\omega t)}=\frac{\sqrt{2}P_{\mathrm{o}}}{nU_{\mathrm{rms}}f_1(m)}\sqrt{\frac{mf_2(m)}{3}} \tag{4-140}$$

4）输出电压纹波

由于输出电压稳定，整流电路输出功率基本恒定，假定输入功率因数为 1，考虑输入、输出功率平衡，其输出纹波的分析结果与 Boost 电路的结果一致，参见式（4-112）。

4.9 电压型三相 PWM 整流电路*

三相 APFC 电路有多种结构，比较常用的是六开关三相 Boost 电路，其电路结构如图 4-55 所示，电路中各相输入电感相等。假定电网各相电压均为正弦波，即

$$\begin{cases} u_{\mathrm{UO}}=\sqrt{2}U_{\mathrm{rms}}\sin\omega t \\ u_{\mathrm{VO}}=\sqrt{2}U_{\mathrm{rms}}\sin\left(\omega t-\dfrac{2\pi}{3}\right) \\ u_{\mathrm{WO}}=\sqrt{2}U_{\mathrm{rms}}\sin\left(\omega t+\dfrac{2\pi}{3}\right) \end{cases} \tag{4-141}$$

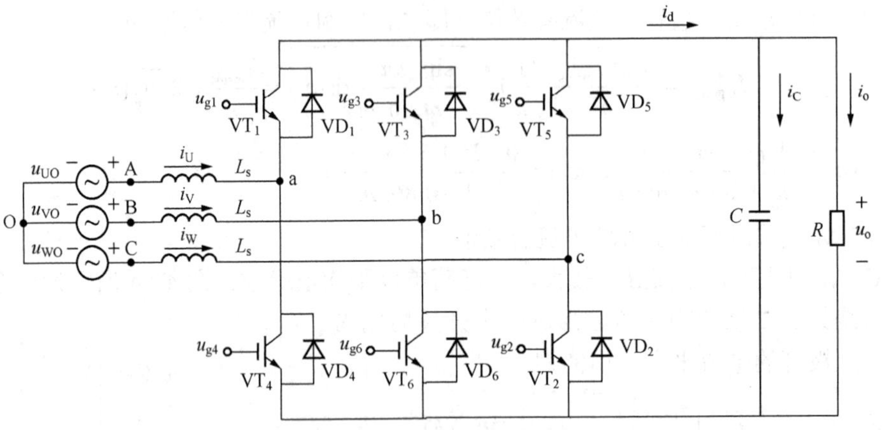

图 4-55 电压型三相 PWM 整流电路

与三相逆变电路相似，控制电压波形为三角载波 u_c 和三相正弦调制信号（控制电压信号）u_{ga}、u_{gb}、u_{gc} 相交形成，如图 4-56（a）所示，其中

$$\begin{cases} u_{ga} = U_{gm}\sin(\omega t - \Psi) \\ u_{gb} = U_{gm}\sin\left(\omega t - \dfrac{2\pi}{3} - \Psi\right) \\ u_{gc} = U_{gm}\sin\left(\omega t + \dfrac{2\pi}{3} - \Psi\right) \end{cases} \tag{4-142}$$

式中

$$\Psi = \arctan\frac{\omega L_s}{R_s} \tag{4-143}$$

$$R_s = \frac{U_{UOrms}}{I_{U1rms}} \tag{4-144}$$

R_s 为各相输入交流等效电阻，U_{UOrms} 为 U 相电压有效值，I_{U1rms} 为 U 相电流基波有效值。三角载波的幅值为 U_{cm}、频率为 f_c，调制波幅值为 U_{gm}、频率为 f，则幅度调制比为

$$m_a = \frac{U_{gm}}{U_{cm}}$$

频率调制比为

$$m_f = \frac{f_c}{f}$$

图 4-56（b）示出了各功率管的脉冲信号，各控制脉冲的特点如下。

（1）同一桥的上、下桥臂脉冲互补。

（2）脉冲缺口宽度 τ 由调制比 m_a 决定。

（3）各控制信号幅值相同，为 U_m。

（4）任一时刻有三个桥臂导通，三个桥臂关断。

下面以时区 0、1、2、3 为例简要说明如图 4-56 所示的波形形成过程。

1）时区 0

VT_2、VT_4、VT_6 导通（各桥臂功率管与二极管配合，均可视为开关），相应有 $u_{ab} = u_{bc} = u_{ac} = 0$，$u_{aO} = 0$。

2）时区 1

VT_4、VT_5、VT_6 导通，有 $u_{ab} = 0$，$u_{bc} = -U_o$，由于 $u_{aO} = u_{bO}$、$u_{cO} + u_{Oa} = U_o$，并且对于三相对称电路，有 $u_{aO} + u_{bO} + u_{cO} = 0$，则 $u_{aO} = -\dfrac{1}{3}U_o$。

3）时区 2

VT_1、VT_5、VT_6 导通，$u_{ab} = U_o$，$u_{bc} = -U_o$，由于 $u_{aO} = u_{cO}$、$u_{aO} + u_{Ob} = U_o$，并且有 $u_{aO} + u_{bO} + u_{cO} = 0$，则 $u_{aO} = \dfrac{1}{3}U_o$。

4）时区 3

VT_1、VT_3、VT_5 导通，$u_{ab} = u_{bc} = 0$，$u_{aO} = 0$。

采用同样方法可以完成其他时区的分析。

在 CCM 模式下，采用乘法器的电路控制结构如图 4-57 所示，控制电路的外环是电压环，内环为电流环。电压外环的输出作为电流内环的正弦给定值，三相共用一个电压外环，

即三相电流的给定值相等。考虑到三相对称，有 $i_U + i_V + i_W = 0$，电流取样只用两相，另一相采用合成得到。内环动态响应速度远高于外环，双环工作可以视为相对独立，即处理外环时内环可以认为完全实时跟踪；处理内环时，外环视作相对稳定。

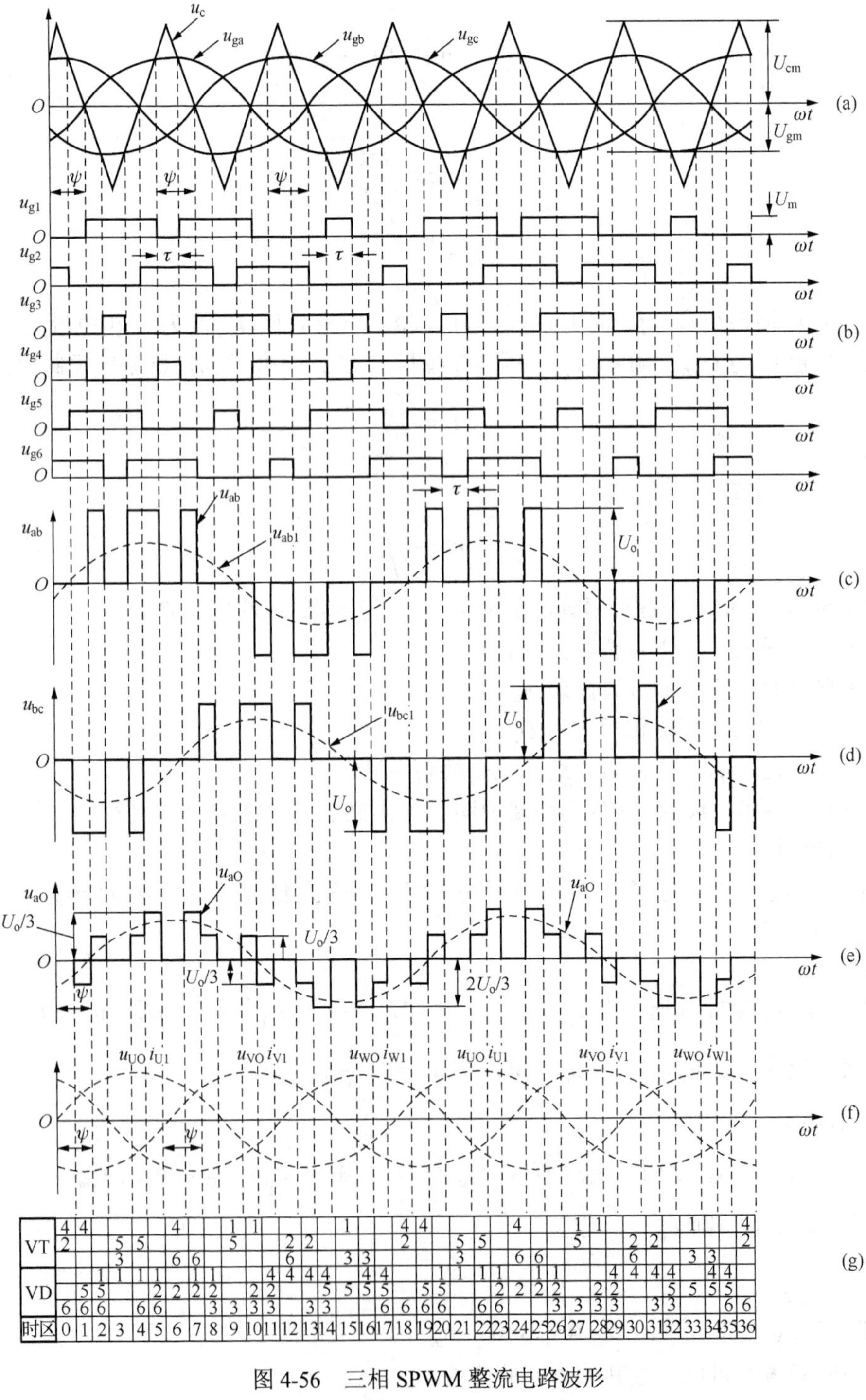

图 4-56　三相 SPWM 整流电路波形

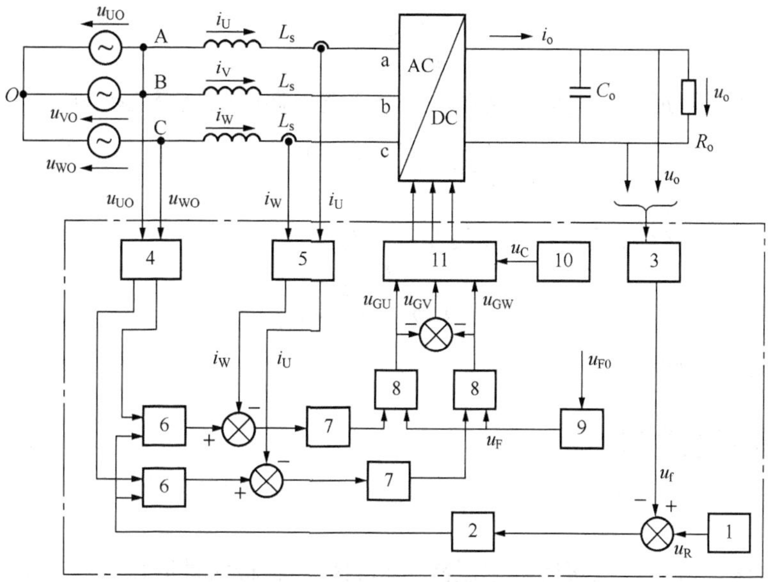

图 4-57　含有标量乘法器的三相 PWM 整流电路控制结构图

1—电压给定；2—电压调节器；3—输出直流电压检测；4—输入交流电压检测；5—交流电流检测；6—标量乘法器；7—电流调节器；8—控制门；9—保护电路；10—载波发生器；11—SPWM 信号生成和处理器

当输入功率因数为 1 时，三相输入电流可以表示为

$$\begin{cases} i_U = \sqrt{2}I_{rms}\sin\omega t \\ i_V = \sqrt{2}I_{rms}\sin\left(\omega t - \dfrac{2\pi}{3}\right) \\ i_W = \sqrt{2}I_{rms}\sin\left(\omega t + \dfrac{2\pi}{3}\right) \end{cases} \tag{4-145}$$

当开关频率足够高时，每个开关周期内的输入正弦电压可以视为恒定，参考如图 4-57 所示的主电路，对于每一相的输入电感 L_s，在一个载波周期中的电流增量（以 U 相输入为例）可以有如下表达：

$$\Delta i_U = \frac{1}{L_s f_c}\left(\sqrt{2}U_{rms}\sin\omega t - u_{aO}\right) \tag{4-146}$$

参考图 4-55 可知，u_{aO} 在 $-\frac{2}{3}U_o$、$-\frac{1}{3}U_o$、0、$\frac{1}{3}U_o$、$\frac{2}{3}U_o$ 之间变化，当 $\omega t = \frac{\pi}{2}$、$u_{aO} = -\frac{2}{3}U_o$ 时，Δi_U 达到最大值 Δi_{Um}，在 CCM 模式时通常事先设定 Δi_{Um} 值，一般取相电流基波峰值的 δ 倍（通常取 $\delta \leqslant 20\%$），这样就得到输入电感 L_s 选择的约束条件之一为

$$L_s \geqslant \frac{\sqrt{2}U_{rms} + 2U_o/3}{\delta\sqrt{2}I_{rms}f_c} \tag{4-147}$$

考虑到输入电感直接影响相电流的跟踪速度，要求电路中相电流的跟踪速度大于相电流的最大变化率。参考图 4-56（e）并参考式（4-146）可以得出，在 i_U 的过零点（即 $\omega t \approx 0$ 时刻）附近，电感电流的最小跟踪速率为

$$\frac{\Delta i_U}{\Delta t} \approx \frac{U_o}{3L_s} \tag{4-148}$$

在 i_U 的过零点附近电流变化率最大，一个载波周期内电流变化率为

$$\frac{\Delta i_U}{T_c} = \frac{\sqrt{2}I_{rms}\sin(\omega T_c)}{T_c} \tag{4-149}$$

因此得出输入电感 L_s 的选择约束条件之二为

$$L_s \leqslant \frac{U_o T_c}{3\sqrt{2}I_{rms}\sin(\omega T_c)} \tag{4-150}$$

式中，ω 为工频角频率。

4.10 同步开关整流*

当整流电压很低时，二极管导通压降引起的损耗将极大地降低电源效率，从提高电源效率或减小整流电路功耗的角度考虑，可以采用 MOSFET 同步整流技术。由于低压大电流的 MOSFET 导通电阻一般都非常小，利用 MOSFET 作为整流器件可以极大地减小导通损耗，有利于减轻散热压力、减小电源体积。

MOSFET 导通时，沟道中可以流过正反向的电流，由于功率 MOSFET 多为逆导器件，不能阻断反向电压，因此，在同步整流应用时，MOSFET 工作于反向电阻区，其栅源极控制脉冲的规律为

$$u_{GS} = \begin{cases} 0 & u_{DS} > 0 \\ u_g > 0 & u_{DS} < 0 \end{cases}$$

上式表明，MOSFET 将工作于正向阻断而反向导通（电阻区）的状态。

同步整流技术按输入整流电压波形可以分为对称性电路和非对称性电路两类，按照驱动控制电路的形式又可以分为自激式电路和它激式电路，其共同特点是 MOSFET 驱动脉冲与整流电压同步工作，故称为同步整流。同步整流技术的电路形式很多，以下是几种典型的自驱动同步整流电路。

1. 自驱动同步倍流整流

自驱动同步倍流整流电路如图 4-58 所示，电路结构与二极管倍流整流相似。图中 L_s 为变压器的漏感，C_1、C_2 为 MOSFET 栅极输入电容。通常输入电压 u_{s1} 波形对称，零压期为 τ_k，如图 4-59 所示。附加绕组输出电压 u_{s2} 作为同步驱动型信号控制 MOSFET。

图 4-59 所示是电感电流连续的状态下自驱动同步倍流整流电路工作波形，各区间工作过程如下。

1）$0\sim t_1$ 区间

u_{s1} 输出正电压，VT_1 的漏源极之间承受正向电压，而 VT_2 的漏源极之间承受反向电压，u_{s2} 输出高电平 u_{gm}，VD_2 关断而 VD_1 导通，u_{g2} 输出高电平开通 VT_2，u_{g1} 被 VD_1 钳位于接近零电压，VT_1 因此关断。在 u_{s1} 作用下 i_{L1} 增长，在 U_o 作用下 i_{L2} 衰减。

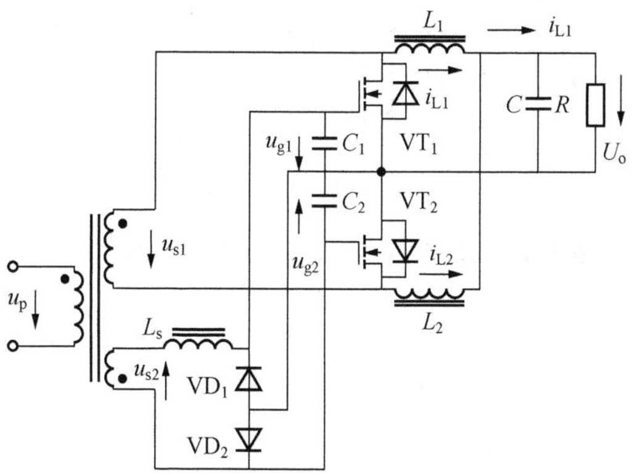

图 4-58 自驱动同步倍流整流电路

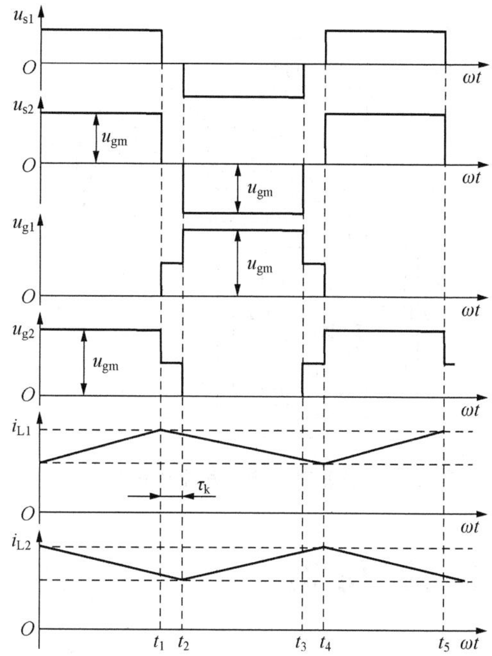

图 4-59 自驱动同步倍流整流工作波形

2）t_1～t_2区间

u_{s1}、u_{s2}输出为零，VD_1、VD_2均关断，电容C_2沿L_s向C_1放电，直至两者电荷平衡，这时$u_{g1}=u_{g2}=u_{gm}/2$，此电压应大于 MOSFET 的开启电压，保证VT_1、VT_2均开通，在U_o作用下i_{L1}、i_{L2}同时衰减。

3）t_2～t_3区间

u_{s1}输出负电压，VT_2的漏源极之间承受正向电压，而VT_1的漏源极之间承受反向电压，u_{s2}输出负电平u_{gm}，VD_1关断而VD_2导通，u_{g1}输出高电平开通VT_1，u_{g2}被VD_2钳位于接近零电压，VT_2因此关断。在u_{s1}作用下i_{L2}增长，在U_o作用下i_{L1}衰减。

4）t_3～t_4区间

该区间与t_1～t_2区间的工作状态相同。

至此，电路完成一个周期的工作，稳态时电路重复此工作过程。从电路工作可以看出，变压器漏感L_s导致的脉冲延时影响开关的同步性，因此绕制变压器时必须尽量减小漏感L_s。

2. 自同步全波整流

自驱动同步全波整流电路如图 4-60 所示，电路结构与二极管全波整流相似。图中，L_s为变压器的漏感，C_1、C_2为 MOSFET 栅极输入电容。通常输入电压u_p为对称，零压期为τ_k，如图 4-61 所示。附加绕组输出电压u_{s2}作为同步驱动型信号控制 MOSFET。

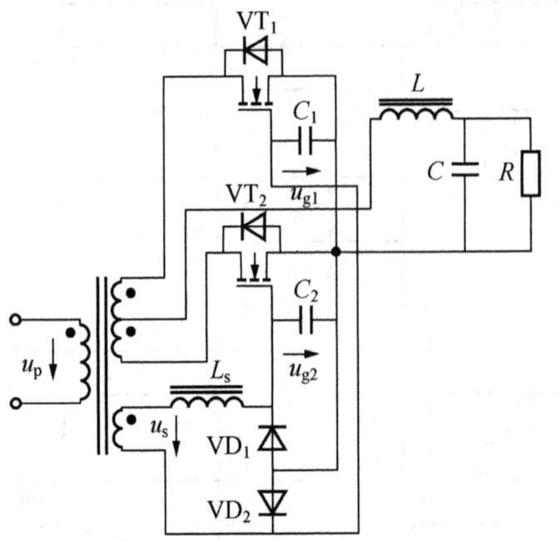

图 4-60 自驱动同步全波整流电路

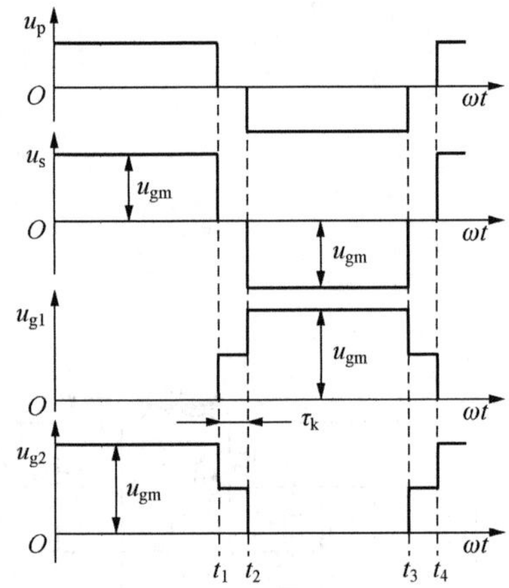

图 4-61 自驱动同步全波整流工作波形

4.11 应用示例*

例 4-1 单相桥式整流电路如图 4-2（a）所示，输入工频交流电压为 90V～240V，输出负载电阻 50Ω，计算相关元件的参数选择要求。

解： 图 4-2（a）中，需要确定的参数包括：输出滤波电容的容量、额定电压，二极管的额定电压、额定电流。

参考单相桥式二极管整流电路阻容负载工作分析，电容参数设计如下。

$$C \geqslant (3\sim5)\times\frac{T}{2R}=(3\sim5)\times200\mu\text{F}$$

$$U_{\text{Cmax}}=240\text{V}\times\sqrt{2}=339.4\text{V}$$

电容选择为

额定容量：$C_{\text{rated}} \geqslant 600\mu\text{F}$

额定电压：$U_{\text{Crated}}=k_{\text{sac}}U_{\text{Cmax}} \geqslant 407\text{V}$ （取 $k_{\text{sac}} \geqslant 1.2$ ）

二极管参数设计如下。

二极管电流有效值计算比较复杂，通常直接以负载电流平均值来近似计算：

$$I_{\text{VDavmax}}=\frac{I_{\text{Ravmax}}}{2}=\frac{U_{\text{davmax}}}{2R}\approx\frac{1.2U_{\text{rmsmax}}}{2R}=2.9\text{A}$$

二极管承受电压最大值为

$$U_{\text{VDmax}}=\sqrt{2}U_{\text{rms}}=339.4\text{V}$$

二极管选择为

额定电流：$I_{\text{VDrated}}=k_{\text{sai}}I_{\text{VDavmax}} \geqslant 8.7\text{A}$ （取 $k_{\text{sai}} \geqslant 3$ ）

额定电压：$U_{\text{VDrated}}=k_{\text{sav}}U_{\text{VDmax}} \geqslant 509.1\text{V}$ （取 $k_{\text{sav}} \geqslant 1.5$ ）

选择普通整流管即可。

例 4-2 三相桥式相控直流稳压电源，输入三相线电压 350～450V，要求输出直流电压 400V，输出直流负载电阻 1～2Ω，计算电路相关参数。

解：对于直流稳压输出，输出纹波要求较高，一般采用大电感负载模式，可以采用图4-23电路结构，需要设计电感、晶闸管的参数。

1）采用大电感负载模式的可行性分析

当输入电压最低时，控制角达到最小，输入电压最高时，控制角达到最大，根据式（4-52），有 $400\text{V}=2.34\times\dfrac{350\text{V}}{\sqrt{3}}\cos\alpha_{\min}$，得 $\alpha_{\min}=32.2°$； $400\text{V}=2.34\times\dfrac{450\text{V}}{\sqrt{3}}\cos\alpha_{\max}$，得 $\alpha_{\max}=48.8°$。因此方案可行。

2）电感设计

大电感负载要求满足 $\omega L\gg R_{\max}$，即 $L\gg\dfrac{R_{\max}}{\omega}=6.4\text{mH}$。

电感量选择 $L_{\text{rated}}=10\times6.4\text{mH}=64\text{mH}$。

输出最大直流电流 $I_{\text{davmax}}=\dfrac{400\text{V}}{1\Omega}=400\text{A}$。

由于电感较大，输出电流几乎无波动，电感峰值电流与有效值电流相同，实际应用适当保留余量即可。

电感额定电流及峰值电流选择

$$I_{\text{Lrmsmax}}\approx I_{\text{Lpkmax}}\approx I_{\text{dmax}}=400\text{A}$$

3）晶闸管参数设计

晶闸管最大有效值电流为

$$I_{\text{VTrmsmax}}=\frac{I_{\text{dmax}}}{\sqrt{3}}=230.9\text{A}$$

晶闸管承受的最高电压为

$$U_{\text{VTmax}}=\sqrt{6}U_{2\max}=\sqrt{2}\times450\text{V}=636.4\text{V}$$

晶闸管选择为

额定电流：$I_{\text{VTrated}}=k_{\text{sai}}\times\dfrac{I_{\text{VTrmsmax}}}{1.57}\geqslant294.1\text{A}$　（取 $k_{\text{sai}}\geqslant2$）

额定电压：$U_{\text{VTrated}}=k_{\text{sav}}U_{\text{VTmax}}\geqslant954.6\text{V}$　（取 $k_{\text{sav}}\geqslant1.5$）

例4-3　Boost型APFC电源如图4-44所示，采用CRM工作模式，输入交流电压为20～30V，要求输出直流电压50VDC，输出最大电流2A，输出纹波电压峰峰值 $\Delta U_{\text{opp}}\leqslant3\text{V}$，最小开关频率30kHz，设计相关参数。

解：电路结构如图4-44所示，输入功率因数经校正后近似为1，忽略电路损耗。

1）电感参数设计

由最小开关频率与电感量关系可得 $f_{\text{smin}}=\dfrac{U_{\text{inrmsmin}}^2}{2P_oL}\left(1-\dfrac{\sqrt{2}U_{\text{inrmsmin}}}{U_o}\right)$，则 $L=28.9\mu\text{H}$。

电感最大峰值电流 $I_{\text{Lpkmax}}=\dfrac{2\sqrt{2}P_o}{U_{\text{inrmsmin}}}=14.1\text{A}$。

电感电流最大有效值 $I_{\text{Lrmsmax}}=\dfrac{\sqrt{6}P_o}{3U_{\text{inrmsmin}}}=4.1\text{A}$。

2）功率开关器件参数设计

$$m=-\frac{\sqrt{2}U_{\text{inrmsmin}}}{U_{\text{o}}}=-0.57$$

$$f_1(m)=\frac{0.5+1.4\times10^{-3}m}{1+0.815m}=0.93$$

$$f_2(m)=\frac{0.424+5.7\times10^{-4}m}{1+0.862m}=0.83$$

开关管最大电流有效值 $I_{\text{VTrmsmax}}=\dfrac{2\sqrt{2}P_{\text{o}}}{U_{\text{inrmsmin}}}\sqrt{\dfrac{f_1(m)}{3}}=7.9\text{A}$。

二极管最大电流有效值 $I_{\text{VDrmsmax}}=\dfrac{2\sqrt{2}P_{\text{o}}}{U_{\text{inrmsmin}}}\sqrt{\dfrac{(-m)f_2(m)}{3}}=5.6\text{A}$。

开关器件承受电压 $U_{\text{VTmax}}=U_{\text{VDmax}}=U_{\text{o}}=50\text{V}$ 。

开关管（功率 MOSFET）参数选择为

额定电压：$U_{\text{VTrated}}=k_{\text{sav}}U_{\text{VTmax}}\geqslant75\text{V}$ （取 $k_{\text{sav}}\geqslant1.5$）

额定电流：$I_{\text{VTrated}}=k_{\text{sai}}I_{\text{VTrmsmax}}\geqslant15.8\text{A}$ （取 $k_{\text{sai}}\geqslant2$）

开关二极管额定参数选择为

额定电压：$U_{\text{VDrated}}=k_{\text{sav}}U_{\text{VDmax}}\geqslant75\text{V}$ （取 $k_{\text{sav}}\geqslant1.5$）

额定电流：$I_{\text{VDrated}}=\dfrac{k_{\text{sai}}I_{\text{VDrmsmax}}}{1.57}\geqslant7.1\text{A}$ （取 $k_{\text{sai}}\geqslant2$）

选择快恢复二极管或肖特基二极管。

3）输出滤波电容选择

由输出纹波与电容量的关系 $\Delta U_{\text{opp}}=\dfrac{P_{\text{o}}}{\omega CU_{\text{o}}}$，得电容量选择要求 $C\geqslant0.002\text{F}$。

电容承受最高电压 $U_{\text{Cmax}}=50\text{V}$。

电容参数选择为

额定容量：$C_{\text{rated}}\geqslant2000\mu\text{F}$

额定电压：$U_{\text{Crated}}=k_{\text{sac}}U_{\text{Cmax}}\geqslant60\text{V}$ （取 $k_{\text{sac}}\geqslant1.2$）

4）输入整流二极管的选择

APFC 电路实际应用时，通常在输入整流电路后并接小电容以平滑输入电流，因此，尽管 CRM 模式输入端电流脉动较大，其输入整流二极管参数设计仍可按基波电流估算。

二极管电流有效值 $I_{\text{VDrmsmax}}=\dfrac{I_{\text{inrmsmax}}}{\sqrt{2}}=\dfrac{50\text{V}\times2\text{A}}{20\text{V}\times\sqrt{2}}=3.5\text{A}$。

二极管承受电压 $U_{\text{VDmax}}=U_{\text{inmax}}=30\times\sqrt{2}=42.4\text{V}$。

输入整流二极管参数选择为

额定电流：$I_{\text{VDrated}}=\dfrac{k_{\text{sai}}I_{\text{VDrmsmax}}}{1.57}\geqslant4.5\text{A}$ （取 $k_{\text{sai}}\geqslant2$）

额定电压：$U_{\text{VDrated}}=k_{\text{sav}}U_{\text{VDmax}}\geqslant63.6\text{V}$ （取 $k_{\text{sav}}\geqslant1.5$）

选择普通整流管即可。

例 4-4 Boost 型 APFC 电源如图 4-44 所示，采用 CCM 工作模式，输入交流电压 20～30V，要求输出直流电压 50VDC，输出最大电流 2A，最小输出电流 0.2A，输出纹波电压

峰峰值 $\Delta U_{opp} \leqslant 3V$，开关频率 50kHz，设计相关参数。

解：该设计可以选择完全 CCM 模式，也可以选择不完全 CCM 模式。

1）电感参数设计

完全 CCM 模式的条件下，$L \geqslant \dfrac{1}{2f_s}\left(\dfrac{U_{inrmsmax}}{U_o}\right)^2 R_{max}$，则 $L \geqslant 900\mu H$。

按电感脉动电流限制条件 $L = \dfrac{U_{inrmsmin}^2 (U_o - \sqrt{2}U_{inrmsmin})}{\delta P_{omax} U_o f_s}$，取 $\delta = 20\%$，则 $L = 173.7\mu H$。

完全 DCM 模式的条件下，$L < \dfrac{1}{2f_s}\left(\dfrac{U_{inrmsmin}}{U_o}\right)^2 \left(1 - \dfrac{\sqrt{2}U_{inrmsmin}}{U_o}\right) R_{min}$，则 $L < 17.4\mu H$。

从上面计算可以看出，电感电流脉动小于 20%时，电路已进入不完全 CCM 模式，实际电感量选择 $L = 180\mu H$。

由于电流脉动较小，电感电流有效值 $I_{Lrmsmax} = I_{inrmsmax} \approx \dfrac{P_{omax}}{U_{inrmsmin}} = 5A$。

电感电流峰值 $I_{Lpkmax} \approx \dfrac{\sqrt{2}P_{omax}}{U_{inrmsmin}}\left(1 + \dfrac{\delta}{2}\right) = 7.8A$。

在不完全 CCM 模式下，由于电感电流峰值附近连续，过零点附近断续；因此，与完全 CCM 状态相比，电流有效值差别较小，也可直接采用 CCM 的结论近似估算。

2）开关管参数设计

开关管电流有效值 $I_{VTrmsmax} = I_{inrmsmax}\sqrt{1 - \dfrac{8\sqrt{2}U_{inrmsmin}}{3\pi U_o}} = 3.6A$。

二极管电流有效值 $I_{VDrmsmax} = I_{inrmsmax}\sqrt{\dfrac{8\sqrt{2}U_{inrmsmax}}{3\pi U_o}} = 3.5A$。

开关器件承受最大电压 $U_{VTmax} = U_{VDmax} = U_o = 50V$。

开关管（功率 MOSFET）参数选择为

额定电压：$U_{VTrated} = k_{sav}U_{VTmax} \geqslant 75V$　（取 $k_{sav} \geqslant 1.5$）

额定电流：$I_{VTrated} = k_{sai}I_{VTrmsmax} \geqslant 7.2A$　（取 $k_{sai} \geqslant 2$）

开关二极管额定参数选择为

额定电压：$U_{VDrated} = k_{sav}U_{VDmax} \geqslant 75V$　（取 $k_{sav} \geqslant 1.5$）

额定电流：$I_{VDrated} = \dfrac{k_{sai}I_{VDrmsmax}}{1.57} \geqslant 4.5A$　（取 $k_{sai} \geqslant 2$）

选择快恢复二极管或肖特基二极管。

3）输出滤波电容选择

由输出纹波与电容量的关系 $\Delta U_{opp} = \dfrac{P_o}{\omega C U_o}$，得电容量选择要求 $C \geqslant 0.002F$。

电容承受最高电压 $U_{Cmax} = 50V$。

电容参数选择为

额定容量：$C_{rated} \geqslant 2000\mu F$

额定电压：$U_{VCrated} = k_{sac}U_{Cmax} \geqslant 60V$　（取 $k_{sac} \geqslant 1.2$）

4）输入整流二极管的选择

CCM 模式输入端电流脉动较小，实际应用也通常在输入整流电路后并接小电容以平滑输入电流，因此，输入整流二极管参数设计可以按照基波电流估算。

二极管电流有效值 $I_{\text{VDrmsmax}}=\dfrac{I_{\text{inrmsmax}}}{\sqrt{2}}=\dfrac{50\text{V}\times 2\text{A}}{20\text{V}\times\sqrt{2}}=3.5\text{A}$。

二极管承受电压 $U_{\text{VDmax}}=U_{\text{inmax}}=30\times\sqrt{2}=42.4\text{V}$。

输入整流二极管参数选择为

$$\text{额定电流：}\ I_{\text{VDrated}}=\frac{k_{\text{sai}}I_{\text{VDrmsmax}}}{1.57}\geqslant 4.5\text{A}\qquad（\text{取}\ k_{\text{sai}}\geqslant 2）$$

$$\text{额定电压：}\ U_{\text{VDrated}}=k_{\text{sav}}U_{\text{VDmax}}\geqslant 63.6\text{V}\qquad（\text{取}\ k_{\text{sav}}\geqslant 1.5）$$

选择普通整流管即可。

例 4-5 Flyback 型 APFC 电源如图 4-49 所示，采用 CCM 工作模式，输入交流电压为 180～240V，要求输出直流电压 30VDC，输出最大电流 2A，输出纹波电压峰峰值 $\Delta U_{\text{opp}}\leqslant$ 3V，开关频率 50kHz，设计相关参数。

解：电路运行可以选择完全 CCM 模式，也可以选择不完全 CCM 模式。

1）反激式变压器设计

首先确定变压器的变比。对于工频输入，一次绕组侧主开关管的额定电压一般控制在 800V 以内，因此反射电压一般控制在 200V 以内。假定反射电压取 150V，则一次绕组与二次绕组的匝比为

$$\frac{N_1}{N_2}=5=\frac{1}{n}$$

完全 CCM 模式的条件下，$L_1\geqslant\dfrac{1}{2f_s}\left(\dfrac{U_{\text{inrmsmax}}}{U_o}\right)^2R_{\max}$，则 $L_1\geqslant 9.6\text{mH}$。

按电感脉动电流限制条件，一次绕组电感 $L=\dfrac{U_{\text{inrmsmin}}^2U_o}{\delta P_{\text{omax}}(U_o+n\sqrt{2}U_{\text{inrmsmin}})f_s}$，取 $\delta=20\%$，得 $L=20.0\text{mH}$。

完全 DCM 模式的条件下，$L_1<\dfrac{R_{\min}}{4f_s\left(\dfrac{U_o}{\sqrt{2}U_{\text{inrmsmin}}}+n\right)^2}$，则 $L_1<0.7\text{mH}$。

由计算发现，完全 CCM 模式时电感量更小，也就是变压器体积更小，但电感电流脉动量将会超过 20%，由于没有电感电流脉动限制，电感量选择 $L=10\text{mH}$。

输入电压最小时，输入电流达到最大，$m=\dfrac{n\sqrt{2}U_{\text{inrmsmin}}}{U_o}\approx 1.7$，则 $f_1(m)=\dfrac{0.5+1.4\times10^{-3}m}{1+0.815m}\approx 0.20$，$f_2(m)=\dfrac{0.424+5.7\times10^{-4}m}{1+0.862m}\approx 0.17$。

一次绕组最大电流有效值 $I_{\text{L1rmsmax}}=I_{\text{VTrmsmax}}=\sqrt{2}I_{\text{inrmsmax}}\sqrt{f_1(m)}\approx 0.2\text{A}$。

二次绕组最大电流有效值 $I_{\text{L2rmsmax}}=I_{\text{VDrmsmax}}=\dfrac{\sqrt{2}I_{\text{inrmsmax}}\sqrt{mf_2(m)}}{n}\approx 1.3\text{A}$。

输入电压峰值点的占空比 $D_{\text{on-peak}}=\dfrac{U_{\text{o}}}{U_{\text{o}}+n\sqrt{2}U_{\text{inrmsmin}}}\approx 0.37$。

一次绕组输入电压峰值点的电流脉动量 $\Delta i_{\text{L1max}}=\dfrac{\sqrt{2}U_{\text{inrmsmin}}D_{\text{on-peak}}}{f_{\text{s}}L_1}\approx 0.2\text{A}$。

一次绕组最大电流峰值 $I_{\text{L1pkmax}}=\sqrt{2}I_{\text{inrmsmax}}+\dfrac{1}{2}\Delta i_{\text{L1max}}\approx 0.6\text{A}$ 。

2）开关管参数设计

开关管（功率 MOSFET）承受最大电压 $U_{\text{VTmax}}=U_{\text{inmax}}+\dfrac{U_{\text{o}}}{n}\approx 489.4\text{V}$ 。

开关管（功率 MOSFET）承受的电流有效值与一次绕组相同。

开关管（功率 MOSFET）参数选择为

额定电压：$U_{\text{VTrated}}=k_{\text{sav}}U_{\text{VTmax}}\geqslant 734\text{V}$　（取 $k_{\text{sav}}\geqslant 1.5$）

额定电流：$I_{\text{VTrated}}=k_{\text{sai}}I_{\text{L1rmsmax}}\geqslant 0.4\text{A}$　（取 $k_{\text{sai}}\geqslant 2$）

输出端开关二极管承受最大电压 $U_{\text{VDmax}}=nU_{\text{inmax}}+U_{\text{o}}\approx 97.9\text{V}$。

输出端开关二极管承受的电流有效值与二次绕组相同。

开关二极管额定参数选择为

额定电压：$U_{\text{VDrated}}=k_{\text{sav}}U_{\text{VDmax}}\geqslant 147\text{V}$　（取 $k_{\text{sav}}\geqslant 1.5$）

额定电流：$I_{\text{VDrated}}=\dfrac{k_{\text{sai}}I_{\text{L2rmsmax}}}{1.57}\geqslant 1.7\text{A}$　（取 $k_{\text{sai}}\geqslant 2$）

选择快恢复二极管。

3）输出滤波电容选择

由输出纹波与电容量的关系 $\Delta U_{\text{opp}}=\dfrac{P_{\text{o}}}{\omega CU_{\text{o}}}$，得电容量选择要求 $C\geqslant 0.002\text{F}$ 。

电容承受最高电压 $U_{\text{Cmax}}=30\text{V}$ 。

电容参数选择为

额定容量：$C_{\text{rated}}\geqslant 2000\mu\text{F}$

额定电压：$U_{\text{Crated}}=k_{\text{sac}}U_{\text{Cmax}}\geqslant 36\text{V}$　（取 $k_{\text{sac}}\geqslant 1.2$）

4）输入整流二极管的选择

与前面类似，实际应用时通常在输入整流电路后并接小电容以平滑输入电流，输入整流二极管参数设计可以按照基波电流估算。

二极管电流有效值 $I_{\text{VDrmsmax}}=\dfrac{I_{\text{inrmsmax}}}{\sqrt{2}}=\dfrac{30\text{V}\times 2\text{A}}{180\text{V}\times\sqrt{2}}=0.2\text{A}$。

二极管承受电压 $U_{\text{VDmax}}=U_{\text{inmax}}=240\times\sqrt{2}=339.4\text{V}$。

输入整流二极管参数选择为

额定电流：$I_{\text{VDrated}}=\dfrac{k_{\text{sai}}I_{\text{VDrmsmax}}}{1.57}\geqslant 0.3\text{A}$　（取 $k_{\text{sai}}\geqslant 2$）

额定电压：$U_{\text{VDrated}}=k_{\text{sav}}U_{\text{VDmax}}\geqslant 509.1\text{V}$　（取 $k_{\text{sav}}\geqslant 1.5$）

选择普通整流管即可。

例 4-6　Flyback 型 APFC 电源如图 4-49 所示，采用 CRM 工作模式，输入交流电压 180～240V，要求输出直流电压 30VDC，输出最大电流 2A，输出纹波电压峰峰值 $\Delta U_{\text{opp}}\leqslant 3\text{V}$，

最小开关频率 30kHz，设计相关参数。

解：电路运行于 CRM 模式，一次绕组电感可由最小开关频率要求来计算。

1）反激式变压器设计

首先，确定变压器的变比，与例 4-5 类似，反射电压取 150V，则一次绕组与二次绕组的匝比为

$$\frac{N_1}{N_2}=5=\frac{1}{n}$$

输入电压最小时，输入电流达到最大，开关频率最小，$m=\frac{n\sqrt{2}U_{\text{inrmsmin}}}{U_{\text{o}}}\approx 1.7$，则 $f_1(m)=\frac{0.5+1.4\times 10^{-3}m}{1+0.815m}\approx 0.20$，$f_2(m)=\frac{0.424+5.7\times 10^{-4}m}{1+0.862m}\approx 0.17$。

一次绕组电感为

$$L_1=\frac{U_{\text{inrmsmin}}^2 f_1(m)}{(1+m)P_{\text{o}}f_{\text{smin}}}=1.3\text{mH}$$

一次绕组最大电流有效值为

$$I_{\text{L1rmsmax}}=I_{\text{VTrmsmax}}=\frac{\sqrt{2}P_{\text{o}}}{f_1(m)U_{\text{inrmsmin}}}\sqrt{\frac{f_1(m)}{3}}\approx 0.6\text{A}$$

二次绕组最大电流有效值为

$$I_{\text{L2rmsmax}}=I_{\text{VDrmsmax}}=\frac{\sqrt{2}P_{\text{o}}}{nf_1(m)U_{\text{inrmsmin}}}\sqrt{\frac{mf_2(m)}{3}}\approx 3.7\text{A}$$

输入电压最小时主开关导通时间为

$$t_{\text{on}}=\frac{L_1P_{\text{o}}}{U_{\text{inrmsmin}}^2 f_1(m)}$$

一次绕组最大电流峰值为

$$I_{\text{L1pkmax}}=\Delta i_{\text{L1max}}=\frac{\sqrt{2}U_{\text{inrmsmin}}t_{\text{on}}}{L_1}\approx 2.4\text{A}$$

2）开关管参数设计

开关管（功率 MOSFET）承受最大电压 $U_{\text{VTmax}}=U_{\text{inmax}}+\frac{U_{\text{o}}}{n}\approx 489.4\text{V}$。

开关管（功率 MOSFET）承受的电流有效值与一次绕组相同。

开关管（功率 MOSFET）参数选择为

额定电压：$U_{\text{VTrated}}=k_{\text{sav}}U_{\text{VTmax}}\geqslant 734\text{V}$ （取 $k_{\text{sav}}\geqslant 1.5$）

额定电流：$I_{\text{VTrated}}=k_{\text{sai}}I_{\text{L1rmsmax}}\geqslant 1.2\text{A}$ （取 $k_{\text{sai}}\geqslant 2$）

输出端开关二极管承受最大电压 $U_{\text{VDmax}}=nU_{\text{inmax}}+U_{\text{o}}\approx 97.9\text{V}$。

输出端开关二极管承受的电流有效值与二次绕组相同。

开关二极管额定参数选择为

额定电压：$U_{\text{VDrated}}=k_{\text{sav}}U_{\text{VDmax}}\geqslant 147\text{V}$ （取 $k_{\text{sav}}\geqslant 1.5$）

额定电流：$I_{\text{VDrated}}=\frac{k_{\text{sai}}I_{\text{L2rmsmax}}}{1.57}\geqslant 4.7\text{A}$ （取 $k_{\text{sai}}\geqslant 2$）

选择快恢复二极管。

3）输出滤波电容选择

由输出纹波与电容量的关系 $\Delta U_{opp} = \dfrac{P_o}{\omega C U_o}$，得电容量选择要求 $C \geqslant 0.002\text{F}$。

电容承受最高电压 $U_{Cmax} = 30\text{V}$。

电容参数选择为

$$\text{额定容量：}\quad C_{rated} \geqslant 2000\mu\text{F}$$

$$\text{额定电压：}\quad U_{VCrated} = k_{sac} U_{Cmax} \geqslant 36\text{V} \qquad (\text{取 } k_{sac} \geqslant 1.2)$$

4）输入整流二极管的选择

与前面类似，实际应用时通常在输入整流电路后并接小电容以平滑输入电流，输入整流二极管参数设计可以按照基波电流估算。

二极管电流有效值 $I_{VDrmsmax} = \dfrac{I_{inrmsmax}}{\sqrt{2}} = \dfrac{30\text{V} \times 2\text{A}}{180\text{V} \times \sqrt{2}} = 0.2\text{A}$。

二极管承受电压 $U_{VDmax} = U_{inmax} = 240 \times \sqrt{2} = 339.4\text{V}$。

输入整流二极管参数选择为

$$\text{额定电流：}\quad I_{VDrated} = \frac{k_{sai} I_{VDrmsmax}}{1.57} \geqslant 0.3\text{A} \qquad (\text{取 } k_{sai} \geqslant 2)$$

$$\text{额定电压：}\quad U_{VDrated} = k_{sav} U_{VDmax} \geqslant 509.1\text{V} \qquad (\text{取 } k_{sav} \geqslant 1.5)$$

选择普通整流管即可。

思考题与习题

4-1　三相零式电路如图 4-62 所示，设相电压有效值 $U_{2rms} = 110\text{V}$，$R_d = 2.5\Omega$，$\alpha = 30°$，试求：(1) 输出电压平均值 U_{dav}；(2) VT_3 中电流 i_{VT3} 的有效值 i_{VT3rms}；(3) 若 C 相电路因故开路，求 i_d 的平均值 I_{dav}。

4-2　已知三相桥式整流电路如图 4-63 所示，设 $L_d = \infty$，$\alpha \geqslant 0°$，若 W 相电路因故断开，试求其输出电压的表达式。

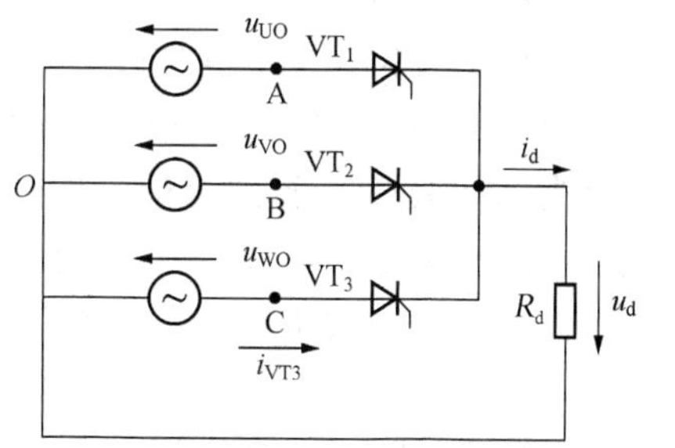

图 4-62　习题 4-1 图

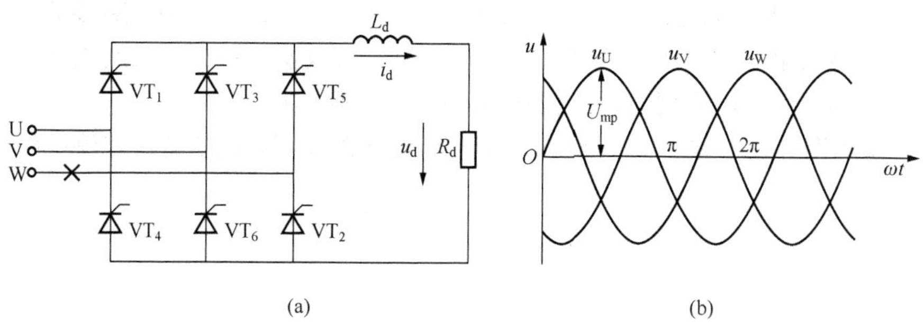

图 4-63　习题 4-2 图

4-3　三相桥式整流电路如图 4-64 所示，电路运行于逆变状态，设 $L_k = 1\text{mH}$，相电压有效值 $U_{2rms} = 220\text{V}$，$f = 50\text{Hz}$，$R_d = 1\Omega$，$\alpha = 120°$，$L_d = \infty$，$U_o = 400\text{V}$，忽略整流器内耗，忽略电感上电阻，求反馈到电网的有功功率。

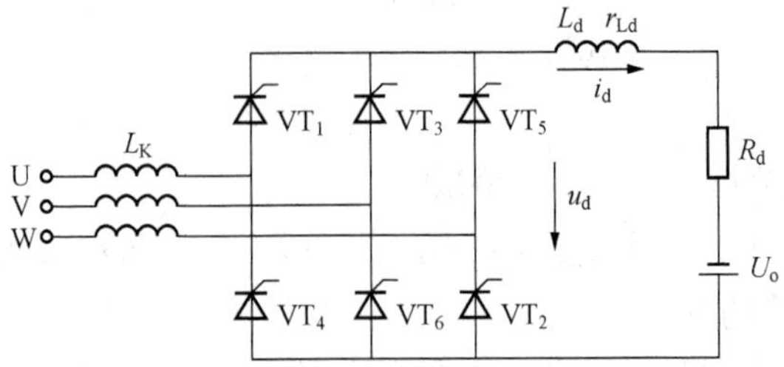

图 4-64　习题 4-3 图

4-4　为什么要限制有源逆变时的触发控制角？根据什么原则确定有源逆变的最大触发控制角 α_{max}。

4-5　单相桥式相控直流稳压电源，输入电压 180～250V，要求输出直流电压 150V，输出直流负载电阻 1～2Ω，计算电路相关参数。

4-6　在 Boost 型 APFC 电路中，输入电压为 $220\text{V} \pm 15\%$，输出直流电压为 400V，额定输出功率为 500W，工作于 CCM 模式，电流脉动不大于最大峰值电流的 20%，开关工作频率为 100kHz。设计计算相关电路参数：电感量、电感最大有效值电流及最大峰值电流、开关管的耐压和电流要求、二极管的耐压和电流要求。

4-7　在 Boost 型 APFC 电路中，输入电压为 $220\text{V} \pm 15\%$，输出直流电压为 400V，额定输出功率为 500W，工作于 CRM 模式，最小开关频率不小于 30kHz。设计计算相关电路参数：电感量、电感最大有效值电流及最大峰值电流、开关管的耐压和电流要求、二极管的耐压和电流要求。

4-8　在 Flyback 型 APFC 电路中，输入电压为 $220\text{V} \pm 15\%$，输出直流电压为 40V，额定输出功率为 20W，工作于 CCM 模式，电流脉动不大于最大峰值电流的 20%，开关工作频率为 100kHz，一次绕组最大反射电压不超过 150V，输入峰值电压点占空比不大于 0.5，设计计算相关电路参数：一次绕组电感量、一次绕组最大电流有效值及最大电流峰值、变压器的变比、二次绕组最大电流有效值、开关管的耐压和电流要求、二极管的耐压和电流要求。

4-9　在 Flyback 型 APFC 电路中，输入电压为 $220\text{V} \pm 15\%$，输出直流电压为 40V，额定输出功率为 20W，工作于 CRM 模式，最小开关频率不小于 30kHz，一次绕组最大反射电压不超过 150V，输入峰值电压点占空比不大于 0.5，设计计算相关电路参数：一次绕组电感量、一次绕组最大电流有效值及最大电流峰值、变压器的变比、二次绕组最大电流有效值、开关管的耐压和电流要求、二极管的耐压和电流要求。

4-10　参照图 4-60、图 4-61，画出电感电流连续模式下自同步全波整流电路稳态电感电流波形。

第 5 章　交流–交流变换技术

5.1　概述

交流–交流（AC-AC）变换是一种将交流电能幅值或频率加以转换的电力变换技术，主要包括交流调压技术、交流调功或无触点开关技术、直接交流变频技术、组合式交流变压变频技术等。

变换中只改变交流电压大小的电路称为交流调压电路，常用的交流调压技术主要分为相控调压和斩控调压两类。相控交流调压电路采用两只反并联晶闸管（或双向晶闸管）构成双向可控开关，以移相控制来调节输出交流电压。而 PWM 斩控调压则采用全控型器件构成交流开关斩波电路，以 PWM 占空比调节输出交流电压。

仅对交流电源实现通断控制的电路称为交流调功电路或无触点开关电路，其电路与相控交流调压类似，采用两只反并联晶闸管（或双向晶闸管）构成双向可控开关，区别在于调功电路仅在交流电过零时刻开关，使输出交流电间隔若干的整周期时间实现输出平均功率的调节。

交流调压和交流调功技术统称为交流开关控制技术或交流电力控制技术，广泛应用于交流电动机的调压调速、降压起动、电加热控制、调光以及电气设备的交流无触点开关等场合。

从一种频率的交流电直接变换成另一种频率交流电的变换控制称为交–交变频。由于这种交流–交流的变频是不通过中间直流环节的，因此也称交–交直接变频，或称为周波变换器、周期变换器。典型的交–交直接变频技术有晶闸管相控直接变频技术和矩阵式直接变频技术。交–交变频技术主要应用于交流电动机的变频调速。

在交流–交流变换中还有一种广泛应用的技术是组合式变换，通常又称为交–直–交变换技术，其原理是首先把交流电采用整流技术变换为直流电，再用逆变技术把直流电转换成需要的交流电形式，这种方法虽然电路结构较为复杂，但由于控制方便、适应性强，在实际中应用非常普遍。

5.2　单相交流调压电路

本节分别介绍相控单相交流调压电路和 PWM 斩控单相交流调压电路，两者的电路结构和控制方法完全不同，实际应用可以根据需要灵活选择。

5.2.1 相控单相交流调压电路

相控单相交流调压电路的工作状况与所带负载性质有关，下面分别加以介绍。

1. 电阻性负载

1）工作原理

电阻性负载单相交流调压电路原理和输出波形如图 5-1 所示。图中两只晶闸管反并联接在交流电路中，无论电源是正是负，总有晶闸管承受正向电压，只要给予适当的触发脉冲，就有晶闸管能被触发导通，从而传递和控制交流电能。图中两只反并联的晶闸管也可由一只双向晶闸管来替代，两者对交流电能的调节作用完全相同，仅在触发电路上略有差别。

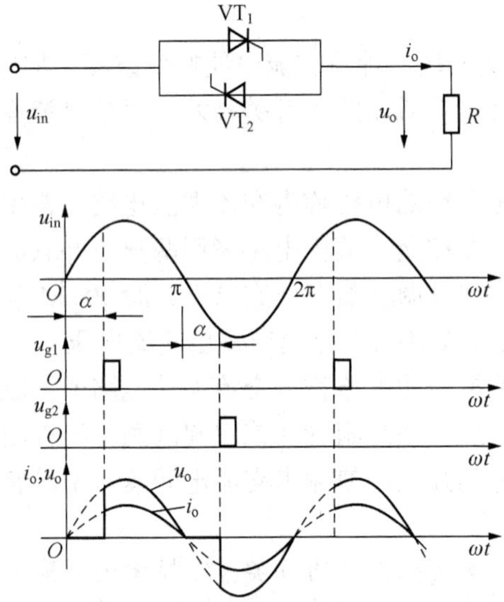

图 5-1 电阻性负载单相交流调压电路及输出波形

从如图 5-1 所示电路可以看出，该电路的自然换流点为电压波形的过零点（$\alpha=0$ 时刻），晶闸管的触发移相角 α 的范围为 0～π。

当电源电压 u_{in} 过零变正后，α 时刻之前，晶闸管 VT_1 没有触发脉冲、VT_2 承受反压，因此 VT_1、VT_2 均关断，负载电压 $u_o=0$。在 α 时刻给 VT_1 施加触发信号，VT_1 由于承受正向电压而触发导通，负载电压 $u_o=u_{in}$，阻性负载时 $i_o=\dfrac{u_o}{R}$；此过程延续到 $\omega t=\pi$ 时刻，此时 $u_o=u_{in}=0$、$i_o=0$，VT_1 自然关断。

在 u_{in} 的负半周期，α 时刻之前，VT_1 承受反压、VT_2 没有触发脉冲，因此 VT_1、VT_2 均关断，负载电压 $u_o=0$。在 α 时刻给 VT_2 晶闸管施加触发信号，VT_2 承受正向电压而触发导通，负载电压 $u_o=u_{in}<0$，$i_o=\dfrac{u_o}{R}<0$，此过程延续到 2π 时刻，此时 u_{in} 又一次过零，$i_o=0$，VT_2 自然关断。

在一个周期内，VT_1 和 VT_2 各导通、关断一次，完成交流电能的传递，负载上得到缺了角的正弦交流电压，即 u_{in} 波形的片段，如此循环往复，形成稳定的输出电压波形。改变晶闸管的导通时刻，即通过移相控制改变 α，可改变输出电压的波形，从而来调节输出电压的大小。如图 5-1 所示，当调节 $\alpha=0$ 时，负载上得到完整的正弦波电压，此时输出电压最大；当 $\alpha=\pi$ 时，输出电压为 0。

单相相控交流调压电路 α 的移相范围与单相桥式可控整流电路相同，触发电路也可通用，但两路触发输出必须隔离并有足够的绝缘耐压，如果交流调压电路用的是双向晶闸管，则要用专门的触发电路。

2）运行参数分析

由如图 5-1 所示的电路输出的电压电流波形可知，负载上电压电流波形为正负对称的交流波形，故平均值为零，但有效值不为零。

假定输入电压为 $u_{\text{in}}=\sqrt{2}U_{\text{rms}}\sin\omega t$，由输出波形可得负载电压有效值为

$$U_{\text{orms}}=\sqrt{\frac{1}{\pi}\int_{\alpha}^{\pi}\left(\sqrt{2}U_{\text{rms}}\sin\omega t\right)^{2}\mathrm{d}(\omega t)}=U_{\text{rms}}\sqrt{\frac{\sin 2\alpha}{2\pi}+\frac{(\pi-\alpha)}{\pi}} \tag{5-1}$$

负载电流有效值为

$$I_{\text{orms}}=\frac{U_{\text{orms}}}{R}=\frac{U_{\text{rms}}}{R}\sqrt{\frac{\sin 2\alpha}{2\pi}+\frac{(\pi-\alpha)}{\pi}} \tag{5-2}$$

晶闸管电流有效值为

$$I_{\text{VTrms}}=\sqrt{\frac{1}{2\pi}\int_{\alpha}^{\pi}\left(\frac{\sqrt{2}U_{\text{rms}}\sin\omega t}{R}\right)^{2}\mathrm{d}(\omega t)}=\frac{U_{\text{rms}}}{R}\sqrt{\frac{\sin 2\alpha}{4\pi}+\frac{(\pi-\alpha)}{2\pi}} \tag{5-3}$$

$$I_{\text{VTrms}}=\frac{1}{\sqrt{2}}I_{\text{orms}}$$

交流电源输入功率因数为

$$\lambda=\frac{P}{S}=\frac{I_{\text{orms}}U_{\text{orms}}}{I_{\text{inrms}}U_{\text{inrms}}}=\frac{U_{\text{orms}}}{U_{\text{rms}}}=\sqrt{\frac{\sin 2\alpha}{2\pi}+\frac{(\pi-\alpha)}{\pi}} \tag{5-4}$$

式中，I_{inrms} 和 U_{inrms} 分别为电源输入电流有效值和输入电压有效值。

由图 5-1 和以上计算式可以看出，单相交流调压电路电阻负载时 α 的移相范围是 $0\leqslant\alpha\leqslant\pi$。当 $\alpha=0$ 时，两只晶闸管一个周期内各导通半个周期，相当于晶闸管直通，输出电压就是交流电源电压，达到最大值。随着 α 的增大，输出电压 U_{o} 降低。当 $\alpha=\pi$ 时，输出电压最小，$U_{\text{o}}=0$。电路的功率因数也随着 α 的变化而变化，当 $\alpha=0$ 时，功率因数最大，$\lambda=1$；随着 α 的增大，功率因数降低，当 $\alpha=\pi$ 时，功率因数最小，$\lambda=0$。

3）谐波分析

根据图 5-1 可知，输出电压为

$$u_{\text{o}}=\begin{cases}0 & k\pi<\omega t<k\pi+\alpha\\ u_{\text{in}}=\sqrt{2}U_{\text{rms}}\sin\omega t & k\pi+\alpha<\omega t<k\pi+\pi\end{cases} \tag{5-5}$$

式中，$k=0$，1，2，…。

由于 u_{o} 正负半波对称，不含直流分量和偶次谐波，其傅里叶级数展开如下：

$$u_{\text{o}}=\sum_{n=1,3,5}^{\infty}(a_n\cos n\omega t+b_n\sin n\omega t) \tag{5-6}$$

式中

$$a_n=\frac{2}{\pi}\int_{0}^{\pi}u_{\text{o}}\cos(n\omega t)\mathrm{d}(\omega t) \tag{5-7}$$

$$b_n = \frac{2}{\pi}\int_0^{\pi} u_o \sin(n\omega t)\mathrm{d}(\omega t) \tag{5-8}$$

基波电压系数（$n=1$）为

$$a_1 = \frac{\sqrt{2}U_{rms}}{2\pi}(\cos 2\alpha - 1) \tag{5-9}$$

$$b_1 = \frac{\sqrt{2}U_{rms}}{2\pi}\left[\sin 2\alpha + 2(\pi - \alpha)\right] \tag{5-10}$$

基波电压幅值为

$$U_{1m} = \sqrt{a_1^2 + b_1^2} = \frac{\sqrt{2}U_{rms}}{\pi}\sqrt{(\pi-\alpha)^2 + (\pi-\alpha)\sin 2\alpha + \frac{(1-\cos 2\alpha)}{2}} \tag{5-11}$$

n 次谐波电压系数为

$$a_n = \frac{\sqrt{2}U_{rms}}{\pi}\left\{\frac{1}{n+1}[\cos(n+1)\alpha - 1] - \frac{1}{n-1}[\cos(n-1)\alpha - 1]\right\} \quad (n=3,5,7,\cdots) \tag{5-12}$$

$$b_n = \frac{\sqrt{2}U_{rms}}{\pi}\left\{\frac{1}{n+1}\sin(n+1)\alpha - \frac{1}{n-1}\sin(n-1)\alpha\right\} \quad (n=3,5,7,\cdots) \tag{5-13}$$

n 次谐波电压幅值为

$$U_{nm} = \sqrt{a_n^2 + b_n^2} \tag{5-14}$$

基波和 n 次谐波电压有效值、电流有效值均可由下式求出：

$$U_{nrms} = \frac{1}{\sqrt{2}}\sqrt{a_n^2 + b_n^2} \quad (n=1,3,5,7,\cdots) \tag{5-15}$$

$$I_{nrms} = \frac{U_{nrms}}{R} \tag{5-16}$$

根据式（5-15）的计算结果，可以绘出电压基波和各次谐波的标幺值随 α 变化的曲线，如图 5-2 所示。其中，基准电压为 $\alpha=0$ 时的基波电压有效值 U_{rms}。

由于在电阻负载下，电流波形与电压波形相同，由谐波分布图可知，电源电流谐波有如下特点。

（1）谐波次数越低，谐波幅值越大。

（2）3 次谐波的最大值出现在 $\alpha=90°$ 时，幅值约占基波分量的 0.3 倍。

（3）5 次谐波的最大值出现在 $\alpha=60°$ 和 $\alpha=120°$ 的对称位置。

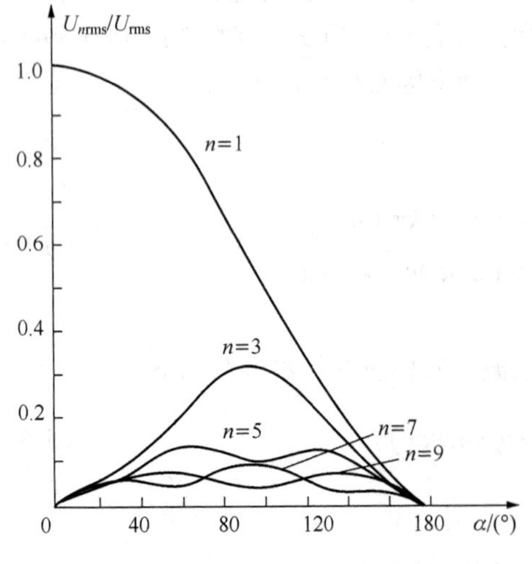

图 5-2 单相相控调压电阻性负载输出电压谐波

2. 阻感性负载

1）工作原理

单相相控交流调压电路为阻感性负载时，晶闸管的触发控制方式与电阻负载时相同，由于电感的作用，负载电流 i_o 在电源电压过零后，还要延迟一段时间才能降到 0，延迟时间与负载阻抗角 φ 有关。电流过零时晶闸管才能关断，所以晶闸管的导通角 θ 不仅与控制角 α 有关，而且还与负载阻抗角 $\varphi = \arctan\left(\dfrac{\omega L}{R}\right)$ 有关，下面分三种情况来分析。

（1）$\alpha > \varphi$ 的情况：此状态下电感在电压过零后有续流，但续流过程在下一个触发脉冲到来之前就已经结束，前一个晶闸管在后续晶闸管开通之前已经关断，输出电压有断续，电路原理和输出波形如图 5-3 所示。

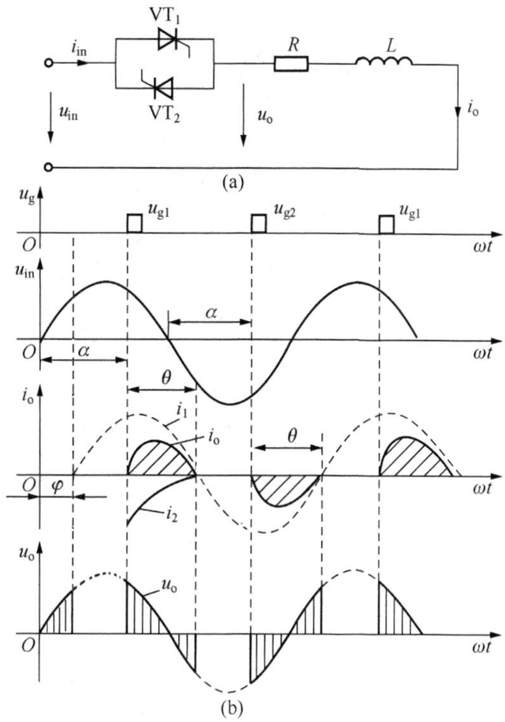

图 5-3　相控单相交流调压电路阻感性负载电路原理和稳态输出波形（$\alpha > \varphi$）

在 $\omega t = \alpha$ 时刻开通 VT_1，负载电流满足如下微分方程：

$$L\frac{\mathrm{d}i_o}{\mathrm{d}t} + i_o R = \sqrt{2}U_{rms}\sin\omega t \tag{5-17}$$

其初始条件为 $i_o\big|_{\omega t=\alpha} = 0$，解方程得

$$i_o = \frac{\sqrt{2}U_{rms}}{Z}\left[\sin(\omega t - \varphi) - \sin(\alpha - \varphi)\mathrm{e}^{\frac{\alpha - \omega t}{\tan\varphi}}\right] \quad (\alpha \leqslant \omega t \leqslant \alpha + \theta) \tag{5-18}$$

式中，$Z = \sqrt{R^2 + (\omega L)^2}$；$\theta$ 为晶闸管导通角；负载电流 i_o 由两部分叠加而成，即稳态分量和暂态分量，分别表示为

$$i_1 = \frac{\sqrt{2}U_{rms}}{Z}[\sin(\omega t - \varphi)] \tag{5-19}$$

$$i_2 = -\frac{\sqrt{2}U_{rms}}{Z}\left[\sin(\alpha - \varphi)\mathrm{e}^{\frac{\alpha - \omega t}{\tan\varphi}}\right] \tag{5-20}$$

利用边界条件：$\omega t = \alpha + \theta$ 时，$i_o = 0$，可求得 θ 为

$$\sin(\alpha + \theta - \varphi) = \sin(\alpha - \varphi)\mathrm{e}^{-\frac{\theta}{\tan\varphi}} \tag{5-21}$$

以φ为参变量，可得到晶闸管导通角$\theta = f(\alpha,\varphi)$曲线簇，如图 5-4 所示。通过关系曲线很容易得到晶闸管的导通角。例如，当φ=30°，α=60°时，查图 5-4 中的曲线，可得晶闸管的导通角θ≈146°。

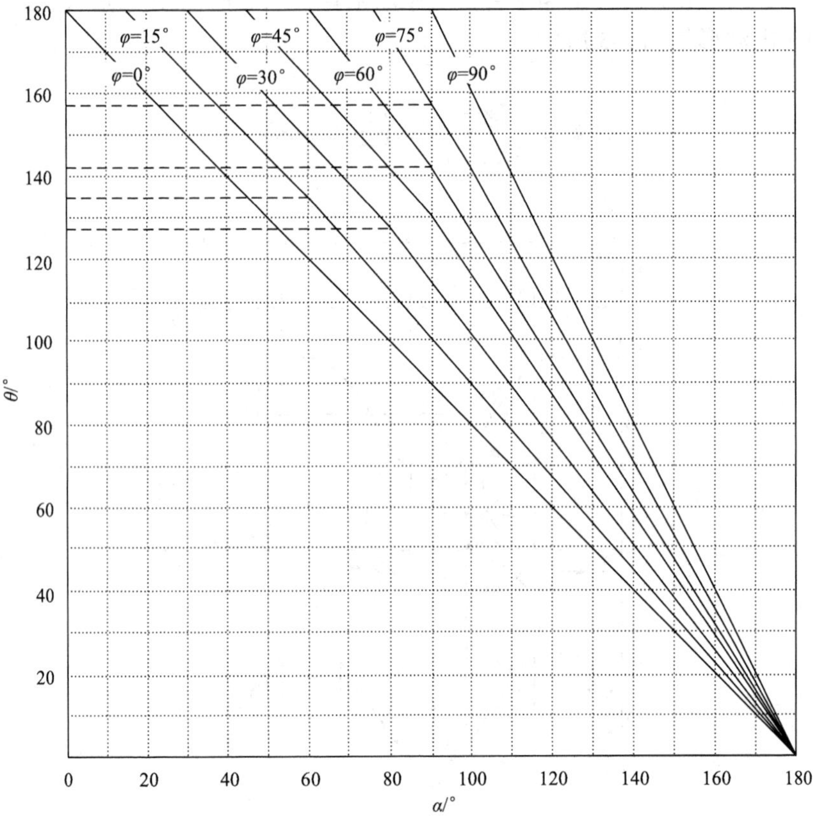

图 5-4 相控单相交流调压电路阻感性负载$\theta = f(\alpha,\varphi)$时的关系曲线（$\alpha > \varphi$）

（2）$\alpha = \varphi$的情况：由式（5-19）、式（5-20）可知，暂态分量$i_2 = 0$，负载电流只有稳态分量i_1，且可解得导通角$\theta = \pi$，电流连续。在这种状态下，电感续流结束时刻正好是下一个控制脉冲到来的时刻，负载电流处于临界连续状态，负载电压是完整的正弦波（$u_o = u_{in}$），而负载电流则是一个滞后于电压φ角的纯正弦波，电路无调压作用。

（3）$0 < \alpha < \varphi$的情况：此时电路运行与触发脉冲的形状密切相关，当触发脉冲为单窄脉冲时，由于电感续流作用，晶闸管导通角$\theta > \pi$。因为VT_1与VT_2的触发脉冲相位相差为π，假定在α时刻VT_1首先触发导通，在VT_2触发脉冲到来时刻由于电感续流作用VT_1仍处在正向导通状态，这时的VT_2承受反方向电压并不能开通。当VT_1电流过零关断后，VT_2的触发脉冲已经消失，因此VT_2还是不能开通，如图 5-5 所示。待第 2 个VT_1脉冲到来后，又将重复正向电流流过负载的过程。这个过程与单相半波整流的情况完全一样，这将使整个回路中有很大的电流直流分量，它会对交流电机类负载及电源变压器的运行带来严重危害。

当触发脉冲为宽脉冲或脉冲序列时，情况就完全不同。当VT_1电流过零关断后，VT_2的触发脉冲依然存在，VT_2能接着导通，电流能一直保持连续。首次开通所产生的电流自由分量，在衰减到零以后，电路中也就只存在电流稳态分量 i_1。由于电流连续，电路稳态时无调压作用，输出电压 $u_o = u_{in}$，如图 5-6 所示。

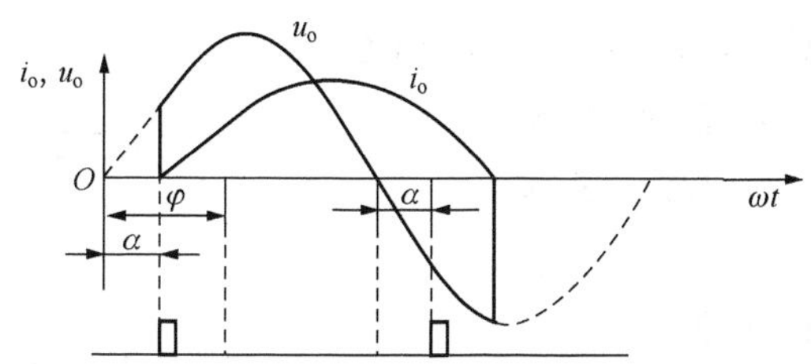

图 5-5　$0<\alpha<\varphi$ 单窄脉冲控制运行示意

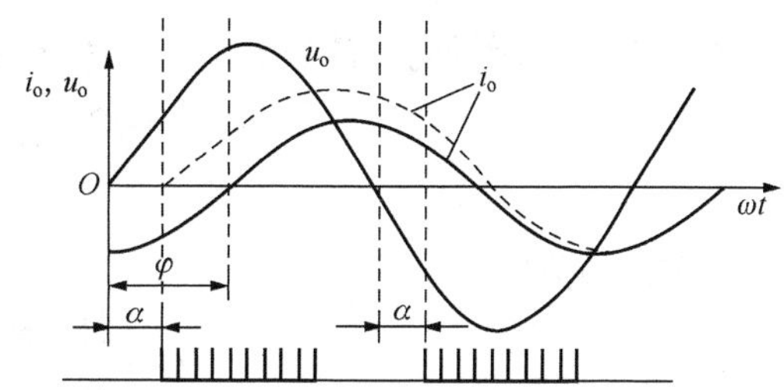

图 5-6　$0<\alpha<\varphi$ 宽脉冲或脉冲序列控制运行示意

综上所述，单相相控交流调压电路带阻感性负载时，控制角 α 能起到调压作用的移相范围为 $\varphi \leqslant \alpha \leqslant \pi$，电压有效值调节范围为 0～$U_{rms}$。为避免 $\alpha<\varphi$ 时出现电流直流分量，实际应用时，交流调压电路的晶闸管的触发脉冲通常采用后沿固定在 π 的宽脉冲（一般为高频调制脉冲列），通过改变前沿来调节控制角。

2）数量关系

当 $\alpha>\varphi$ 时，根据负载端的电压、电流波形，可得到如下数量关系。

负载电压有效值为

$$U_{orms} = \sqrt{\frac{1}{\pi}\int_{\alpha}^{\theta+\alpha}(\sqrt{2}U_{rms}\sin\omega t)^2 \mathrm{d}\omega t} = U_{rms}\sqrt{\frac{\theta+\sin 2\alpha-\sin 2(\alpha+\theta)}{\pi}} \tag{5-22}$$

负载电流有效值为

$$\begin{aligned} I_{orms} &= \sqrt{\frac{1}{\pi}\int_{\alpha}^{\theta+\alpha}\left\{\frac{\sqrt{2}U_{rms}}{Z}\left[\sin(\omega t-\phi)-\sin(\alpha-\phi)e^{\frac{\alpha-\omega t}{\tan\phi}}\right]\right\}^2 \mathrm{d}\omega t} \\ &= \frac{\sqrt{2}U_{rms}}{Z}\sqrt{\frac{\theta}{\pi}-\frac{\sin\theta\cos(2\alpha+\phi+\theta)}{\pi\cos\phi}} \end{aligned} \tag{5-23}$$

式中，U_{rms} 为输入交流电压 u_{in} 的有效值。

晶闸管电流有效值为

$$I_{VTrms} = I_{orms}/\sqrt{2} \tag{5-24}$$

3）谐波分析

在阻感性负载下，根据电路输出波形，可以用前面电阻负载情况下的分析方法，只是公式复杂得多。经分析可知，电源电流谐波具有以下特点。

（1）谐波次数与电阻负载时相同，只含有 3，5，7 等奇次谐波。

（2）谐波次数越低，谐波幅值越大。

（3）和电阻负载时相比，电流谐波含量要少些，在 α 角相同时，随阻抗角 φ 的增大，谐波含量有所减少。

5.2.2　PWM 斩控单相交流调压电路

1. 交流斩波调压工作原理

PWM 斩控单相交流调压电路的基本工作原理和直流斩波电路类似，它是将交流开关同负载串联或并联结构，如图 5-7（a）所示。假定电路中各部分都处在理想状态。开关 S_1 为斩波开关，S_2 为考虑负载电感续流的开关。S_1 和 S_2 不允许同时导通，通常二者在导通时序上互补。

图 5-7（b）所示为交流斩波调压电路输出波形，由图可知，输出电压为

$$u_o=\begin{cases}u_{in}=\sqrt{2}U_{rms}\sin\omega t & S_1\text{通，}S_2\text{断}\\ 0 & S_1\text{断，}S_2\text{通}\end{cases} \tag{5-25}$$

定义开关函数为

$$G=\begin{cases}1 & S_1\text{通，}S_2\text{断}\\ 0 & S_1\text{断，}S_2\text{通}\end{cases} \tag{5-26}$$

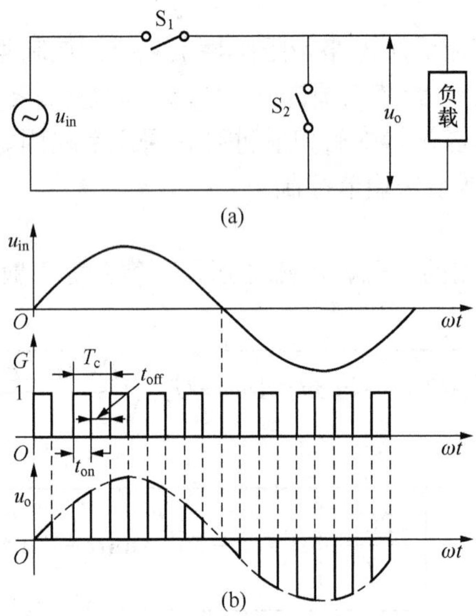

图 5-7 PWM 斩控单相交流斩波调压的基本原理及输出波形

在如图 5-7（a）所示电路的条件下，有

$$u_o=Gu_{in}=\sqrt{2}GU_{rms}\sin\omega t \tag{5-27}$$

设交流开关 S_1 导通时间为 t_{on}，关断时间为 t_{off}，开关周期为 T_c，则占空比为 $D=t_{on}/T_c$。

开关函数 G 傅里叶级数表示为

$$G=a_0+\sum_{n=1}^{\infty}(a_n\cos n\omega t+b_n\sin n\omega t)$$

式中

$$a_0=\frac{1}{T_c}\int_0^{T_c}G(t)\mathrm{d}(t)=\frac{t_{on}}{T_c}=D$$

$$a_n=\frac{2}{T_c}\int_0^{T_c}G(t)\cos(n\omega t)\mathrm{d}t$$

$$b_n=\frac{2}{T_c}\int_0^{T_c}G(t)\sin(n\omega t)\mathrm{d}t$$

则有

$$G = D + \frac{2}{\pi}\sum_{n=1}^{\infty}\frac{\sin\varphi_n}{n}\cos(n\omega_c t - \varphi_n) \tag{5-28}$$

式中，$\varphi_n = n\pi D$；$\omega_c = 2\pi / T_c$。

将式（5-28）代入式（5-27）中，得出

$$\begin{aligned} u_o &= \sqrt{2}U_{rms}\sin\omega t\left[D + \frac{2}{\pi}\sum_{n=1}^{\infty}\frac{\sin\varphi_n}{n}\cos(n\omega_c t - \varphi_n)\right] \\ &= \sqrt{2}DU_{rms}\sin\omega t + \frac{\sqrt{2}U_{rms}}{\pi}\sum_{n=1}^{\infty}\frac{\sin\varphi_n}{n}\{\sin[(n\omega_c + \omega)t - \varphi_n] - \sin[(n\omega_c - \omega)t - \varphi_n]\} \end{aligned} \tag{5-29}$$

式（5-29）表明，u_o 含有基波及各次谐波。谐波频率在开关频率及其整数倍两侧 $\pm\omega$ 处分布，开关频率越高，谐波与基波距离越远，越容易被滤掉。改变占空比 D 就可以改变基波电压的幅值，达到交流调压的目的。

2. 交流斩波调压控制

交流斩波调压电路使用交流开关，一般采用全控型器件，如 GTO、GTR、IGBT 等。这类器件静特性均为非对称，反向阻断能力很低，甚至不具备反向阻断能力，为此常利用二极管来提供开关的反向阻断能力，常用的交流开关电路结构如图 5-8 所示。

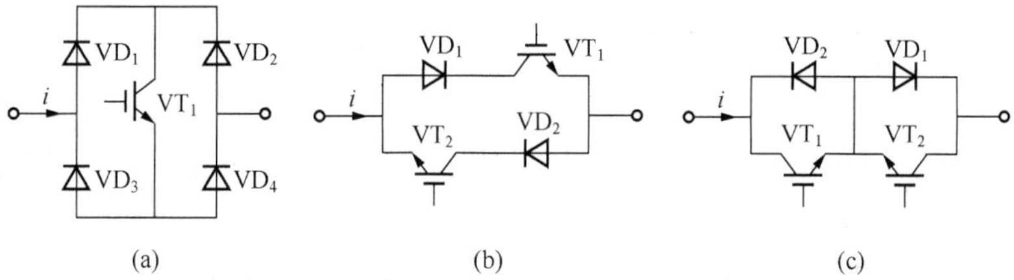

图 5-8　常用交流开关电路结构

在如图 5-8（a）所示电路中，只使用 1 个全控开关器件。当负载电流方向改变时，二极管桥中导通的桥臂自然换相，而流过开关器件中的电流方向不会改变。采用这种结构的双向开关，控制电路简单，无同步要求，斩波开关与续流开关可采用互补控制。

在如图 5-8（b）、图 5-8（c）所示电路中，每 1 个双向开关中含有两个全控开关。它们被分别控制在负载电流的不同方向上导通。控制电路必须有严格的同步要求，两个开关可独立控制，因此控制方式比较灵活。图 5-8（b）与图 5-8（c）所示电路的不同之处：一方面，图 5-8（c）所示电路的两个全控开关的公共极接在一起，因此栅极控制信号可以共地；另一方面，这种接法还可使用带有反并联二极管的功率开关模块，使主电路结构简单，减少电路引线造成的电感在高频运行时的影响。

一般说来，交流斩波调压电路的控制方式与交流主电路开关结构、主电路结构及相数有关。但按照对交流斩波开关和续流开关的控制时序而言，则可分为互补控制和非互补控制两大类。

1）互补控制

互补控制就是在一个开关周期内，斩波开关和续流开关只能有一个导通。采用如图 5-8（b）所示交流开关结构，构成的交流斩波调压电路图及其理想控制时序如图 5-9 所

示。这种控制方法与电流可逆直流斩波电路的控制类似，按电源正、负半周分别考虑。

在图 5-9（b）中 u_{inp} 和 u_{inn} 分别为交流正、负半周对应的同步信号，作用是交流开关导通的参考方向，即当 u_{inp} 有效时，VT_1 和 VT_3 交替施加驱动信号，当 u_{inn} 有效时，VT_2 和 VT_4 交替施加驱动信号。从图中可看出，斩波信号发生器可以同时提供给 VT_1 和 VT_3 作为触发信号，是否施加触发信号由 u_{inp} 是否有效决定。VT_2 和 VT_4 的情况也一样。

由于实际开关为非理想开关，很可能会因开关导通、关断延时造成斩波开关和续流开关直通而短路，为防止短路，需增设死区时间，这样又会造成两者均不导通，对于感性负载，电流断续会产生过电压。同时，感性负载电流滞后，电压过零点附近，电感电流方向与电压方向相反，此时开关组的切换也造成电流的断续。因此，为防止过电压还需要采取其他措施，如使用缓冲电路、电压电流过零检测等，这是互补控制方式的不足之处。

2）非互补控制

非互补控制方式的控制时序及电阻负载工作波形如图 5-10 所示，电路结构参照图 5-9（a）。

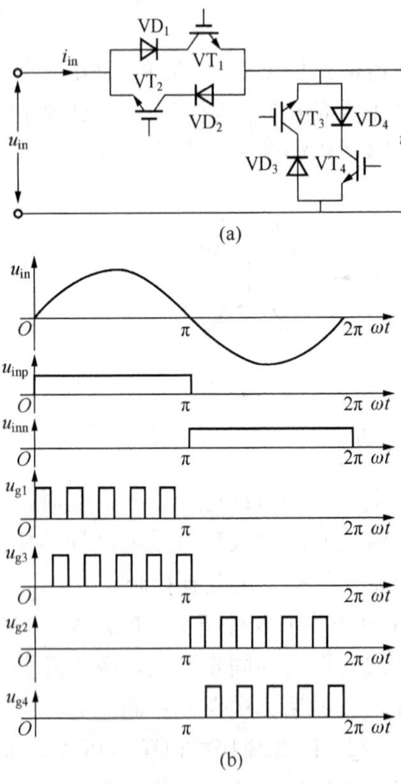

图 5-9　斩控式交流调压电路原理及互补控制波形

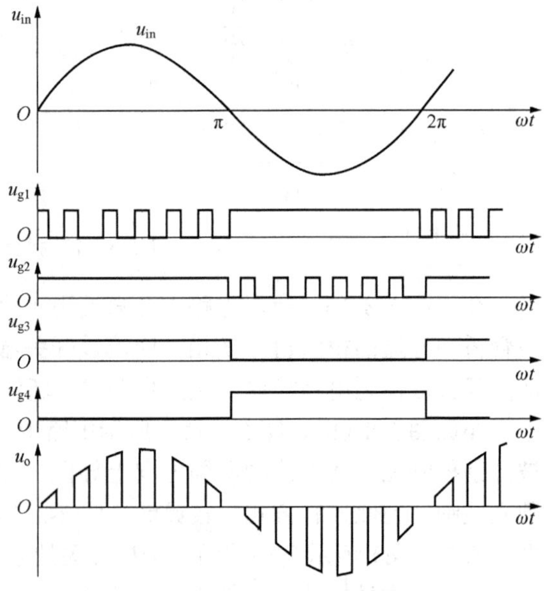

图 5-10　斩控式交流调压电阻性负载非互补控制波形

在 u_{in} 正半周时，用 VT_1 进行斩波控制，VT_2、VT_3 一直施加控制信号导通，提供续流通道，VT_4 始终处于断态。

在 u_{in} 负半周时，用 VT_2 进行斩波控制，VT_1、VT_4 一直施加控制信号导通，提供续流通道，VT_3 总处于断态。

在非互补控制方式中，不会出现电源短路和负载断流情况。以 u_{in} 正半周为例，VT_1 进行斩波控制，VT_4 总处于断态，不会产生直通；VT_2、VT_3 一直施加控制信号导通，无论负载电流是否改变方向，当斩波开关关断时，负载电流都能维持导通，防止了因斩波开关和续流开关同时关断造成的负载电流断续。

当负载为感性时，由于电压、电流相位不同，若按图 5-10 给出的控制时序，则由于电压正半周时，对 VT_2 和 VT_3 一直施加控制信号导通；当在电流为负半周时，VT_2 导通，会造成 VT_1 反偏，斩波控制失败，即输出电压不受斩波开关控制，出现输出电压失真的情况，如图 5-11 所示。

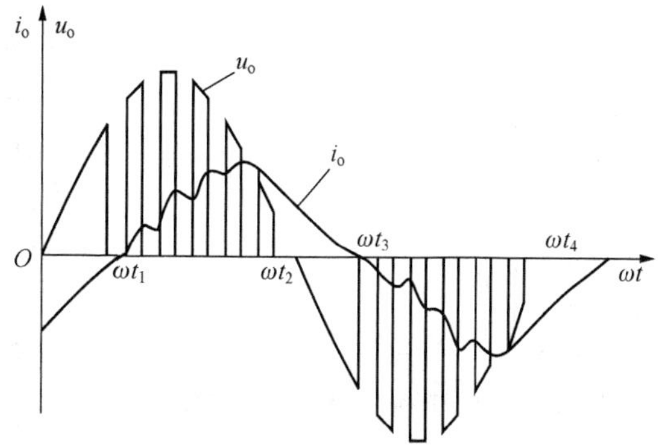

图 5-11　非互补控制阻感性负载波形示意

为了避免出现这种失控现象，在感性负载下，电路时序控制中应加入电流信号，由电压、电流的方向共同决定控制时序。因控制时序较复杂，详情请读者参看有关书籍。

5.2.3　晶闸管交流调功器和交流无触点开关

1. 晶闸管交流调功器

移相触发控制使得电路中的正弦波形出现缺角，包含较大的高次谐波。为了克服这种缺点，可采用过零触发的通断控制方式。这种方式的开关对外界的电磁干扰较小。其控制方法是在设定的周期内，使晶闸管开关接通几个周波，然后再断开几个周波，通过改变通断时间比，来改变负载上的交流平均电压，达到调节负载功率的目的，因此这种装置也称为交流调功器。

图 5-12 所示为两种通断工作方式，如在设定周期 T_c 内导通的周波数为 m，每个周波的周期为 T，输出电压有效值为

$$U_{orms}=\sqrt{\frac{mT}{T_c}}U_{rms} \tag{5-30}$$

则调功器的输出功率为

$$P_o=\frac{mT}{T_c}P_1 \tag{5-31}$$

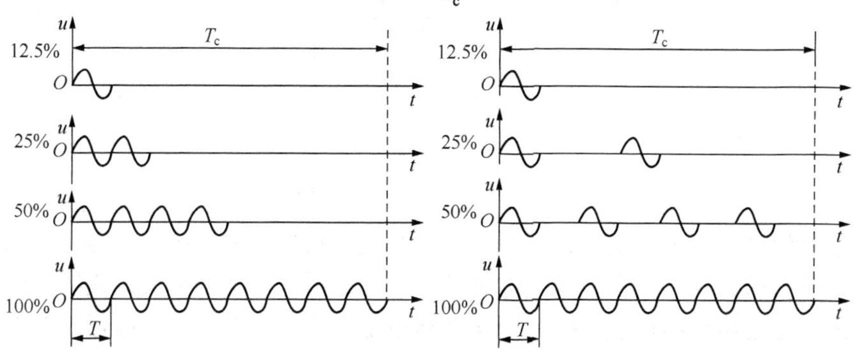

图 5-12　过零触发调功电路输出波形

式中，P_1 为设定周期 T_c 内全部周波导通时电路输出的功率，单位 W；U_{rms} 为设定周期 T_c 内全部周波导通时，电路输出电压的有效值，单位 V；m 为在设定周期 T_c 内导通的周波数。

因此改变导通周波数 m，即可改变输出电压和功率。

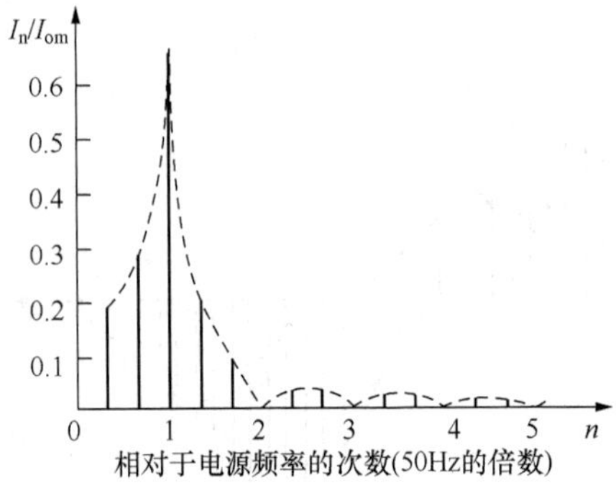

图 5-13　通断控制电阻负载下电流谐波图（通两个周波、断一个周波）

图 5-13 所示为采用通断控制的电阻负载下电谐波图（通两个周波、断一个周波）。图中，I_n 为 n 次谐波有效值；I_{om} 为导通时电路负载电流幅值。以电源周期为基准，电流中不含整数倍频率的谐波，但含有非整数倍频率的谐波，而且在电源频率附近，非整数倍频率谐波的含量较大。

过零触发虽然没有移相触发时的高次谐波（移相触发主要是 3，5，7 次）干扰，但其通断频率比电源频率低，特别当通断比太小时，会出现低频干扰，使照明出现人眼能察觉到的闪烁，电表指针出现摇摆等。因此，调功器通常用于热惯性较大的电热负载。

2. 晶闸管交流无触点开关

晶闸管交流开关是将两个晶闸管反并联或单个双向晶闸管串入交流电路，代替机械开关，起接通和断开电路的作用，由于没有机械开关的机械接触点，又称交流无触点开关。

与交流调功电路相比，交流无触点开关并不控制电路的平均输出功率，通常没有明确的控制周期，只是根据需要控制电路的接通和断开，控制频度通常比交流调功电路低得多。

图 5-14 所示为晶闸管交流开关的几种基本形式原理。图 5-14（a）所示是普通晶闸管反并联形式。当开关 S 闭合，两只晶闸管均以管子本身的阳极电压作为触发电压进行触发。随着交流电源的正负交变，两晶闸管轮流导通，在负载上得到基本为正弦波的电压。图 5-14（b）所示是采用双向晶闸管的交流开关，双向晶闸管触发极正负电压均可触发。图 5-14（c）所示为带整流桥的晶闸管交流开关，该开关只用了一只普通晶闸管，但串联的器件较多，压降损耗较大。

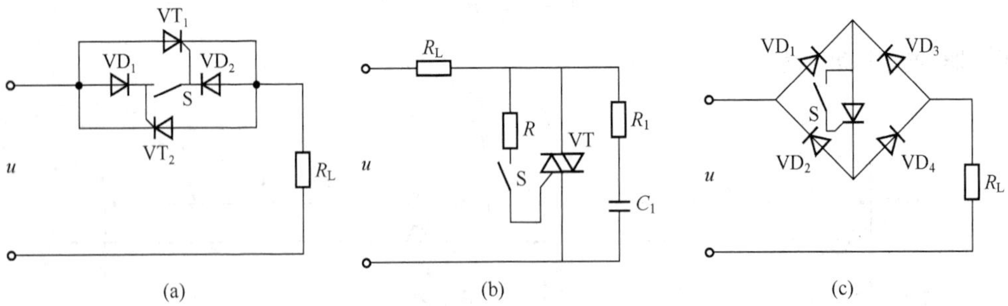

图 5-14　采用晶闸管交流开关的基本形式

晶闸管交流开关是一种快速、理想的交流开关，它响应速度快、无触点、无噪声、寿命长。晶闸管交流开关总是在电流过零时关断，在关断时，不会因负载或线路电感储存能量，而造成暂态过电压和电磁干扰，因此特别适用于操作频繁、可逆运行及有易燃气体和多粉尘的场合。

5.3　三相交流调压电路

与单相交流调压电路类似，常用的三相交流调压电路也可以分为相控调压和 PWM 斩控调压两类，本节分别介绍这两类调压方式在三相电路上的应用。

5.3.1　三相相控交流调压电路

若把三个单相调压电路接在对称的三相电源上，让其互差 $2\pi/3$ 相位工作，则构成了三相交流调压电路。根据三相连接形式不同，三相交流调压电路具有多种形式。

图 5-15（a）所示为带有中性线的Y形联结。每个单相交流调压电路分别接在相应的相电源上，每相的工作过程与单相交流调压电路完全一样。各相电流的所有谐波分量都能经中性线流通，而加在负载上。由于三相中的三倍频谐波电流的相位相同，因此它们在中线上叠加而使中性线流过相当大的三次谐波电流。$\alpha=90°$ 时，零线电流甚至和各相电流的有效值接近，这会给电源变压器及其他负载带来不利影响，因此很少采用。

图 5-15（b）所示为无中性线的Y形联结，又称线路控制Y形联结。它的波形正负对称，负载和各电路中都没有三次谐波电流，因此得到广泛的应用。

图 5-15（c）所示为支路控制的△形联结，又称内三角联结。每个带负载的单相交流调压电路跨接在线电压上，每相工作时的电压、电流波形也与单相交流调压电路相同，但三次及 3 的倍数次谐波电流在线电流中无法流通，而在三角形内自成环流流通，因此线电流中将不会出现三次及 3 的倍数次谐波电流，但负载必须是三个独立线路，有六个抽头引出才能应用。因此，其应用范围存在一定局限性。

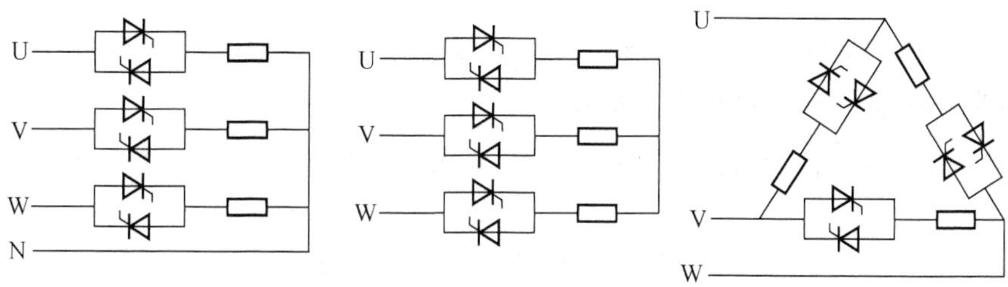

图 5-15　三相交流调压电路

1. Y形联结三相交流调压电路

图 5-16 所示为Y形联结三相交流调压电路。为了分析方便起见，晶闸管按 VT_1、VT_3、VT_5 阳极和 VT_4、VT_6、VT_2 阴极，依次接到交流电源 u_U、u_V、u_W。交流调压电路是靠改变施加到负载上的电压波形来实现调压的，因此得到负载电压波形是最重要的。波形分析的方法如下。

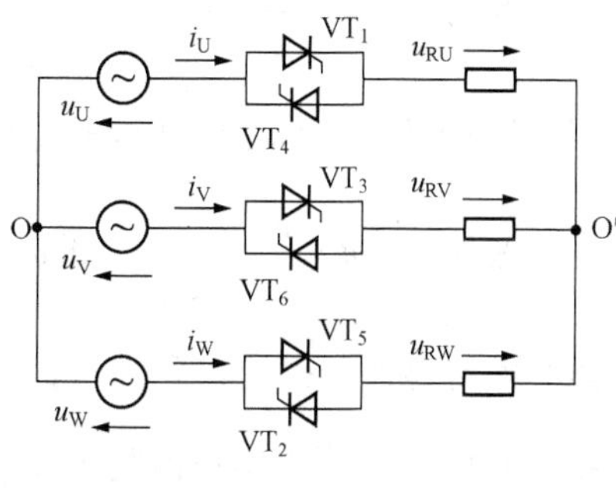

图 5-16　Y形联结三相交流调压电路

1）触发控制信号的要求

（1）相位条件。对于三相对称负载，负载中点 O'在平衡供电时处于零电位，因此各支路晶闸管的自然换流点处于相电压的过零点，控制角 α 是从各自的相电压过零点开始算起，触发信号与相电压同步。三个正向晶闸管 VT_1、VT_3、VT_5 的触发信号应互差 2π/3；三个反向晶闸管 VT_2、VT_4、VT_6 的触发信号也应互差 2π/3；同一相的两个晶闸管触发信号应互差 π。总的触发顺序是 VT_1、VT_2、VT_3、VT_4、VT_5、VT_6，其触发信号依次各差 π/3，如图 5-17 所示。

（2）脉宽条件。Y形联结时三相中至少要有两相导通才能构成电流通路，因此单窄脉冲是无法启动三相交流调压电路的。为了保证起始工作电流的流通，并在控制角较大、电流不连续的情况下仍能按要求使电流流通，触发信号应采用大于 π/3 的宽脉冲（或脉冲列），或采用间隔 π/3 的双窄脉冲。

2）电路工作分析

对Y形联结的三相交流调压电路中的某一相而言，只要两个反并联晶闸管中有一个导通，则该支路就是导通的。

从三相来看，任何时候电路只可能是下列三种情况中的一种。

（1）三相全不通，调压电路开路，每相负载上的电压都为 0。

（2）三相全导通，调压电路直通，则每相负载上的电压是所接相的相电压。

（3）两相导通，在电阻负载时，导通相负载上的电压是该两相线电压的 1/2，非导通相负载的电压为 0；在带电机类负载时，则可由电机的约束条件（电机方程）来推导各相的电压值。

因此，只要能判断各晶闸管的通断情况，就能确定该电路的导通相数，也就能得到该时刻的负载电压值。判别一个周波就能得到负载电压波形，根据波形可以分析交流调压电路的工作情况。

为简单起见，下面以电阻负载下 $\alpha = \dfrac{\pi}{6}$ 的工作状态为例说明分析过程。分析中忽略器件的开关时间，假定器件的开关过程瞬间完成，假定输入电源为理想的交流电源，忽略电源内阻，忽略电路中各种分布参数的影响。

区间 1 $\left(\omega t = \dfrac{\pi}{6} \sim \dfrac{\pi}{3}\right)$：在 $\omega t = \dfrac{\pi}{6}$ 时刻，VT_1 和 VT_6 存在触发脉冲，在电路开始启动时，VT_5 无触发信号，由于 $u_U > u_V$，VT_1 和 VT_6 满足导通条件开通，$u_{RU} = \dfrac{u_{UV}}{2}$、$u_{RV} = -\dfrac{u_{UV}}{2}$。而在电路进入稳态运行时，$VT_5$ 此时仍维持导通，因此三相均衡输出，$u_{O'O} = 0$，因此，$u_{RU} = u_U$、$u_{RV} = u_V$，如图 5-17（d）所示。

区间 2 $\left(\omega t = \dfrac{\pi}{3} \sim \dfrac{\pi}{2}\right)$：此时 $u_W < 0$，VT_5 电流过零后反偏关断，而由于 $u_U > u_V$，VT_1 和 VT_6 仍导通，$u_{O'O} = \dfrac{1}{2}(u_U + u_V) = -\dfrac{1}{2}u_W$、$u_{RU} = \dfrac{u_{UV}}{2}$、$u_{RV} = -\dfrac{u_{UV}}{2}$。

区间 3 $\left(\omega t = \dfrac{\pi}{2} \sim \dfrac{2\pi}{3}\right)$：在 $\omega t = \dfrac{\pi}{2}$ 时刻，VT_1 和 VT_2 存在触发脉冲，由于 $u_U > u_V$，VT_1 继续维持导通，VT_2 承受电压 $u_{VT2} = u_{O'O} - u_W = -\dfrac{3}{2}u_W > 0$，$VT_2$ 满足导通条件开通，此时三相均衡输出。O′点电位改变为 $u_{O'O} = 0$，而 $u_U > 0$、$u_V < 0$、$u_W < 0$，继续满足三相导通条

件，故负载电压为$u_{RU}=u_U$、$u_{RV}=u_V$，类似地可以分析其他区间的工作状态。

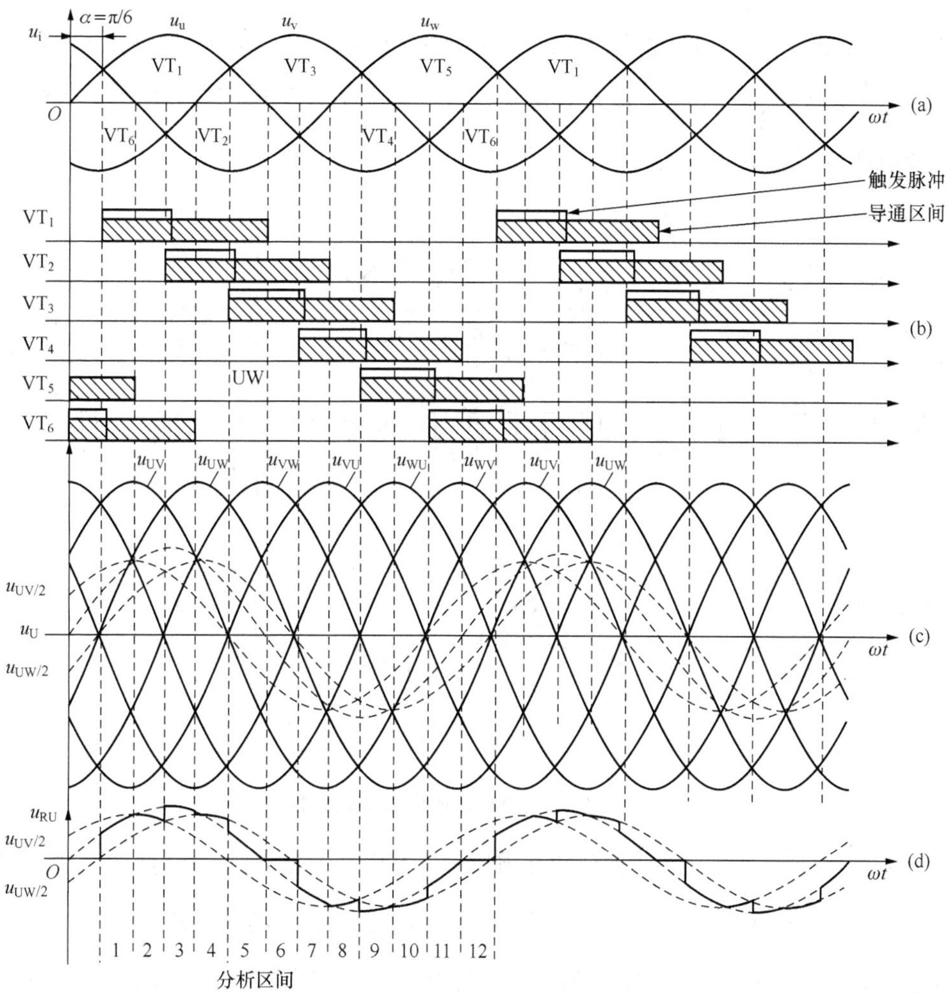

图 5-17　丫形联结三相交流调压电路电阻负载 $\alpha=\pi/6$ 时的波形

区间 4$\left(\omega t=\dfrac{2\pi}{3}\sim\dfrac{5\pi}{6}\right)$：$VT_1$ 和 VT_2 仍导通，VT_6 反偏关断，因 VT_1 和 VT_2 对应 u_U 和 u_W，故负载电压为$u_{RU}=\dfrac{u_{UW}}{2}$。

区间 5$\left(\omega t=\dfrac{5\pi}{6}\sim\pi\right)$：$VT_2$ 和 VT_3 触发并导通，VT_1 正偏，VT_1 仍导通，因三相全通，故负载电压为$u_{RU}=u_U$。

区间 6$\left(\omega t=\pi\sim\dfrac{7\pi}{6}\right)$：$VT_2$ 和 VT_3 仍导通，VT_1 反偏关断，因 VT_2 和 VT_3 对应 u_W 和 u_V，故负载电压为$u_{RU}=0$。

同理可以分析负载的负半周波形。

从以上分析及图 5-17 所示波形可以看出，在$\alpha=\dfrac{\pi}{6}$时，每个晶闸管导通五个区间，即

$\frac{5\pi}{6}$。电路工作在三个晶闸管导通和两个晶闸管交替导通的状态。

在其他触发控制角 α 下，负载相电压、相电流波形的分析方法和上述方法相同。图 5-18 给出了 $\alpha=\frac{\pi}{3}$、$\alpha=\frac{\pi}{2}$、$\alpha=\frac{2\pi}{3}$ 这三种工作情况下的负载相电压波形。由于负载是电阻性的，负载电流波形与负载相电压波形一致。

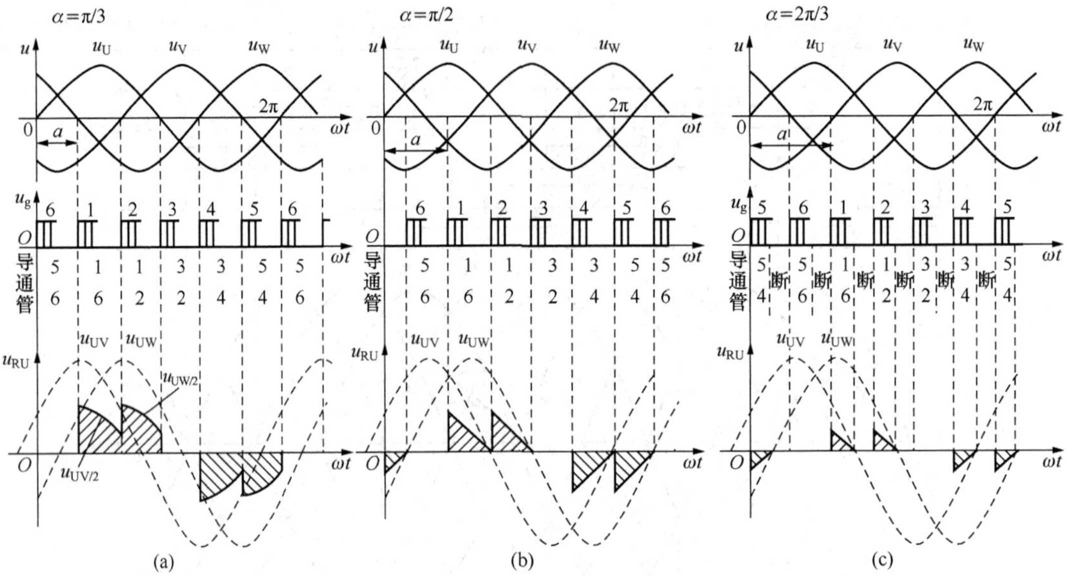

图 5-18　Y形联结三相交流调压电路电阻负载工作波形

当 $\alpha \geqslant \frac{5\pi}{6}$ 以后，负载上没有交流电压输出。以 VT_1 和 VT_6 为例，在电路启动时，同时给 VT_1 和 VT_6 施加触发脉冲，从图 5-17 可以看出，这时 $u_V > u_U$，VT_1 和 VT_6 处于反偏状态，不可能导通，因此输出电压为 0。故Y形联结三相交流调压电路电阻负载下移相范围为 $0\sim\frac{5\pi}{6}$。

在电阻电感负载情况下，可参照电阻负载和单相电阻电感负载时的分析方法，只是分析相对更复杂一些。

3）谐波情况

在电阻负载下，电流谐波次数为 $6k\pm1(k=1,2,3,\cdots)$，和三相桥式全控整流电路交流侧电流所含谐波的次数完全相同。谐波次数越低，谐波含量越大。与单相交流调压电路相比，没有 3 倍次谐波，因三相对称时，它们不能流过三相三线电路。在电阻电感负载情况下谐波电流含量相对小一些。

2. 支路控制的△形联结三相交流调压电路

电路如图 5-15（c）所示，是三个由线电压供电的单相交流调压电路组成。无论是电阻负载，还是电阻电感负载，每一相都可当成单相交流调压电路来分析，单相交流调压电路的分析方法和结论完全适用，只是将单相相电压改成线电压，输入线电流（电源电流）为与该线相连的两个负载相电流之和。

谐波情况：由于三相对称负载相电流中 3 的倍数次谐波的相位和大小都相同，所以它们在三角形回路中流动，而不出现在线电流中。因此，线电流中谐波次数为$6k\pm1$（k 为正整数）。在相同负载和控制角时，线电流中谐波含量少于三相三线Y形电路。

5.3.2　PWM 斩控三相交流调压电路

PWM 斩控三相交流调压电路如图 5-19 所示，它由三只串联开关 VT_1、VT_2、VT_3 以及一只续流开关 VT_N 组成，串联开关共用一个控制信号 u_g，它与续流开关的控制信号 u_{gN} 在

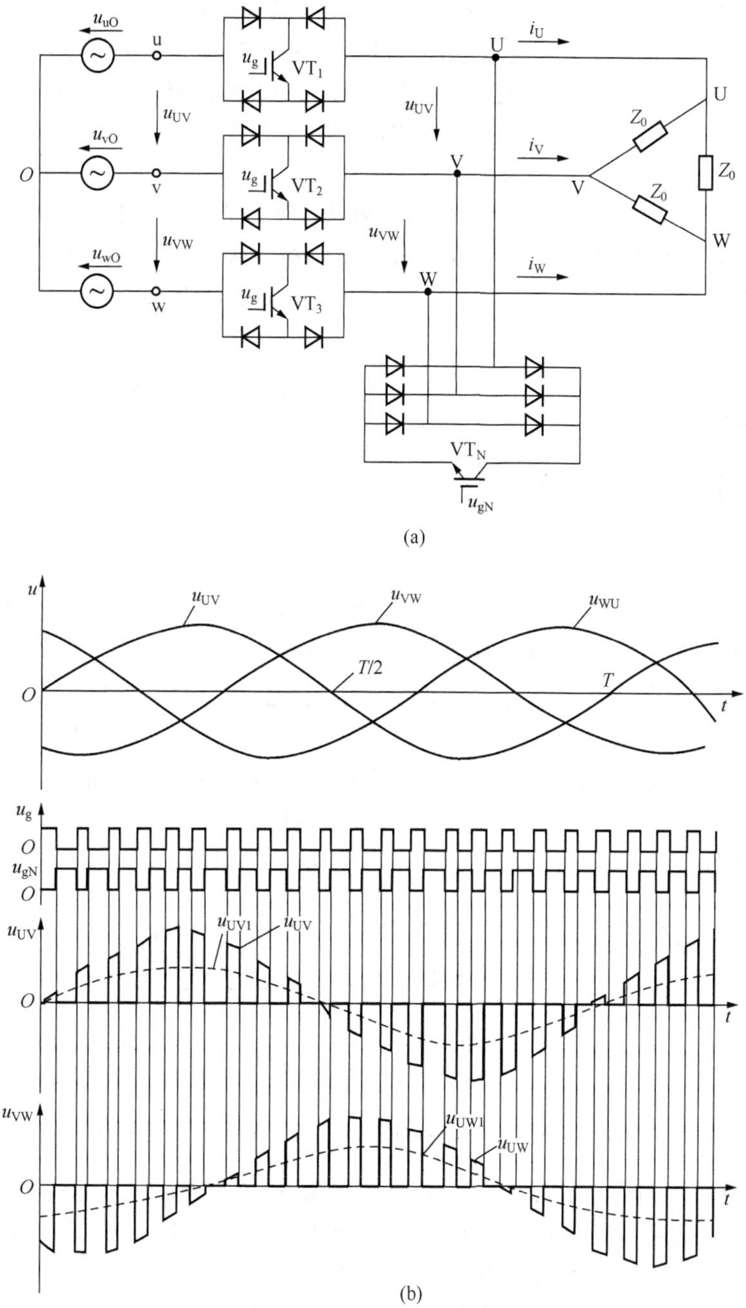

图 5-19　三相斩控调压电路及工作波形

相位上互补。这样当 VT_1、VT_2、VT_3 导通时，VT_N 即关断，负载电压等于电源电压；反之，当 VT_N 导通时，VT_1、VT_2、VT_3 均关断，负载电流沿 VT_N 续流，负载电压为零。

5.4 交–交变频电路*

交–交变频电路是把电网频率的交流电直接变为可调频率交流电的变流电路，因为没有中间的直流环节，属于直接变频电路。交–交变频电路从控制方式上可分为相位控制方式和斩控方式两种。采用晶闸管的交–交变频电路也称为周波变流器，属于相位控制方式。近年来出现了一种新颖的矩阵式变频电路，电路所用的开关器件是全控型的，控制方式不是相控方式而是斩控方式。

交–交变频电路广泛用于大功率交流电动机调速传动系统，在实际应用过程中，使用的主要是三相输出交–交变频电路。交–交变频器也存在一些固有缺点：调速范围小，当电源为 50Hz 时，最大输出频率不超过 20Hz；另一方面，功率因数低、谐波污染大，需要同时进行无功补偿和谐波治理。

单相相控交–交变频电路是三相相控交–交变频电路的基础，因此本节首先介绍单相相控交–交变频电路。

5.4.1 单相相控交–交变频电路

1. 基本工作原理

单相相控交–交变频电路由相同的两组晶闸管整流电路反并联构成，如图 5-20（a）所示。将其中一组整流器称为正组整流器 P，另外一组称为反组整流器 N。如果正组整流器工作，反组整流器被封锁，负载端得到输出电压为上正、下负；如果反组整流器工作，正组整流器被封锁，则负载端得到输出电压上负、下正。这样，只要交替地以低于电源的频率切换正、反组整流器的工作状态，则在负载端就可以获得交变的输出电压。如果在一个周期内控制角 α 是固定不变的，则输出电压波形为矩形波，如图 5-20（b）所示。此种方式控制简单，但矩形波中含有大量的谐波，对电动机类负载的运行很不利。

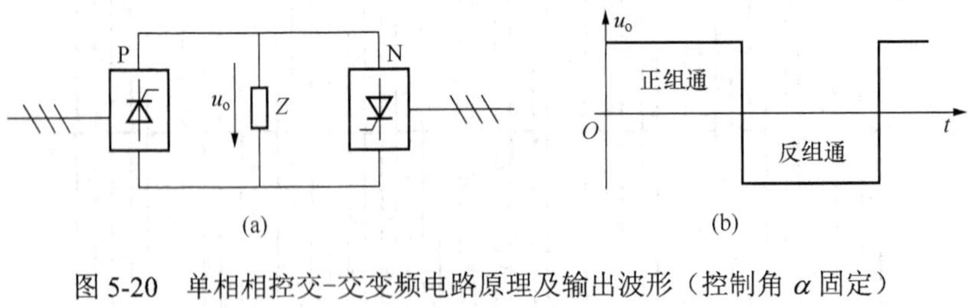

图 5-20 单相相控交–交变频电路原理及输出波形（控制角 α 固定）

如果控制角 α 不固定，在正组工作的 1/2 个周期内，使控制角按正弦规律从 90° 逐渐减小到 0°，然后再由 0° 逐渐增加到 90°，那么正组整流器的输出电压的平均值就按正弦规律变化，从 0 增大到最大，然后从最大减小到 0，如图 5-21 所示（三相交流输入）。在反组工作的 1/2 个周期内采用同样的控制方法，就可以得到接近正弦波的输出电压。

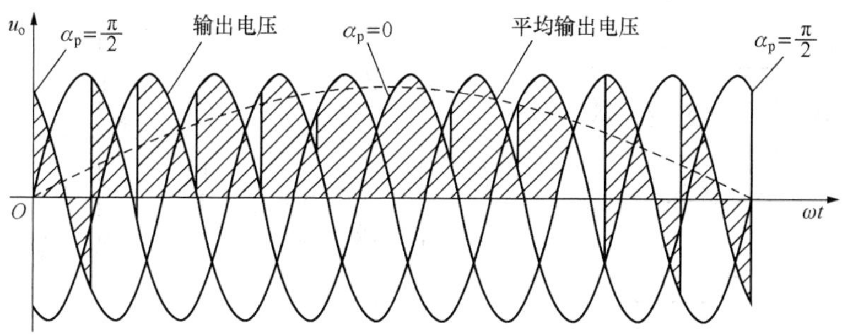

图 5-21　单相相控交-交变频输出波形（控制角 α 不固定）

正、反两组整流器切换时，不能简单地将原来工作的整流器封锁，同时将原来封锁的整流器立即开通。因为已开通的晶闸管并不能在触发脉冲消失的那一瞬间立即被关断，必须待晶闸管承受反压时才能关断。如果两组整流器切换是触发脉冲的封锁和开放同时进行，原先导通的整流器不能立即关断，而原来封锁的整流器已经开通，于是出现两组整流器同时导通的现象，将会产生很大的短路电流，使晶闸管损坏。为了防止在负载电流反向时产生环流，将原来工作的整流器封锁后，必须留有一定死区时间，再开通另一组整流器。这种两组整流器任何时刻只有一组工作，在两组之间不存在环流，称为无环流控制方式。

无环流控制方式，通过设置死区时间提高运行的安全可靠性，但需要一套控制开通和封锁两组触发脉冲的逻辑切换电路，控制系统比较复杂。同时，若死区时间太小不能保证换流安全，死区太大又会影响输出电压波形，因为在死区时间内，两组整流器都没有输出，这就使输出电压的正弦波畸变增大，谐波也增大，这些都是无环流运行无法克服的。

如果在单相相控交-交变频器工作的任何时刻，正、反两组都施加相控触发脉冲，两组同时工作，并且正、反组触发脉冲角之和为 180°。即某组处于整流状态时，另组处于逆变状态，两组整流器输出电压平均值大小相等、方向相反，正、反组不会发生短路。但两组输出电压的瞬时值不会为 0，这将在两组之间形成环流，这种控制方式称为有环流控制方式。

对于有环流控制方式，当正、反组需要换流时，不需要逻辑切换电路，控制相对简单。但是环流使晶闸管负担加重、损耗增大。为了减小环流，应在两个变流器输出端之间设置环流电抗器限制环流。环流电流只在两组变流器之间流动，环流电流的大小由正、反组瞬时电压差和环流电抗的电感确定。

由于两组变流器之间流过环流，有可能避免出现电流断续现象，并可消除电流死区，从而使变频电路的输出电压、电流特性得以改善。但是在两组变流电路之间设置环流电抗器，会使设备成本增加。此外，在运行时有环流方式的输入功率比无环流方式略有增加，使效率有所降低。因此，交流-交流直接变频器大多采用无环流运行方式。图 5-22 所示为两种实用的单相相控交-交变频电路。

2. 交-交变频电路的工作过程

交-交变频电路的负载可以是电感性、电阻性或电容性。下面以常用的电感性负载为例，说明组成变频电路的两组可控整流电路的工作过程。

对于电感性负载，输出电压超前电流，图 5-23 给出了电感性负载时变频电路的输出电流波形。

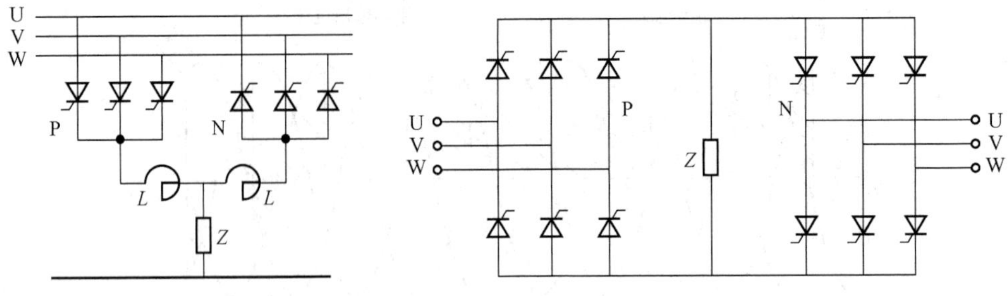

(a) 由三相半波整流电路构成的交-交变频电路（带环流电抗器）　　(b) 由三相桥式整流电路构成的交-交变频电路

图 5-22　单相相控交-交变频电路

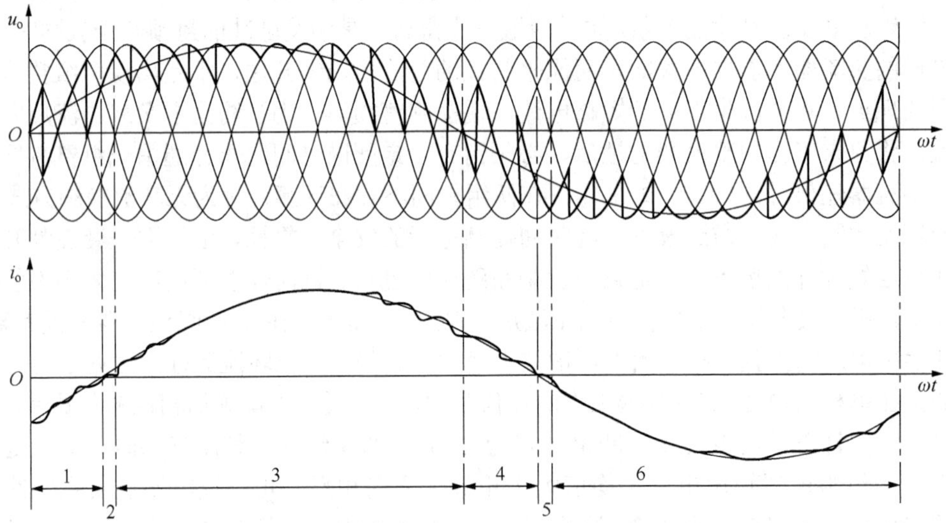

图 5-23　带电感性负载时变频电路的输出电流波形

如果考虑无环流工作方式下负载电流过零的死区时间，一个周期可以分为六个阶段。

（1）第 1 阶段：输出电压为正，由于电流滞后，$i_o<0$。因为整流器的输出电流具有单向性，负载负向电流必须由反组整流器输出，则此阶段为反组整流器工作，正组整流器被封锁。由于 u_o 为正，则反组整流器必须工作在有源逆变状态，反组整流器输出负功率。

（2）第 2 阶段：电流过零，为无环流死区。

（3）第 3 阶段：$i_o>0$，$u_o>0$。电流方向为正，此阶段正组整流器工作，反组整流器被封锁。由于 u_o 为正，则正组整流器必须工作在整流状态。正组整流器输出正功率。

（4）第 4 阶段：$i_o>0$，$u_o<0$。由于电流方向没有改变，正组整流器工作，反组整流器仍被封锁，由于电压方向为负，则正组整流器工作在有源逆变状态。正组整流器输出负功率。

（5）第 5 阶段：电流为 0，为无环流死区。

（6）第 6 阶段：$i_o<0$，$u_o<0$。电流方向为负，反组整流器工作，正组整流器被封锁。此阶段反组整流器工作在整流状态。反组整流器输出正功率。

可以看出，在交-交变频电路中，哪组整流器电路工作是由输出电流决定的，而与输出电压极性无关。变流电路是工作在整流状态，还是工作在逆变状态，则是由输出电压方向和输出电流方向的异同决定的。

3. 输出正弦波电压的控制方法

要使输出电压波形接近正弦波，必须在一个控制周期内，α 角按一定规律变化，使变流电路在每个控制间隔内的输出平均电压按正弦规律变化。最常用的方法是采用余弦交点法。

变流电路在每个控制间隔输出的平均电压为

$$U_{av} = U_{do}\cos\alpha \tag{5-32}$$

式中，U_{do} 为 $\alpha = 0^\circ$ 时三相整流电路的输出直流电压。

若正、反组整流器采用三相桥式整流电路，则控制间隔为 60°（3.33ms），在不同的控制间隔内，控制角 α 不同，则输出的平均电压 U_{av} 值是变化的。

若期望的正弦波输出电压为

$$u_o = U_{om}\cos\omega_o t \tag{5-33}$$

式中，U_{om} 和 ω_o 分别为变频输出正弦波电压的幅值、角频率。比较式（5-32）和式（5-33），由 $U_{av} = u_o$ 得出

$$U_{do}\cos\alpha = U_{om}\cos\omega_o t \tag{5-34}$$

即

$$\cos\alpha = \frac{U_{om}}{U_{do}}\cos\omega_o t = M\cos\omega_o t \tag{5-35}$$

式中，M 为输出电压比，$0 \leqslant M \leqslant 1$。

由此得出

$$\alpha = \arccos(M\cos\omega_o t) \tag{5-36}$$

如果在一个控制周期内，控制角 α 根据式（5-36）确定，则每个控制间隔输出电压的平均值按正弦规律变化。若要改变变频器输出电压幅值，只要改变 α 角便可。

式（5-36）为余弦交点法求 α 角的基本公式。利用此公式，通过计算机处理系统很方便地实现准确计算和控制。

4. 输入-输出特性

1）输出上限频率

交-交变频电路输出电压不是平滑的正弦波，而是由若干段电源电压拼接而成的。输出频率增加时，输出电压一周期所含电网电压段数减少，波形畸变严重。电压波形畸变及其导致的电流波形畸变和转矩脉动，是限制输出频率提高的主要因素。就输出波形畸变和输出上限频率的关系而言，很难确定一个明确的界限。当采用六脉波三相桥式电路时，输出上限频率不高于电网频率的 1/3～1/2。电网频率为 50Hz 时，交-交变频电路的输出上限频率约为 20Hz。

2）输入功率因数

由于交-交变频电路的控制方式为移相触发控制，输入电流相位滞后于输入电压，需要电网提供无功功率。

由式（5-36）或图 5-24 可见，在交-交变频电路输出的一周期内，α 角是以 90° 为中心变化，输出电压比 M 越小，半周期内 α 的平均值越靠近 90°，其位移因数或输入功率因数

越低。图 5-24 给出在不同的 M 下，交-交变频电路输出电压在一个周期内，移相触发角 α 的变化规律，它反映了输入功率因数的变化。

图 5-25 给出输入功率因数与负载功率因数间的关系。可以看出负载功率因数越低，输入功率因数也越低，不论负载功率因数是滞后的，还是超前的，输入的无功电流总是滞后的。

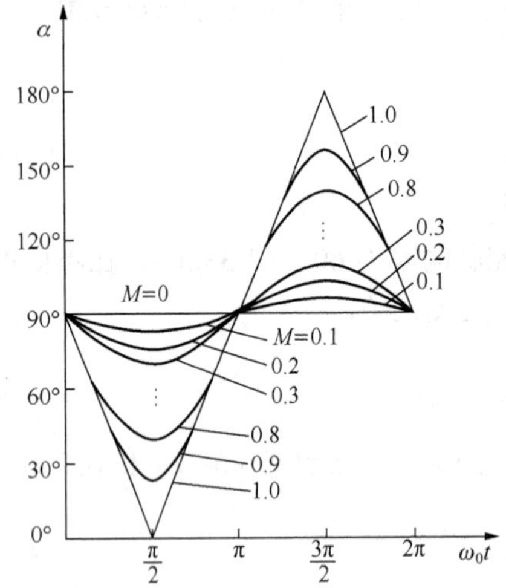

图 5-24　不同 M 下 α 和 ω_o 的关系

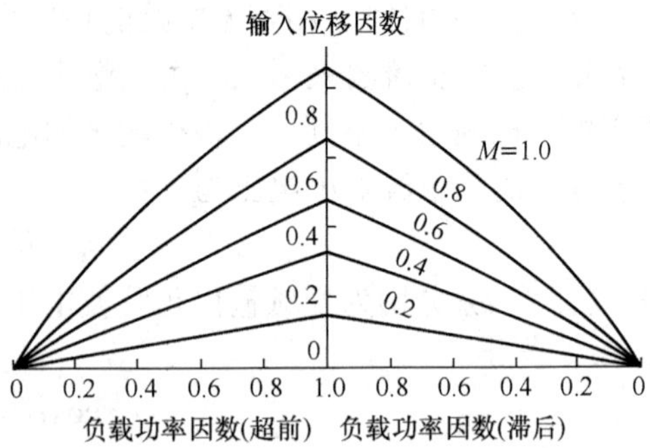

图 5-25　输入功率因数与负载功率因数间的关系

3）输出电压谐波

交-交变频电路输出电压的谐波频谱非常复杂，既和输入频率 f_i 以及变流电路的脉波数有关，也和输出频率 f_o 有关。采用三相桥时，输出电压所含主要谐波的频率为 $6f_i \pm f_o$，$6f_i \pm 3f_o$，$6f_i \pm 5f_o$，…；$12f_i \pm f_o$，$12f_i \pm 3f_o$，$12f_i \pm 5f_o$，…。

采用无环流控制方式时，由于电流方向改变时死区的影响，将增加 $5f_o$ 和 $7f_o$ 等次谐波。

4）输入电流谐波

由于交-交变频电路是由正、反两组整流电路构成，输入电流波形与可控整流电路的输入波形类似，但其幅值和相位均按正弦规律被调制，其输入电流的谐波频谱要复杂得多。采用三相桥式电路的交-交变频电路输入电流谐波频率为

$$f_{in} = \left|(6k \pm 1)f_i \pm 2lf_o\right| \tag{5-37}$$

或

$$f_{in} = f_i \pm 2lf_o \tag{5-38}$$

式中，$k=1,2,3,\cdots$；$l=0,1,2,\cdots$。

5.4.2　三相相控交-交变频电路

交-交直接变频电路主要应用于三相交流供电的大功率交流电动机调速系统，因此实用的交-交直接变频电路大都是三相相控交-交变频电路。三相相控交-交变频电路由三组输出电压相位各差 120° 的单相相控交-交变频电路，按一定的方式连接而成。

1. 电路接线方式

三相相控交-交变频电路主要有两种接线方式，公共交流母线联结方式和输出Y形联结方式。

1）公共交流母线联结方式

图 5-26 所示为公共交流母线联结方式三相相控交-交变频电路原理，它由三组彼此独立的输出电压相位相互错开 120° 的单相相控交-交变频电路构成，它的电源进线通过进线电抗器接在公共的交流母线上。因为电源进线端公用，所以三组输出端必须隔离。为此，交流电动机的三个绕组必须拆开，共引出六根线。主要用于中等容量的交流调速系统。

2）输出Y形联结方式

图 5-27 所示是输出Y形联结方式三相相控交-交变频电路原理，三组输出端是Y形联结，电动机的三个绕组也是Y形联结，电动机中点不和变频电路中点接在一起，电动机只引出三根线即可。同时其电源进线必须隔离，因此分别用三个变压器供电。

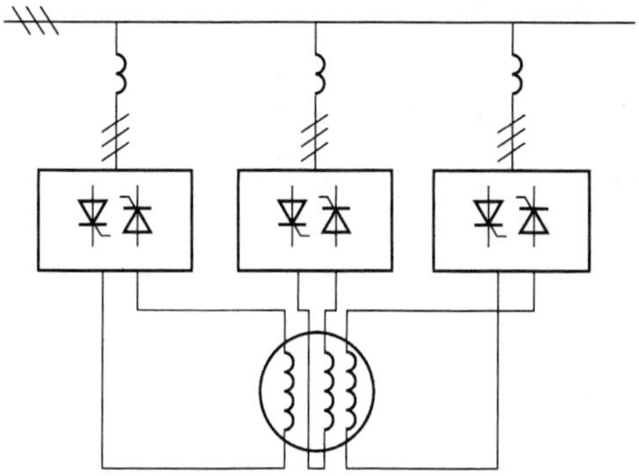

图 5-26　公共交流母线联结方式的三相相控交-交变频电路

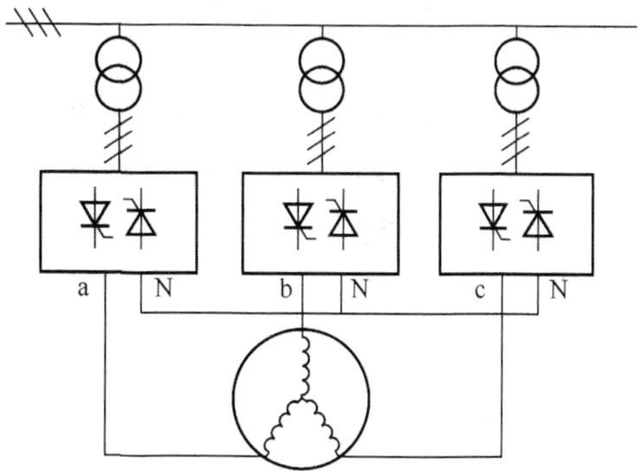

图 5-27　输出Y形联结方式的三相相控交-交变频电路

由于输出端中点和负载中点相连接，所以在构成三相变频电路的六组桥式电路中，至少要有不同输出相的两组桥中的四个晶闸管同时导通，才能构成回路，产生电流。和整流电路一样，同一组桥内的两个晶闸管靠双触发脉冲保证同时导通。两组桥之间则是靠各自的触发脉冲有足够的宽度，以保证同时导通。

3）实用电路结构

两组晶闸管相位变流器构成的交-交直接变频电路，通常仅用于获得较低的输出频率的三相大功率变频、变压电源。这种变频、变压电源对交流电动机供电，可实现交流电力传动的四象限运行。

图 5-28 所示为由三相半波整流电路构成的三相交-交变频电路，每相变频电路都是由两

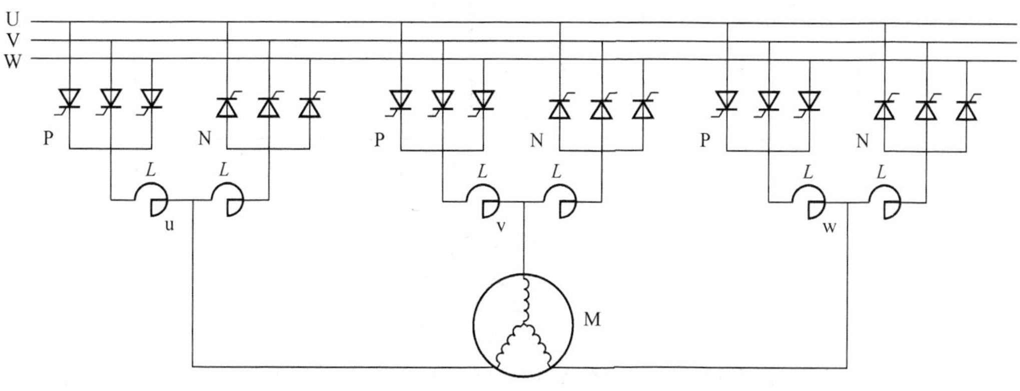

图 5-28　三相半波整流电路构成的三相交-交变频电路

组反并联的三相半波整流电路组成，有环流电抗器，每组变频电路输出电压的脉波数为 3。

图 5-29 所示为三相桥式整流电路构成的三相交-交变频电路，每相变频电路都是由两组反并联的三相桥式整流电路组成，无环流电抗器。每组变频电路输出电压的脉波数为 6。因此交流输出电压的谐波含量要小一些。

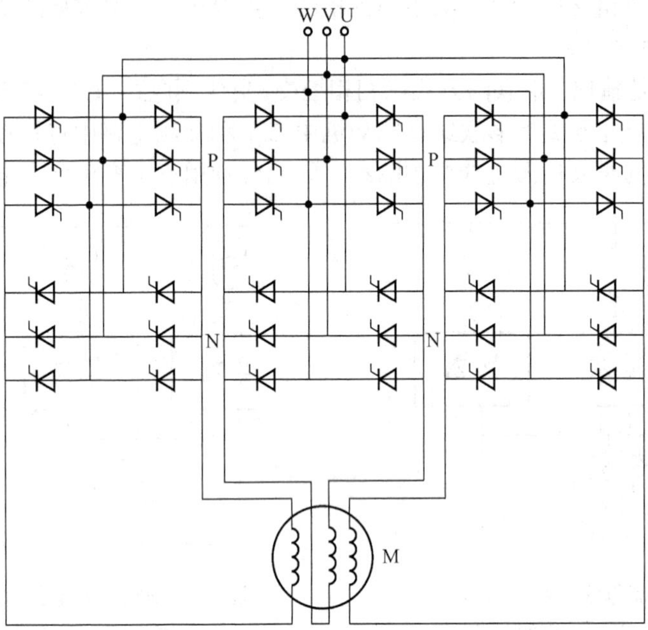

图 5-29　三相桥式整流电路构成的三相交-交变频电路

图 5-30 所示为 12 脉波整流电路构成的三相交-交变频电路。每个变频器由四组三相桥式整流电路构成，其中整流器 I 和 II 串联成一个整流器 P，III 和 IV 串联成一个整流器 N。

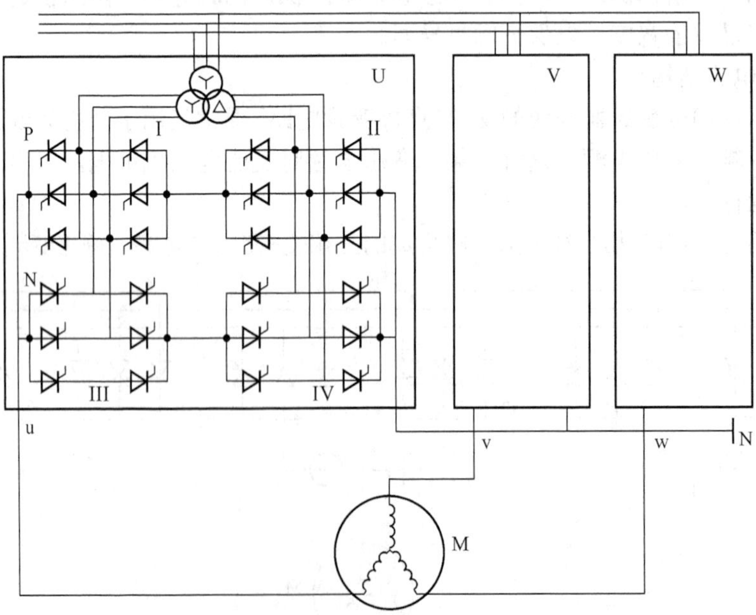

图 5-30　12 脉波整流电路构成的三相交-交变频电路

由于整流器 I 和 II 输出电压相位相差 30°，故整流器 I 和 II 串联后的输出电压平均值增加一倍且脉动更小，脉动频率也提高一倍，输出电压的脉波数为 12。整流器 III 和 IV 的情况与 I 和 II 的情况类似。然后整流器 P 再与整流器 N 反并联，构成一相变频电路。如图 5-30 所示，变频电路和控制电路都十分复杂，但输出波形更好一些，适用于高压大容量的交流电动机四象限运行。

2. 输入-输出特性

三相交-交变频电路输出上限频率、输出电压谐波和单相交-交变频电路是一致的，但输入电流和输入功率因数有一些差别。总输入电流由三个单相的同一相输入电流合成而得到，有些谐波因相位关系相互抵消，谐波种类有所减少，总的谐波幅值也有所降低，输入谐波频率为

$$f_{in}=|(6k\pm 1)f_i\pm 6lf_o| \tag{5-39}$$

或

$$f_{in}=f_i\pm 6kf_o \tag{5-40}$$

式中，$k=1, 2, 3, \cdots$；$l=0, 1, 2, \cdots$。

当采用三相桥式整流电路时，输入谐波电流的主要频率为 $f_i\pm 6f_o$，$5f_i$，$5f_i\pm 6f_o$，$7f_i$，$7f_i\pm 6f_o$，$11f_i$，$11f_i\pm 6f_o$，$13f_i\pm 6f_o$，$f_i\pm 12f_o$ 等。其中，$5f_i$ 次谐波的幅值最大。

三相总输入功率因数为

$$\lambda=\frac{P}{S}=\frac{P_U+P_V+P_W}{S} \tag{5-41}$$

即三相电路总的有功功率为各相有功功率之和。但是，视在功率却不能简单相加，而应由总输入电流有效值和输入电压有效值来计算，比三相各自的视在功率之和要小。三相总输入功率因数要高于单相交-交变频电路。

3. 改善输入功率因数和提高输出电压

对于采用相控整流控制方式的交-交直接变频电路，影响输入功率因数和输出电压的因素主要是控制角 α 过大，尤其对于电动机负载，在低速运行时，变频器输出电压很低，各组桥式电路的 α 角都在 90° 附近，因此输入功率因数很低。

要改善输入功率因数和提高输出电压，基本思路是各相输出的是相电压，而加在负载上的是线电压，在各相电压中叠加同样的直流分量或三倍于输出频率的谐波分量，它们都不会在线电压中反映出来，因而也加不到负载上。利用这一特性可以使输入功率因数得到改善并提高输出电压。

1）直流偏置法

直流偏置法是指给各相输出电压叠加上同样的直流分量，此时控制角 α 将减小，但变频器输出线电压并不改变，而且可提高功率因数。这种方法常用于长期低速运行的电动机负载。

2）交流偏置法

前述的余弦交点法原理，是利用期望的正弦波输出电压与同步电压的交点来确定控制角 α，仍采用上述方法，但采用梯形波输出控制方式，使三组单相变频器的输出均为梯形

波（又称为准梯形波），主要谐波成分是三次谐波，在线电压中三次谐波相互抵消，线电压仍为正弦波，桥式电路较长时间工作在高输出电压区域（即梯形波平顶区），α 角较小，因此输入功率因数可提高 15%左右。正弦波输出控制方式中，最大输出正弦波相电压的幅值只能为 α=0° 时的 U_{do}，在同样幅值的情况下，梯形波中的基波幅值可提高 15%左右。

由于梯形波控制相当于在相电压中加入 3 次交流谐波，故称为交流偏置法。

5.4.3 矩阵式变频电路

矩阵式变换器（matrix converter，MC）作为一种新型的交-交变频电源，其电路和拓扑形式早在 1976 年就被提出，1979 年意大利学者 Venturini 和 Alesina 在理论上论证了该电力变换技术的可行性，从此以后 MC 得到了广泛的研究，也取得了丰富的成果。

矩阵式变换器是一种性能优异的新型交-交直接变频装置，在同一矩阵式变换器中，通过采用不同的控制算法，可以实现整流、逆变、斩波等功能。图 5-31 所示为矩阵式变频电路的主电路拓扑。

在图 5-31 中，三相输入电压为 u_a、u_b、u_c，三相输出电压为 u_u、u_v、u_w，九个开关器件构成 3×3 矩阵，因此，该电路被称为矩阵式变频电路或矩阵变换器。

在图 5-31 中，每个开关都是矩阵中的一个元素，采用双向可控开关，可以是如图 5-8 所示任何一种开关单元。图 5-32 给出了一种实际的矩阵式变频电路。

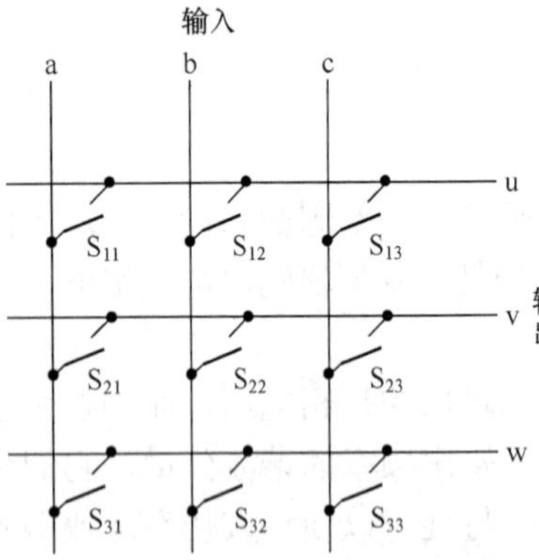

图 5-31 矩阵式变频电路的主电路拓扑

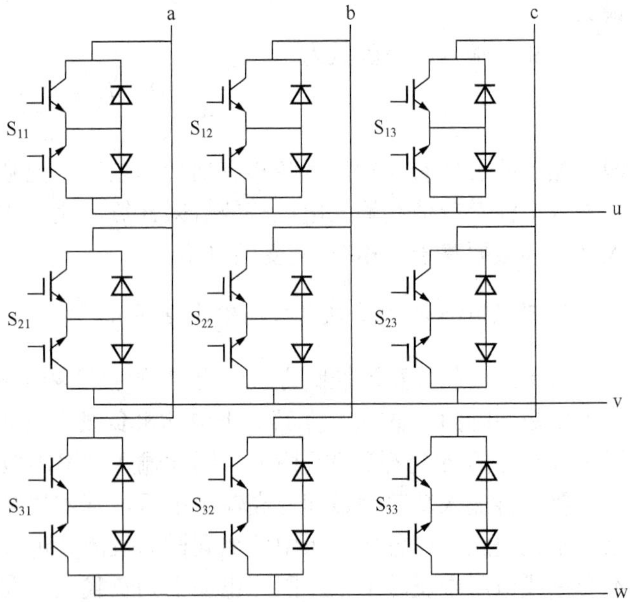

图 5-32 矩阵式变频电路

矩阵式变频电路的优点是输出电压为正弦波，输出频率不受电网频率的限制，输入电流也可控制为正弦波且和电压相同，功率因数为 1，也可控制为需要的功率因数，能量可双向流动，适用于交流电动机的四象限运行，不通过中间直流环节而直接实现变频，效率较高。

1. 基本工作原理

对交流电压某相 u_s（如 a 相电压 u_a）进行斩波控制，即进行 PWM 控制时，输出电压

（如 u 相电压 u_u）为

$$u_o = \frac{t_{on}}{T_C} u_s = D u_s \tag{5-42}$$

式中，T_C 为开关周期；t_{on} 为一个开关周期内开关导通时间；D 为占空比。

在不同的开关周期中采用不同的 D，即 D 是时间的函数，可得到与 u_s 频率和波形都不同的 u_o。

对图 5-32 中开关 S_{11}、S_{12}、S_{13} 斩波控制，为防止输入电源短路，任何时候只能有一个开关接通，负载一般是阻感负载，负载电流具有电流源性质，为使负载不开路，任一时刻必须有一个开关接通，则 u 相输出电压 u_u 和各相输入电压的关系为

$$u_u = D_{11}u_a + D_{12}u_b + D_{13}u_c \tag{5-43}$$

式中，D_{11}、D_{12}、D_{13} 为一个开关周期内开关 S_{11}、S_{12}、S_{13} 的导通占空比。而且有

$$D_{11} + D_{12} + D_{13} = 1 \tag{5-44}$$

按同样的方法，v 相和 w 相输出电压分别为

$$u_v = D_{21}u_a + D_{22}u_b + D_{23}u_c \tag{5-45}$$

$$u_w = D_{31}u_a + D_{32}u_b + D_{33}u_c \tag{5-46}$$

写成矩阵形式为

$$\begin{bmatrix} u_u \\ u_v \\ u_w \end{bmatrix} = \begin{bmatrix} D_{11} & D_{12} & D_{13} \\ D_{21} & D_{22} & D_{23} \\ D_{31} & D_{32} & D_{33} \end{bmatrix} \begin{bmatrix} u_a \\ u_b \\ u_c \end{bmatrix} \tag{5-47}$$

可缩写为

$$\boldsymbol{u}_o = \boldsymbol{D}\boldsymbol{u}_i \tag{5-48}$$

式中

$$\boldsymbol{u}_o = \begin{bmatrix} u_u & u_v & u_w \end{bmatrix}^T$$

$$\boldsymbol{u}_i = \begin{bmatrix} u_a & u_b & u_c \end{bmatrix}^T$$

$$\boldsymbol{D} = \begin{bmatrix} D_{11} & D_{12} & D_{13} \\ D_{21} & D_{22} & D_{23} \\ D_{31} & D_{32} & D_{33} \end{bmatrix}$$

式中，$\boldsymbol{D}$ 称为调制矩阵，是时间的函数。

考虑输出负载不会开路，三相输入电流 i_a、i_b、i_c 由各相输出电流的叠加而成，其关系为

$$i_a = D_{11}i_u + D_{21}i_v + D_{31}i_w \tag{5-49}$$

$$i_b = D_{12}i_u + D_{22}i_v + D_{32}i_w \tag{5-50}$$

$$i_c = D_{13}i_u + D_{23}i_v + D_{33}i_w \tag{5-51}$$

写成矩阵形式为

$$\boldsymbol{i}_i = \begin{bmatrix} i_a \\ i_b \\ i_c \end{bmatrix} = \begin{bmatrix} D_{11} & D_{21} & D_{31} \\ D_{12} & D_{22} & D_{32} \\ D_{13} & D_{23} & D_{33} \end{bmatrix} \begin{bmatrix} i_u \\ i_v \\ i_w \end{bmatrix} = \boldsymbol{D}^T \boldsymbol{i}_o \tag{5-52}$$

式（5-47）、式（5-52）是矩阵式变频电路的基本输入-输出关系式。

对实际的系统而言，输入电压和所需要的输出电流是已知条件，设为

$$\begin{bmatrix} u_a \\ u_b \\ u_c \end{bmatrix} = \begin{bmatrix} U_{im}\cos\omega_i t \\ U_{im}\cos\left(\omega_i t - \dfrac{2\pi}{3}\right) \\ U_{im}\cos\left(\omega_i t - \dfrac{4\pi}{3}\right) \end{bmatrix} \tag{5-53}$$

$$\begin{bmatrix} i_u \\ i_v \\ i_w \end{bmatrix} = \begin{bmatrix} I_{om}\cos(\omega_o t - \varphi_o) \\ I_{om}\cos\left(\omega_o t - \dfrac{2\pi}{3} - \varphi_o\right) \\ I_{om}\cos\left(\omega_o t - \dfrac{4\pi}{3} - \varphi_o\right) \end{bmatrix} \tag{5-54}$$

式中，U_{im} 和 I_{om} 分别为输入电压和输出电流的幅值；ω_i 和 ω_o 分别为输入电压和输出电流的角频率；φ_o 为输出频率的负载阻抗角。

变频电路希望的输出电压和输入电流分别为

$$\begin{bmatrix} u_u \\ u_v \\ u_w \end{bmatrix} = \begin{bmatrix} u_{om}\cos(\omega_o t) \\ u_{om}\cos\left(\omega_o t - \dfrac{2\pi}{3}\right) \\ u_{om}\cos\left(\omega_o t - \dfrac{4\pi}{3}\right) \end{bmatrix} \tag{5-55}$$

$$\begin{bmatrix} i_a \\ i_b \\ i_c \end{bmatrix} = \begin{bmatrix} I_{im}\cos(\omega_i t - \varphi_i) \\ I_{im}\cos\left(\omega_i t - \dfrac{2\pi}{3} - \varphi_i\right) \\ I_{im}\cos\left(\omega_i t - \dfrac{4\pi}{3} - \varphi_i\right) \end{bmatrix} \tag{5-56}$$

式中，U_{om} 和 I_{im} 分别为输出电压和输入电流的幅值；φ_i 为输入电流滞后于电压的相位角；当期望的输入功率因数为 1 时，$\varphi_i = 0$。把式（5-53）～式（5-56）代入式（5-48）和式（5-52），可得

$$\begin{bmatrix} U_{om}\cos(\omega_o t) \\ U_{om}\cos\left(\omega_o t - \dfrac{2\pi}{3}\right) \\ U_{om}\cos\left(\omega_o t - \dfrac{4\pi}{3}\right) \end{bmatrix} = \boldsymbol{D} \begin{bmatrix} U_{im}\cos(\omega_i t) \\ U_{im}\cos\left(\omega_i t - \dfrac{2\pi}{3}\right) \\ U_{im}\cos\left(\omega_i t - \dfrac{4\pi}{3}\right) \end{bmatrix} \tag{5-57}$$

$$\begin{bmatrix} I_{\text{im}}\cos(\omega_{\text{i}}t) \\ I_{\text{im}}\cos\left(\omega_{\text{i}}t-\dfrac{2\pi}{3}\right) \\ I_{\text{im}}\cos\left(\omega_{\text{i}}t-\dfrac{4\pi}{3}\right) \end{bmatrix} = \boldsymbol{D}^{\text{T}} \begin{bmatrix} I_{\text{om}}\cos(\omega_{\text{o}}t-\varphi_{\text{o}}) \\ I_{\text{om}}\cos\left(\omega_{\text{o}}t-\dfrac{2\pi}{3}-\varphi_{\text{o}}\right) \\ I_{\text{om}}\cos\left(\omega_{\text{o}}t-\dfrac{4\pi}{3}-\varphi_{\text{o}}\right) \end{bmatrix} \tag{5-58}$$

如果能求得满足式（5-57）和式（5-58）的调制矩阵 $\boldsymbol{D}$，就可得到希望的输出电压和输入电流。要使矩阵式变频电路能够很好地工作，需要解决的两个基本问题：一是如何求取理想的调制矩阵 $\boldsymbol{D}$；二是开关切换时，如何实现既无交叠，又无死区。

2. 控制策略

矩阵式变频电路的控制策略可以分为三类：直接变换法、间接变换法和滞环电流跟踪法。

1）直接变换法

直接变换法是通过对输入电压的连续斩波来合成输出电压的，它可以分为坐标变换法、谐波注入法、等效电导法及标量法。所有这些方法虽各有一定的优越性，但也存在一定的问题，具体操作实现复杂，软件运算量较大，限制了它们的应用范围和发展。

2）间接变换法

间接变换法是基于空间矢量变换的一种方法，将交-交变换虚拟为交-直变换和直-交变换，这样便可采用目前流行的高频整流和高频逆变 PWM 波形合成技术，变换器的性能可以得到较大的改善。而且，具体实现时整流和逆变是一步完成的，低次谐波得到了较好的抑制，具有双 PWM（PWM 整流-PWM 逆变）变换器的效果。它是目前在矩阵式变换器中发展的较为成熟的一种方法，有较好的发展前途。

3）滞环电流跟踪法

滞环电流跟踪法是将三相给定电流信号与实测的输出电流信号相比较，根据比较结果和当前的开关电源状态决定开关动作。它具有容易理解、实现简单、响应快、鲁棒性好等优点，但也有滞环电流跟踪控制共有的缺点，开关频率不够稳定，谐波随机分布，并且输入电流波形不够理想，存在较大的谐波等。

目前矩阵式变频尚未大量应用，主要原因是：所用的开关器件为 18 个，电路结构较复杂，换流过程复杂，控制方法还不太成熟。输出、输入最大电压比只有 0.866，用于交流电动机调速时输出电压偏低。

但矩阵式变换器是一种具有优良的输入、输出特性的新型交-交直接电源变换器，它允许频率单级变换，无需大容量的储能元件，如大电容。可使输入电流为正弦波，输入功率因数达到 0.99 以上并可自由调节，并且与负载的功率因数无关。输出电压为正弦波，输出频率、电压可调，输出频率可高于、低于输入频率。特别是输入、输出特性好，无电力谐波，功率可双向流动，是具有四象限运行能力的“绿色”变换器，加之其体积小、效率高，符合模块化发展方向。在器件制造技术飞速进步和计算机技术日新月异的今天，矩阵式变频电路有很好的发展前景。

5.5 组合式交流变换电路

组合式交流变换电路一般由两级组成，实际上是整流和逆变的组合。整流电路把电网的交流电变换成直流电，再经过逆变电路将直流变换成大小、频率均可变的交流电，所以又叫作交-直-交变频电路。按照不同的控制方式，组合式交流变换电路可分为如图 5-33 所示的三种形式。其中，图 5-33（a）所示为采用可控整流调压、逆变器调频的控制方式。显然，在这种方式中，调压和调频在两个环节上分别进行，两者要在控制电路上协调配合，其结构简单，控制较方便。但是，由于输入环节采用晶闸管可控整流器，当电压调得较低时，电网端功率因数较低，输出端谐波较大，因而这种方式应用不多。

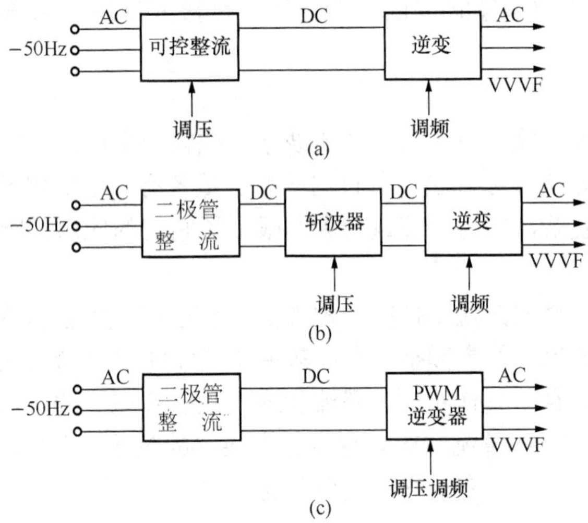

图 5-33 组合式变换电路的不同控制方式

图 5-33（b）所示为采用二极管整流，斩波器调压，再用逆变器调频的控制方式。在这种方式中，整流环节只整流不调压，再单独设置斩波器，用 PWM 调压，逆变器调频。这样虽然多了一个环节，但调压时输入功率因数不变，克服了图 5-33（a）所示方法的缺点。

图 5-33（c）所示为采用二极管整流，脉宽调制（PWM）逆变器同时调压、调频的控制方式。这种控制方式，输入功率因数较高，采用 PWM 逆变，输出谐波较小。这样，如图 5-33（c）所示电路克服了前两个电路的缺点。PWM 逆变器需要全控型电力半导体器件，其输出谐波减少的程度取决于 PWM 的开关频率，而开关频率则受器件开关时间的限制。

对于以上组合方式，当输入整流采用斩控方式时，又可以形成新的组合结构。

1. 电压型交-直-交变换电路

图 5-34 所示是一种常用的交-直-交电压型 PWM 变频电路，它采用二极管构成整流器，完成交流到直流的变换。中间直流环节用大电容 C_d 滤波（近似看成电压源，故称为电压型交-直-交变换电路），其输出直流电压 U_d 是不可控的。电力晶体管（也可用其他类型的全控型器件）VT_1～VT_6 构成 PWM 逆变器，完成直流到交流的变换，并能实现输出频率和电压的同时调节，VD_1～VD_6 是电压型逆变器所需的反馈二极管，该电路广泛用于交流电动机

变频调速。从图 5-34 中可以看出，由于整流电路输出的电压和电流极性都不能改变，因此该电路只能从交流电源向中间直流电路传输功率，进而再向交流电动机传输功率，而不能从直流中间电路向交流电源反馈能量。当负载电动机由电动状态转入制动运行时，电动机变为发电状态，其能量通过逆变电路中的反馈二极管流入直流中间电路，使直流电压升高而产生过电压，这种过电压称为泵升电压。为了限制泵升电压，可在直流侧电容上并联一个由电力晶体管 VT_0 和能耗电阻 R_0 组成的泵升电压限制电路。如图 5-35 所示，当泵升电压超过一定数值时，使 VT_0 导通，把电动机反馈的能量消耗在 R_0 上。这种电路可运用于对制动时间有一定要求的调速系统中。

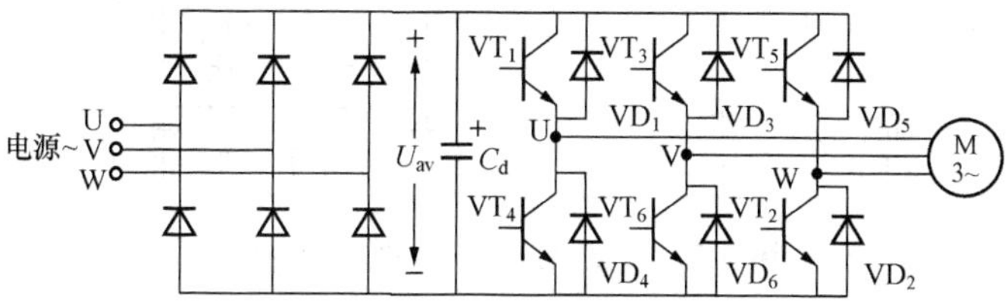

图 5-34　交-直-交电压型 PWM 变频电路

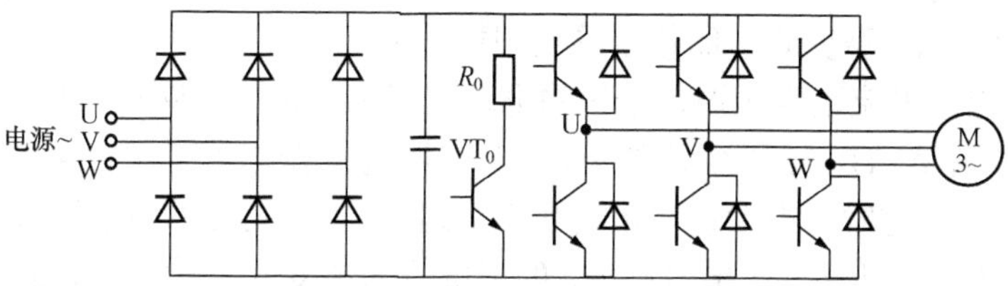

图 5-35　带有泵升电压限制的变频道路

在要求电动机频繁快速加、减速的场合，上述带有泵升电压限制电路的变频电路耗能较多，能耗电阻 R_0 也需较大的功率。因此，希望在制动时把电动机的动能反馈回电网。这时，需要增加一套有源逆变电路，以实现再生制动，如图 5-36 所示。

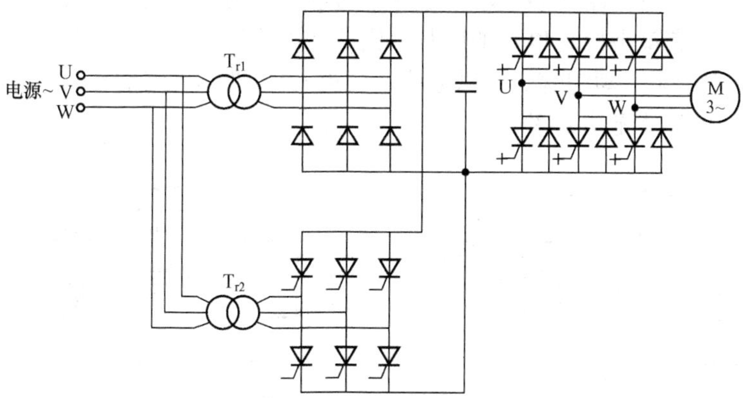

图 5-36　可以再生制动的变频道路

2. 电流型交-直-交变换电路

图 5-37 给出了一种常用的交-直-交电流型变频电路。其中，整流器采用晶闸管构成的可控整流电路，完成交流到直流的变换，输出可控的直流电压 U_{av}，实现调压功能；中间直

流环节用大电感 L_d 滤波；逆变器采用晶闸管构成的串联二极管式电流型逆变电路，完成直流到交流的变换，并实现输出频率的调节。

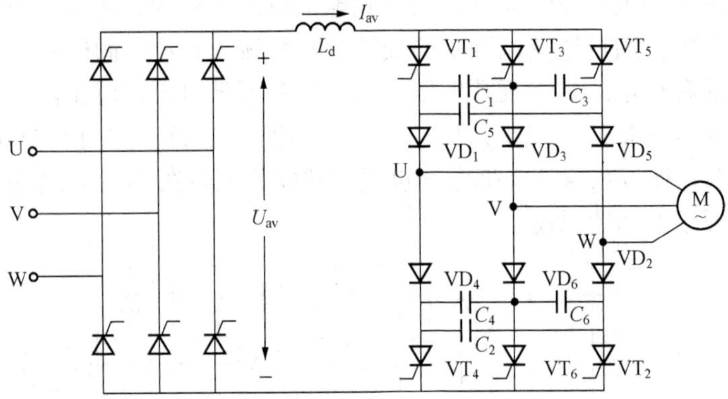

图 5-37 交-直-交电流型变频电路

从图 5-37 中可以看出，电力电子器件的单向导电性使得电流 I_{av} 不能反向，而中间直流环节采用的大电感滤波，保证了 I_{av} 的稳定不变，但可控整流器的输出电压 U_{av} 是可以迅速反向的。因此，电流型变频电路很容易实现能量回馈。

图 5-38 给出了电流型变频调速系统的电动运行和回馈制动两种运行状态。其中，UR 为晶闸管可控整流器，UI 为电流型逆变器。当可控整流器 UR 工作在整流状态（$\alpha<90°$）、逆变器工作在逆变状态时，电动机在电动状态下运行，如图 5-38（a）所示。这时，直流回路电压 U_{av} 的极性为上正下负，电流由 U_{av} 的正端流入逆变器，电能由交流电网经逆变器传送给电动机，电动机处于电动运行状态。此时如果降低变频器的输出频率，或从机械上提高电动机转速，同时使可控整流器的控制角 $\alpha>90°$，则异步电动机进入发电状态，且直流回路电压 U_{av} 立即反向，而电流 I_{av} 方向不变，如图 5-38（b）所示。这种情况下，逆变器 UI 变成整流器，而可控整流器 UR 转入有源逆变状态，电能由电动机回馈给交流电网。在实际应用中，有源逆变电路必须有最小逆变角的限制，为了实现电动机的电动运行和发电运行两种状态，也有最小控制角 α 的限制。因此，无论变流器工作在整流状态还是逆变状态，均要从交流侧吸收无功功率。所以电流型交流-交流变频电路的输入和输出两侧需要安装补偿电容器，以补偿无功功率。

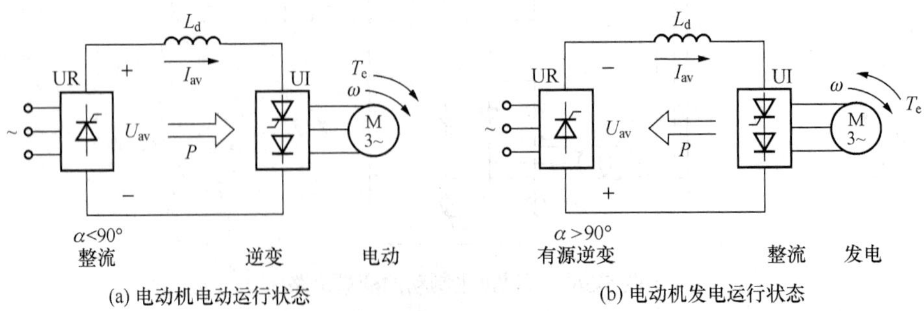

(a) 电动机电动运行状态 (b) 电动机发电运行状态

图 5-38 电流型变频电路变频调速时的两种工作状态

图 5-39 给出了一种交-直-交电流型 PWM 变频电路，负载为三相异步电动机。为适用于较大功率电动机的调速，逆变器为采用 GTO 作为功率开关器件的电流型 PWM 逆变电路，

图中的 GTO 用的是反向导电型器件，因此，给每个 GTO 串联了二极管以承受反向电压。逆变电路输出端的电容 C 是为吸收 GTO 关断时所产生的过电压而设置的，它也可以对输出的 PWM 电流波形起滤波作用。整流电路采用晶闸管而不是二极管，这样在负载电动机需要制动时，可以使整流部分工作在有源逆变状态，把电动机的机械能反馈给交流电网，从而实现快速制动。

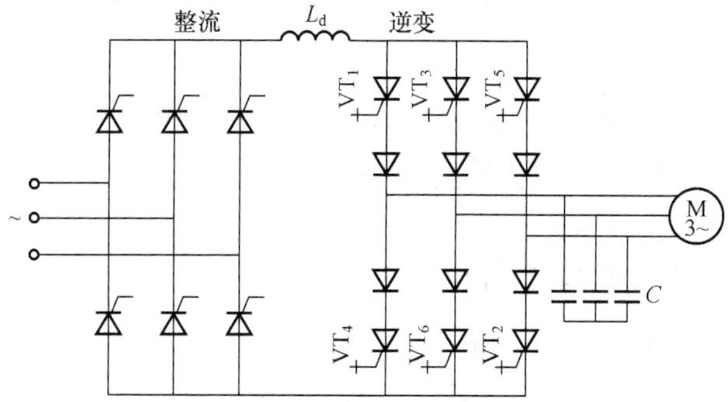

图 5-39　交-直-交电流型 PWM 变频电路

电流型间接交流-交流变换电路也可采用双 PWM 电路，即整流部分和逆变部分均采用 PWM 控制方式。这时整流电路也必须采用全控型电力电子器件，如图 5-40 所示。为了吸收换流时的过电压，在电源侧和负载侧都并接了电容器。当用于交流电动机时，电动机既可工作在电动状态，又可工作在发电制动状态，并且可正、反转，实现四象限运行。该电路可以通过对整流电路的 PWM 控制使输入电流为正弦波，并使输入功率因数为 1。

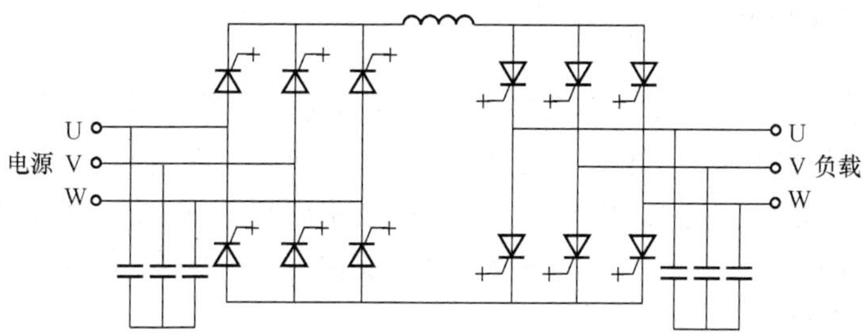

图 5-40　整流和逆变均为 PWM 控制的电流型间接交流变流电路

5.6　应用示例*

例 5-1　单相交流调压电路如图 5-3（a）所示，输入交流电压 230V，负载电阻为 23Ω，感抗为 23Ω，试求：

（1）对应于电流、功率从零变化到可能的最大值所需的 α 有效控制范围。

（2）最大负载电流的有效值。

（3）最大负载功率和相应的交流电源侧的功率因数。

（4）晶闸管在 $\alpha = \dfrac{\pi}{2}$ 时的有效值电流、导电角和交流电源侧的功率因数。

解：（1）α 有效控制范围。

负载阻抗角 $\varphi=\arctan\left(\dfrac{\omega L}{R}\right)=\dfrac{\pi}{4}$，则 α 有效控制范围为 $\dfrac{\pi}{4}\sim\pi$。

（2）当负载电流连续时，电流有效值达到最大，即

$$I_{\text{ormsmax}}=\frac{U_{\text{i}}}{Z}=\frac{230}{\sqrt{[R^2+(\omega L)]^2}}=7.07\text{A}$$

（3）最大功率和功率因数。

电流连续时负载功率最大为 $P_{\text{o max}}=I_{\text{ormsmax}}^2 R=1.15\times10^3\,\text{W}$。

功率因数 $\text{PF}=\dfrac{\text{有功功率}}{\text{视在功率}}=\dfrac{1150}{230\times7.07}=0.707$。

（4）在 $\alpha=\dfrac{\pi}{2}$ 时，查图 5-4，得导电角 $\theta=130^\circ$。

由式（5-23）得负载电流有效值为

$$\begin{aligned}I_{\text{orms}}&=\frac{U_{\text{rms}}}{Z}\sqrt{\frac{\theta}{\pi}-\frac{\sin\theta\cos(2\alpha+\varphi+\theta)}{\pi\cos\varphi}}\\&=\frac{230}{23\sqrt{2}}\sqrt{\frac{130^\circ\times\dfrac{\pi}{180^\circ}}{\pi}-\frac{\sin130^\circ\cos(180^\circ+45^\circ+130^\circ)}{\pi\cos45^\circ}}\\&=4.3\text{A}\end{aligned}$$

由式（5-24）得晶闸管电流有效值 $I_{\text{VTrms}}=3\text{A}$。

交流电源侧功率因数 $\text{PF}=\dfrac{\text{有功功率}}{\text{视在功率}}=\dfrac{I_{\text{orms}}^2R}{230\times I_{\text{orms}}}=0.43$。

例 5-2 设计一恒温箱用单相相控调压加热电源，加热元件为电阻丝，输出功率恒定 1kW，电阻丝阻值为 20Ω，输入交流电压为 180～240V，计算电路相关参数。

解：恒温箱一般具有较大的热惯性，电流脉动不影响系统性能，考虑采用单相相控调压纯电阻负载电路形式（图 5-1），仅需要设计计算晶闸管额定电压、额定电流。

1）电路可行性分析

最低输入电压时，全导通时输出功率 $P_{\text{o}}=\dfrac{U_{\text{inmin}}^2}{R}=1620\text{W}>1\text{kW}$，因此该电路方案可行。

2）晶闸管参数设计

电路可能的最大输出电流 $I_{\text{ormsmax}}=\dfrac{240\text{V}}{20\Omega}=12\text{A}$。

晶闸管额定电流选择（每个晶闸管承担半个周波电流）为

$$I_{\text{VTrated}}=k_{\text{sai}}\times\frac{1}{1.57}\times\frac{1}{\sqrt{2}}\times I_{\text{ormsmax}}\geqslant10.8\text{A}\qquad（取\ k_{\text{sai}}\geqslant2）$$

晶闸管额定电压选择为

$$U_{\text{VTrated}}=k_{\text{sav}}\times\sqrt{2}\times240\text{V}\geqslant509.1\text{V}\qquad（取\ k_{\text{sav}}\geqslant1.5）$$

例 5-3 设计一恒温箱用单相斩控调压加热电源，加热元件为电阻丝，输出功率恒定 1kW，电阻丝阻值为 20Ω，输入交流电压为 180～240V，斩波频率 20kHz，计算电路相关参数。

解：恒温箱一般具有较大的热惯性，电流脉动不影响系统性能，但考虑输入端高频电

流脉动的抑制，采用单相斩控调压阻感负载电路形式[图 5-9（a）]，需要设计计算开关管额定电压、额定电流，电感相关参数，控制方式可采用非互补或互补控制模式。

1）电路可行性分析

最低输入电压时，全导通时输出功率 $P_o = \frac{U_{\text{inmin}}^2}{R} = 1620\text{W} > 1\text{kW}$。

加上电感后，输入电流近似为正弦波，谐波可以忽略，考虑基波电压输出功率，占空比为

$$P_o = \frac{(D_{\max} U_{\text{rmsmin}})^2}{R} = 1\text{kW} \qquad D_{\max} = 0.79$$

$$P_o = \frac{(D_{\min} U_{\text{rmsmax}})^2}{R} = 1\text{kW} \qquad D_{\min} = 0.42$$

因此，该电路方案可行。

2）电感参数设计

为了滤除高频谐波，电感需满足 $\tau = \frac{L}{R} \gg 50\mu\text{s}$，取 $L = 10 \times 50 \times 20 = 10^4\mu\text{H} = 10\text{mH}$。加上电感后，输入电流近似为正弦波，谐波可以忽略。

电感电流最大有效值 $I_{\text{Lrmsmax}} \approx I_{\text{ormsmax}} = \sqrt{\frac{1000\text{W}}{20\Omega}} = 7.1\text{A}$。

电感电流最大峰值 $I_{\text{Lpkmax}} \approx 7.1\text{A} \times \sqrt{2} = 10.0\text{A}$。

3）开关器件参数设计

开关管 VT1、VT2、VT3、VT4 的额定电流选择为

$$I_{\text{VTrated}} \approx \frac{k_{\text{sai}} \times I_{\text{ormsmax}}}{\sqrt{2}} \geqslant 10.0\text{A} \qquad (\text{取 } k_{\text{sai}} \geqslant 2)$$

二极管 VD1、VD2、VD3、VD4 的额定电流选择为

$$I_{\text{VDrated}} \approx \frac{k_{\text{sai}} \times I_{\text{ormsmax}}}{\sqrt{2} \times 1.57} \geqslant 6.4\text{A} \qquad (\text{取 } k_{\text{sai}} \geqslant 2)$$

开关管 VT1～VT4、VD1～VD4 二极管的额定电压选择为

$$U_{\text{VTrated}} = U_{\text{VDrated}} = k_{\text{sav}} \times \sqrt{2} \times 240\text{V} \geqslant 509.1\text{V} \qquad (\text{取 } k_{\text{sav}} \geqslant 1.5)$$

例 5-4　设计一恒温箱用三相相控调压加热电源，加热元件为电阻丝，输出功率恒定 3kW，电阻丝阻值为 20Ω/每相，输入交流线电压为 320～460V，计算电路相关参数。

解：如前例相似，恒温箱一般具有较大的热惯性，电流脉动不影响系统性能。考虑采用单相相控调压纯电阻负载电路形式图 5-16，仅需要设计计算晶闸管额定电压、额定电流。由于三相均衡，每相功率均为 1kW。

1）电路可行性分析

最低输入电压时，全导通时输出功率 $P_o = \frac{\left(U_{\text{inmin}}/\sqrt{3}\right)^2}{R} = 1706.7\text{W} > 1\text{kW}$，因此该电路方案可行。

2）晶闸管参数设计

电路可能的最大输出电流 $I_{\text{ormsmax}} = \frac{460\text{V}}{\sqrt{3} \times 20\Omega} = 13.3\text{A}$。

晶闸管额定电流选择为

$$I_{\text{VTrated}} = k_{\text{sai}} \times \frac{1}{1.57} \times \frac{1}{\sqrt{2}} \times I_{\text{ormsmax}} \geqslant 12.0\text{A} \quad（取 k_{\text{sai}} \geqslant 2）$$

晶闸管额定电压选择为

$$U_{\text{VTrated}} = k_{\text{sav}} \times \sqrt{2} \times 460\text{V} \geqslant 975.8\text{V} \quad（取 k_{\text{sav}} \geqslant 1.5）$$

思考题与习题

5-1　晶闸管单相交流调压电路，输入交流电源电压 220V，阻感负载 $R=1\Omega$，$L=6.516\text{mH}$，试求：

（1）实现有效交流调压的控制角 α 的移相范围。

（2）负载电流的最大有效值。

（3）最大输出功率和功率因数。

（4）晶闸管的额定参数选择范围。

5-2　电阻炉由单相交流调压电路供电，如 $\alpha=0^\circ$ 时为输出功率最大值，试求功率为 80%和 50%时的控制角 α。

5-3　用一对反并联的晶闸管和使用一只双向晶闸管进行交流调压时，它们的主要差别是什么？

5-4　一台 220V、10kW 的电炉，采用晶闸管单相交流调压，现使其工作在 5kW，试求该电路的控制角 α、负载电流和电路功率因数，设计选择晶闸管的额定参数。

5-5　试述单相交-交变频电路的工作原理。

5-6　交-交变频电路的输出频率有何限制？

5-7　三相交-交变频电路有哪两种接线方式？它们有什么区别？

5-8　交流调压电路和交流调功电路有什么区别？两者各运用于什么样的负载？为什么？

5-9　交-交变频电路的主要特点和不足之处是什么？其主要用途是什么？

5-10　交-交变频电路的最高输出频率是多少？制约输出频率提高的因素是什么？

5-11　在三相交-交变频电路中，采用梯形波输出控制的好处是什么？为什么？

5-12　试述矩阵式变频电路的基本原理和优缺点。

第 6 章　软开关与多电平变换技术*

6.1　概述

现代电力电子装置的发展趋势是小型化、轻量化，这对电力电子装置的变换效率和电磁兼容性提出了更高的要求。目前，电力电子装置小型化的主要途径是提高工作频率，从而有效减小电感、电容、变压器等元器件的体积。由于开关器件的非理想特性，高频率必定带来高的开关损耗，利用软开关技术降低器件开关损耗成为电力电子装置小型化、轻量化的关键。

6.1.1　硬开关与软开关

在电力电子电路中，开关器件一般都工作在开关状态。为便于分析工作原理，通常将电路理想化，即假设开关器件的状态切换是瞬间完成的，这样就可忽略开关过程对电路的影响。但实际上开关器件从开通状态切换到关断状态，或从关断状态切换到开通状态都需要一个过程，开关过程中电压、电流不同时为零，出现了一部分重叠区，因此会产生明显的开关损耗。同时，开关器件在开通和关断过程中伴随着电压和电流的剧烈变化，会产生较大的开关噪声，这样的开关过程称为硬开关。硬开关的电压和电流波形如图 6-1 所示。

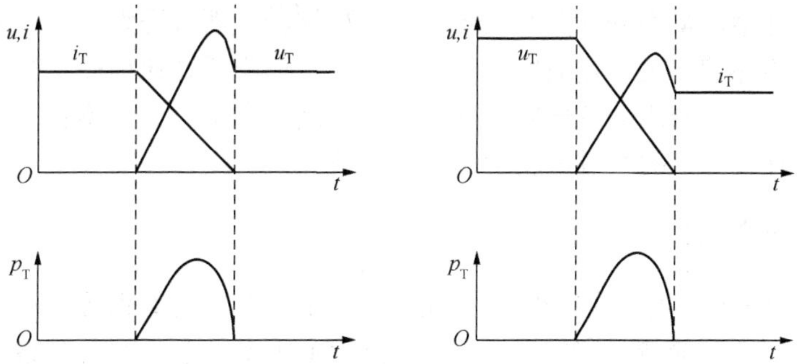

(a) 关断过程　　(b) 开通过程

图 6-1　硬开关过程中的电压和电流波形

假设在开关器件导通之前，通过某种控制方式使其两端电压 u_T 先降为零，然后施加驱动信号使器件的电流 i_T 逐渐上升；器件关断时，过程正好相反，即通过某种控制方式先使器件电流 i_T 下降为零后，再撤除驱动信号，使电压 u_T 逐渐上升。由于不存在电压和电流的交叠，开关损耗 p_T 为零，这样的开关过程称为软开关。软开关的电压和电流波形如图 6-2 所示。

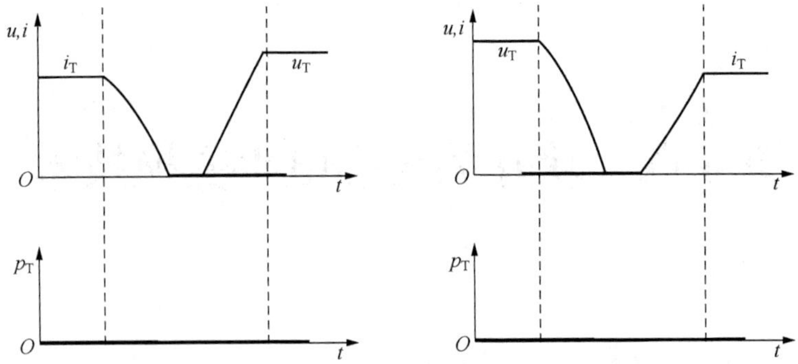

(a) 关断过程　　(b) 开通过程

图 6-2　软开关过程中的电压和电流波形

要在实际电路中实现软开关关断或开通，通常需要引入软开关技术。软开关技术实质就是在开关状态变换过程中适时引入谐振，利用电感与电容谐振，使开关器件中的电流（或电压）按正弦或准正弦规律变化。开关开通前电压先降到零，关断前电流先降到零，就可以消除开关过程中电压、电流的重叠，降低它们的变化率，从而大大减小甚至消除开关损耗。同时，谐振过程限制了开关过程中电压、电流的变化率，这使得开关噪声也显著减小。

6.1.2　零电压开关与零电流开关

根据开关器件开通和关断时电压、电流的状态，适应于 DC-DC 和 DC-AC 变换器的软开关技术大体上可分为两大类：零电压开关（ZVS）和零电流开关（ZCS）。

零电流开关：在开关器件关断前使其电流为零，则器件关断时不会产生损耗和噪声，这种关断方式称为零电流关断，又称零电流开关，如图 6-2（a）所示。

零电压开关：在开关器件导通前使其两端电压为零，则器件开通时就不会产生损耗和噪声，这种开通方式称为零电压开通，又称零电压开关，如图 6-2（b）所示。

零电压开通和零电流关断要靠电路中的谐振来实现。与开关器件并联的电容能使开关关断后电压上升延缓，从而降低关断损耗，有时称这种关断过程为零电压关断。而与开关器件相串联的电感能使开关开通后电流上升延缓，从而降低开通损耗，有时称这种开通过程为零电流开通。简单利用并联电容实现零电压关断和利用串联电感实现零电流开通一般会造成电路总损耗增加、关断过电压增大等负面效应。

6.1.3　软开关电路的分类

随着软开关技术的不断发展和完善，随之产生的软开关电路也层出不穷。由于电路种类繁多，各自又有不同的特点和应用场合，因此有必要对这些软开关电路进行分类。根据软开关技术的发展历程，可以将软开关电路分成准谐振变换电路、零开关 PWM 变换电路和零转换 PWM 变换电路三大类。

1. 准谐振变换电路

准谐振变换电路是最早出现的软开关电路。在这类变换电路中，仅在主要开关管中加入谐振电感 L_r 和谐振电容 C_r，谐振元件只参与能量变换的某一阶段而不是全过程，并且只能改善电路中一个开关器件的开关特性，电路中电压或电流的波形为正弦半波，因此称之为准谐振。根据开关管与谐振电感和谐振电容的不同组合，准谐振变换电路又可以分为以下三种电路。

（1）零电压开关准谐振变换电路（zero-voltage-switching quasi-resonant converter，ZVS QRC）。

（2）零电流开关准谐振变换电路（zero-current-switching quasi-resonant converter，ZCS QRC）。

（3）零电压开关多谐振变换电路（zero-voltage-switching multi-resonant converter，ZVS MRC）。

零电压开关准谐振变换电路是将谐振电容与开关并联，利用电容两端谐振电压过零时，使开关零电压开通；零电流开关准谐振变换电路是将谐振电感与开关串联，利用电感中谐振电流过零时，使开关零电流关断。零电压开关多谐振变换电路是指在开关内综合准谐振零电流和准谐振零电压，实际常常采用零电压多谐振变换电路，以同时实现开关管和二极管的零电压开关。图 6-3 示出了基于 Buck 电路的三种准谐振软开关电路。

准谐振变换电路在降低开关损耗和开关噪声的同时，也给实际电路工作增加一些负担。

（1）谐振电压峰值很高，要求器件的耐压必须提高。

（2）谐振电流有效值很大，电路中存在大量无功功率的交换，使电路导通损耗增大。

（3）谐振周期随输入电压、负载变化而改变，因此电路只能采用脉冲频率调制方式来控制，开关频率的变化增加了电路设计的难度。

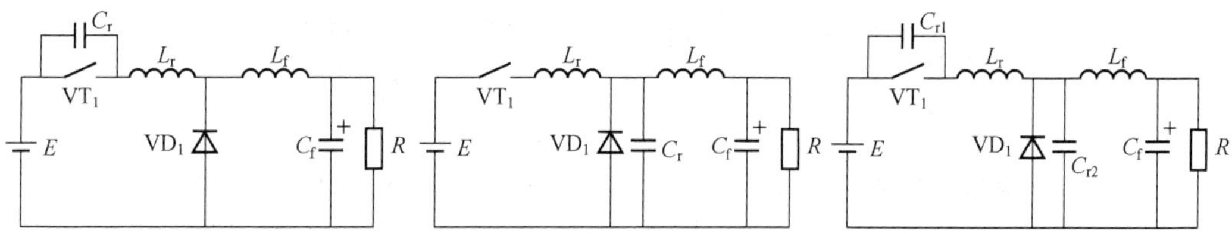

(a) 零电压开关准谐振变换电路　(b) 零电流开关准谐振变换电路　(c) 零电压开关多谐振变换电路

图 6-3　基于 Buck 电路的三种准谐振变换电路

2. 零开关 PWM 变换电路

在准谐振变换器中加入一个辅助开关管来控制谐振元件的谐振过程，使谐振仅发生在开关过程前后，实现 PWM 控制。为区别于准谐振变换电路，这类变换器被命名为零开关 PWM 变换电路。零开关 PWM 变换电路可以分为零电压开关 PWM 变换电路（zero-voltage-switching PWM converter，ZVS PWM）和零电流开关 PWM 变换电路（zero-current-switching PWM converter，ZCS PWM）。基于 Buck 电路的零电压开关 PWM 变换电路和零电流开关 PWM 电路如图 6-4.所示。同准谐振变换电路相比，零开关 PWM 变换电路的电压和电流波形基本是方波，只是波形的上升沿和下降沿变化较缓慢，开关承受的电压明显降低。

电路采用开关频率固定的 PWM 控制方式，易于优化设计输入和输出滤波器。

3. 零转换 PWM 变换电路

零转换 PWM 变换电路的特点是谐振网络与主开关器件并联，采用辅助开关管控制谐

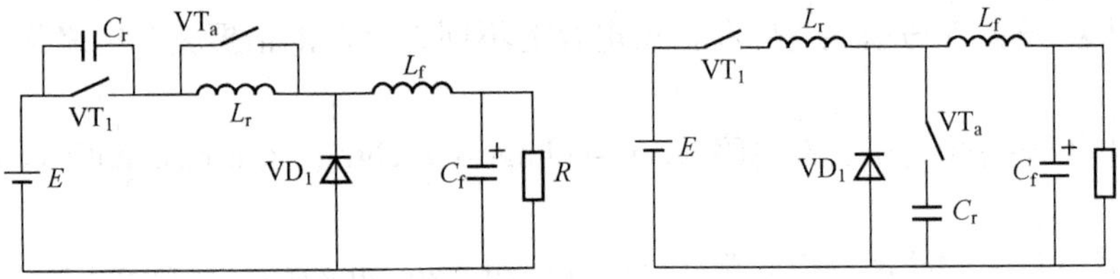

(a) 零电压开关PWM变换电路　　(b) 零电流开关PWM变换电路

图 6-4　基于 Buck 电路的零开关 PWM 变换电路

振的起始时刻，在开关转换期间，并联的谐振网络产生谐振获得零开关条件。开关转换结束后，电路又恢复到正常的 PWM 工作方式。零转换 PWM 变换电路可以分为零电压转换 PWM 变换电路（zero-voltage-transition PWM converter，ZVT PWM）和零电流转换 PWM 变换电路(zero-current-transition PWM converter，ZCT PWM)。基于 Buck 电路的零转换 PWM 变换电路如图 6-5 所示。零转换 PWM 变换器既克服了硬开关 PWM 和谐振技术的缺点，又综合了它们的优点，电路在很宽的输入电压范围内和从零负载到满载都能工作在软开关状态下。电路中无功功率的交换被削减到最小，这使得电路的效率有了进一步提高。

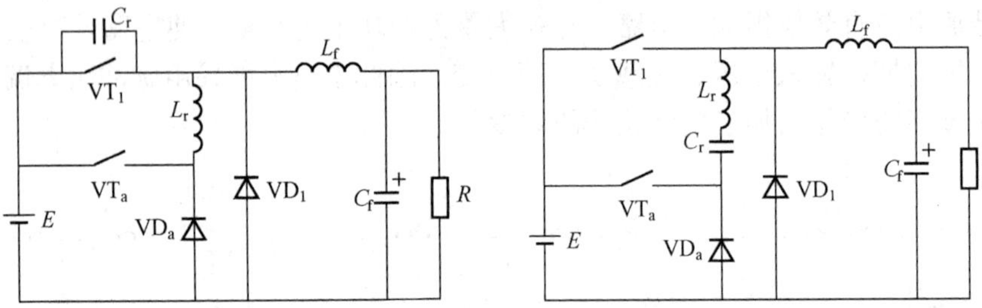

(a) 零电压转换PWM变换电路　　(b) 零电流转换PWM变换电路

图 6-5　基于 Buck 电路的零转换 PWM 变换电路

6.1.4　典型的软开关应用电路

1. 零电压开关准谐振变换电路

在传统的 Boost 变换电路中加入零电压谐振开关，可以得到零电压开关准谐振变换电路（半波模式），电路原理如图 6-6 所示。开关管 VT_1 与谐振电容 C_r 并联，谐振电感 L_r 与开关管 VT_1 串联，零电压开关工作过程的理想化波形如图 6-7 所示。

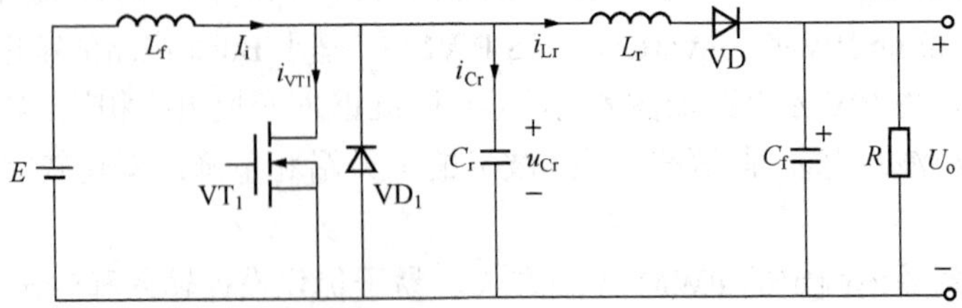

图 6-6　零电压准谐振 Boost 变换电路（ZVS QRC Boost）（半波模式）

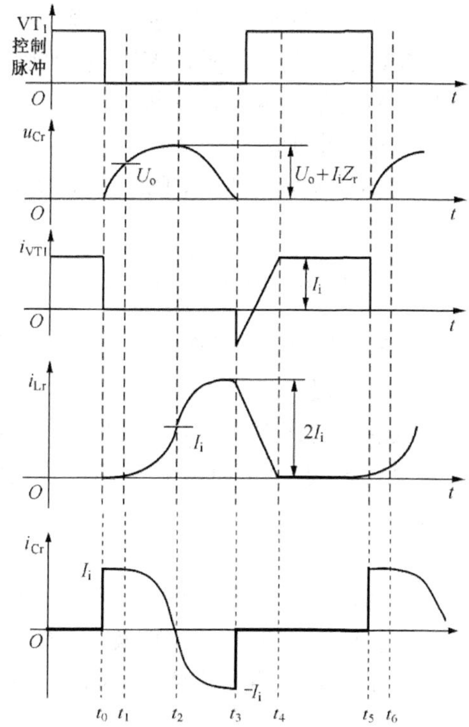

图 6-7　零电压准谐振 Boost 变换电路（半波模式）的工作波形

在分析中假设电路满足以下条件。

（1）所有元器件、电源均视为理想。

（2）$L_f \gg L_r$，且 L_f 足够大，在一个开关周期内其电流为 I_i 维持不变。

（3）C_f 足够大，在一个开关周期内其电压为 U_o 维持不变。

电路的初始状态为 t_0 时刻之前，开关管 VT_1 导通，$u_{Cr}=0$，二极管 VD_1 截止，$i_{Lr}=0$，二极管 VD 截止。

在 t_0 时刻关断 VT_1，在一个开关周期 T_S 中电路的通、断运行过程可以分为四个工作模态。

1）工作模态 1（t_0～t_1）：电容充电阶段

t_0 时刻，VT_1 关断，输入电流从 VT_1 转移到 C_r，u_{Cr} 从零开始缓慢上升，VT_1 就实现了零电压关断。到 t_1 时刻，u_{Cr} 上升到输出电压 U_o。

2）工作模态 2（t_1～t_3）：谐振阶段

从 t_1 时刻起，VD 开始导通，L_r、C_r 组成串联谐振回路；谐振电感电流 i_{Lr} 从零开始增加，谐振过程中 i_{Lr} 与 u_{Cr} 的表达式分别为

$$i_{Lr} = I_i[1 - \cos\omega_r(t - t_1)] \tag{6-1}$$

$$u_{Cr}(t) = U_o + I_i Z_r \sin\omega_r(t - t_1) \tag{6-2}$$

式中，特征阻抗 $Z_r = \sqrt{\dfrac{L_r}{C_r}}$；谐振角频率 $\omega_r = \dfrac{1}{\sqrt{L_r C_r}}$。

当串联谐振到达 t_2 时刻（$t_2 - t_1 = \dfrac{T_r}{2}$，$T_r = 2\pi\sqrt{L_r C_r}$，为谐振周期），$u_{Cr}$ 达到峰值，$i_{Lr}=I_i$。

从 t_2 时刻开始，i_{Lr} 大于 I_i，C_r 开始放电，电压逐渐下降，直到 t_3 时刻，$u_{Cr}=0$，i_{Lr} 达到最大（约 $2I_i$），谐振结束，与 VT_1 反并联的二极管 VD_1 开始导通，VT_1 两端电压被钳位到零，此时给 VT_1 施加触发脉冲，就可以实现 VT_1 的零电压开通。

3）工作模态 3（t_3～t_4）：电感放电阶段

在 t_3 时刻之后，开通 VT_1，输入电流流过 VT_1，此时加在谐振电感 L_r 两端的电压为 $-U_o$，i_{Lr} 开始线性减小。

$$i_{Lr}(t)=I_{Lr}(t_3)-\frac{U_o}{L_r}(t-t_3) \tag{6-3}$$

到 t_4 时刻，i_{Lr} 减小到零，由于二极管 VD 的阻断作用，i_{Lr} 不能反向流动，该过程结束。

4）工作模态 4（t_4～t_5）：续流阶段

从 t_4 时刻开始，L_r、C_r 组成的串联谐振回路停止工作，输入电流通过 VT_1 续流，负载由输出滤波电容提供能量。直至 t_5 时刻，VT_1 零电压关断，开始重复下一个开关周期。

2. 零电压转换 PWM 电路

在 Boost 电路主开关管 VT_1 两端并联一个由谐振电容 C_r（包含主开关 VT_1 的输出电容和二极管 VD_1 的结电容）、谐振电感 L_r、辅助开关 VT_a 及二极管 VD_a 组成的辅助谐振网络，就构成了一种升压型零电压转换 PWM 电路拓扑结构，如图 6-8 所示，电路工作的理想化波形如图 6-9 所示。

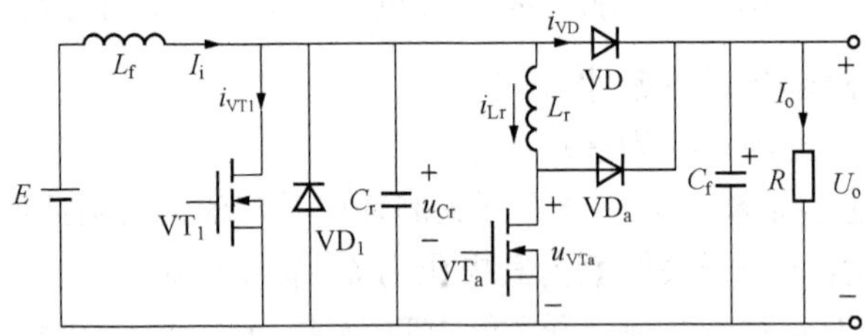

图 6-8 Boost 零电压转换 PWM 电路（ZVT Boost）

在分析中假设电路满足以下条件。

（1）所有元器件、电源均视为理想。

（2）滤波电容 C_f 足够大，在一个开关周期 T_S 内，输出负载电流 I_o 和输出电压 U_o 都恒定不变。

（3）电感 L_f 足够大，可以忽略其电流波动，在一个开关周期内其电流为 I_i 维持不变。

假设电路的初始状态为：t_0 时刻之前，开关管 VT_1 和辅助开关管 VT_a 处于关断状态，升压二极管 VD 导通。在 t_0 时刻开通 VT_a，一个开关周期 T_S 中的通、断过程可以分成七个工作模态进行分析。

工作模态 1（t_0～t_1）：t_0 时刻，开通 VT_a，谐振电感电流 i_{Lr} 从零开始线性增加，而 VD 的电流开始线性下降。到 t_1 时刻，i_{Lr} 上升到升压电感电流 I_i，VD 的电流下降到 0，VD 自然关断。

工作模态 2（t_1～t_2）：从 t_1 时刻起，L_r、C_r 组成串联谐振回路；谐振电感电流 i_{Lr} 继续上升，C_r 上的电压 u_{Cr} 开始下降，谐振过程中 i_{Lr} 与 u_{Cr} 的表达式分别为

$$i_{Lr}(t) = I_i + \frac{U_o}{Z_r}\sin\omega_r(t-t_1) \tag{6-4}$$

$$u_{Cr}(t) = U_o\cos\omega_r(t-t_1) \tag{6-5}$$

式中，特征阻抗 $Z_r = \sqrt{\frac{L_r}{C_r}}$；谐振角频率 $\omega_r = \frac{1}{\sqrt{L_r C_r}}$。

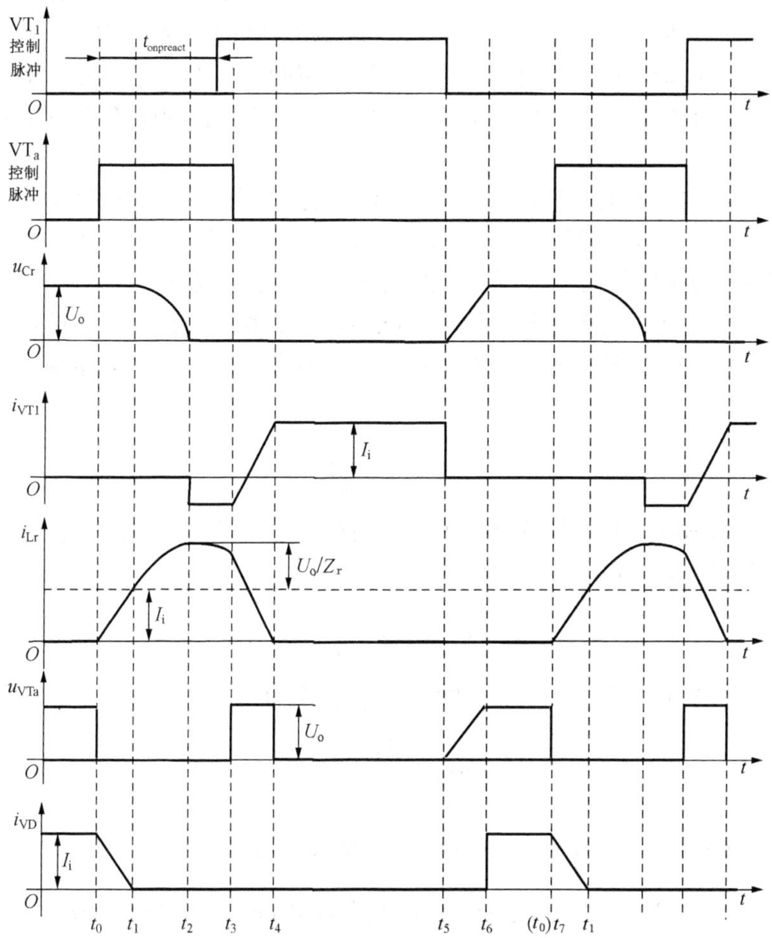

图 6-9　Boost 零电压转换 PWM 电路的理想波形

当 u_{Cr} 下降到 0 时，与 VT_1 反并联的二极管 VD_1 导通，VT_1 两端电压被钳位到 0，提供了零电压开通条件。

工作模态 3（t_2～t_3）：VD_1 导通，i_{Lr} 通过 VD_1 续流，此时开通 VT_1 即为零电压开通。

工作模态 4（t_3～t_4）：t_3 时刻，关断 VT_a，由于 VT_a 关断时，i_{Lr} 电流不为零，故 VD_a 导通续流，因此 VT_a 两端电压迅速上升到 U_o，VT_a 属于硬关断。VT_a 关断后，L_r 两端承受的电压为 $-U_o$，L_r 向负载释放能量，i_{Lr} 开始线性下降，VT_1 的电流开始线性上升。直到 t_4 时刻，i_{Lr} 下降到 0，VD_a 关断，流过 VT_1 的电流线性增长达到 I_i。

工作模态 5（t_4～t_5）：VT_1 导通，VD、VD_a 保持关断。升压电感电流流过 VT_1，滤波电容给负载供电，其规律与不加辅助电路的 Boost 电路完全相同。

工作模态 6（t_5～t_6）：在 t_5 时刻，关断 VT_1，此时升压电感电流给 C_r 充电，C_r 上电压 u_{Cr} 从 0 开始线性上升。由于存在 C_r，所以 VT_1 是零电压关断。到 t_6 时刻，u_{Cr} 上升到 U_o，此时 VD 自然导通。

工作模态 7（t_6～t_7）：该工作模式与不加辅助电路的 Boost 电路完全相同，电源 E 和电感 L_f 给滤波电容和负载供电。在 t_7 时刻，VT_a 开通，开始重复下一个开关周期的工作。

零电压转换 PWM 电路采用 PWM 控制方式，实现恒定频率控制；辅助电路只是在开关管开关时工作，其他时间不工作，大大减小了辅助电路的损耗；辅助电路与开关主电路相并联，这样也可以减小电路本身的损耗；辅助电路的工作不会增加主开关管的电压和电流应力，主开关管的电压和电流应力很小，这使得零电压转换 PWM 电路在中大功率场合得到广泛应用。

为了保证 VT_1 实现零电压开通，需要在 VT_1 开通之前使得谐振电容两端电压下降至零，为此需要辅助管 VT_a 的导通时间超前于 VT_1 一定时间。超前开通的时间 $t_{onpreact}$ 应该大于二极管 VD 电流下降至零的时间（t_0～t_1）和谐振电容与谐振电感谐振的时间（t_1～t_2）之和。

由于在二极管 VD 电流下降至零的时间（t_0～t_1），二极管 VD 仍然导通且 VT_a 导通，有 $U_{Cr} \approx U_o$，即谐振电感 L_r 在输出电压 U_o 的作用下电流线性上升至输入电感电流的过程，所以该过程时长为

$$t_1 - t_0 = \frac{I_i L_r}{U_o} \tag{6-6}$$

之后谐振电容与谐振电感谐振的时间由两者的谐振周期所决定，电容电压下降至零的时间为开关周期的 1/4，即

$$t_2 - t_1 = \frac{\pi\sqrt{L_r C_r}}{2} \tag{6-7}$$

所以辅助管 VT_a 提早于 VT_1 开通的时间 $t_{onpreact}$ 应为

$$t_{onpreact} \geqslant \frac{I_i L_r}{U_o} + \frac{\pi\sqrt{L_r C_r}}{2} \tag{6-8}$$

3. 移相控制零电压开关 PWM DC-DC 全桥变换电路

移相控制零电压开关 PWM DC-DC 全桥变换电路（phase-shifted zero-voltage- switching PWM full-bridge converter，PS ZVS FB Converter），是利用变压器的漏感或一次绕组串联电感与开关管的并联电容谐振来实现开关管的零电压开关，其电路结构如图 6-10 所示，图 6-11 是开关工作过程中一些主要波形。其中 C_{r1}～C_{r4} 分别是 VT_1～VT_4 的谐振电容（包括寄生电容与外接电容）。L_r 是谐振电感（包括变压器漏感和外加电感）。每个桥臂中上下两个开关管成 180° 互补导通，两个桥臂的导通角相差一个相位，即移相角，通过调节移相角的大小来调节输出电压。VT_1 和 VT_3 分别超前于 VT_2 和 VT_4 一个相位，称 VT_1 和 VT_3 组成的桥臂为超前桥臂，VT_2 和 VT_4 组成的桥臂则称为滞后桥臂。在一个开关周期中，移相控制零电压开关 PWM DC-DC 全桥变换电路可以分成 10 个工作模态进行分析。

在分析过程中，假设开关器件都是理想的，并忽略电路中的损耗，变压器一次绕组与二次绕组之间的匝比 $N_p / N_s = n$。

在 t_0 时刻之前，VT_1 和 VT_4 导通。一次绕组电流 i_p 流经 VT_1、谐振电感 L_r、变压器一

次绕组以及 VT_4，整流管 VD_5 导通，功率经一次绕组传递给负载。

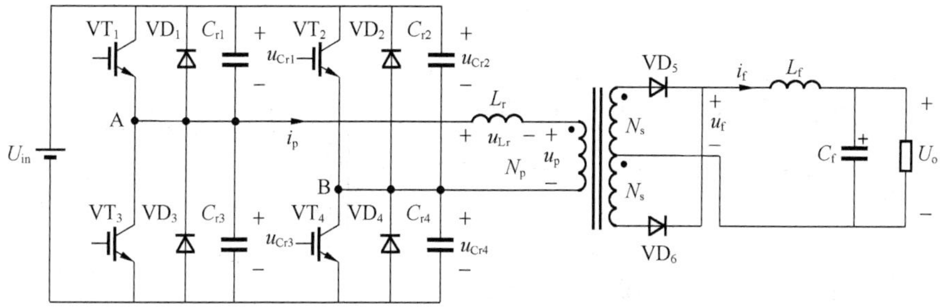

图 6-10　移相控制零电压开关 PWM DC-DC 全桥变换电路

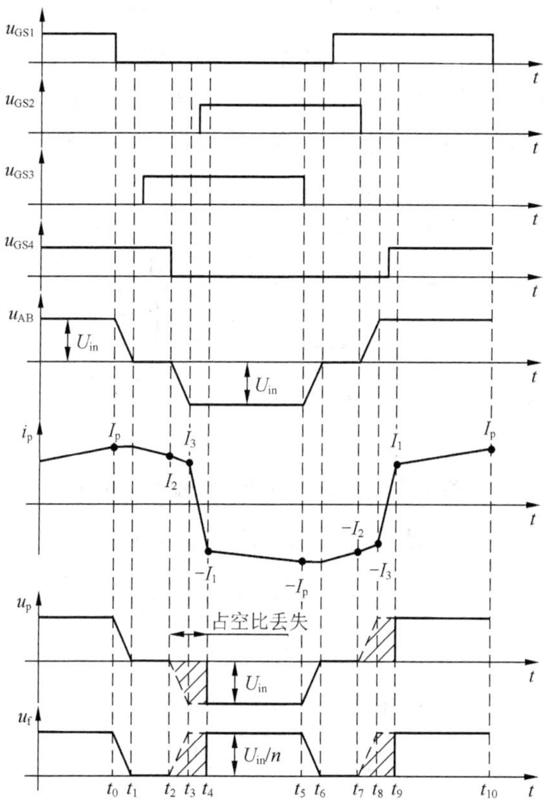

图 6-11　移相控制零电压开关 PWM DC-DC 全桥变换电路的工作波形

工作模态 1（t_0～t_1）：在 t_0 时刻关断 VT_1，流经 VT_1 的电流转移到 C_{r1} 和 C_{r3} 中，电感 $L_\Sigma = L_r + n^2 L_f$ 与 C_{r1} 和 C_{r3} 谐振。在这一区间，由于谐振电感 L_Σ 很大，可近似认为 $i_p = I_p \approx I_o / n$ 不变，相当于一个恒流源，C_{r1} 的电压 u_{Cr1} 从零开始线性增长，C_{r3} 的电压 u_{Cr3} 从 U_{in} 开始线性下降，VT_1 实现零电压关断，VT_4、VD_5 维持导通，如图 6-12 所示。

电容 C_{r3} 上电压方程为

$$u_{Cr3}(t) = U_{in} - \frac{I_p}{(C_{r1} + C_{r3})}(t - t_0) \tag{6-9}$$

在 t_1 时刻电容 C_{r3} 的电压 u_{Cr3} 下降到零，$u_{AB} = 0$，本阶段时间长度为

$$T_1 = t_1 - t_0 = \frac{(C_{r1} + C_{r3})U_{in}}{I_p} \tag{6-10}$$

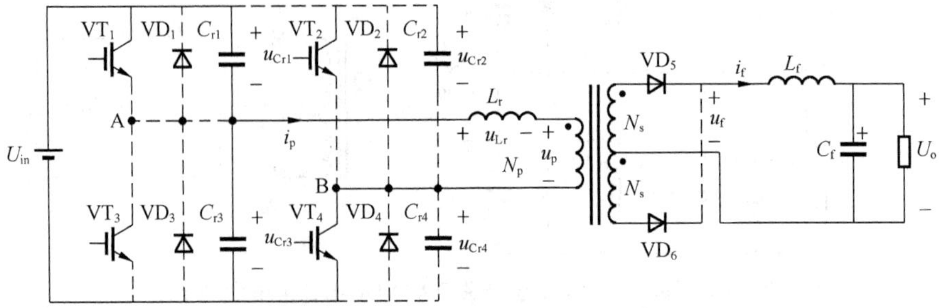

图 6-12　$t_0 \sim t_1$ 时段开关状态等效电路

工作模态 2（$t_1 \sim t_2$）：在 t_1 时刻，C_{r3} 的电压 u_{Cr3} 下降到零，C_{r1} 充电到 U_{in}，VT_3 的反并联二极管 VD_3 自然导通，此阶段实现 VT_3 零电压开通。在这段时间里，电感 L_{Σ} 续流，VD_3 和 VT_4 导通，A、B 两点电压 u_{AB} 等于零，VD_5 维持导通，如图 6-13 所示。

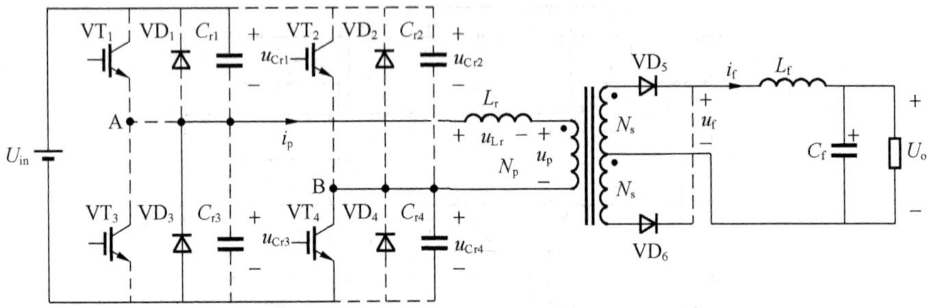

图 6-13　$t_1 \sim t_2$ 时段开关状态等效电路

在输出电压作用下 i_p 线性下降，变压器一次侧电流方程为

$$i_p(t) = \frac{-nU_o}{L_{\Sigma}}(t - t_1) + I_p \tag{6-11}$$

式中，$L_{\Sigma} = L_r + n^2 L_f$。

在 t_2 时刻关断 VT_4，假定 t_2 时刻 i_p 线性下降到 I_2，则本阶段时间长度为

$$T_2 = t_2 - t_1 = \frac{(I_p - I_2)L_{\Sigma}}{nU_o} \tag{6-12}$$

工作模态 3（$t_2 \sim t_3$）：在 t_2 时刻关断 VT_4，i_p 从 VT_4 中转移到 C_{r2} 和 C_{r4} 中，由于 C_{r2} 和 C_{r4} 的存在，VT_4 两端电压是从零慢慢上升的，因此 VT_4 是零电压关断。由于 u_{AB} 的极性自零变为负，变压器一次侧电流 i_p 下降，导致 VD_5 电流下降并小于 i_f，由于电感电流 i_f 不能突变，一部分电流经 VD_6 导通补充，VD_5 和 VD_6 开始换流，变压器二次侧绕组短路，导致一次侧亦短路，如图 6-14 所示。

L_r 与 C_{r2}、C_{r4} 谐振，使 C_{r4} 充电 C_{r2} 放电，这个阶段电路方程为

$$(C_{r2} + C_{r4})\frac{du_{Cr4}}{dt} = i_p \tag{6-13}$$

$$L_r \frac{di_p}{dt} = -u_{Cr4} \tag{6-14}$$

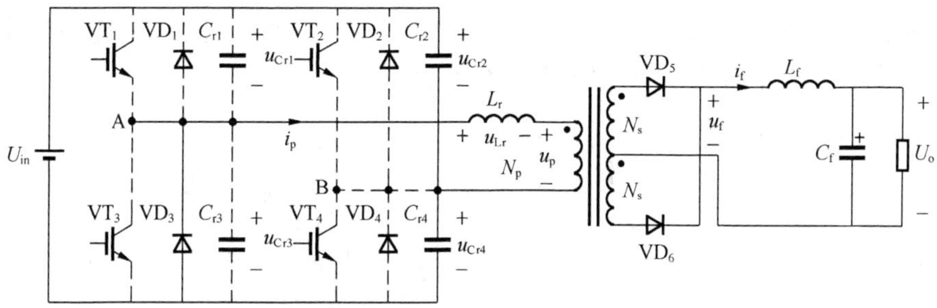

图 6-14 t_2～t_3 时段开关状态等效电路

解方程，并代入初始条件：$u_{Cr4}(t_2)=0$、$i_p(t_2)=I_2$，可以得到

$$u_{Cr4}(t)=I_2Z_2\sin\omega_2(t-t_2) \tag{6-15}$$

$$i_p(t)=I_2\cos\omega_2(t-t_2) \tag{6-16}$$

式中，$\omega_2=\dfrac{1}{\sqrt{L_r(C_{r2}+C_{r4})}}$；$Z_2=\sqrt{\dfrac{L_r}{C_{r2}+C_{r4}}}$。

t_3 时刻一次侧电感电流为

$$I_3=i_p(t_3)=I_2\cos\omega_2(t_3-t_2) \tag{6-17}$$

假定 L_r 储能足够，在 t_3 时刻，u_{Cr4} 上升到 U_{in}，u_{Cr2} 下降到零，二极管 VD_2 自然导通，$u_{AB}=-U_{in}$，本阶段结束。本阶段持续时间为

$$T_3=t_3-t_2=\frac{1}{\omega_2}\arcsin\frac{U_{in}}{I_2Z_2} \tag{6-18}$$

工作模态 4（t_3～t_4）：在 t_3 时刻，C_{r4} 的电压上升到 U_{in}，VD_2 自然导通，此阶段实现 VT_2 零电压开通。谐振电感 L_r 的电流在输入电压 U_{in} 作用下继续减小。当谐振电感 L_r 的电流正方向过零后，便向负方向不断增加。直到 t_4 时刻，一次绕组电流达到二次绕组折算到一次绕组的负载电流值（$-I_1$），此时，整流管 VD_5 的电流下降到零而关断，VD_6 流过全部负载电流，该开关模态结束。如图 6-15 所示。

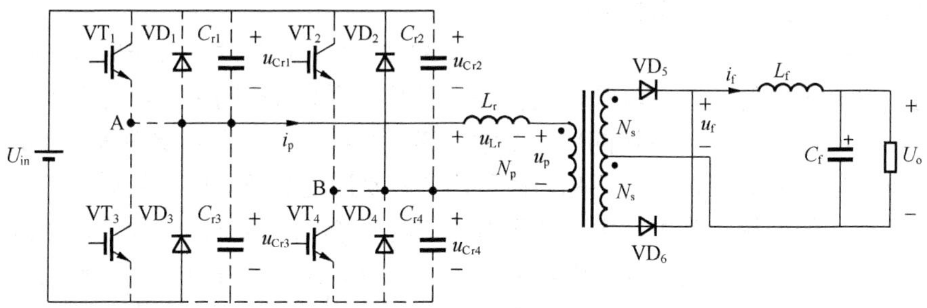

图 6-15 t_3～t_4 时段开关状态等效电路

变压器一次侧电流为

$$i_p(t)=I_3-\frac{U_{in}}{L_r}(t-t_3) \tag{6-19}$$

本阶段时间长度为

$$T_4=t_4-t_3=\frac{L_r(I_1+I_3)}{U_{in}} \tag{6-20}$$

工作模态 5（t_4～t_5）：从 t_4 时刻开始，U_{in} 向负载提供能量，所有负载电流均流过 VD_6。在 t_5 时刻关断 VT_3，本阶段结束，如图 6-16 所示。

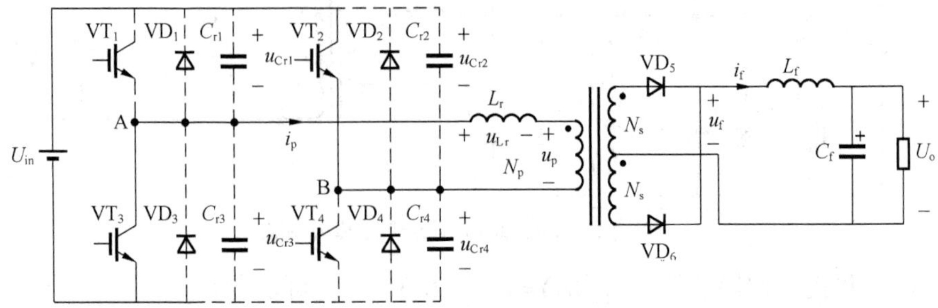

图 6-16　t_4～t_5 时段开关状态等效电路

i_p 从 $-I_1$ 开始负增长，变压器一次侧电路方程为

$$L_\Sigma \frac{di_p}{dt} = -(U_{in} - nU_o) \tag{6-21}$$

解方程并代入初始条件 $i_p(t_4) = -I_1$，可得

$$i_p(t) = \frac{U_{in} - nU_o}{L_\Sigma}(t - t_4) - I_1 \tag{6-22}$$

在 t_5 时刻关断 VT_3，i_p 达到反向峰值 $-I_p$，本阶段时间长度为

$$T_5 = t_5 - t_4 = \frac{I_1 - I_p}{U_{in} - nU_o} L_\Sigma \tag{6-23}$$

从 t_5～t_{10} 也分为 5 个工作模态，状态与工作模态 1～5 类似，此处不再赘述。

从上述分析中可知，零电压开通是通过电感 L_r 与主开关的并联电容产生谐振实现的。为了实现零电压开通，滞后臂需要满足两个条件：

（1）在谐振阶段应保持能通过谐振使得主开关的谐振电容完全放电。

（2）驱动信号必须在主开关谐振电容电压下降为零之后给出，即上下桥臂的驱动信号死区时间应大于谐振电容的充放电时间。

实际上，在一个开关周期中，超前臂（VT_1 和 VT_3）的开关过程与滞后臂（VT_2 和 VT_4）的开关过程是有区别的。在超前臂开关管关断后形成的谐振电路中，给谐振电容充电的电感由变压器漏感 L_r 和折算到原边的输出滤波电感 n^2L_f 构成。由于 L_f 储能大，有足够的电能使得谐振电容完成充放电转换，因此超前臂比较容易满足实现零电压开通的条件。而在滞后臂关断后形成的谐振回路中，由于变压器副边两个整流二极管同时导通，变压器的副边被短路，谐振回路的谐振电感为变压器漏感 L_r，谐振时仅依靠变压器漏感释放储能给谐振电容充放电。为了保证谐振过程中谐振电容充放电的完成，关断时刻谐振电感 L_r 的储能应大于谐振电容的储能，即

$$\frac{1}{2} L_r I_2^2 \geqslant \frac{1}{2}(C_{r2} + C_{r4}) U_{in}^2 \tag{6-24}$$

增大 L_r 或负载电流可使滞后臂更容易实现 ZVS。

移相控制零电压开关全桥变换电路中，变压器一次侧电压的占空比和二次侧电压的占空比是不一样的（见图 6-11）。

由于谐振电感 L_r 的存在，变压器一次电流在正负间切换的时候需要一定时间，即图 6-11

中的 t_2～t_4 和 t_7～t_9 两个阶段。在这两个阶段中，二次侧整流管换流，尽管变压器一次侧施加了电压 U_{AB}，但由于此期间二次侧整流二极管 VD_5 和 VD_6 同时导通，二次绕组输出电压被钳为零，一次绕组亦被短路，出现了二次侧输出电压的占空比丢失。

有效占空比 D_{eff} 为

$$D_{\text{eff}} = D - \Delta D \tag{6-25}$$

假定在一个开关周期中输出滤波电感很大，电感电流近似为恒定值 I_o，则丢失的占空比 ΔD 可近似表示为

$$\Delta D \approx \frac{4L_r f_s I_o}{nU_{in}} \tag{6-26}$$

由上式可知，在输入电压最低，负载电流最大时占空比丢失最严重。

4. 有源钳位正激式变换电路

有源钳位正激式变换电路（active-clamp forward converter），是将钳位开关和钳位电容串联后，并联到主开关管或主变压器绕组两端，来实现开关管和钳位开关的零电压开关，其电路结构如图 6-17 所示，图 6-18 给出了开关工作过程中一些主要波形。

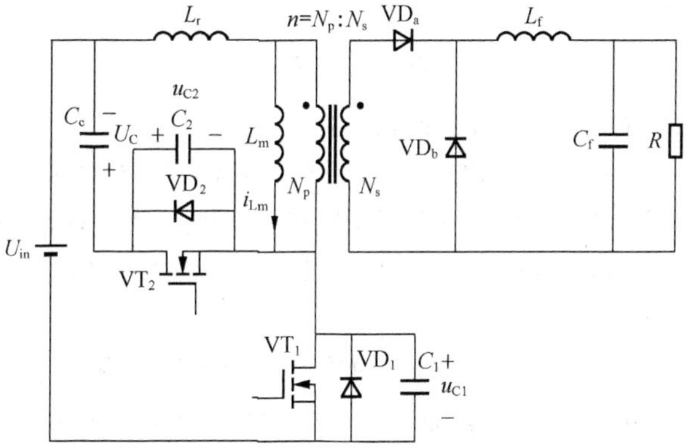

图 6-17　有源钳位正激式变换电路

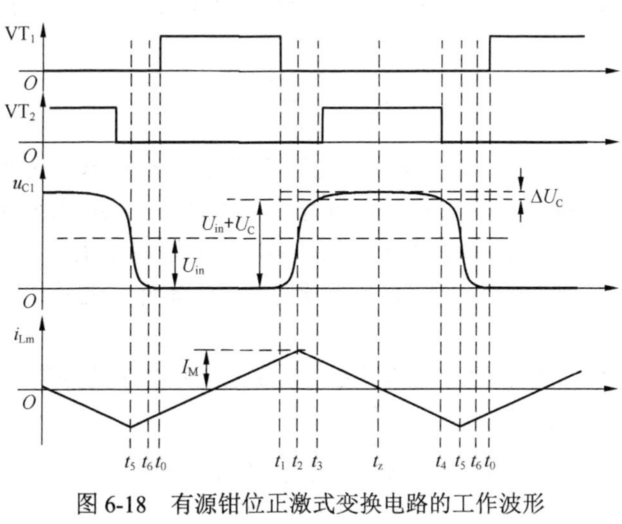

图 6-18　有源钳位正激式变换电路的工作波形

其中，VT_1 为主开关管；VT_2 为钳位开关管；C_c 为钳位电容；L_m 为激磁电感；L_r 为变

压器一次侧漏感（$L_r \ll L_m$）。VD_a 和 VD_b 为副边整流二极管，L_f 和 C_f 为输出滤波器。主开关管 VT_1 和钳位二极管 VT_2 互补导通，通过调节 VT_1 的占空比的大小来实现输出电压的调整。在一个开关周期中，有源钳位正激式变换电路可以分为个 6 工作模态进行分析。

工作模态 1（t_0～t_1）：在 t_0 时刻，主开关管 VT_1 开通，副边二极管 VD_a 导通，VD_b 关断，输入能量通过变压器和二极管 VD_a 传递到输出负载。在 U_{in} 作用下，变压器正向激磁，激磁电流 i_{Lm} 线性增长。

工作模态 2（t_1～t_2）：在 t_1 时刻，主开关管 VT_1 关断，副边二极管 VD_a 继续导通。激磁电感 L_m 与电容 C_1, C_2 谐振，在折合至一次绕组的电流 I_o/n 和激磁电流 i_{Lm} 的共同作用下，C_1 充电，C_2 放电，直至电容 C_1 两端电压上升至 U_{in}，本阶段结束。

工作模态 3（t_2～t_3）：在 t_2 时刻，C_1 两端电压等于 U_{in}，变压器一次侧电压为零，这时副边二极管 VD_a 关断，续流二极管 VD_b 导通，变压器励磁电感 L_m 继续与 C_1、C_2 谐振，i_{Lm} 开始下降。直至 t_3 时刻 C_1 两端电压上升到 $U_{in}+U_C$ 时，钳位二极管 VD_2 导通，为 VT_2 零电压开通创造了条件，本阶段结束。

为了实现开关管 VT_2 的零电压开通，开通之前结电容 C_2 两端的电压必须能够谐振到零，由此可以导出以下条件

$$1-D \geqslant 2f_s\sqrt{L_m C_2} \tag{6-27}$$

式中，D 为 VT_1 的导通占空比；f_s 为开关频率。

工作模态 4（t_3～t_4）：t_3 时刻，VD_2 导通将开关管 VT_2 两端电压钳位至零，C_1 两端电压 $u_{C1} \approx U_{in} + U_C$，在此之后 VT_2 导通，即实现了零电压开通。本阶段激磁电流在 U_C 电压的作用下继续线性下降，变压器进入磁复位过程，在 t_z 时刻 i_{Lm} 降为零，之后继续负增长，至 t_4 时刻 VT_2 关断，本阶段结束。

工作模态 5（t_4～t_5）：在 t_4 时刻之后，钳位开关管 VT_2 关断。于是励磁电感 L_m 与 C_1、C_2 重新开始谐振，C_1 放电，C_2 充电，在 t_5 时刻 C_1 两端电压下降至 U_{in} 时，本阶段结束。

在 t_2 时刻，激磁电流达到正峰值，而在本阶段结束的 t_5 时刻，达到负峰值。忽略谐振过程，在 t_2 至 t_5 阶段可近似地将励磁电流的变化看作线性变化过程，斜率为 U_C/L_m。故可得激磁电流峰值 I_M 为

$$I_M = \frac{(1-D)U_C}{2L_m f_s} \tag{6-28}$$

工作模态 6（t_5～t_6）：t_5 时刻 C_1 两端电压下降至 U_{in}，变压器一次绕组电压上升过零，于是副边二极管 VD_b 关断，VD_a 导通。在折合至一次侧电流 I_o/n 和励磁电流 i_{Lm} 继续给 C_1 放电，C_2 充电。当 t_6 时刻，C_1 两端电压谐振过零时，本阶段结束。

t_6 之后，VD_1 开始导通，为 VT_1 零电压开通创造了条件。之后开始重复下一个开关周期的工作。

为了使得开关管 VT_1 能实现零电压开通，励磁电感中存储的能量需要能够将结电容 C_1 两端的电压谐振到零，由此导出以下条件

$$\sqrt{\frac{L_m}{C_1}}\left(\frac{nU_o}{2L_m f_s}-\frac{I_o}{n}\right) > U_{in} \tag{6-29}$$

从上式可以看出，励磁电感与开关频率的乘积越小，越容易满足零电压开通的条件。

从上述分析可知，忽略谐振过程，在 VT_1 导通期间，电感 L_f 的两端电压为 $\frac{U_{in}}{n}-U_o$，而在 VT_1 关断期间，L_f 的两端电压为 $-U_o$，根据伏秒平衡原理可以得到输入输出关系为

$$U_o=\frac{DU_{in}}{n} \tag{6-30}$$

同理，当 VT_1 导通时，激磁电感两端电压为 U_{in}，当开关管 VT_1 关断时，激磁电感两端电压为 $-U_C$，根据伏秒平衡原理可以得到如下关系。

$$U_C=\frac{DU_{in}}{1-D}=\frac{nU_o}{1-D} \tag{6-31}$$

前面讨论中，钳位电容 C_c 实际视为无穷大，其工作电压保持不变。实际上电容量有限，t_3～t_z 时段 C_c 充电，t_z～t_4 时段 C_c 放电，根据充放电的电荷平衡关系可以导出电容 C_c 上的电压纹波为

$$\Delta U_C=\frac{(1-D)^2U_C}{8L_mC_cf_s^2} \tag{6-32}$$

工作过程中，主功率开关管 VT_1 的电流最大值为激磁电感电流的最大值 I_M 加上输出端折算到一次侧的电流 I_o/n，因此 VT_1 的电流最大值 I_{VT1max} 为

$$I_{VT1max}=\frac{nU_o}{2L_mf_s}+\frac{I_o}{n} \tag{6-33}$$

而钳位开关管 VT_2 仅在变压器复位阶段导通，即只有激磁电流通过，所以 VT_2 的电流最大值 I_{VT2max} 为

$$I_{VT2max}=\frac{nU_o}{2L_mf_s} \tag{6-34}$$

功率开关管 VT_1、VT_2 的电压最大值 U_{dmax} 均为 $U_{in}+U_C$，即

$$U_{VT1max}=U_{VT2max}=U_{in}+U_C \tag{6-35}$$

有源钳位正激电路的主开关管 VT_1 和钳位开关管 VT_2 均在零电压下完成开关过程，减小了开关损耗，提高了整体效率；由于钳位电容的作用，降低了功率开关管上的电压应力；占空比 D 可以大于 0.5；变压器自动磁复位，无需另外加复位措施；励磁电流可以在正负两个方向上流通，使得磁芯工作于磁化曲线的第一及第三象限，提高了磁芯利用率。

6.2　多电平变换技术

多电平变换技术的概念由日本学者 Nabael 于 1980 年提出。自 20 世纪 90 年代以来至今发展十分迅速，成为电力电子学科的前沿技术之一。所谓电平数就是电压型逆变器输出的波形中从正的最大值到负的最大值之间所包含的阶梯数。以三相电压型桥式逆变电路为例（如图 3-19 所示），设直流侧中点 O′为参考点，对于 U 相输出来说，VT_1 桥臂导通时，$u_{UO'}=U_d/2$，VT_4 桥臂导通时，$u_{UO'}=-U_d/2$。从波形图不难看出，U 相输出电压有两种电平，即 $U_d/2$ 和 $-U_d/2$。像这种输出电压波形电平数等于 2 的电路就称为两电平逆变电路，而多电平逆变器是指输出电压波形中的电平数等于或大于 3 的逆变器，如三电平逆变器、五电平逆变器等。

多电平逆变器的产生主要是由于传统的两电平变换器无法满足中高电压等级的应用场合对功率变换的要求。多电平电压型逆变器与普通两电平逆变器相比具有以下优点。

（1）更适合大容量、高电压的应用场合。

（2）可产生 M 阶梯形输出电压（M 为电平数），对阶梯波进行适当调制可以得到近似度很好的正弦波。从理论上讲，电平数越高，输出波形越接近正弦波。

（3）每个功率器件仅承受整个直流电源电压的 $1/(M-1)$。

（4）电磁干扰（EMI）问题大大减轻，因为开关器件动作一次的 du/dt 通常只有传统两电平的 $1/(M-1)$。

（5）可以较低的开关频率获得和高开关频率下两电平逆变器相同的输出电压波形，因而开关损耗小，效率较高。

6.2.1 多电平逆变电路的主要拓扑结构

多电平逆变器的基本思想是把多个功率器件按一定的拓扑结构连接成可以提供多种电平输出的逆变电路，然后使用适当的控制逻辑将几个电平台阶合成阶梯波以逼近正弦输出电压。目前所见到的多电平逆变器，按主电路拓扑结构来分，主要分为三类基本的拓扑结构：二极管钳位型多电平逆变器（diode-clamped multilevel inverter）、飞跨电容型多电平逆变器（flying-capacitor multilevel inverter）和级联型多电平逆变器（cascaded multilevel inverter）。

1. 二极管钳位型多电平逆变器

二极管中点钳位型三电平主电路如图 6-19 所示，这种结构的 m 电平三相逆变器需要 $m-1$ 个直流电容，$6\times(m-1)$ 个主功率管，$6\times(m-2)$ 个钳位二极管。以图 6-19 中三电平电路的 U 相为例，当开关管 VT_1、VT_4 关断，VT_2、VT_3 开通时，电流可以流过二极管 VD_1 或 VD_2，从而使输出电容中点电位为 $E/2$，这样就比传统二电平电路多输出一个电平。另外通过二极管 VD_1 可以使管子 VT_1 电压不会超过电容 C_1 上电压，同样 VD_2 使管子 VT_4 电压不超过电容 C_2 上的电压。表 6-1 列出了开关管工作状态与输出电平的关系（其中“1”表示该管导通，“0”表示该管关断）。二极管钳位型多电平逆变器的优点是：可以连接成背靠背方式，使能量回馈；主电路比较简单，主要为半导体器件，容易集成。缺点是大量钳

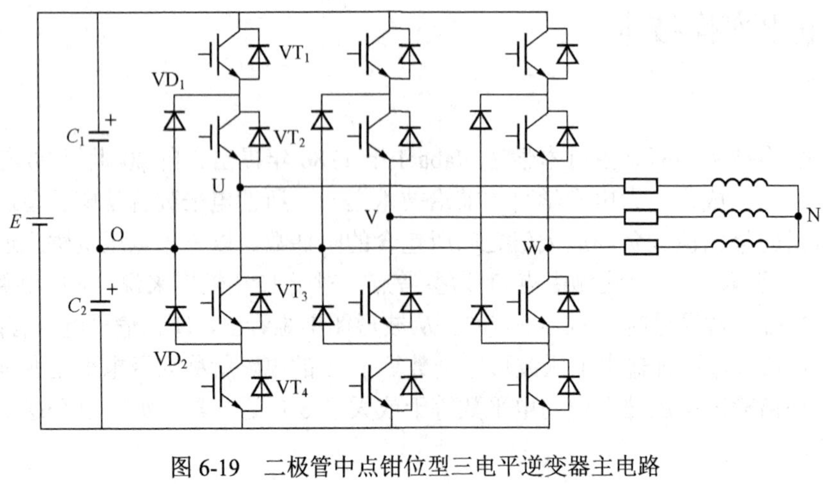

图 6-19　二极管中点钳位型三电平逆变器主电路

位二极管增加了成本，直流电容容易出现不平衡，需要额外的控制策略，由此可能导致开关次数增加，开关损耗增加。

表 6-1　二极管钳位三电平 U 相输出电平与开关管导通关系

输　出	开 关 状 态			
U_{UO}	VT_1	VT_2	VT_3	VT_4
$-E/2$	0	0	1	1
0	0	1	1	0
$E/2$	1	1	0	0

2. 飞跨电容型多电平逆变器

飞跨电容型多电平逆变主电路的功率管分布与二极管钳位多电平逆变电路相同，只是用飞跨电容代替钳位二极管。m 电平飞跨电容多电平主电路的飞跨电容电压为直流侧电压的 $1/(m-1)$，设每个电容耐压值是直流电压值的 $1/m$，则三相逆变器需要飞跨电容的数量是 $3\times(m-1)(m-2)/2$ 个，图 6-20 所示为三相三电平飞跨电容型逆变器的电路结构。这种多电平结构输出电平的控制方式比二极管钳位方式更加灵活，三电平控制如表 6-2 所示。飞跨电容型多电平逆变器的主要优点是：额外增加的电容可以更好地储能；开关组合灵活多样。缺点是大量的直流大电容不仅价格昂贵，而且使功率部分难以集成；为平衡电容电压增加了控制的复杂程度，并可能使开关次数增多，损耗增加。

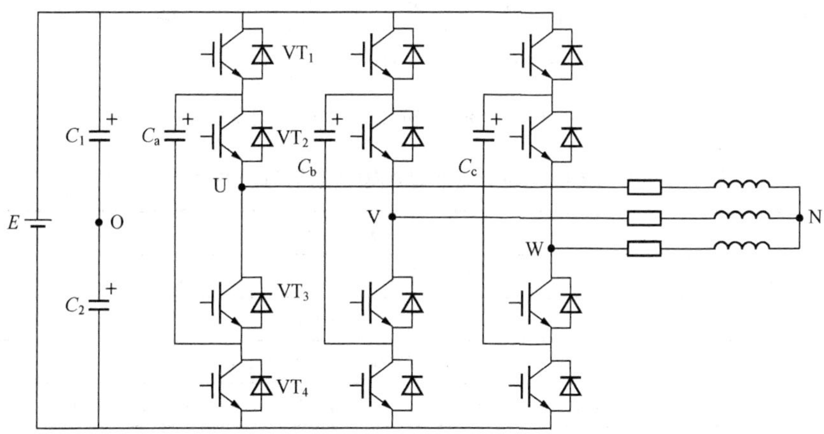

图 6-20　三相三电平飞跨电容型逆变电路

表 6-2　三相三电平飞跨电容型 U 相输出电平与开关管导通关系

输　出	开 关 状 态			
U_{UO}	VT_1	VT_2	VT_3	VT_4
$-E/2$	0	0	1	1
0	1	0	1	0
	0	1	0	1
$E/2$	1	1	0	0

3. 级联型多电平逆变器

传统的级联型多电平逆变器是由具有独立电源的多个单相全桥逆变器级联得到的，其中独立电源 $U_{a1}=U_{a2}=E$。图 6-21 所示为包含有六个单相全桥级联的三相五电平逆变电路，这种结构可以省去大量钳位二极管或直流平衡电容，但是增加了许多独立电源，主电路连线和结构也比较复杂，其输出电平控制与飞跨电容类似，具有较多选择，因此控制也比较灵活，如表 6-3 所示。该方法的优点是：容易输出很多电平数，使开关器件耐压要求大大降低；两电平 H 桥单元技术成熟，结构简单，容易系统集成。缺点是大量隔离的直流电源使输入变压器结构非常复杂，能量回馈困难。

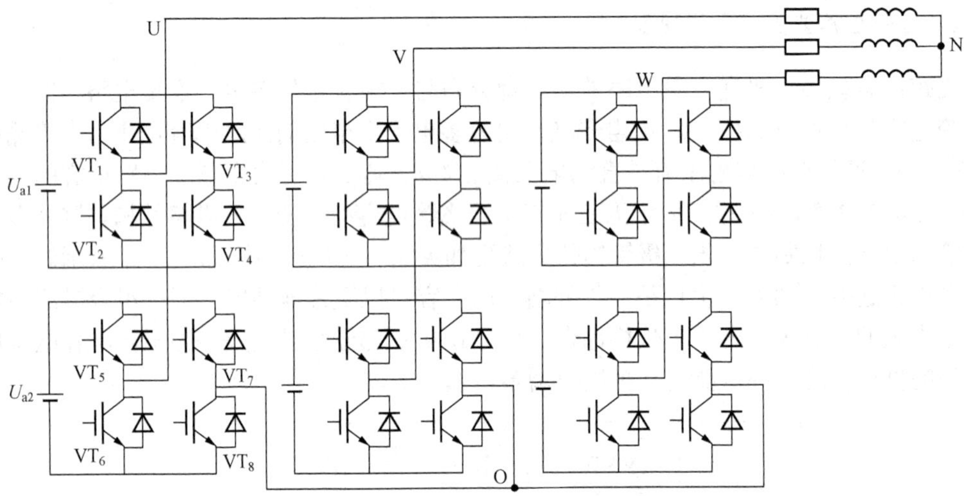

图 6-21　单相全桥级联的三相五电平逆变电路

表 6-3　单相全桥级联五电平 U 相输出电平与开关管导通关系

输　出	开 关 状 态
U_{UO}	VT_1 VT_2 VT_3 VT_4 VT_5 VT_6 VT_7 VT_8
$-2E$	01100110
$-E$	01101010，01100101，10100110，01010110
0	10101010，10100101，01011010，01010101，01101001，10010110
E	10011010，10010101，10101001，01011001
$2E$	10011001

6.2.2　多电平逆变器的主要调制策略

开关调制策略的选择对于变流器而言，是至关重要的。目前，PWM 技术无疑是一种比较理想的开关调制策略，但采用何种调制策略又要取决于多电平变流器具体的拓扑结构。对于电压型多电平变流器，将传统的二电平 PWM 开关调制方案经过适当的拓展，产生多种多电平 PWM 调制策略，最基本的主要有以下几种：阶梯波脉宽调制技术、基于多载波垂直分布的 SPWM 技术、多电平电压空间矢量调制技术和载波相移 SPWM 技术等。

1. 阶梯波脉宽调制技术

阶梯波脉宽调制技术的基本原理是将多个电平台阶叠加后合成阶梯波，通过调节各电平台阶的宽度，以逼近正弦波形，如图 6-22 所示。

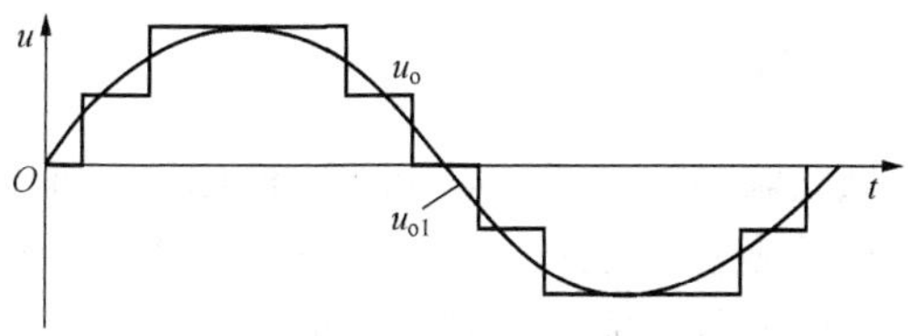

图 6-22　五电平的阶梯波输出电压波形

在阶梯波调制中，可以通过选择每一电平持续时间的长短，来实现某些低次谐波的消除和抑制，其消除的个数由电平数决定。调节各电平台阶宽度的方法，目前主要采用指定谐波消除法（selected harmonics elimination pulse width modulation，SHEPWM），如图 6-23 所示。

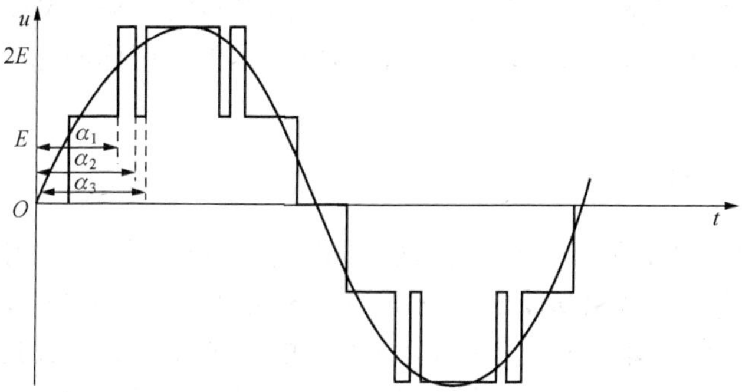

图 6-23　五电平的开关点预置指定谐波消除输出电压波形

2. 基于多载波垂直分布的 SPWM 技术

基于多载波垂直分布的 SPWM 技术的基本原理是：若要输出 N 个电平的电压或电流，则要采用 N−1 个频率和幅值都相等的三角载波，将其并排放置以形成载波组，将载波组的水平中线选为参考零线。在每一瞬时，N−1 个三角载波与同一个正弦波进行比较，得到相应的二电平开关信号，再根据多电平的产生机理，将这些开关信号进行重新组合并分配给相应的开关器件。如图 6-24 所示，根据三角载波的相位分布，可分为三种基本的 SPWM 调制方式。

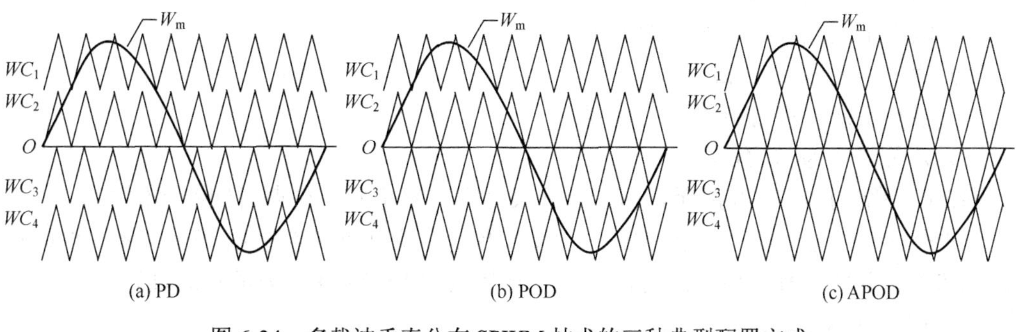

图 6-24　多载波垂直分布 SPWM 技术的三种典型配置方式

（1）从上至下，各个三角载波的相位保持一致，称为 PD-PWM 方式。

（2）零参考线以上，三角载波相位一致；零参考线以下，三角载波相位也一致，但与零参考线以上的三角载波相位相反，称为 POD-PWM 方式。

（3）从上至下，各个三角载波的相位依次交替相反，称为 APOD-PWM 方式。

3. 多电平电压空间矢量调制技术

多电平电压空间矢量脉宽调制技术（space vector pulse width modulation，SVPWM）是两电平 SVPWM 技术在多电平变流器上的一种扩展应用。本质上说，两电平 SVPWM 技术是基于空间旋转坐标系的一种矢量合成的 PWM 调制策略。多电平 SVPWM 技术的基本原理与两电平 SVPWM 技术相似，只是开关组合方式随着电平数的增加而呈立方关系增加，即对于 N 电平变流器，其电压空间矢量的数目为 N^3 个。在空间旋转坐标系下，根据矢量合成原理，任意时刻的矢量由与其相邻的三个非零矢量合成，并在一个开关调制周期中对三个非零矢量与零矢量的作用时间进行优化安排，就可以得到多电平 PWM 输出波形。由于输出电平数与电压空间矢量个数之间呈立方关系，所以多电平 SVPWM 技术在输出电平数较高时受到很大的限制，目前关于多电平 SVPWM 技术的实用化研究一般只限于五电平及五电平以下场合。

4. 载波相移 SPWM 技术

载波相移 SPWM 技术是基于组合变流器提出的开关调制策略，也可以应用在级联型多电平变流器上。以载波相移 SPWM 技术（carrier phase-shifted SPWM，CPS-SPWM）为例，其基本思想为：N 个变流器单元均采用低开关频率的 SPWM 技术，并具有相同的频率调制比 k、幅度调制比 m 和共同的正弦调制信号，而将 N 个变流器单元三角载波的相位依次错开 $2\pi/(N \cdot k)$。N 个变流器单元分别采用 SPWM 技术进行调制后，所形成的 SPWM 波形经叠加后就产生了 $2N+1$ 电平的输出波形。

6.3 应用示例*

例 6-1 利用 Boost 零电压转换 PWM 电路设计开关电源，技术要求如下：

（1）输入直流电压为 30V。

（2）输出直流电压为 60V。

（3）输出电压纹波峰峰值不大于 1%。

（4）输出电流为 0.5～2A。

（5）最小负载电流时电感电流连续。

（6）开关频率为 50kHz。

解：电路结构如图 6-8 所示，由于软开关过程占整个开关周期时间的比例很小，因此，在进行占空比 D、主开关 VT_1 及 VD、输入电感 L_f、输出滤波电容 C_f 等相关参数设计时，可近似忽略软开关过程对电路运行的影响，直接套用 PWM 硬开关模式的设计方法。

1）占空比计算

根据 Boost 电压增益公式，可得占空比为

$$D = 1 - \frac{U_d}{U_o} = 0.5$$

2）输入电感参数设计

由于I_{omin}=0.5A 时输入电感电流连续，由电感电流临界连续条件可得

$$L_f \geqslant \frac{U_o}{2fI_{omin}}(1-D)^2 D = 0.15\text{mH}$$

取电感量$L_f = 0.2\text{mH}$，则

$$\Delta I_{Lf} = \frac{U_d}{L_f} DT = 1.5\text{A}$$

电感最大有效值值电流$I_{Lfrmsmax} \approx I_{inmax} = \frac{1}{1-D} I_{omax} = 4\text{A}$。

电感峰值电流$I_{Lfpkmax} = I_{inmax} + \frac{1}{2}\Delta I_{Lf} = \frac{I_{omax}}{1-D} + \frac{1}{2}\Delta I_{Lf} = 4.8\text{A}$。

3）输出滤波电容参数设计

由输出纹波要求可得$\Delta U_{OPP} = \frac{I_{omax} D}{C_f f} \leqslant 60 \times 1\%$。

输出滤波电容额定量要求$C_f \geqslant 33 \times 10^{-6}\text{F}$。

电容承受最大电压为 60V，电容额定电压选择为

$$U_{Cfrated} = k_{sac} \times 60 \geqslant 72\text{V} \qquad （取 k_{sac} \geqslant 1.2）$$

4）主开关管 VT_1 参数设计

流过 VT_1 的最大电流有效值$I_{VT1rmsmax} \approx I_{inmax}\sqrt{D} = 2.8\text{A}$。

VT_1 额定电流选择为

$$I_{VT1rated} = k_{sai} I_{VT1rmsmax} \geqslant 5.6\text{A} \qquad （取 k_{sai} \geqslant 2）$$

VT_1 承受最大电压为 60V，VT_1 额定电压选择为

$$U_{VT1rated} = k_{sav} \times 60 \geqslant 90\text{V} \qquad （取 k_{sav} \geqslant 1.5）$$

5）输出整流二极管 VD 参数设计

流过 VD 的最大电流有效值$I_{VDrmsmax} \approx I_{inmax}\sqrt{1-D} = 2.8\text{A}$。

VD 额定电流选择为

$$I_{VDrated} = \frac{k_{sai} I_{VT1rmsmax}}{1.57} \geqslant 3.6\text{A} \qquad （取 k_{sai} \geqslant 2）$$

VD 承受最大电压为 60V，VD 额定电压选择为

$$U_{VDrated} = k_{sav} \times 60 \geqslant 90\text{V} \qquad （取 k_{sav} \geqslant 1.5）$$

因此可以选择肖特基二极管或快恢复二极管。

6）辅助管 VT_a 参数设计

辅助管 VT_a 的作用是辅助 L_r、C_r 谐振，由于谐振时间很短，VT_a 的电流有效值很小，但其电流峰值与输入电流有关。因此，其额定电流可以直接取 VT_1 额定电流的 10%～30%来估算，但其脉冲峰值电流必须满足要求。

VT_a 额定电流选择为

$$I_{VTarated} \geqslant 20\% I_{VT1rmsmax} = 1.1\text{A}$$

VT_a 可重复漏极电流幅值为

$$I_{DM} \geqslant k_{sai} I_{Lpmax} = 9.6A \quad (取k_{sai} \geqslant 2)$$

同时，I_{DM} 应大于后续计算的 $I_{Lfrmsmax}$，即满足 $I_{DM} > I_{Lrpkmax}$。

VT_a 承受最大电压为 60V，VT_a 额定电压选择为

$$U_{VTarated} = k_{sav} \times 60 \geqslant 90V \qquad (取 k_{sav} \geqslant 1.5)$$

7）辅助管 VD_a 参数设计

与辅助管 VT_a 的设计类似，VD_a 额定电流也可以直接取 VT_1 额定电流的 10%～30%来估算，但其浪涌电流必须满足要求。

VD_a 额定电流选择为

$$I_{VDarated} \geqslant \frac{20\% I_{VT1rmsmax}}{1.57} = 0.7A$$

VD_a 可重复漏极电流幅值为

$$I_{FSM} \geqslant k_{sai} I_{Lfpkmax} = 9.6A \quad (取k_{sai} \geqslant 2)$$

同时，I_{FSM} 应大于后续计算的 $I_{Lrpkmax}$，即满足 $I_{FSM} > I_{Lrpkmax}$。

VD_a 承受最大电压为 60V，VT_a 额定电压选择为

$$U_{VTarated} = k_{sav} \times 60 \geqslant 90V \qquad (取 k_{sav} \geqslant 1.5)$$

8）谐振电容 C_r、谐振电感 L_r 和辅助管开通时间设计

谐振电感的主要作用是保证二极管 VD 软关断，降低其反向恢复电流所引起的损耗，同时抑制辅助开关管 VT_a 的电流上升率，从而降低其开关损耗，因此谐振电感 L_r 的值是根据二极管 VD 的反向恢复时间 t_{rr} 来确定。

肖特基二极管的反向恢复时间一般不大于 50ns，此处近似取谐振电感电流上升的时间（图 6-9 中 t_0～t_1 时间段）为 $t' = 150ns$。

谐振电感值依据式（6-6）进行设计，即

$$t_1 - t_0 = t' = \frac{I_{inmax} L_r}{U_o}$$

得 $L_r = 2.25\mu H$。

谐振电容的主要作用是限制主开关管的电压上升率，同时降低开关管关断时的电压尖峰值，以保护开关管正常工作。由于较大的谐振电容将加大损耗且难以实现零电压开通，因此谐振电容一般很小。实际的谐振电容 C_r 是由主开关管的寄生电容和外加电容组成。由于低压小功率 MOS 管的输出电容通常在 100～200pF 左右且离散性较大，一般通过外加电容（远大于 MOS 管的输出电容）补偿离散性，此处取谐振电容 $C_r = 0.5nF$。

根据式（6-4），谐振电感电流峰值为

$$i_{Lrpkmax} = I_{inmax} + \frac{U_o}{Z_r} = 4.9A$$

谐振电感的电流有效值很小，额定电流可以直接取 L_f 额定电流的 10%～30%来估算，取谐振电感电流有效值为

$$I_{Lrrmsmax} = 15\% I_{Lfrmsmax} = 0.6A$$

谐振电容承受最大电压为 60V，电容额定电压选择为

$$U_{Crrated} = k_{sac} \times 60 \geqslant 72V \qquad (取 k_{sac} \geqslant 1.2)$$

根据式（6-8）可得辅助开关管的提前导通时间应满足

$$t_{\text{onpreact}} \geqslant \frac{I_{\text{inmax}} L_{\text{r}}}{U_{\text{o}}} + \frac{\pi\sqrt{L_{\text{r}} C_{\text{r}}}}{2} = 0.2\mu\text{s}$$

例 6-2　利用有源钳位正激式变换电路设计一开关电源，电路工作于电感电流连续状态，设计指标如下。

（1）输入直流电压为 80～120V。

（2）输出直流电压为 20V。

（3）输出电压纹波峰峰值不大于 200mV。

（4）输出电流为 0.5～5A。

（5）开关频率为 100kHz。

解：电路结构如图 6-17 所示，由于软开关过程占整个开关周期时间的比例很小，因此，在进行占空比 D、主开关 VT_1 及 VD_a、VD_b、输出滤波电感 L_f、输出滤波电容 C_f 等相关参数设计时，可近似忽略软开关过程对电路运行的影响，直接套用 PWM 硬开关模式的设计方法。

1）变压器参数设计

取 VT_1 最大导通占空比为 0.7，输入电压最小时占空比最大，则变压器匝比为

$$n = \frac{N_{\text{p}}}{N_{\text{s}}} = \frac{D_{\max} U_{\text{inmin}}}{U_{\text{o}}} = 2.8$$

由此得最小占空比 $D_{\min} = 0.47$ 。

根据 VT_1 和 VT_2 实现软开关的条件，一次绕组励磁电感 L_{m} 必须满足式（6-27）和式（6-29）的限制条件，因此可得

$$1 - D_{\max} \geqslant 2 f_{\text{s}} \sqrt{L_{\text{m}} C_2}$$

$$\sqrt{\frac{L_{\text{m}}}{C_1}}\left(\frac{nU_{\text{o}}}{2L_{\text{m}} f_{\text{s}}} - \frac{I_{\text{omax}}}{n}\right) > U_{\text{inmax}}$$

C_1 和 C_2 一般为 VT_1 和 VT_2 寄生电容，与 MOS 管的选型有关且离散性较大，通常以估算数据设计。考虑 VT_1 和 VT_2 的额定电压范围，C_1 和 C_2 通常在 100pF 左右，且其值越小越有利于实现软开关，此处以 $C_1 = C_2 = 200\text{pF}$ 估算，则有 $L_{\text{m}} < 0.16\text{mH}$ 。实际可取 $L_{\text{m}} = 140\mu\text{H}$ 。

励磁电流峰 $I_{\text{M}} = \dfrac{(1-D)U_{\text{c}}}{2L_{\text{m}} f_{\text{s}}} = \dfrac{nU_{\text{o}}}{2L_{\text{m}} f_{\text{s}}} = 2\text{A}$ 。

一次绕组峰值电流为

$$I_{\text{Nppkmax}} \approx \frac{N_{\text{s}}}{N_{\text{p}}}\left(I_{\text{omax}} + \frac{1}{2}\Delta I_{\text{L}} + I_{\text{M}}\right) \approx \frac{N_{\text{s}}}{N_{\text{p}}}\left(I_{\text{omax}} + I_{\text{omin}} + I_{\text{M}}\right) \approx 4.0\text{A}$$

变压器额定功率 $P_{\text{Trated}} = U_{\text{o}} I_{\text{o}} = 100\text{W}$ 。

一次绕组额定电流 $I_{\text{Nprmsmax}} \approx \left(\dfrac{N_{\text{s}}}{N_{\text{p}}} I_{\text{omax}} + \dfrac{1}{2} I_{\text{M}}\right)\sqrt{D_{\max}} = 2.3\text{A}$(以中值方波近似)。

二次绕组额定电流 $I_{\text{Nsrmsmax}} = I_{\text{omax}} \sqrt{D_{\max}} = 4.2\text{A}$ 。

2）钳位电容参数设计

钳位电容的电压平均值为

$$U_{\text{Cmax}}=\frac{nU_{\text{o}}}{1-D_{\max}}=186.7\text{V}$$

设钳位电容上电压纹波不大于 5%，有

$$\Delta U_{\text{Cmax}}=\frac{(1-D_{\max})^2U_{\text{Cmax}}}{8L_{\text{m}}C_{\text{c}}f_{\text{s}}^2}\leqslant 5\%U_{\text{Cmax}}$$

得 $C_{\text{c}}\geqslant 0.16\mu\text{F}$。

钳位电容容量选择为

$$C_{\text{c}}=0.22\mu\text{F}$$

钳位电容额定电压选择为

$$U_{\text{Crated}}=k_{\text{sac}}\times 186.7\geqslant 224\text{V}\quad（取\ k_{\text{sac}}\geqslant 1.2）$$

3）开关管 VT_1、VT_2 参数设计

VT_1 最大电流有效值 $I_{\text{VT1rmsmax}}=I_{\text{Nprmsmax}}=2.3\text{A}$。

VT_2 流过的电流约为 i_{Lm} 的半个电流波形（从 I_{M}～0 和从 0～$-I_{\text{M}}$ 两个三角形区域），因此，VT_2 最大电流有效值为

$$I_{\text{VT2rmsmax}}\approx\sqrt{\frac{2}{T}\int_0^{\frac{(1-D)T}{2}}\left[\frac{2I_{\text{M}}}{(1-D)T}t\right]^2\text{d}t}=\sqrt{\frac{1-D_{\min}}{3}}I_{\text{M}}=0.8\text{A}$$

开关管 VT_1、VT_2 承受的最大电压 $U_{\text{VTmax}}=U_{\text{Cmax}}+U_{\text{inmax}}=306.7\text{V}$。

VT_1 额定电流选择为

$$I_{\text{VT1rated}}=k_{\text{sai}}I_{\text{VT1rmsmax}}\geqslant 4.6\text{A}\quad（取\ k_{\text{sai}}\geqslant 2）$$

VT_2 额定电流选择为

$$I_{\text{VT2rated}}=k_{\text{sai}}I_{\text{VT2rmsmax}}\geqslant 1.6\text{A}\quad（取\ k_{\text{sai}}\geqslant 2）$$

VT_1、VT_2 的额定电压选择为

$$U_{\text{VTarated}}=k_{\text{sav}}\times 306.7\geqslant 460\text{V}\quad（取\ k_{\text{sav}}\geqslant 1.5）$$

4）输出整流二极管 VD_a、VD_b 的参数设计

VD_a 最大电流有效值 $I_{\text{VDarmsmax}}=I_{\text{Nsrmsmax}}\approx 4.2\text{A}$。

VD_b 最大电流有效值 $I_{\text{VDbrmsmax}}=I_{\text{omax}}\sqrt{1-D_{\min}}=3.6\text{A}$。

VD_a 承受最高电压 $U_{\text{VDamax}}=\dfrac{U_{\text{Cmax}}}{n}=66.7\text{V}$。

VD_b 承受最高电压 $U_{\text{VDbmax}}=\dfrac{U_{\text{inmax}}}{n}=42.9\text{V}$。

VD_a 额定电流选择为

$$I_{\text{VDarated}}=\frac{k_{\text{sai}}I_{\text{VDarmsmax}}}{1.57}\geqslant 5.4\text{A}\quad（取\ k_{\text{sai}}\geqslant 2）$$

VD_a 额定电压选择为

$$U_{\text{VDarated}}=k_{\text{sav}}\times 66.7\geqslant 100\text{V}\quad（取\ k_{\text{sav}}\geqslant 1.5）$$

VD_b 额定电流选择为

$$I_{\mathrm{VDbrated}}=\frac{k_{\mathrm{sai}}I_{\mathrm{VDbrmsmax}}}{1.57}\geqslant 4.6\mathrm{A}\qquad（取 k_{\mathrm{sai}}\geqslant 2）$$

VD_b 额定电压选择为

$$U_{\mathrm{VDbrated}}=k_{\mathrm{sav}}\times 42.9\geqslant 64.4\mathrm{V}\qquad（取 k_{\mathrm{sav}}\geqslant 1.5）$$

5）输出滤波电感参数计算

根据正激电路电感电流临界连续的条件可得，滤波电感应满足

$$L_{\mathrm{f}}\geqslant\frac{U_{\mathrm{o}}}{2I_{\mathrm{omin}}}(1-D_{\min})T=0.11\mathrm{mH}$$

因此电感量 $L_{\mathrm{f}}=0.11\mathrm{mH}$ 。

电感最大峰值电流 $I_{\mathrm{Lpkmax}}=I_{\mathrm{omax}}+\frac{1}{2}\Delta I_{\mathrm{L}}\approx I_{\mathrm{omax}}+I_{\mathrm{omin}}=5.5\mathrm{A}$ 。

电感最大有效值电流 $I_{\mathrm{Lrmsmax}}\approx I_{\mathrm{omax}}=5\mathrm{A}$ 。

6）输出滤波电容参数计算

参考 Buck 电路，电容的电压纹波计算如下。

$$\Delta U_{\mathrm{OPP}}=\frac{(1-D_{\min})}{8L_{\mathrm{f}}C_{\mathrm{f}}f^{2}}U_{\mathrm{o}}\leqslant 0.2$$

得 $C_{\mathrm{f}}\geqslant 6\mu\mathrm{F}$ 。

电容承受最大电压为 20V。

电容额定容量选择为

$$C_{\mathrm{f}}\geqslant 6\mu\mathrm{F}$$

电容额定电压选择为

$$U_{\mathrm{Cfrated}}=k_{\mathrm{sac}}\times 20\geqslant 24\mathrm{V}\qquad（取 k_{\mathrm{sac}}\geqslant 1.2）$$

例 6-3　利用移相控制零电压开关 PWM 全桥主电路设计一开关电源，电路工作于电感电流连续状态，设计指标如下。

（1）输入直流电压为 80～100V。

（2）输出直流电压为 20V。

（3）输出电压纹波峰峰值不大于 100mV。

（4）输出电流最大为 10A。

（5）电源开关频率 100kHz。

解：电路结构如图 6-10 所示，由于软开关过程占整个开关周期时间的比例很小，因此，在进行占空比 D、主开关 VT_1～VT_4 及 VD_5、VD_6、输出滤波电感 L_f、输出滤波电容 C_f 等相关参数设计时，可近似忽略软开关过程对电路运行的影响，直接套用 PWM 硬开关模式的设计方法。

1）变压器参数设计

取主开关 VT_1～VT_4 最大导通占空比 $D_{\max}=0.4$ ，输出整流后脉冲波形最大占空比为 0.8，由此可得

$$D_{\min}=0.32$$

变压器的匝比 $n=\frac{N_{\mathrm{p}}}{N_{\mathrm{s}}}=\frac{2D_{\max}U_{\mathrm{inmin}}}{U_{\mathrm{o}}}=3.2$ 。

变压器额定功率 $P_{\mathrm{Trated}}=U_{\mathrm{o}}I_{\mathrm{o}}=200\mathrm{W}$ 。

一次绕组额定电流 $I_{Nprmsmax} \approx \frac{N_s}{N_p} I_{omax} = 3.1A$(参见图6-11，近似以方波计算)。

二次绕组额定电流 $I_{Nsrmsmax} \approx I_{omax}\sqrt{D_{max}} = 6.3A$。

2）谐振电感参数设计

谐振回路中，谐振电感 L_r 通常由变压器漏感和外加补偿电感组成，而谐振电容 C_{r1}~C_{r4} 则一般直接选择开关器件的寄生电容。

由于超前臂比较容易实现软开关，设计漏感参数时主要考虑滞后臂的软开关实现，故需要满足式（6-24）条件，有

$$\frac{1}{2}L_r I_2^2 \geqslant \frac{1}{2}(C_{r2}+C_{r4})U_{in}^2$$

假定要求在半载至满载范围内滞后臂实现软开关，则半载时对应的一次侧电流为

$$I_2 \approx \frac{I_{omax}}{2n} = 1.6A$$

鉴于 VT_1～VT_4 的额定电压范围，C_{r1}~C_{r4} 通常在 100pF 左右，且其值越小越有利于实现软开关，考虑器件的离散性，此处以 $C_{r1}=C_{r2}=C_{r3}=C_{r4}=200pF$ 估算，谐振电感 L_r 选择如下。

$$L_r \geqslant \frac{(C_{r2}+C_{r4})U_{inmax}^2}{I_2^2} = 1.6\mu H$$

实际可取 $L_r = 2\mu H$。

谐振电感额定电流 $I_{Lrrmsmax} = I_{Nprmsmax} = 3.1A$。

谐振电感峰值电流 $I_{Lrpkmax} \approx \frac{I_{omax}}{n} + \frac{U_{inmin}-nU_o}{n^2 L_f} D_{max} T$(参见式6-22近似计算)。

3）开关管 VT_1～VT_4 参数设计

开关管 VT_1～VT_4 最大电流有效值 $I_{VTrmsmax} \approx \frac{I_{Nprmsmax}}{\sqrt{2}} = 2.2A$。

开关管 VT_1～VT_4 承受最高电压 $U_{VTmax} = U_{inmax} = 100V$。

VT_1～VT_4 额定电流选择为

$$I_{VTrated} = k_{sai} I_{VT2rmsmax} \geqslant 4.4A \quad （取 k_{sai} \geqslant 2）$$

VT_1、VT_2 的额定电压选择为

$$U_{VTrated} = k_{sav} U_{VTmax} \geqslant 150V \quad （取 k_{sav} \geqslant 1.5）$$

4）输出整流二极管参数计算

由于副边存在一部分的占空比丢失，最大丢失占空比为

$$\Delta D_{max} \approx \frac{4L_r f_s I_{omax}}{nU_{inmin}} \approx 0.03$$

可见此例中占空比丢失影响较小，可近似忽略，如果占空比丢失严重，则需要将这部分对增益和输出整流管应力的影响考虑在内。

VD_5 和 VD_6 最大电流有效值 $I_{VDrmsmax} = I_{Nsrmsmax} \approx 6.3A$。

VD_5 和 VD_6 承受最高电压 $U_{VDmax} = \frac{2U_{inmax}}{n} = 62.5V$。

VD_5 和 VD_6 额定电流选择为

$$I_{\text{VDrated}} = \frac{k_{\text{sai}} I_{\text{VDbrmsmax}}}{1.57} \geqslant 8.0\text{A} \qquad (\text{取 } k_{\text{sai}} \geqslant 2)$$

VD_5 和 VD_6 额定电压选择为

$$U_{\text{VDrated}} = k_{\text{sav}} U_{\text{VDmax}} \geqslant 93.8\text{V} \quad (\text{取 } k_{\text{sav}} \geqslant 1.5)$$

5）输出滤波电感电容参数计算

根据正激电路电感电流临界连续的条件，假定最小输出电流为 1A，滤波电感应满足

$$L_{\text{f}} \geqslant \frac{1}{2f}(1-2D_{\min})\frac{U_{\text{omax}}}{I_{\text{omin}}} = 36\mu\text{H}$$

实际取 $L_{\text{f}} = 40\mu\text{H}$。

由此得 $I_{\text{Lrpkmax}} \approx \frac{I_{\text{omax}}}{n} + \frac{U_{\text{inmin}} - nU_{\text{o}}}{n^2 L_{\text{f}}} D_{\max} T = 3.3\text{A}$。

电感额定电流 $I_{\text{Lfrated}} \approx 10\text{A}$。

电感峰值电流 $I_{\text{Lfpkmax}} = I_{\text{omax}} + \frac{1}{2}\Delta I_{\text{L}} = I_{\text{omax}} + \frac{1}{fL}\left(\frac{U_{\text{inmin}}}{n} - U_{\text{o}}\right)D_{\max} = 11.1\text{A}$。

参考 Buck 电路，根据输出纹波要求，输出电容应满足

$$\Delta U_{\text{OPP}} = \frac{(1-2D_{\min})}{8L_{\text{f}} C_{\text{f}} f^2} U_{\text{o}} \leqslant 0.1$$

得 $C_{\text{f}} \geqslant 22.5\mu\text{F}$。

电容承受最大电压为 20V。

电容额定容量选择为

$$C_{\text{frated}} \geqslant 22.5\mu\text{F}$$

电容额定电压选择为

$$U_{\text{Cfrated}} = k_{\text{sac}} \times 20 \geqslant 24\text{V} \qquad (\text{取 } k_{\text{sac}} \geqslant 1.2)$$

思考题与习题

6-1 高频化的意义是什么？为什么提高开关频率可以减小滤波器的体积和重量？为什么提高开关频率可以减小变压器的体积和重量？

6-2 软开关电路可以分为哪几类？其典型拓扑分别是什么样的？各有什么特点？

6-3 在移相全桥零电压开关 PWM 电路中，如果没有谐振电感 L_r，电路的工作状况将发生哪些改变？哪些开关仍是软开关？哪些开关将成为硬开关？

6-4 在零电压转换 PWM 电路中，辅助开关 VT_a 和二极管 VD_1 是软开关还是硬开关？为什么？

6-5 多电平的概念有什么含义？

6-6 多电平逆变电路主要有哪几种形式？各有什么特点？

6-7 多电平逆变电路的 PWM 调制策略主要有哪些？各有什么特点？

6-8 分析二极管钳位型多电平逆变器的多电平产生机理。

6-9 分析飞跨电容型多电平逆变器的多电平产生机理。

6-10 分析级联型多电平逆变器的多电平产生机理。

参 考 文 献

陈传虞，刘明，陈家桢，2011．LED驱动芯片工作原理与电路设计[M]．北京：人民邮电出版社．

陈登锴，王君艳，2007．Boost功率因数校正器在三种工作模式下特性的比较[J]．现代电子技术，30（11）：103-105．

陈坚，2002．电力电子学[M]．北京：高等教育出版社．

程汉湘，武小梅，2010．电力电子技术[M]．2版．北京：科学出版社．

顾亦磊，黄贵松，章进法，等，2005．一种新颖的同步整流驱动电路[J]．中国电机工程学报，25（5）：74-78．

郭世明，2008．电力电子技术[M]．2版．成都：西南交通大学出版社．

浣喜明，姚为正，2004．电力电子技术[M]．北京：高等教育出版社．

蒋渭忠，2009．电力电子技术应用教程[M]．北京：电子工业出版社．

金海明，李先允，2006．电力电子技术[M]．北京：北京邮电大学出版社．

金海明，郑安平，2006．电力电子技术[M]．北京：北京邮电大学出版社．

康劲松，陶生桂，2010．电力电子技术[M]．北京：中国铁道出版社．

李宏，王崇武，2009．现代电力电子技术基础[M]．北京：机械工业出版社．

李先允，2006．电力电子技术[M]．北京：中国电力出版社．

李先允，陈刚，2007．电力电子技术习题集[M]．北京：中国电力出版社．

李亚斌，2007．固态高频感应加热电源控制技术的研究[D]．保定：华北电力大学．

李永东，2005．大容量多电平变换器：原理控制应用[M]．北京：科学出版社．

林国庆，陈云辉，2008．基于临界导电模式的Boost PFC电路开关特性分析与研究[J]．电工电能新技术，27（3）：68-71．

林辉，王辉，2002．电力电子技术[M]．武汉：武汉理工大学出版社．

林渭勋，2006．现代电力电子技术 [M]．北京：机械工业出版社．

林忠岳，2007．现代电力电子应用技术[M]．北京：科学出版社．

刘闯，穆新华，刘迪吉，1999．功率因数校正电路中三次谐波分析及其抑制[J]．电力电子技术，33（2）：29-31．

刘凤君，2002．正弦波逆变器[M]．北京：科学出版社．

刘刚，刘红民，孟繁钢，1997．无输入电容的高功率因数单端反激式开关电源[J]．电力电子技术，（2）：35-38．

刘平，郎文飞，2011．单级反激式PFC连续模式下电流有效值计算[J]．电子设计工程，19（8）：144-146．

刘祖明，2011．LED照明驱动器设计案例精解 [M]．北京：化学工业出版社．

穆斯塔法·克契卡兹，康勇，等，1998．单相Boost功率因数校正电路的参数设计[J]．电力电子技术，（4）：37-40．

潘孟春，张玘，单庆晓，2009．电力电子与电气传动[M]．长沙：国防科技大学出版社．

任国海，2009．电力电子技术[M]．杭州：浙江大学出版社．

阮新波，严仰光，2003．直流开关电源的软开关技术[M]．北京：科学出版社．

阮毅，陈伯时，2009．电力拖动自动控制系统[M]．4版．北京：机械工业出版社．

王杰，2011．临界导电模式下Boost变换器功率因数校正电路设计[J]．机电工程，28（5）：616-619．

王俊，王兆安，1999．电力电子技术[M]．3版．北京：机械工业出版社．

王林兵，胡敏，2006．单相Boost功率因数校正电路输入阻抗特性研究[J]．电力电子技术，40（5）：45-46．

王玉峰，肖永江，2002．单相Boost功率因数校正主电路模型的建立[J]．电气传动自动化，24（1）：34-36．

王兆安，刘进军，2009．电力电子技术[M]．5版．北京：机械工业出版社．

魏连荣，2010．电力电子技术及应用[M]．北京：化学工业出版社．

徐德鸿，马皓，汪槱生，2006．电力电子技术[M]．北京：科学出版社．

叶斌，2006．电力电子应用技术[M]．北京：清华大学出版社．

应建平，林渭勋，黄敏超，2003．电力电子技术基础[M]．北京：机械工业出版社．

俞鹤，苏建徽，王勇，等，2001．单相Boost有源功率因数校正器的研究[J]．合肥工业大学学报（自然科学版），24（5）：1002-1005．

袁海斌，2011．千瓦功率应用范围下功率因数校正的最佳化探讨：在相同设计方法下的不同功率因数校正模式拓扑的比较[J]．电力电子，（4）：39-43．

张加胜，2007．电力电子技术[M]．东营：中国石油大学出版社．

张淼，冯垛生，2010．现代电力电子技术与应用[M]．北京：中国电力出版社．

张润和，2008．电力电子技术及应用[M]．北京：北京大学出版社．

张兴，2010．电力电子技术[M]．北京：科学出版社．

赵莉华，舒欣梅，2010．电力电子技术[M]．北京：机械工业出版社．

周志敏，周纪海，2003．开关电源实用技术设计与应用[M]．北京：人民邮电出版社．

周志敏，周纪海，纪爱华，2004．开关电源功率因数校正电路设计与应用[M]．北京：人民邮电出版社．

周志敏，周纪海，纪爱华，2009．LED 照明技术与应用电路[M]．北京：电子工业出版社．

ABRAHAM I P，2005．开关电源设计[M]．2 版．王志强，等，译．北京：电子工业出版社．

KEITH B，2006．开关电源手册[M]．2 版．张占松，汪仁煌，谢丽萍，译．北京：人民邮电出版社．

CHEN D S，LAI J S，1993．A study of power correction boost converter operating at CCM-DCM mode[C]//Southeastcon '93, Proceedings, IEEE：6．

CHUANG Y C，Ke Y L，Chuang H S，et al., 2010．Single-stage power-factor-correction circuit with flyback converter to drive LEDs for lighting applications[C]//Industry Applications Society Annual Meeting，IEEE：1-9．

GU L L，RUAN X B，XU M，et al., 2009．Means of eliminating electrolytic capacitor in AC/DC power supplies for LED lightings[J]．IEEE transactions on power electronics，24（5）：1399-1408．

LAI J S，CHEN D S，1993．Design consideration for power factor correction boost converter operating at the boundary of continuous conduction mode and discontinuous conduction mode[C]//Applied Power Electronics Conference and Exposition，IEEE：267-273．

LAROUCI C，FERRIEUX J P, GERBAUD L，et al., 2002．Control of a flyback converter in power factor correction mode：compromize between the current constraints and the transformer volume[C]//Applied Power Electronics Conference and Exposition，IEEE，（2）：722-727．

LLC S A，2001. Fundamentals of power electronics[M]. Kluwer Academic Publishers.

LIU P, MENG Y, KANG Y, et al., 1999．Analysis of single-phase boost power factor correction (PFC) converter[C]//IEEE International Conference on Power Electronics and Drive Systems, IEEE,（2）：933-937．

MCGRATH B P，HOLMES D G，2002．Multicarrier PWM strategies for multilevel inverters[J]．IEEE transaction on industrial electronics，49(4): 858-867．

NED M，TORE M U，WILLIAM P R，2004．Power electronics[M]．北京：高等教育出版社．

ORABI M，NINOMIYA T，2003．An optimum design of boost power factor correction converter[C]//IEEE International Symposium on Industrial Electronics，（2）：735-740．

RODRIGUEZ J, LAI J S, PENG F J, 2002. Multilevel inverters: A survey of topologies, controls, and applications[J]. IEEE transactions on industrial electronics，49(4)：724-738．

SIVAKUMAR S，NATARAJAN K，Gudelewicz R，1995．Control of power factor correcting boost converter without instantaneous measurement of input current[J]．IEEE transactions on power electronics，10（4）：435-445．

YAO K, RUAN X B, Mao X J，et al., 2010．DCM boost PFC converter with high input PF[C]//Applied Power Electronics Conference and Exposition，IEEE：1405-1412．

YE Z, GREENFELD F, LIANG Z, 2009. A topology study of single-phase offline AC/DC converters for high brightness white LED lighting with power factor pre-regulation and brightness dimmable[C]// Industrial Electronics, IEEE:1961-1967.